中国农垦农场志丛

海 南
东昌农场志

中国农垦农场志丛编纂委员会 组编
海南农垦东昌农场志编纂委员会 主编

中国农业出版社
北 京

图书在版编目（CIP）数据

海南东昌农场志/中国农垦农场志丛编纂委员会组
编；海南农垦东昌农场志编纂委员会主编.—北京：
中国农业出版社，2021.9
　（中国农垦农场志丛）
　ISBN 978-7-109-28972-7

　Ⅰ.①海…　Ⅱ.①中…②海…　Ⅲ.①国营农场－概
况－海口　Ⅳ.①F324.1

　中国版本图书馆CIP数据核字(2021)第255816号

出 版 人：陈邦勋
出版策划：刘爱芳
丛书统筹：王庆宁
审 稿 组：干锦春　薛　波
编 辑 组：闫保荣　王庆宁　黄　曦　李　梅　吕　睿　刘昊阳　赵世元
设 计 组：姜　欣　杜　然　关晓迪
工 艺 组：王　凯　王　宏　吴丽婷
发行宣传：毛志强　郑　静　曹建丽
技术支持：王芳芳　赵晓红　潘　樾　张　瑶

海南东昌农场志
Hainan Dongchang Nongchangzhi

中国农业出版社出版
地址：北京市朝阳区麦子店街18号楼
邮编：100125
责任编辑：李　梅　　文字编辑：戈晓伟
责任校对：吴丽婷　　责任印制：王　宏
印刷：北京通州皇家印刷厂
版次：2021年9月第1版
印次：2021年9月北京第1次印刷
发行：新华书店北京发行所
开本：889mm×1194mm　1/16
印张：23.25　插页：8
字数：600千字
定价：168.00元

EVERYTHING GROWING®
生长万物

ISBN 978-7-109-28972-7

9 787109 289727 >

1951 年冬，钟南（右）向华南垦殖局局长叶剑英汇报橡胶育种工作

1960 年 2 月，农垦部部长王震在东昌农场和职工合影（右侧拿衣服者为广东省农垦厅危秀英副厅长）

2017 年 1 月 7 日，农业部部长韩长赋（中）在省委副书记李军（右）的陪同下，到东昌居调研

时任中央政策研究室副主任潘盛洲（中）一行到东昌农场调研改革情况

时任海南省政协主席于迅（前排左一）、时任海垦控股集团党委书记董事长张韵生（前排左二）到东昌农场调研改革情况

时任农业部党组成员杨绍品（右三）等人到东昌农场调研

海南省委副书记李军（左）、海垦控股集团党委副书记、总经理王业侨（右）
共同为东昌农场公司揭牌

时任中共中央党校"中国特色社会主义制度"创新工程项目组
首席专家刘俊杰（前排右二）率项目组一行到东昌农场调研

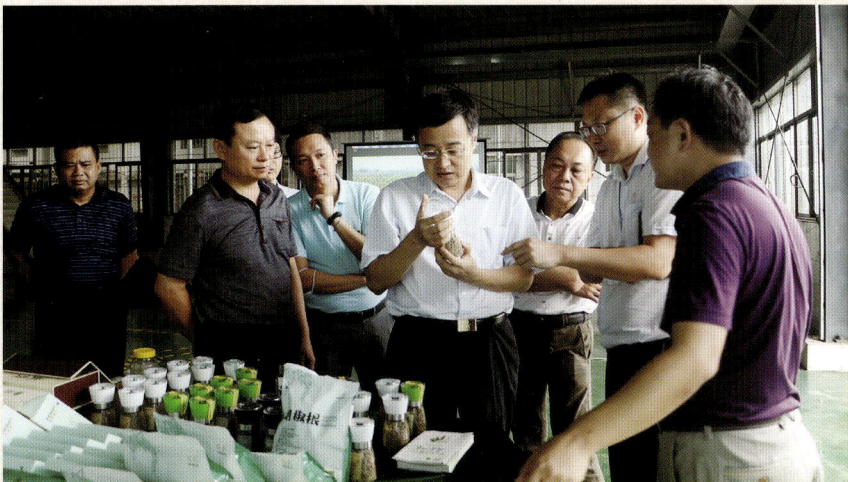

海南省农垦投资控股集团公司党委书记、董事长盖文启（中）到东昌农场调研

四十年　艰苦创业

图片：毛笔书法题词

农场四十年场庆，时任海南省副省长王越丰题词
（题词为：艰苦创业四十年）

艰苦垦殖　振兴海南

农场四十年场庆，马白山将军题词
（题词为：艰苦垦殖　振兴海南）

HSF
海垦东昌
HAI KEN DONG CHANG
全国最大的胡椒生产基地
东昌农场胡椒良好农业规范示范点
示范范围：二分场
示范面积：1200亩

国外胡椒专家考察农场胡椒基地时与农场职工合影留念

公司大门

白石溪河一角

东昌变电站

二、农场风貌

农场大门旧照

公司办公大楼

场部办公区前

农场胡椒园一角

东昌农场香茅加工厂旧址

文昌东路水库引水渠渡槽

三、农场荣誉

1979 年荣获广东省先进单位奖状

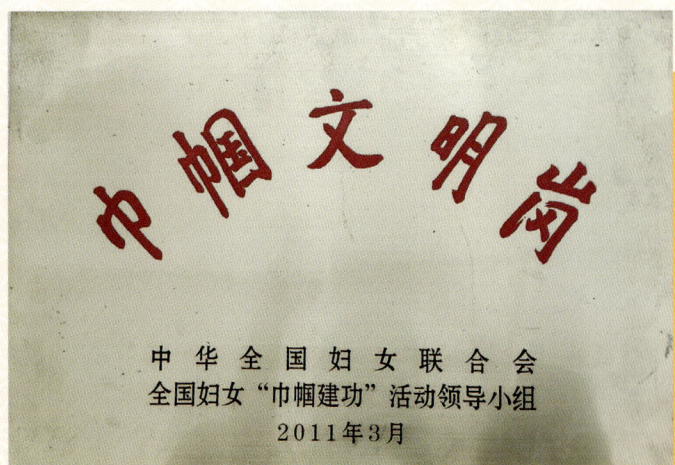

大坡农场

荣获一九八二年度橡胶联幼林速生

先进单位

广东省农垦总局

一九八三年七月

1983 年荣获广东省农垦总局颁发的先进单位锦旗

海南省 2000—2002 年度

创建文明生态村先进乡镇

中共海南省委
海南省人民政府
二〇〇三年三月

海南省 2000—2002 年度创建文明生态村先进乡镇奖状

巾帼文明岗

中华全国妇女联合会
全国妇女"巾帼建功"活动领导小组
2011 年 3 月

2011 年荣获全国"巾帼文明岗"奖状

全国农林水利系统

劳动关系和谐企业

中国农林水利工会全国委员会
二〇一一年六月

2011 年荣获全国农林水利系统劳动关系和谐企业奖状

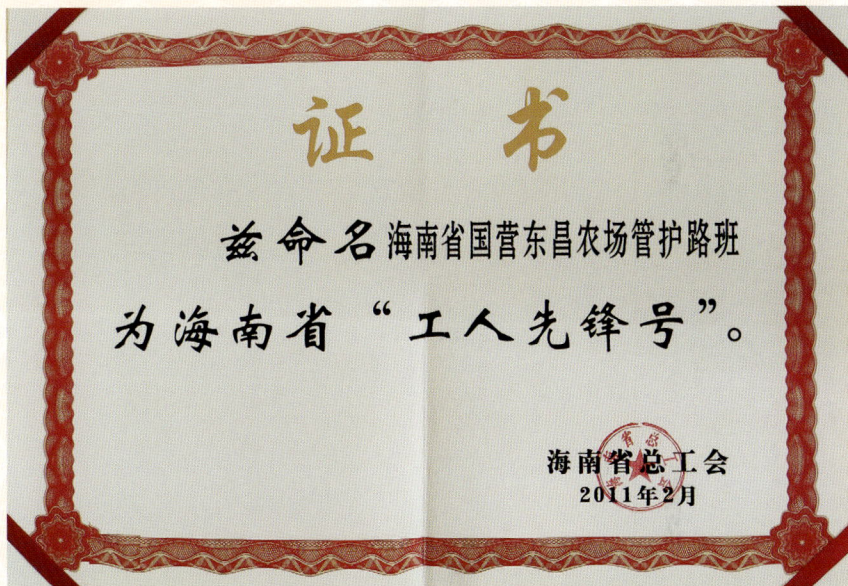

证 书

兹命名 海南省国营东昌农场管护路班

为海南省"工人先锋号"。

海南省总工会
2011年2月

2011 年荣获海南省总工会颁发的海南省"工人先锋号"奖状

全国厂务公开民主管理

先进单位

全国厂务公开协调小组
二〇一三年

2013 年荣获全国厂务公开民主管理先进单位奖状

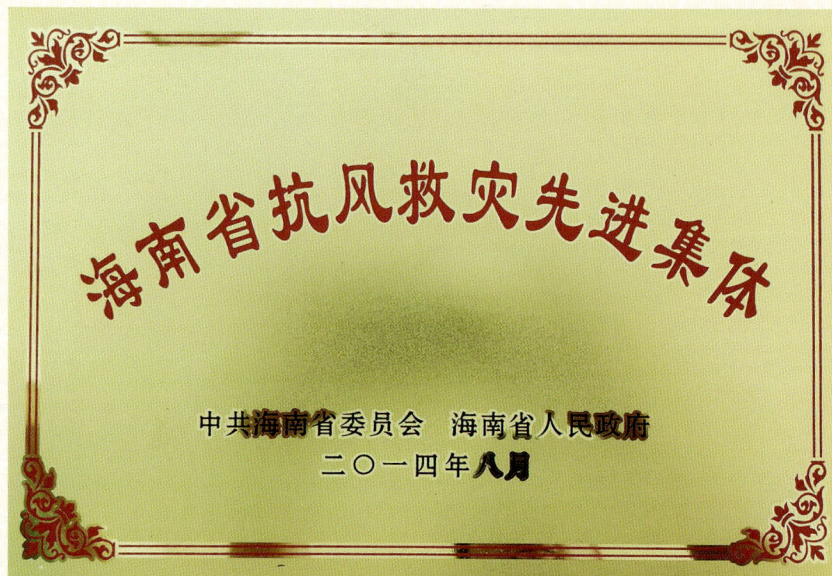

2014年荣获海南省抗风救灾先进集体奖状

2020年荣获全国关心下一代工作先进集体奖状

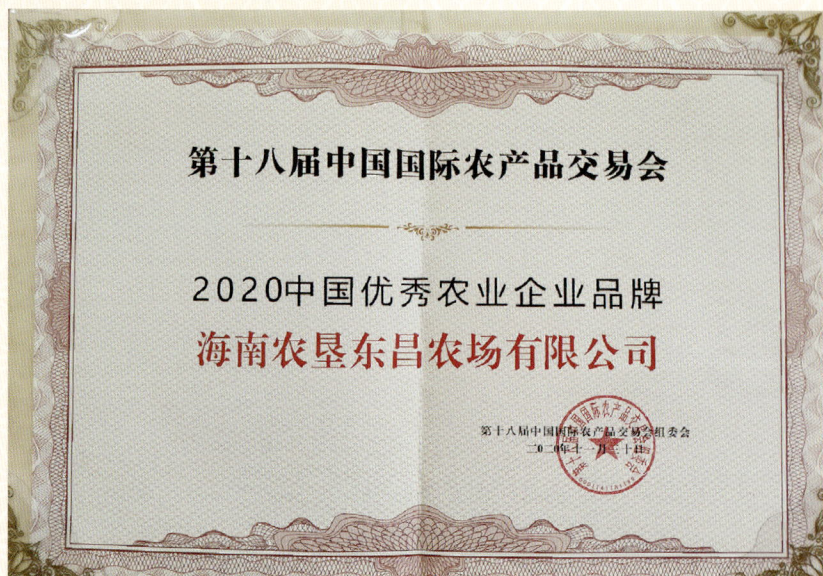

2020年荣获中国国际农产品交易会"中国优秀农业企业品牌"奖状

白石溪河一角

美丽的白石溪瀑布

白石溪地区革命烈士纪念碑

白石溪风景区对面的舍利塔

白石溪瀑布

东昌敬老院

七仙女庙壁画一角（绘者：李荣禄）

汉白玉七仙女像

青草湖景观

白石溪风景区大门

全国人大常委会副委员长阿沛阿旺晋美为白石溪风景区题名

林诗谦烈士墓

符向一烈士雕像

中国农垦农场志丛编纂委员会

主 任

张桃林

副主任

左常升　邓庆海　李尚兰　陈邦勋　彭剑良　程景民　王润雷

成 员（按垦区排序）

马　辉　张庆东　张保强　薛志省　赵永华　李德海　麦　朝

王守聪　许如庆　胡兆辉　孙飞翔　王良贵　李岱一　赖金生

于永德　陈金剑　李胜强　唐道明　支光南　张安明　张志坚

陈孟坤　田李文　步　涛　余　繁　林　木　王　韬　魏国斌

巩爱岐　段志强　聂　新　高　宁　周云江　朱云生　常　芳

中国农垦农场志丛编纂委员会办公室

主 任

王润雷

副主任

陈忠毅　刘爱芳　武新宇　明　星

成 员

胡从九　李红梅　刘琢琬　闫保荣　王庆宁

中国农垦农场志

海南农垦东昌农场志编纂委员会

海南农垦东昌农场志编辑部

中国农垦农场志丛自 2017 年开始酝酿，历经几度春秋寒暑，终于在建党 100 周年之际，陆续面世。在此，谨向所有为修此志作出贡献、付出心血的同志表示诚挚的敬意和由衷的感谢！

中国共产党领导开创的农垦事业，为中华人民共和国的诞生和发展立下汗马功劳。八十余年来，农垦事业的发展与共和国的命运紧密相连，在使命履行中，农场成长为国有农业经济的骨干和代表，成为国家在关键时刻抓得住、用得上的重要力量。

如果将农垦比作大厦，那么农场就是砖瓦，是基本单位。在全国 31 个省（自治区、直辖市，港澳台除外），分布着 1800 多个农垦农场。这些星罗棋布的农场如一颗颗玉珠，明暗随农垦的历史进程而起伏；当其融汇在一起，则又映射出农垦事业波澜壮阔的历史画卷，绽放着"艰苦奋斗、勇于开拓"的精神光芒。

（一）

"农垦"概念源于历史悠久的"屯田"。早在秦汉时期就有了移民垦荒，至汉武帝时创立军屯，用于保障军粮供应。之后，历代沿袭屯田这一做法，充实国库，供养军队。

中国共产党借鉴历代屯田经验，发动群众垦荒造田。1933年2月，中华苏维埃共和国临时中央政府颁布《开垦荒地荒田办法》，规定"县区土地部、乡政府要马上调查统计本地所有荒田荒地，切实计划、发动群众去开荒"。到抗日战争时期，中国共产党大规模地发动军人进行农垦实践，肩负起支援抗战的特殊使命，农垦事业正式登上了历史舞台。

20世纪30年代末至40年代初，抗日战争进入相持阶段，在日军扫荡和国民党军事包围、经济封锁等多重压力下，陕甘宁边区生活日益困难。"我们曾经弄到几乎没有衣穿，没有油吃，没有纸、没有菜，战士没有鞋袜，工作人员在冬天没有被盖。"毛泽东同志曾这样讲道。

面对艰难处境，中共中央决定开展"自己动手，丰衣足食"的生产自救。1939年2月2日，毛泽东同志在延安生产动员大会上发出"自己动手"的号召。1940年2月10日，中共中央、中央军委发出《关于开展生产运动的指示》，要求各部队"一面战斗、一面生产、一面学习"。于是，陕甘宁边区掀起了一场轰轰烈烈的大生产运动。

这个时期，抗日根据地的第一个农场——光华农场诞生了。1939年冬，根据中共中央的决定，光华农场在延安筹办，生产牛奶、蔬菜等食物。同时，进行农业科学实验、技术推广，示范带动周边群众。这不同于古代屯田，开创了农垦示范带动的历史先河。

在大生产运动中，还有一面"旗帜"高高飘扬，让人肃然起敬，它就是举世闻名的南泥湾大生产运动。

1940年6—7月，为了解陕甘宁边区自然状况、促进边区建设事业发展，在中共中央财政经济部的支持下，边区政府建设厅的农林科学家乐天宇等一行6人，历时47天，全面考察了边区的森林自然状况，并完成了《陕甘宁边区森林考察团报告书》，报告建议垦殖南泥洼（即南泥湾）。之后，朱德总司令亲自前往南泥洼考察，谋划南泥洼的开发建设。

1941年春天，受中共中央的委托，王震将军率领三五九旅进驻南泥湾。那时，南泥湾俗称"烂泥湾","方圆百里山连山",战士们"只见梢林不见天",身边做伴的是满山窜的狼豹黄羊。在这种艰苦处境中,战士们攻坚克难,一手拿枪,一手拿镐,练兵开荒两不误,把"烂泥湾"变成了陕北的"好江南"。从1941年到1944年,仅仅几年时间,三五九旅的粮食产量由0.12万石猛增到3.7万石,上缴公粮1万石,达到了耕一余一。与此同时,工业、商业、运输业、畜牧业和建筑业也得到了迅速发展。

南泥湾大生产运动,作为中国共产党第一次大规模的军垦,被视为农垦事业的开端,南泥湾也成为农垦事业和农垦精神的发祥地。

进入解放战争时期,建立巩固的东北根据地成为中共中央全方位战略的重要组成部分。毛泽东同志在1945年12月28日为中共中央起草的《建立巩固的东北根据地》中,明确指出"我党现时在东北的任务,是建立根据地,是在东满、北满、西满建立巩固的军事政治的根据地",要求"除集中行动负有重大作战任务的野战兵团外,一切部队和机关,必须在战斗和工作之暇从事生产"。

紧接着,1947年,公营农场兴起的大幕拉开了。

这一年春天,中共中央东北局财经委员会召开会议,主持财经工作的陈云、李富春同志在分析时势后指出:东北行政委员会和各省都要"试办公营农场,进行机械化农业实验,以迎接解放后的农村建设"。

这一年夏天,在松江省政府的指导下,松江省省营第一农场(今宁安农场)创建。省政府主任秘书李在人为场长,他带领着一支18人的队伍,在今尚志市一面坡太平沟开犁生产,一身泥、一身汗地拉开了"北大荒第一犁"。

这一年冬天,原辽北军区司令部作训科科长周亚光带领人马,冒着严寒风雪,到通北县赵光区实地踏查,以日伪开拓团训练学校旧址为基础,建成了我国第一个公营机械化农场——通北机械农场。

之后,花园、永安、平阳等一批公营农场纷纷在战火的硝烟中诞生。与此同时,一部分身残志坚的荣誉军人和被解放的国民党军人,向东北荒原宣战,艰苦拓荒、艰辛创业,创建了一批荣军农场和解放团农场。

再将视线转向华北。这一时期，在河北省衡水湖的前身"千顷洼"所在地，华北人民政府农业部利用一批来自联合国善后救济总署的农业机械，建成了华北解放区第一个机械化公营农场——冀衡农场。

除了机械化农场，在那个主要靠人力耕种的年代，一些拖拉机站和机务人员培训班诞生在东北、华北大地上，推广农业机械化技术，成为新中国农机事业人才培养的"摇篮"。新中国的第一位女拖拉机手梁军正是优秀代表之一。

（二）

中华人民共和国成立后农垦事业步入了发展的"快车道"。

1949 年 10 月 1 日，新中国成立了，百废待兴。新的历史阶段提出了新课题、新任务：恢复和发展生产，医治战争创伤，安置转业官兵，巩固国防，稳定新生的人民政权。

这没有硝烟的"新战场"，更需要垦荒生产的支持。

1949 年 12 月 5 日，中央人民政府人民革命军事委员会发布《关于 1950 年军队参加生产建设工作的指示》，号召全军"除继续作战和服勤务者而外，应当负担一部分生产任务，使我人民解放军不仅是一支国防军，而且是一支生产军"。

1952 年 2 月 1 日，毛泽东主席发布《人民革命军事委员会命令》："你们现在可以把战斗的武器保存起来，拿起生产建设的武器。"批准中国人民解放军 31 个师转为建设师，其中有 15 个师参加农业生产建设。

垦荒战鼓已擂响，刚跨进和平年代的解放军官兵们，又背起行囊，扑向荒原，将"作战地图变成生产地图"，把"炮兵的瞄准仪变成建设者的水平仪"，让"战马变成耕马"，在戈壁荒漠、三江平原、南国边疆安营扎寨，攻坚克难，辛苦耕耘，创造了农垦事业的一个又一个奇迹。

1. 将戈壁荒漠变成绿洲

1950 年 1 月，王震将军向驻疆部队发布开展大生产运动的命令，动员 11 万余名官兵就地屯垦，创建军垦农场。

垦荒之战有多难，这些有着南泥湾精神的农垦战士就有多拼。

没有房子住，就搭草棚子、住地窝子；粮食不够吃，就用盐水煮麦粒；没有拖拉机和畜力，就多人拉犁开荒种地……

然而，戈壁滩缺水，缺"农业的命根子"，这是痛中之痛！

没有水，战士们就自己修渠，自伐木料，自制筐担，自搓绳索，自开块石。修渠中涌现了很多动人故事，据原新疆兵团农二师师长王德昌回忆，1951年冬天，一名来自湖南的女战士，面对磨断的绳子，情急之下，割下心爱的辫子，接上绳子背起了石头。

在战士们全力以赴的努力下，十八团渠、红星渠、和平渠、八一胜利渠等一条条大地的"新动脉"，奔涌在戈壁滩上。

1954年10月，经中共中央批准，新疆生产建设兵团成立，陶峙岳被任命为司令员，新疆维吾尔自治区党委书记王恩茂兼任第一政委，张仲瀚任第二政委。努力开荒生产的驻疆屯垦官兵终于有了正式的新身份，工作中心由武装斗争转为经济建设，新疆地区的屯垦进入了新的阶段。

之后，新疆生产建设兵团重点开发了北疆的准噶尔盆地、南疆的塔里木河流域及伊犁、博乐、塔城等边远地区。战士们鼓足干劲，兴修水利、垦荒造田、种粮种棉、修路架桥，一座座城市拔地而起，荒漠变绿洲。

2. 将荒原沼泽变成粮仓

在新疆屯垦热火朝天之时，北大荒也进入了波澜壮阔的开发阶段，三江平原成为"主战场"。

1954年8月，中共中央农村工作部同意并批转了农业部党组《关于开发东北荒地的农建二师移垦东北问题的报告》，同时上报中央军委批准。9月，第一批集体转业的"移民大军"——农建二师由山东开赴北大荒。这支8000多人的齐鲁官兵队伍以荒原为家，创建了二九〇、二九一和十一农场。

同年，王震将军视察黑龙江汤原后，萌发了开发北大荒的设想。领命的是第五师副师长余友清，他打头阵，率一支先遣队到密山、虎林一带踏查荒原，于1955年元旦，在虎林县（今虎林市）西岗创建了铁道兵第一个农场，以部队番号命名为"八五〇部农场"。

1955年，经中共中央同意，铁道兵9个师近两万人挺进北大荒，在密山、虎林、饶河一带开荒建场，拉开了向三江平原发起总攻的序幕，在八五〇部农场周围建起了一批八字头的农场。

1958年1月，中央军委发出《关于动员十万干部转业复员参加生产建设的指示》，要求全军复员转业官兵去开发北大荒。命令一下，十万转业官兵及家属，浩浩荡荡进军三江平原，支边青年、知识青年也前赴后继地进攻这片古老的荒原。

垦荒大军不惧苦、不畏难，鏖战多年，荒原变良田。1964年盛夏，国家副主席董必武来到北大荒视察，面对麦香千里即兴赋诗："斩棘披荆忆老兵，大荒已变大粮屯。"

3. 将荒郊野岭变成胶园

如果说农垦大军在戈壁滩、北大荒打赢了漂亮的要粮要棉战役，那么，在南国边疆，则打赢了一场在世界看来不可能胜利的翻身仗。

1950年，朝鲜战争爆发后，帝国主义对我国实行经济封锁，重要战略物资天然橡胶被禁运，我国国防和经济建设面临严重威胁。

当时世界公认天然橡胶的种植地域不能超过北纬17°，我国被国际上许多专家划为"植胶禁区"。

但命运应该掌握在自己手中，中共中央作出"一定要建立自己的橡胶基地"的战略决策。1951年8月，政务院通过《关于扩大培植橡胶树的决定》，由副总理兼财政经济委员会主任陈云亲自主持这项工作。同年11月，华南垦殖局成立，中共中央华南分局第一书记叶剑英兼任局长，开始探索橡胶种植。

1952年3月，两万名中国人民解放军临危受命，组建成林业工程第一师、第二师和一个独立团，开赴海南、湛江、合浦等地，住茅棚、战台风、斗猛兽，白手起家垦殖橡胶。

大规模垦殖橡胶，急需胶籽。"一粒胶籽，一两黄金"成为战斗口号，战士们不惜一切代价收集胶籽。有一位叫陈金照的小战士，运送胶籽时遇到山洪，被战友们找到时已没有了呼吸，而背上箩筐里的胶籽却一粒没丢……

正是有了千千万万个把橡胶看得重于生命的陈金照们，1957年春天，华南垦殖局种植的第一批橡胶树，流出了第一滴胶乳。

1960年以后，大批转业官兵加入海南岛植胶队伍，建成第一个橡胶生产基地，还大面积种植了剑麻、香茅、咖啡等多种热带作物。同时，又有数万名转业官兵和湖南移民汇聚云南边疆，用血汗浇灌出了我国第二个橡胶生产基地。

在新疆、东北和华南三大军垦战役打响之时，其他省份也开始试办农场。1952年，在政务院关于"各县在可能范围内尽量地办起和办好一两个国营农场"的要求下，全国各地农场如雨后春笋般发展起来。1956年，农垦部成立，王震将军被任命为部长，统一管理全国的军垦农场和地方农场。

随着农垦管理走向规范化，农垦事业也蓬勃发展起来。江西建成多个综合垦殖场，发展茶、果、桑、林等多种生产；北京市郊、天津市郊、上海崇明岛等地建起了主要为城市提供副食品的国营农场；陕西、安徽、河南、西藏等省区建立发展了农牧场群……

到1966年，全国建成国营农场1958个，拥有职工292.77万人，拥有耕地面积345457公顷，农垦成为我国农业战线一支引人瞩目的生力军。

（三）

前进的道路并不总是平坦的。"文化大革命"持续十年，使党、国家和各族人民遭到新中国成立以来时间最长、范围最广、损失最大的挫折，农垦系统也不能幸免。农场平均主义盛行，从1967年至1978年，农垦系统连续亏损12年。

"没有一个冬天不可逾越，没有一个春天不会来临。"1978年，党的十一届三中全会召开，如同一声春雷，唤醒了沉睡的中华大地。手握改革开放这一法宝，全党全社会朝着社会主义现代化建设方向大步前进。

在这种大形势下，农垦人深知，国营农场作为社会主义全民所有制企业，应当而且有条件走在农业现代化的前列，继续发挥带头和示范作用。

于是，农垦人自觉承担起推进实现农业现代化的重大使命，乘着改革开放的春风，开始进行一系列的上下求索。

1978 年 9 月，国务院召开了人民公社、国营农场试办农工商联合企业座谈会，决定在我国试办农工商联合企业，农垦系统积极响应。作为现代化大农业的尝试，机械化水平较高且具有一定工商业经验的农垦企业，在农工商综合经营改革中如鱼得水，打破了单一种粮的局面，开启了农垦一二三产业全面发展的大门。

农工商综合经营只是农垦改革的一部分，农垦改革的关键在于打破平均主义，调动生产积极性。

为调动企业积极性，1979 年 2 月，国务院批转了财政部、国家农垦总局《关于农垦企业实行财务包干的暂行规定》。自此，农垦开始实行财务大包干，突破了"千家花钱，一家（中央）平衡"的统收统支方式，解决了农垦企业吃国家"大锅饭"的问题。

为调动企业职工的积极性，从 1979 年根据财务包干的要求恢复"包、定、奖"生产责任制，到 1980 年后一些农场实行以"大包干"到户为主要形式的家庭联产承包责任制，再到 1983 年借鉴农村改革经验，全面兴办家庭农场，逐渐建立大农场套小农场的双层经营体制，形成"家家有场长，户户搞核算"的蓬勃发展气象。

为调动企业经营者的积极性，1984 年下半年，农垦系统在全国选择 100 多个企业试点推行场（厂）长、经理负责制，1988 年全国农垦有 60% 以上的企业实行了这项改革，继而又借鉴城市国有企业改革经验，全面推行多种形式承包经营责任制，进一步明确主管部门与企业的权责利关系。

以上这些改革主要是在企业层面，以单项改革为主，虽然触及了国家、企业和职工的最直接、最根本的利益关系，但还没有完全解决传统体制下影响农垦经济发展的深层次矛盾和困难。

"历史总是在不断解决问题中前进的。"1992年，继邓小平南方谈话之后，党的十四大明确提出，要建立社会主义市场经济体制。市场经济为农垦改革进一步指明了方向，但农垦如何改革才能步入这个轨道，真正成为现代化农业的引领者？

关于国营大中型企业如何走向市场，早在1991年9月中共中央就召开工作会议，强调要转换企业经营机制。1992年7月，国务院发布《全民所有制工业企业转换经营机制条例》，明确提出企业转换经营机制的目标是："使企业适应市场的要求，成为依法自主经营、自负盈亏、自我发展、自我约束的商品生产和经营单位，成为独立享有民事权利和承担民事义务的企业法人。"

为转换农垦企业的经营机制，针对在干部制度上的"铁交椅"、用工制度上的"铁饭碗"和分配制度上的"大锅饭"问题，农垦实施了干部聘任制、全员劳动合同制以及劳动报酬与工效挂钩的三项制度改革，为农垦企业建立在用人、用工和收入分配上的竞争机制起到了重要促进作用。

1993年，十四届三中全会再次擂响战鼓，指出要进一步转换国有企业经营机制，建立适应市场经济要求，产权清晰、权责明确、政企分开、管理科学的现代企业制度。

农业部积极响应，1994年决定实施"三百工程"，即在全国农垦选择百家国有农场进行现代企业制度试点、组建发展百家企业集团、建设和做强百家良种企业，标志着农垦企业的改革开始深入到企业制度本身。

同年，针对有些农场仍为职工家庭农场，承包户垫付生产、生活费用这一问题，根据当年1月召开的全国农业工作会议要求，全国农垦系统开始实行"四到户"和"两自理"，即土地、核算、盈亏、风险到户，生产费、生活费由职工自理。这一举措彻底打破了"大锅饭"，开启了国有农场农业双层经营体制改革的新发展阶段。

然而，在推进市场经济进程中，以行政管理手段为主的垦区传统管理体制，逐渐成为束缚企业改革的桎梏。

垦区管理体制改革迫在眉睫。1995年，农业部在湖北省武汉市召开全国农垦经济体制改革工作会议，在总结各垦区实践的基础上，确立了农垦管理体制的改革思路：逐步弱化行政职能，加快实体化进程，积极向集团化、公司化过渡。以此会议为标志，垦区管理体制改革全面启动。北京、天津、黑龙江等 17 个垦区按照集团化方向推进。此时，出于实际需要，大部分垦区在推进集团化改革中仍保留了农垦管理部门牌子和部分行政管理职能。

"前途是光明的，道路是曲折的。"由于农垦自身存在的政企不分、产权不清、社会负担过重等深层次矛盾逐渐暴露，加之农产品价格低迷、激烈的市场竞争等外部因素叠加，从 1997 年开始，农垦企业开始步入长达 5 年的亏损徘徊期。

然而，农垦人不放弃、不妥协，终于在 2002 年"守得云开见月明"。这一年，中共十六大召开，农垦也在不断调整和改革中，告别"五连亏"，盈利 13 亿。

2002 年后，集团化垦区按照"产业化、集团化、股份化"的要求，加快了对集团母公司、产业化专业公司的公司制改造和资源整合，逐步将国有优质资产集中到主导产业，进一步建立健全现代企业制度，形成了一批大公司、大集团，提升了农垦企业的核心竞争力。

与此同时，国有农场也在企业化、公司化改造方面进行了积极探索，综合考虑是否具备企业经营条件、能否剥离办社会职能等因素，因地制宜、分类指导。一是办社会职能可以移交的农场，按公司制等企业组织形式进行改革；办社会职能剥离需要过渡期的农场，逐步向公司制企业过渡。如广东、云南、上海、宁夏等集团化垦区，结合农场体制改革，打破传统农场界限，组建产业化专业公司，并以此为纽带，进一步将垦区内产业关联农场由子公司改为产业公司的生产基地（或基地分公司），建立了集团与加工企业、农场生产基地间新的运行体制。二是不具备企业经营条件的农场，改为乡、镇或行政区，向政权组织过渡。如 2003 年前后，一些垦区的部分农场连年严重亏损，有的甚至濒临破产。湖南、湖北、河北等垦区经省委、省政府批准，对农场管理体制进行革新，把农场管理权下放到市县，实行属地管理，一些农场建立农场管理区，赋予必要的政府职能，给予财税优惠政策。

这些改革离不开农垦职工的默默支持，农垦的改革也不会忽视职工的生活保障。1986 年，根据《中共中央、国务院批转农牧渔业部〈关于农垦经济体制改革问题的报告〉的通知》要求，农垦系统突破职工住房由国家分配的制度，实行住房商品化，调动职工自己动手、改善住房的积极性。1992 年，农垦系统根据国务院关于企业职工养老保险制度改革的精神，开始改变职工养老保险金由企业独自承担的局面，此后逐步建立并完善国家、企业、职工三方共同承担的社会保障制度，减轻农场养老负担的同时，也减少了农场职工的后顾之忧，保障了农场改革的顺利推进。

从 1986 年至十八大前夕，从努力打破传统高度集中封闭管理的计划经济体制，到坚定社会主义市场经济体制方向；从在企业层面改革，以单项改革和放权让利为主，到深入管理体制，以制度建设为核心、多项改革综合配套协调推进为主：农垦企业一步一个脚印，走上符合自身实际的改革道路，管理体制更加适应市场经济，企业经营机制更加灵活高效。

这一阶段，农垦系统一手抓改革，一手抓开放，积极跳出"封闭"死胡同，走向开放的康庄大道。从利用外资在经营等领域涉足并深入合作，大力发展"三资"企业和"三来一补"项目；到注重"引进来"，引进资金、技术设备和管理理念等；再到积极实施"走出去"战略，与中东、东盟、日本等地区和国家进行经贸合作出口商品，甚至扎根境外建基地、办企业、搞加工、拓市场：农垦改革开放风生水起逐浪高，逐步形成"两个市场、两种资源"的对外开放格局。

（四）

党的十八大以来，以习近平同志为核心的党中央迎难而上，作出全面深化改革的决定，农垦改革也进入全面深化和进一步完善阶段。

2015 年 11 月，中共中央、国务院印发《关于进一步推进农垦改革发展的意见》（简称《意见》），吹响了新一轮农垦改革发展的号角。《意见》明确要求，新时期农垦改革发展要以推进垦区集团化、农场企业化改革为主线，努力把农垦建设成为保障国家粮食安全和重要农产品有效供给的国家队、中国特色新型农业现代化的示范区、农业对外合作的排头兵、安边固疆的稳定器。

2016 年 5 月 25 日，习近平总书记在黑龙江省考察时指出，要深化国有农垦体制改革，以垦区集团化、农场企业化为主线，推动资源资产整合、产业优化升级，建设现代农业大基地、大企业、大产业，努力形成农业领域的航母。

2018年9月25日，习近平总书记再次来到黑龙江省进行考察，他强调，要深化农垦体制改革，全面增强农垦内生动力、发展活力、整体实力，更好发挥农垦在现代农业建设中的骨干作用。

农垦从来没有像今天这样更接近中华民族伟大复兴的梦想！农垦人更加振奋了，以壮士断腕的勇气、背水一战的决心继续农垦改革发展攻坚战。

1. 取得了累累硕果

——坚持集团化改革主导方向，形成和壮大了一批具有较强竞争力的现代农业企业集团。黑龙江北大荒去行政化改革、江苏农垦农业板块上市、北京首农食品资源整合……农垦深化体制机制改革多点开花、逐步深入。以资本为纽带的母子公司管理体制不断完善，现代公司治理体系进一步健全。市县管理农场的省份区域集团化改革稳步推进，已组建区域集团和产业公司超过300家，一大批农场注册成为公司制企业，成为真正的市场主体。

——创新和完善农垦农业双层经营体制，强化大农场的统一经营服务能力，提高适度规模经营水平。截至2020年，据不完全统计，全国农垦规模化经营土地面积5500多万亩，约占农垦耕地面积的70.5%，现代农业之路越走越宽。

——改革国有农场办社会职能，让农垦企业政企分开、社企分开，彻底甩掉历史包袱。截至2020年，全国农垦有改革任务的1500多个农场完成办社会职能改革，松绑后的步伐更加矫健有力。

——推动农垦国有土地使用权确权登记发证，唤醒沉睡已久的农垦土地资源。截至2020年，土地确权登记发证率达到96.3%，使土地也能变成金子注入农垦企业，为推进农垦土地资源资产化、资本化打下坚实基础。

——积极推进对外开放，农垦农业对外合作先行者和排头兵的地位更加突出。合作领域从粮食、天然橡胶行业扩展到油料、糖业、果菜等多种产业，从单个环节向全产业链延伸，对外合作范围不断拓展。截至 2020 年，全国共有 15 个垦区在 45 个国家和地区投资设立了 84 家农业企业，累计投资超过 370 亿元。

2. 在发展中改革，在改革中发展

农垦企业不仅有改革的硕果，更以改革创新为动力，在扶贫开发、产业发展、打造农业领域航母方面交出了漂亮的成绩单。

——聚力农垦扶贫开发，打赢农垦脱贫攻坚战。从 20 世纪 90 年代起，农垦系统开始扶贫开发。"十三五"时期，农垦系统针对 304 个重点贫困农场，绘制扶贫作战图，逐个建立扶贫档案，坚持"一场一卡一评价"。坚持产业扶贫，组织开展技术培训、现场观摩、产销对接，增强贫困农场自我"造血"能力。甘肃农垦永昌农场建成高原夏菜示范园区，江西宜丰黄冈山垦殖场大力发展旅游产业，广东农垦新华农场打造绿色生态茶园……贫困农场产业发展蒸蒸日上，全部如期脱贫摘帽，相对落后农场、边境农场和生态脆弱区农场等农垦"三场"踏上全面振兴之路。

——推动产业高质量发展，现代农业产业体系、生产体系、经营体系不断完善。初步建成一批稳定可靠的大型生产基地，保障粮食、天然橡胶、牛奶、肉类等重要农产品的供给；推广一批环境友好型种养新技术、种养循环新模式，提升产品质量的同时促进节本增效；制定发布一系列生鲜乳、稻米等农产品的团体标准，守护"舌尖上的安全"；相继成立种业、乳业、节水农业等产业技术联盟，形成共商共建共享的合力；逐渐形成"以中国农垦公共品牌为核心、农垦系统品牌联合舰队为依托"的品牌矩阵，品牌美誉度、影响力进一步扩大。

——打造形成农业领域航母，向培育具有国际竞争力的现代农业企业集团迈出坚实步伐。黑龙江北大荒、北京首农、上海光明三个集团资产和营收双超千亿元，在发展中乘风破浪：黑龙江北大荒农垦集团实现机械化全覆盖，连续多年粮食产量稳定在 400 亿斤以上，推动产业高端化、智能化、绿色化，全力打造"北大荒绿色智慧厨房"；北京首农集团坚持科技和品牌双轮驱动，不断提升完善"从田间到餐桌"的全产业链条；上海光明食品集团坚持品牌化经营、国际化发展道路，加快农业

"走出去"步伐，进行国际化供应链、产业链建设，海外营收占集团总营收20%左右，极大地增强了对全世界优质资源的获取能力和配置能力。

千淘万漉虽辛苦，吹尽狂沙始到金。迈入"十四五"，农垦改革目标基本完成，正式开启了高质量发展的新篇章，正在加快建设现代农业的大基地、大企业、大产业，全力打造农业领域航母。

(五)

八十多年来，从人畜拉犁到无人机械作业，从一产独大到三产融合，从单项经营到全产业链，从垦区"小社会"到农业"集团军"，农垦发生了翻天覆地的变化。然而，无论农垦怎样变，变中都有不变。

——不变的是一路始终听党话、跟党走的绝对忠诚。从抗战和解放战争时期垦荒供应军粮，到新中国成立初期发展生产、巩固国防，再到改革开放后逐步成为现代农业建设的"排头兵"，农垦始终坚持全面贯彻党的领导。而农垦从孕育诞生到发展壮大，更离不开党的坚强领导。毫不动摇地坚持贯彻党对农垦的领导，是农垦人奋力前行的坚强保障。

——不变的是服务国家核心利益的初心和使命。肩负历史赋予的保障供给、屯垦戍边、示范引领的使命，农垦系统始终站在讲政治的高度，把完成国家战略任务放在首位。在三年困难时期、"非典"肆虐、汶川大地震、新冠肺炎疫情突发等关键时刻，农垦系统都能"调得动、顶得上、应得急"，为国家大局稳定作出突出贡献。

——不变的是"艰苦奋斗、勇于开拓"的农垦精神。从抗日战争时一手拿枪、一手拿镐的南泥湾大生产，到新中国成立后新疆、东北和华南的三大军垦战役，再到改革开放后艰难但从未退缩的改革创新、坚定且铿锵有力的发展步伐，"艰苦奋斗、勇于开拓"始终是农垦人不变的本色，始终是农垦人攻坚克难的"传家宝"。

农垦精神和文化生于农垦沃土，在红色文化、军旅文化、知青文化等文化中孕育，也在一代代人的传承下，不断被注入新的时代内涵，成为农垦事业发展的不竭动力。

"大力弘扬'艰苦奋斗、勇于开拓'的农垦精神，推进农垦文化建设，汇聚起推动农垦改革发展的强大精神力量。"中央农垦改革发展文件这样要求。在新时代、新征程中，记录、传承农垦精神，弘扬农垦文化是农垦人的职责所在。

（六）

随着垦区集团化、农场企业化改革的深入，农垦的企业属性越来越突出，加之有些农场的历史资料、文献文物不同程度遗失和损坏，不少老一辈农垦人也已年至期颐，农垦历史、人文、社会、文化等方面的保护传承需求也越来越迫切。

传承农垦历史文化，志书是十分重要的载体。然而，目前只有少数农场编写出版过农场史志类书籍。因此，为弘扬农垦精神和文化，完整记录展示农场发展改革历程，保存农垦系统重要历史资料，在农业农村部党组的坚强领导下，农垦局主动作为，牵头组织开展中国农垦农场志丛编纂工作。

工欲善其事，必先利其器。2019 年，借全国第二轮修志工作结束、第三轮修志工作启动的契机，农业农村部启动中国农垦农场志丛编纂工作，广泛收集地方志相关文献资料，实地走访调研、拜访专家、咨询座谈、征求意见等。在充足的前期准备工作基础上，制定了中国农垦农场志丛编纂工作方案，拟按照前期探索、总结经验、逐步推进的整体安排，统筹推进中国农垦农场志丛编纂工作，这一方案得到了农业农村部领导的高度认可和充分肯定。

编纂工作启动后，层层落实责任。农业农村部专门成立了中国农垦农场志丛编纂委员会，研究解决农场志编纂、出版工作中的重大事项；编纂委员会下设办公室，负责志书编纂的具体组织协调工作；各省级农垦管理部门成立农场志编纂工作机构，负责协调本区域农场志的组织编纂、质量审查等工作；参与编纂的农场成立了农场志编纂工作小组，明确专职人员，落实工作经费，建立配套机制，保证了编纂工作的顺利进行。

质量是志书的生命和价值所在。为保证志书质量，我们组织专家编写了《农场志编纂技术手册》，举办农场志编纂工作培训班，召开农场志编纂工作推进会和研讨会，到农场实地调研督导，尽全力把好志书编纂的史实关、政治关、体例关、文字关和出版关。我们本着"时间服从质量"的原则，将精品意识贯穿编纂工作始终。坚持分步实施、稳步推进，成熟一本出版一本，成熟一批出版一批。

中国农垦农场志丛是我国第一次较为系统地记录展示农场形成发展脉络、改革发展历程的志书。它是一扇窗口，让读者了解农场，理解农垦；它是一条纽带，让农垦人牢记历史，让农垦精神代代传承；它是一本教科书，为今后农垦继续深化改革开放、引领现代农业建设、服务乡村振兴战略指引道路。

修志为用。希望此志能够"尽其用"，对读者有所裨益。希望广大农垦人能够从此志汲取营养，不忘初心、牢记使命，一茬接着一茬干、一棒接着一棒跑，在新时代继续发挥农垦精神，续写农垦改革发展新辉煌，为实现中华民族伟大复兴的中国梦不懈努力！

中国农垦农场志丛编纂委员会

2021 年 7 月

海南东昌农场志

HAINAN DONGCHANG NONGCHANGZHI

序言

一

海南省国营东昌农场是海南农垦建场最早的农场之一，虽然农场的名字几经改换，体制也几经变化，但国企的性质始终不变；不管遇到哪些影响，干部职工维护国家资产保值、增值的理念始终不变；不管遇到多少艰难曲折，东昌人积极进取努力建设美好家园的信心也始终不变。

东昌农场地处琼东北，这里最早点燃琼崖革命火种，为海南的革命斗争做出过历史性的贡献；这里地平坡缓溪流多，为海南农垦在初创时橡胶育种和栽培的数据收集与实践探索，做出了历史性的贡献；这里的干部职工敢闯敢干，勇于接受新事物，为历次海南农垦的改革承担试点"阵痛"，做出了历史性的贡献。

自1951年建场至2021年，70年来几代东昌人在这片土地上生存和发展，为社会创造了巨大财富，也留下了可资借鉴的经验。

二

纵观海南农垦农场的历史演变，东昌农场的土地面积、企业规模、生产总值等指标都排不上第一梯队。特别是橡胶生产，因近海没有天然屏障防护，风灾频繁；地处琼北，气温偏低，产胶期相对较短；红土壤透水性较差，橡胶单产较低；与垦区中部、西部、南部最宜植胶的地区相比，东昌农场在橡胶生产方面处于劣势。所以在"唯胶独尊""一胶独大"的计划经济时期，东昌农场的干胶总产排名常常是"矮人一截"。干胶产量决定经济总量，劳动生产率的高低决定分配的多少。在这些因素的影响下，企业发展缓慢，至 20 世纪 90 年代初期，东昌农场已成为海南垦区特困农场之一。

为了走出困境，历届农场领导都在寻找办法，但光靠农场自身的力量摆脱困境非常困难。省农垦总局关心着东昌这个海南省最早创建之一的农场的兴衰，于 20 世纪 90 年代中期派出工作组对东昌的困境进行"综合会诊"，作出了调整产业结构、适度减少橡胶种植面积，因地制宜改种其他热带经济作物的决策，并在体制和机制上作了一些调整和改革。这些决策给东昌农场的经营"松绑"，在当时的社会环境下是打破常规的。正是此次产业结构的调整，拉开了东昌农场改革的序幕。至 20 世纪 90 年代末期，省农垦总局又提出垦区橡胶种植业重点向中西部转移的战略决策，东部农场减少橡胶面积，腾出土地来发展热带高效农业。这些决策正好发挥东昌的优势，胡椒、荔枝、地菠萝等热带经济作物就是在这种背景下发展起来的，东昌从此逐步摆脱困境，走向振兴。

三

东昌农场几十年一路走来，有过遭受挫折的困惑，但更多的是获得成功后的喜悦。东昌的发展历程有几条成功经验值得总结。

一是必须坚持党的领导。东昌农场是国有企业，党在企业中的政治引领地位是绝对的。几十年来，虽然体制几经变化，但党的领导始终没有削弱，党委的核心地位始终没有变化，始终能扛起责任的担当。特别是在改革遇到风浪的时期，更有上级党委把舵和护航，航向精准，目标明确，每次都能顺利到达胜利的彼岸。

二是必须坚持改革创新。东昌之所以能摆脱困境走向振兴，首先是因为改革带来的"红利"。因此历次海南省或省农垦总局的部分改革项目把东昌作为试点单位做试验时，东昌虽然要承担一些试验探索过程的"阵痛"，但东昌人还是无怨无悔地接受了。现在东昌农场建立起来的体制机制，都有利于推动企业的发展和职工群众的增收，这无一不体现着改革的成果。

三是必须坚持科技支撑。产业发展，必须坚持科技支撑，这是东昌人经过不断的实践形成的共识。胡椒、荔枝、地菠萝等之所以能较早在东昌实现高产、高质、高收，产业化水平不断提高，特别是胡椒产业成为全省甚至全国的龙头，从种植丰收到加工提质创造"昌农"品牌等，科技起到了关键性的作用。尊重科学，崇尚技术，科技是第一生产力，东昌人喜欢赶这个"潮头"。

四是必须坚持共同富裕。东昌农场是实行"均田制"较早的农场之一，把部分橡胶更新地按劳动力的标准分配给职工种胡椒等作物，分配公开透明、公平合理；其间农场又进行了几次清理土地的活动，把超标、多占的土地收归农场进行第二次分配，使职工人人都有一份产业，只要勤劳，都能致富。可以说，在东昌，没有因多占土地出现的典型暴发户，也没有因没分配到土地造成的绝对贫困户，发展比较平衡，社会因此安定。

四

东昌农场经过多年的改革和加强管理，不但走出了困境，而且成为海南农垦经济效益比较好的企业，发展势头蓬勃。东昌的发展，是经过三代人和十几届领导班子共同奋斗而实现的，每一项成绩，都凝聚着他们的汗水。在新的历史时期，作为长途接力棒的传接人之一，感到非常荣幸，同时也感到重任在肩，工作不能懈怠，也不敢懈怠。

东昌的历史是一部积淀厚重的历史，对东昌的历史，我们心怀敬畏；对为东昌的发展做出了贡献的每一届领导，我们心怀敬意；对敢闯敢干、勇于改革创新的东昌人，我们心怀敬佩。

创业艰辛，守业不易，高起点发展更难。面对着现在的新起点、新要求，作为东昌的新人，我们一定担负起继往开来的责任，弘扬老前辈艰苦创业的精神，学习新时代东昌人敢闯敢干的勇气，不忘初心，不负时光，不忘职责，不负信任，积极进取，努力传接好东昌发展的新一程接力棒！

付谨盛

2021 年 4 月

凡例

海南东昌农场志

HAINAN DONGCHANG NONGCHANGZHI

一、本志以习近平新时代中国特色社会主义思想为指导，全面系统记述海南农垦国营东昌农场的经济以及自然、社会、党群组织等方面的历史与现状。

二、本志按国营农业企业的特点，设自然地理、管理体制、经济概况、党群组织、科教卫文、社会工作等六编二十六章，以及概述、大事记、附录（含英模和先进个人与集体，农场殊荣，传说）等内容。

三、本志详今略古，上限至1951年，下限迄2020年。志中提及的"解放前"或"解放后"，均指海南岛解放日（1950年5月1日）前或后。

四、东昌农场区域解放前属革命根据地，特在第四编第五章中专节记述。主要活动记述涉及农场及农场周围区域，以如实记述琼崖革命无固定区域的历史。

五、本志以记述为主，图、表穿插其中，记述用现代汉语记叙体。

六、本志的具体记述，除大事记为编年体外，其余依事业属性，横排门类，纵述史实。各章节内容归属力求合理，少数章节为了突出事物特色，在归属、序列安排上作特殊处理。

七、本志对机构名称、职务均用当时的称谓，但机构加注今名。纪年均按公元纪年。

八、先进模范人物入志表彰，按时间顺序编排；烈士英名名录按人物去世时间顺序排列；人物事迹一律不立传。

九、志中各类统计数字以上报海南农垦总局和琼山区统计局的数字为准。货币除注明外，均为人民币。计量数字使用阿拉伯数字，一般 5 位数字以上的以万、亿作计数单位。

十、本志资料均源于东昌农场档案的文字资料和访问资料，一般不注明出处。

中国农垦农场志

目 录

第三编　经济概况

第四编　党群组织

第五编　科教卫文

第六编　社会工作

中国农垦农场志丛

概　　述

　　海南省国营东昌农场是海南农垦建场最早的农场之一，也是海南农垦历次改革先行先试的单位之一，在海南农垦农场创建初期的体制示范、生产示范和在海南农垦改革开放时期的体制机制改革、产业结构调整、经济社会发展等方面示范，都有其特殊的地位，做出了历史性的贡献。

一、红色印记

　　东昌农场是以海南琼文地区的农村为基础发展起来的，这是海南农垦琼北地区部分农场的人文特点。追溯历史，在东昌农场这片土地上留下过许多红色的印记，分布着许多革命老区，孕育了一批革命英烈。大革命时期的1926年春，成立后湖村农民协会，组建农民自卫队，开展反帝反封建的农民运动，进行土地革命斗争。抗日战争时期，先后成立"青抗会""农抗会""妇救会""童子军""少年抗日先锋队"等抗日组织和五区常备自卫队抗日武装组织，击毙过日军营长。为了声援抗日，琼崖华侨回乡服务团全体成员大会在树德乡召开；中共琼崖特委曾在树德乡设立总部，并召开特委第三次执委会，这里是琼崖纵队建立和发展比较活跃的地区之一。东昌农场区域在近代海南革命史上留下了光辉的一页。

　　中华人民共和国诞生后，海南农垦创建前夕和创建初期，华南垦殖局局长叶剑英以及国家农垦部部长王震等领导人先后到东昌视察。东昌农场承载着厚重的历史人文。

二、橡胶立业

　　1950年海南岛解放，党中央作出开发海南岛、种植天然橡胶的战略决策，国家开始拨出专款发展橡胶生产。广东省先后两次派员来海南岛调查考察橡胶生产情况，1951年1月，海南军政委员会橡胶垦殖处8人小分队进驻琼山白石溪墟创建琼文橡胶管理所，在琼文橡胶管理所的领导下于1月8日创建美文橡胶场，并从农村调入大批民工参加垦殖工作。当年，定植橡胶 3092 亩①7 万余株。

1952 年 2 月，琼文橡胶管理所撤销，正式建立特种林业海南文昌垦殖所，此为东昌农场前身。

1953 年 3 月，林一师一批官兵和大批广东省支边青年到农场参加建设，拉开了农场加快发展的序幕。

1954 年，农场技术员钟南选用南阳乡华侨锦兴的老胶园内第十号树为母系，选育出橡胶无性系锦兴 10 号，即现在的海垦 1 号。

橡胶立业，是东昌农场建场一开始就确定的发展方向，奠定了产业基础。从 1951 年定植到 1958 年第一批橡胶幼树开割，开割 1064 亩 2.66 万株，当年干胶产量 9 吨。东昌是海南农垦橡胶投产较早的农场之一，至 1959 年已开垦利用土地达到 2.6817 万亩，定植橡胶 79.86 万株；东昌又是海南农垦开垦利用土地最快的农场之一，至 1987 年末，胶园面积为 3.1629 万亩，东昌橡胶发展达到了峰值。

东昌农场地处琼北，地势开阔平坦，场边界距海岸线仅 32～40 公里。地势平坦没有天然屏障，每年夏秋季热带气旋发生频繁，是重风害地区。1952—2011 年，热带气旋影响农场达 60 余次，平均每年有 1～3 次强台风掠过农场，风力 12 级以上的台风有 6 次。每次台风过后，都对热带作物、林木、农作物及房屋、建筑物等造成不同程度的破坏。1953 年首次遭 12 级台风袭击，橡胶苗损失将近一半。此外，琼北地区又是海南冬季气温较低的地区之一，1955 年曾连续出现过 0.3℃ 的低温，野外凝霜，全场 20％胶苗被冻死、冻伤。风灾、寒灾等自然灾害轮番袭击，几十年来，东昌农场的橡胶事业一直在与自然灾害较量中发展。与海南农垦西部风害较少的橡胶高产地区相比，这里的胶园林相残缺，单产较低。但是，东昌人一直坚守不放弃，"橡胶立业"既是历史确定的产业方向，又是农垦人艰苦奋斗的企业精神传承。橡胶园就是精神家园，他们一直在耕耘着，守望着。1987 年末橡胶面积已达到 3.1629 万亩，1987 年中小苗平均围茎增粗 5.6 厘米，创造了琼北地区的新成绩，被广东省海南农垦局、广东省海南农垦工会评为"1981 年度橡胶幼树管理先进单位"。

1988 年后，尤其是进入 20 世纪 90 年代中后期，农场为了加快产业调整步伐，对老化低产胶园实行更新，将部分老胶园更新地分给职工发展自营经济，主要是种植胡椒和荔枝，橡胶面积减少了几千亩。面积虽然减少，但通过加强管理提高了单产，2000 年全场总产干胶达 2000 吨，创农场植胶史上年产胶的最高纪录。2002 年和 2005 年，农场遭受

---

① 亩为非法定计量单位，1 亩≈667 平方米。——编者注

两次强台风的破坏，尤其是 2005 年的"达维"台风，给橡胶造成了严重的破坏，干胶产量急剧下降，当年产干胶仅 1050 吨。但东昌人没有因天灾的破坏而气馁，他们通过强化科学管理，很快抹平了灾痕，橡胶得到较好的恢复，尽管有效割株因风害减少了许多，但 2010 年全场仍产干胶 950 多吨。从 1958 年橡胶首次开割产胶至 2020 年，累计生产干胶 4.3602 万吨，东昌农场当属橡胶农场。

东昌农场发展橡胶事业是历史赋予的使命，并成功地选育了海垦 1 号橡胶品种。

无论是培养与自然灾害做斗争的战天斗地的精神，还是橡胶选育种的科学精神，东昌农场在海南农垦发展橡胶的事业中都做出了积极的贡献。东昌人对于橡胶产业有很深的情结，而且橡胶产业在农场一直是国有经济的重要来源，在很长的一段时间里，无论形势怎样发展，都没有放弃橡胶产业。

三、多种经营

东昌农场作为橡胶农场的建设点，是依据海南农垦创建初期"植胶点先易后难、先平地后山区"的发展策略而确定的。几十年来，虽然在橡胶育种和橡胶管理方面做出了贡献，但因靠北和临海受各种自然灾害的影响，橡胶单产不高，橡胶产业的比较效益较低。但这里地势平坦、土地肥沃，场内沟谷纵横、溪涧密布，是发展热带作物的好地方。

20 世纪 60 年代中叶，农场在快速发展橡胶的同时，根据地理和气候特点开始试种胡椒，初期试种 20 亩，经精心管理获得成功。此后不断总结经验，1978 年发展到 1242 亩。胡椒投产前的时间较短，产品的市价也不低，东昌的职工种植胡椒有热情、有技术，此项产业的发展在东昌有很好的基础。1987 年，东昌农场曾作为海南农垦局推行"三自型"农场的典型，其"自主经营、自筹资金、自负盈亏"的经验在海南农垦局全局推广，自费投入发展新产业，职工比较容易接受。1995 年，在省农垦总局的支持下，一个发展胡椒产业的规划拉开了序幕。农场将老化低产胶园淘汰更新后的土地分给职工，家庭种植胡椒从原来的几十株小数量向数百株、上千株规模发展转变，农场将种植胡椒用地分为开垦地和规划地，并实行收费管理。职工既可直接交租金，也可用收获的胡椒干果抵交。遇到灾害影响收成时，农场对种植户进行地租减免。土地规范使用后，不但管理有序，而且全场年收缴土地使用费上百万元。

2000 年，海南省农垦总局提出橡胶基地发展重点向中西部转移，东部重点发展杧果、荔枝等热带水果和胡椒等热带作物。总局这一战略决策，让东昌农场更加放胆发展胡椒生产，职工发展胡椒的积极性非常高。农场也在土地使用上进行进一步的调整，兼顾公平，均衡发展。此时，东昌农场已基本奠定了海南最大的胡椒生产基地的地位，胡椒产业已取代橡胶产业的地位，成为农场经济的支柱。

随着东昌胡椒知名度的提高，2004 年，农场在胡椒生产方面重点研究引进新科技，创造品牌，提高产品附加值。在理论指导上，农场连续多年请技术人员对职工进行种植管理技术辅导，尤其是 2010 年，农场邀请海南省胡椒协会、华南热带作物学院香料研究所的胡椒专家到农场传授胡椒管理技术，很受职工欢迎，随带的 1000 本胡椒管理书籍在现场就销售一空，表现了职工学习技术的强烈愿望。在生产流程上，农场按照无公害农产品生产基地的要求进行统一的种植管理，保证从基地到市场全过程的无公害。在产品加工上，2008 年农场投资建成胡椒分级、色选初级加工厂，对胡椒进行初级加工，并创造了"昌农"胡椒品牌，使东昌的胡椒附加值大幅度提升，职工从高效农业中得到了最大的实惠。

2019 年以来，海南省农垦投资控股集团有限公司（以下简称海垦控股集团），为了推动胡椒产业发展，完善海垦胡椒产业链，把胡椒产业做大做强，在东昌农场召开胡椒产业整合工作会议，探讨以东昌农场公司为基础，打造具有核心竞争力的海垦胡椒产业品牌产品的问题，彰显了东昌农场公司胡椒的核心地位。海南省农业农村厅领导到东昌农场公司调研，了解胡椒加工流程等情况，并就如何提高东昌胡椒品牌质量，与东昌农场公司负责人进行了交流探讨。与此同时，东昌胡椒加工和包装的新技术也在加快推进，新型环保胡椒加工厂和胡椒加工包装生产线先后建成，品牌已经打响，2020 年 9 月 23 日，东昌"昌农"胡椒首次在天猫平台进行网红带货销售，当晚直播销售 33000 瓶。

东昌进行产业结构调整的另一个项目是荔枝产业，通过多年的实践，职工掌握了荔枝管理技术，并与胡椒一样，按照无公害农产品的要求组织生产，并创建了"裕妃"品牌。东昌成为海南农垦最大的荔枝生产基地之一。

东昌还是菠萝生产基地，产品的生产、采摘、包装等作业流程实现标准化，菠萝产品在市场占有相当的份额。

东昌农场的结构调整，提高了职工的素质，造就了一大批懂技术、善经营、会管理的优秀人才，推动了农场技术进步；拓宽了就业渠道，吸纳了大批剩余劳动力，增加了职工的经济收入，稳定了职工队伍；提高了企业的凝聚力，走出了一条贫困农场带领职工致富的路子。

四、企业改革

体制改革在东昌农场发展史上不断地进行，并且农场多次作为海南农垦改革的试点单位或试点单位之一，为海南农垦农场单位的改革作出了示范。

东昌农场体制改革始于1984年兴办职工家庭农场。按上级的统一要求，农场撤销原生产队一级的核算单位，改为家庭农场对国有土地实行长期承包自主经营、自负盈亏的经济实体。家庭农场通过经济合同，纳入国营农场的经营计划，保持与农场的产、供、销经济关系。家庭农场成员中原属国家职工的，其国家职工身份不变，退职退休福利待遇不变，原工资级别保留不变。当时兴办的职工家庭农场，全场基本普及。

1991—1992年，家庭农场因各种原因，没有继续推行，东昌农场改革任务为转换企业经营机制，全面落实企业经营自主权，完善企业承包经营责任制，建立场长任期目标承包新体制，初步形成激励机制和约束机制，并落实推行劳动保险制度改革。上述改革都与整个农垦改革同步进行。

东昌农场作为海南农垦建场最早的单位之一，有其重要的历史地位。但由于各种原因，进入20世纪90年代，东昌农场经济发展缓慢，成为海南垦区特困农场之一。海南省农垦总局对东昌的困难非常关心，1994年，省农垦总局决定把东昌农场作为海南农垦综合改革试点单位，组成工作组进驻农场，对其历史和现状进行全面、综合的调研，制定了企业产业结构和农业综合开发体制改革、企业产权制度和所有制结构改革、企业领导体制和组织结构改革的综合改革方案，并由省农垦总局全程指导实施。这次改革取得较大突破，产业结构调整方面，适度减少了橡胶种植面积，因地制宜发展热带水果荔枝和热带作物胡椒；经济结构调整方面，新的产业发展全部由职工自费投入，自主经营，自负盈亏。这些改革转变了经济增长方式，实现了管理理念和经营理念的变化，调动了职工的生产积极性，给企业的发展带来了活力，也为海南垦区其他农场的改革提供了可资借鉴的经验。

2008年10月12日，根据海南省委省政府《关于海南农垦管理体制改革的实施意见》，推进"体制融入地方、管理融入社会、经济融入市场"目标，农场完成教育、社保、民政事务移交地方政府管理。

2015年12月16日，《中共海南省委海南省人民政府关于推进新一轮海南农垦改革发展的实施意见》出台，东昌农场又被列为本次改革试点单位，在省民政厅、省国有资产管理委员会（以下简称国资委）工作组及海垦控股集团的统一部署和指导下，开展农场社会职能属地化设居管理及农场公司制改革试点工作。

经过改革，把农场改造为公司制企业，成立海南农垦东昌农场有限公司，农场公司享有企业法人财产权，对海南省农垦投资控股集团负责，融入海垦控股集团的母子公司体系。农场公司按照现代企业制度要求，建立法人治理结构及运行机制；企业管理去行政化，撤销原农场设置的管理人员行政级别，薪酬按市场化运作；确定了土地分类处置方式，推进土地资源资产化资本化。农场社会职能剥离移交政府管理，成立东昌居，模拟政府运作。人员分流和安置工作同步推进，保证了改革的稳定。

东昌农场作为海南农垦深化体制改革的试点单位，干部职工为改革忍受了"阵痛"，承担了代价，付出了辛劳，总结了经验，作出了示范。几年来，先后有国土资源部、中央政策研究室、中央改革办、农业农村部的领导或部门领导到东昌农场考察调研。海南省委副书记、省深化海南农垦管理体制改革领导小组组长李军，值全国深化农垦改革现场推进会在海口举行之际，率领全国农垦代表百余人参观考察了海南农垦东昌农场改革试点情况。中央电视台、新华社、中新社、《中国青年报》、央广网（《北京时间》）等主流媒体组成的"央媒采访团"到东昌农场公司作主题采访报道，向全国推介东昌。

五、改善民生

民生问题，是职工群众最关心、最直接、最现实的利益问题。进入21世纪以后，随着企业经济效益的好转和职工收入的提高，东昌农场加大投入，改变人居环境，让东昌人有更多的获得感、幸福感。

自2000年起，农场以改造场部为起点，大动作、大手笔改造环境，建设民生。请农垦设计院对场部白石溪镇按现代小城镇的要求重新规划设计。首先，整治白石溪河，建成全长1000米的两条河堤，堤上植树种草，拓宽河床，清污排垢，使白石溪环境卫生差的状况大为改善，面貌一新。接着，集资兴建机关、直属干部职工住房76套；投资建起一座3层高的具有地方特色的现代化办公大楼，并新修了农场场门；改造大会堂和招待所等公共设施，架设高杆路灯，实现亮化；植树、种花、铺草皮，实现绿化。

场部白石溪地区自古以来就是一个商品集散地，商业活动比较活跃。在进行场部改造的同时，在场部的中心地带建起了一个面积2800平方米的多功能农贸市场，摊位达280多个。农贸市场宽阔明亮、管理有序，与之相配套的服务功能也日渐齐全。不但解决了农场职工商品交易难的问题，而且还吸引了周边众多的商贾、小贩来这里经商。仅仅经过一年多的整治和建设，白石溪中心城镇的地位就显现出来。面貌日新月异，小城镇的人气逐渐兴旺，到2000年末，白石溪镇共有常住人口501户4000余人，私人楼房的建筑面积达到了 4.778 万平方米。2001 年 4 月 20 日，省农垦总局小城镇建设经验交流会在东昌召开，200 多名农场场长书记现场参观后一致认为，东昌的经验值得借鉴。

2000 年是东昌农场大手笔改善民生的开始，为人民办了实事就会受到人民的拥护，也为领导执政提供了群众的支持。2005 年以来，农场又提出实施"民心、安居、环境、亮丽、文化、市场"六大工程，进一步加大投入，新建场部小城镇水塔和改造职工危房，继续完善基础设施和扩大居民区的建设，占地 1300 多平方米的"东昌文化公园"也交付使用。特别是 2008 年年底启动"雅昌花园"职工居住小区建设，更是以较高的起点、较完善的设施、较低的价格成为东昌民生工程的样板。至 2020 年底，"雅昌花园"小区已建成各种类型的民居 288 套，让职工买得起、住得下，生活舒适。全场其他居民点的新居建设也全面铺开，累计投入资金 1.8 亿元。已有 65％的职工住上了新建的楼房。

在继续改善基本生活条件的基础上，东昌农场各类民生工程也在同步建设，使职工群众得到更多实惠。一是提高保障水平。加大对困难群众帮扶力度，完善养老保险、合作医疗、社会救助等社会保障体系，做到事事有人管、件件有着落。特别是不断建设完善集居住、饮食、医疗卫生和后勤服务保障等为一体，生活设施配套的敬老院，达到敬老、养老、疗养"三院合一"，是全省规模较大、水平较高的敬老院之一。接收东昌农场和周边农村的常住五保户孤寡老人 50 多名，敬老院成为东昌农场甚至海口琼山区发展民生的品牌之一。二是提高收入水平。随着生产发展和企业效益的提高，东昌农场干部职工的收入年年都在增长，2011 年职工的收入比上一年增长 22％，超过省农垦总局提出的增长 20％的目标水平。三是提高健康水平。新建医院门诊综合楼，购置一批医疗设备，消除了农场职工的看病难之忧；干净的自来水送到了各家各户的灶头，让职工群众喝上干净水，吃上安全食品，保证职工身体健康的机制逐步形成。四是提高出行水平。经过几年的不懈努力，至 2011 年，全场 30 多个生产队和 90％并场村实现了村村通水泥公路，道路里程达 110 公里，纵横交错的路网格局使群众出行难、农产品运输难成为历史。

特别是 2016 年社会职能移交地方政府管理后，政府加大对东昌居民生建设的投入，大规模进行乡村道路的硬化、桥梁的修建，更换路灯，使民众的出行更加方便；改造环境，拆除违法建筑，增设公共设施，使民众的生活质量大幅提高；新建幼儿园，加强东昌学校的硬件和软件设施建设，使教育条件得到更大的改善；扩建医院门诊楼，增设病床，新建 3 个基层居民医疗卫生所和一家农村老年人日间照料中心，使民众的医疗有更好的保障；引进环卫公司，推广先进的清洗机械设备，使东昌居和周边农村环卫保洁实现产业化，村容村貌整洁靓丽。4 年来，政府在东昌居民生建设方面的投入达到 7500 多万元，进一步增强民众的获得感和幸福感，安居乐业成为实实在在的名词。

六、发展人文

建设优美的人居环境，是东昌的一个亮点；而塑造文明人，更是东昌的一个亮点。

走进场部所在地白石溪镇，在一条长约 2 公里的中心大道，可以看到无论是新的还是旧的公共设施都完好无损；在场部侧边的农贸市场，可以看到收摊后卖剩的果蔬或杂货无需人看管，待次日揭开盖住的塑料布就可开卖。这一在海南城乡罕见的现象，折射出东昌地区的淳朴民风。

文明，源自文明的地域。东昌农场地处琼文腹地，琼文地区文化发达，人们勤奋斯文，人才辈出，古今都是海南最文明的地区之一。文明，源自后来者的继承和发展。兴学重教，传播知识，培养良好的场风、民风，建设文明企业是一代代东昌人付出的心血。

1952 年东昌农场创建时期，就开办第一所初级小学，对后代的教育培养，领先于其他一切事业。东昌农场历史上在垦区属比较贫困的农场，但"再苦也不能苦孩子"，这一理念却一直贯穿于东昌的发展历程，并屡创优绩。1985 年，东昌农场被广东省人民政府授予"普及中学教育先进单位"称号；三区小学荣获国家农牧渔业部授予的"全国系统教育战线先进单位"称号；三区小学少先队大队部先后被海南农垦局、海南行政区、广东省评为"少先队工作先进集体"；八队幼儿园被海南区妇女联合会评为"托儿工作先进单位"。从幼儿教育到小学教育再到中学教育，系统全涵盖；从地区级到省级再到国家级，级级获优秀。知识传播，从基础抓起；教书育人，从孩子启行。

激励成才，奖励培优。1989 年是东昌农场经济最困难的时期之一，但奖励教书育人的方案也是在这一年开始。农场子弟从小学、初中毕业考入重点中学的，学校、学生皆受奖；2004 年、2007 年在农场经济好转时，两次修改奖励方案，奖励金额不断攀升。自2007 年起，从农场中小学考上市、县重点中学的，每名考生分别获得 5000 元、4000 元奖励。为了不让任何一名考上大学的贫困生失学，东昌农场还成立奖学助学基金会，让爱心人士行善有目标，让真正的贫困生上学有资助，以此成为一种文明的风尚。

兴学重教，尊师爱生，十年树木，百年树人。一批批品学兼优的子弟从东昌子弟学校走出，走出了 3 名清华大学的学子，走出了 3 名留美博士，走出了 1 名中国科学院院士……一批批接受社会大课堂陶冶后学有一技之长的子弟又从外地回来，继承、开拓事业，东昌的生产第一线活跃着、成长着许多东昌的"新生代"。

东昌农场不但重视普通教育，而且也十分重视职业教育。函授、农广、法制、文化等教育学习活动在职工中从不间断，农场历届领导舍得投入，学习有针对性，每种教育学习活动参加的人数都会超过预期。东昌农场公司"职工书屋"被中华全国总工会授予"全国职工书屋"称号，并颁发了牌匾和赠送价值3.3万元的690多册新书籍。

关心下一代的健康成长，是东昌农场新时代发展人文的突出特点。东昌农场关心下一代健康成长的工作由农场关心下一代工作委员会（以下简称关工委）承担。长期以来，农场党委非常重视关工委的工作，在人力、物力上给予支持。特别是在农场实行公司化改制后，农场公司党委创新关工委工作机制，把关工委工作和党建工作结合起来，将关工委组织挂靠在党群组织部门，建立关工委支部工作群，以党的领导全力推动各项工作的落实；加强关工委队伍建设，建立以老干部、老战士、老专家、老教师、老模范"五老"为主体的工作团，实行学校、家庭及社会联动教育方式，形成教育合力；工作经费列入年度预算予以保证，使关工委的工作做到有领导班子、有工作团队、有办公场所、有工作制度、有工作经费、有联动保障，对青少年的教育工作实现常态化、制度化，并取得了良好的效果，得到社会各界好评及广大家长的认可。2019年，被海垦控股集团关工委授予"关心下一代工作先进集体"称号；2020年，荣获"全国关心下一代工作先进集体"，是海南垦区唯一得此殊荣的单位。

正是东昌农场长期形成的自觉受教育的传统和勤学习、爱读书、促成才的人文环境，造就了文明的人群、平安的社区、和谐的社会。

七、初心如磐

1952年初，东昌农场从一个由8人组成的小组开进白石溪耕下了建场垦荒第一犁起，白手起家；经过几十年的奋斗，已建设成为海南垦区体制机制充满活力、经济总量达到垦区中型企业格局、经济社会发展比较均衡的农场。

历史在发展，社会在前进。以2016年企业改制为标志，东昌进入了新的历史时期。在新的历史时期，东昌人把握企业改制、社会职能剥离的有利发展机遇，勇于担当，善于担当，协力齐心，开拓进取，进一步进行企业内部机制创新，各项工作有序推进。几年来，既抓土地规范管理，又抓产业升级发展；既抓产品开发提质，又抓市场营销开拓；既抓招商引资扩大外延，又抓加强内控确保扭亏保盈目标落实；既打项目管理仗，又打经济翻身仗；既抓党的建设，又情系职工。改革发展的大事一件接着一件办，并确保干一件成一件，经济社会发展不断出现新的亮点。2020年，东昌农场公司产业发展取得历史性突破，经营总收入、总利润、职工劳均收入等主要经济指标创历史新高，党的建设和社会事业开创新局面。

2020 年，是东昌历史发展的节点，也是发展里程碑。站在新的起点上，东昌人表示，历史的接力棒传到了我们这一代人的手上，我们要记住历史、记住前人创业的艰辛，今天面对着波澜壮阔的新时代，要初心如磐，使命在肩，在习近平新时代中国特色社会主义思想的指导下，坚定不移推进乡村振兴战略的实施，再创东昌事业新辉煌。征途不能懈怠，担当未有穷期，东昌事业发展永远是"进行时"。

大 事 记

● **1926 年** 春季，在中央农运部特派员林诗谦指导下，成立后湖村农民协会。

冬季，中税、白石溪、大坡等乡成立农民自卫队。

● **1939 年** 是年，日军一名营长在树德被后湖村林志仁等人击毙。

是年，白石溪地区先后成立"青抗会""农抗会""妇救会""童子军""少年抗日先锋队"等抗日组织和五区常备自卫队抗日武装组织。

● **1940 年** 6 月 19 日，琼崖华侨回乡服务团全体成员大会在琼山县（今琼山区）树德乡文林湖村召开。

● **1941 年** 2 月，美和事变后，琼崖特委总部从美和东移到树德，15 日特委在树德召开特委第三次执委会。

● **1943 年** 是年，五区常备自卫队编入琼山县武装支队。

● **1951 年** 1 月，海南军政委员会橡胶垦殖处 8 人小分队进驻白石溪墟组建琼文橡胶管理所。

1 月 8 日，成立美文场。

冬季，华南垦殖局局长叶剑英等领导人到琼文橡胶管理所视察。

是年，从农村调入大批民工参加垦殖工作。

是年，定植橡胶 3092 亩 7 万余株。

● **1952 年** 2 月，琼文橡胶管理所撤销，正式建立特种林业海南文昌垦殖所（为东昌农场前身）。

11 月，文昌垦殖所迁址高隆，所长冼书敬，同时建立东银垦殖场（后称 3002 场），动员文昌县（今文昌市）大批民工来场斩山挖穴种橡胶。

是年，定植橡胶 9008 亩 21 万多株。

● **1953 年** 1 月，林一师一批官兵和大批广东省各地区的支边青年到农场参加建设，同时建立蛟南垦殖场（3003 场）、企路垦殖场（3004 场）。

8 月，12 级台风袭击农场，橡胶苗损失将近一半，民工茅草房大部分倒塌。

11月，海南农垦调整、整顿（史称"大转弯"）。全场近80％工人（大多海南籍）遣送回原籍。

● **1954年** 3月，文昌垦殖所更名为海南垦殖分局文昌垦殖场，场部迁往文昌县新桥墟，东银、蛟南改称作业区，撤销企路垦殖场。

8月，第五作业区推行生产作业计划试点。

8月底，召开统计工作会议。

是年，农场技术员钟南选用南阳乡华侨锦兴老胶园内第十号树为母系，选育出橡胶无性系锦兴10号，即现在的海垦1号。

● **1955年** 1月11日，出现数十年来最大寒流，最低温度达0.3℃，野外地面凝霜0.2厘米，全场20％胶苗被冻死、冻伤。

春季，开展企业化运动，加强经营管理，提出"以短养长"的生产方针，开始大种香茅。

8月，文昌垦殖场更名为东昌垦殖场，场部又迁回白石溪墟。

10月，农场由事业单位转为企业单位，国家经济扶持方式由拨款改为投资，简称"拨改投"。

是年，农场造林近万亩。

是年，农场第一家工厂——年产24吨的香茅油加工厂动工兴建。

是年，开展肃反运动。

● **1956年** 1月，出台《农林牧业技术措施》。

夏季，东银、蛟南、企路土地划归东山垦殖场（与之交换，原东山垦殖场的赞统、树德、加东岭划归东昌垦殖场）。

8月10—13日，农场第一次先进生产（工作）者会议召开，出席代表216人。

8月，编制印发《1953—1967年国营垦殖场长远计划草案》及《1956—1962年全面规划方案》。

11月21日，召开植保工作培训班，共有25名学员参加培训。

11月，在美文区一队进行区域管理计件工资试点工作。

是年，农场加强橡胶管理，开展除茅灭荒和胶园覆盖化（种植葛藤等植物）生产运动。

是年，全场开展增产节约运动，反对铺张浪费。

是年，农场被评为海南区二等全面先进农场。

● **1957 年**　4 月，东昌垦殖所更名为国营东昌农场。

是年，农场在草塘旁边兴建"万头"猪场。

是年，农场香茅油加工厂投产，当年产量 4475.5 公斤。

● **1958 年**　3 月，苏联畜牧专家考察团一行 6 人到农场考察万头猪场。

11 月，国家农垦部部长王震率领密山农垦局丹江文工团到农场视察和慰问演出。

是年，全场开展"胶园梯田化"生产运动。

是年，广东省副省长李嘉仁到农场视察，同行的有工程师何施仁等人。此后，何施仁等人帮助农场在白石溪建起一座 12 千瓦的水电站。

是年，农场第一批定植橡胶幼树开割，开割 1064 亩 2.66 万株，当年干胶产量 9 吨。

● **1959 年**　1 月，农场农械厂动工建设，当年竣工。

7 月，农场香料油加工厂动工，当年竣工，年产能 18 吨。

7 月，农场淀粉加工厂动工建设。

12 月，农场浓缩胶乳加工厂动工建设。

是年，华南四省（广东、广西、云南、福建）橡胶考察团到农场参观、考察。

是年，农场试行二级成本核算与财务包干管理。

● **1960 年**　2 月，国家农垦部部长王震率领广东省军区荣誉军人代表团来农场视察指导工作。

3 月，永昌村民损坏本场胶树，占用树德作业区 18.34 林段 35 亩土地。

8 月 25 日，农场把文昌境内的大昌和美文、南阳的土地划出，分别扩建东路农场、南阳农场和文昌橡胶研究所。农场保留树德、赞统、白石溪、中税和加东岭的土地，并更名为国营大坡农场。

9 月 1 日，农场正式划入琼山县域内。

10 月 1 日，举办全场体育运动会。

12 月，举办教师短期培训班。

是年，农场橡胶加工厂建成投产。

是年，归侨工程师关炳贵、技术员关毓华利用废料制成 8 台电动钻床，为农场创 5 万多元价值。

是年，农场成立党委，下设总支 5 个，支部 21 个。

● **1961 年** 7 月 20—22 日，农场第一届职工代表大会（以下简称职代会）召开。

8 月，国营大坡农场第一届团员代表大会（以下简称团代会）召开。

8 月，组织 60 名民兵进行军用 79 步枪射击比赛。

9 月 1 日，农场在"三包一奖"评级定级基础上实行割胶计件工资。

9 月 26—29 日，国营大坡农场第一届党代会召开。

9 月 5 日，农场正式成立党校，举办了第一期培训班。

是年，农场首次向国家上缴利润 48.2 万元。

● **1962 年** 1 月 1 日，出台《国营大坡农场计划管理暂行办法（草案）》。

10 月，撤销作业区党总支，改为作业区党支部，生产队党支部改为党小组。

11 月 27 日，琼山县委热带作物部部长王琨参加农场职代会并讲话。

是年，贯彻中央对国民经济"调整、巩固、充实、提高"方针，精简辞退职工 288 人。

是年，铺设电话线路 26 公里。

● **1963 年** 3 月，农场印发《关于宣传和学习雷锋同志的通知》。

4 月，制订《国营大坡农场（1963—1972 年）长期发展规划》。

7 月 31 日、8 月 15 日、9 月 6 日，农场遭到 3 次强台风袭击，共有 5.1032 万株橡胶树被刮倒、裂干、断干，占全场橡胶树总数的 12%，干胶损失 33.086 吨，毁坏房屋 141 幢共计 1.4821 万平方米。

10 月，海南农垦局通过《广东省国营大坡农场设计任务书》，规划到 1977 年植胶面积达到 2.5 万亩，每年为国家提供胶乳 1447.63 吨、咖啡豆 5 吨，年生产总值 677.5122 万元。

10 月，全场赞统、中税、白石溪、蓬莱（加东岭）、树德 5 个作业区并为赞统、中税、加东岭 3 个作业区。

是年，农场开展以反浪费为中心的增产节约运动。

● **1964 年** 1 月，接受东路农场真正坡队职工 85 人。

3 月，接受三门坡农场职工调入 99 人。

5 月 15 日，湛江农垦文工团到农场慰问演出。

6 月，基建队 2 名职工遭雷击受伤。

7 月，经广东省人民政府批复同意，正式确定农场版图。

9 月，农场取消作业区建制，实行场对队直接管理。

10 月 20 日，赞统一队改为赞统队、赞统二队改为西湖队、赞统三队改为树德队、加东岭一队改为加东岭队、加东岭二队改为蓬莱队。机务科、综合厂、机耕队三个单位合并成立机运科。

● **1965 年** 3 月，印发《1965 年橡胶生产技术措施草案》。

6 月，开展社会主义教育运动（即"四清"运动：清政治、清经济、清思想、清组织），至 1966 年 9 月结束。出版《四清简讯》23 期。

6 月 17—27 日，第一期学习毛主席著作骨干训练班开班，共 93 名骨干参加训练。

12 月，成立农场企业管理革命化办公室，由农场"四清"工作分团领导，办公室主要工作是贯彻农垦部五条指示和农垦部党组关于改革农场经营管理制度的十六条规定。

● **1966 年** 5 月底，农场开展"文化大革命"运动。扫"四旧"而刮起改名风，各队名称均冠以"革命"字意。至年底，加东岭、蓬莱、中税、中税园、树德、西湖、赞统、大边、白石溪（曾名东风）等全场 9 个生产队分别改为红岭、红峰、红岩、红山、红群、红湖、红建、红星、红卫。新建的 3 个队分别称为红旗队、红英队、红坡队。白石溪大队称为红石溪大队。

是年，琼山县大坡公社白石溪大队由农场代管，为集体所有制。

● **1967 年** 5 月，农场建设一座气象站。

6—12 月，组织基干民兵军事训练，参训民兵 478 人。

8 月 13 日，从珠碧江农场调来汕头青年 39 人。

是年，文昌县提交修建白石溪至竹包水库引水渠报告，按协议，引水应以保证农场生产生活用水为前提。

● **1968 年** 3 月，大坡农场革命委员会成立，至 8 月底，各基层单位也都成立了革命委员会。

是年冬，农场接收广州、海口等地上山下乡知识青年 127 人，主要是广州第三十五中学学生，他们当中，男性 77 人，女性 50 人，年龄最大者 21 岁，最小者仅 15 岁。到 1977 年全场共接收知识青年 1233 人，1978 年后落实政策陆续回城，到 1990 年全场仅剩 6 人。

1969 年 3 月，农场改制为广州军区生产建设兵团第一师第二团。

4 月 4—10 日，召开第一次"活学活用毛泽东思想积极分子"代表大会，与会代表 210 人。

9 月，生产队改为兵团连队建制。红建、红旗、红湖、红英、红群、红卫、红坡、红岭、红峰、红岩、红山、红星等生产队依次编为 1 连至 12 连，新建的新昌队改为 13 连，原医院改为卫生队。

1970 年 1 月，新组建 14 连、15 连。

9 月，第二团武装连成立，武装民兵 206 人。

10 月，表扬抗风救灾斗争中先进单位及个人。

10 月 29 日至 11 月 2 日，召开第二次"活学活用毛泽东思想积极分子"代表大会。

是年，农场接收安置兴宁县、梅县退伍军人。

是年，农场建立保密委员会。

1971 年 2 月 26 日至 3 月 2 日，广州军区生产建设兵团第一师第二团第一次党代会召开。

3 月，广东省海南地区革命委员会批复同意将大坡地区 1.8655 万亩土地划给农场种植橡胶。

10 月 11 日，兵团在一连召开"抓革命、促生产、促工作、促战备"誓师大会。

10 月，动工建设砖木结构食堂兼礼堂，面积 497 平方米，于 1972 年 1 月完工。

是年，新组建 16 连。

1972 年 2 月 6 日，一辆运送胶水汽车车速过快，在海榆东线 61.5 公里处翻车，造成 14 人受伤，其中，骨折重伤 2 人，胶水损失 592 公斤。

11 月 8 日，第 20 号强台风袭击农场，68％橡胶树倒折，90％职工房舍倒塌、刮顶，2 人死亡，风后的 1973 年干胶比 1971 年减少 220 吨。

是年，白石溪至文昌东路水库引水渠动工修建。

1973 年 3 月 5—6 日，召开广州军区生产建设兵团第一师第二团第一届妇女代表大会。

11 月，干部职工调整工资，到次年 2 月结束，属调资范围职工 1169 人，实调资 1045 人。

12 月 17—19 日，召开广州军区生产建设兵团第一师第二团第四次兵团战士代表大会。

是年，白石溪黑石村水力发电站兴建。

● **1974 年** 4 月 26 日，召开知识青年代表会议。

10 月，撤销生产建设兵团建制，复称国营大坡农场。重新设立作业区，实行场、区、队 3 级管理，兵团前按地名命名赞统、中税、蓬莱、新昌 4 个作业区改为按序号命名设立 1 区、2 区、3 区、4 区。

● **1975 年** 2 月 15 日，召开大坡农场第一次职代会。

3 月 26 日，召开上山下乡知识青年先进集体、积极分子代表大会。

5 月，设立第五作业区，代管白石溪大队。

8 月，大坡农场业余大学开班，设政治理论、橡胶栽培两个专业，学制一年。

是年，组织人员参加三江围海造田。

● **1976 年** 1 月 5 日，中共琼山县委批复同意大坡农场成立中共国营大坡农场委员会，符国棣为党委书记。

是年，新组建 17 队。

是年，筹建大坡农场法庭。

● **1977 年** 3 月 1 日，琼山县大坡公社白石溪大队、中税大队所属 9 个生产队并入农场。

是年，全场组织开展"四田"（种子田、试验田、样板田、高产田）活动。

是年，建设草湖蔬菜基地和里平花生基地。

● **1978 年** 1 月 10 日，召开 1977 年度农业学大寨先进单位、先进生产（工作）者代表大会。

4 月，农场开始自产自销冰棍、雪糕、冰块等。

是年，全场实施"五定一奖"（定岗位责任制定人员、定产量、定林管作业、定技术措施、定工资物资消耗、超产奖励）岗位责任制。

是年，农场开始在 14 队、6 队建设茶叶苗圃。

是年，农场成立教育科，原宣教科改为宣传科。

是年，开始对在"四清"运动和"文化大革命"中受处分人员进行复查甄别。到 1980 年结束，共复查案件 87 宗，其中，8 宗属冤假错案或处理不当，按政策给予平反。

1979 年 2 月，广东省农垦总局文件《关于农场职工家庭副业若干问题的规定》下发，明确指出家庭副业是社会主义经济必要补充，农场鼓励职工在工作之余发展副业。

9 月，恢复农场工会。

11 月，农场民兵团被海南军区授予"武器装备四无"单位。

是年，海南军区副司令员马白山、张世英到农场考察民兵"三落实"工作。

是年，扩建标准胶厂，设计日加工鲜胶 40 吨。

是年，国营大坡农场被广东省人民政府授予先进单位光荣称号。

是年，国营大坡农场被农垦部授予先进集体光荣称号。

1980 年 5 月 7 日下午 3 时 30 分，因土地纠纷，大坡大队老村、昌口、美占、大垦 4 个生产队 50 名社员，手持机枪、步枪、刀棒等包围 4 队行凶闹事，造成 1 人死亡、2 人重伤的流血事件。

是年，农场启动从牛路岭水电站拉线接电工作。

是年，农场推广发展胶茶间作。

是年，农场粉厂投产，当年加工生产米粉 4 吨、豆腐 15 吨。

1981 年 2 月，以场机工科、供销科为基础建立农场农机公司、基建公司和供销服务公司。

3 月，全场开展第一个"文明礼貌月"活动。

5 月，松涛水电站开始向农场场部及附近生产队输送电力。

9 月，琼山县大坡公社新峰、曙光等 8 个大队的 50 多个生产队和甲子公社的加东岭并入农场。农场组建了第六作业区和 24 队至 43 队。

9 月，大坡农场中心学校分为大坡农场中学与大坡农场中心小学。

是年，农场投资 10 万元建设一座有 2600 个座位的露天影剧场。

是年，农场被海南农垦局、海南农垦工会授予"1981 年度橡胶幼树管理先进单位"。

1982 年 1 月，农场第六届职代会一次会议通过《国营大坡农场场规》和《国营大坡农场计划生育条例》。

2月27日，农场召开先进单位、先进生产（工作）者暨工会积极分子、三八红旗手、五好家庭代表大会。

6月，农场农机公司、建筑公司、供销服务公司撤销，分别建立机运科、基建科、供销科。

● **1983 年** 4月初，中央农业广播学校副校长叶石到农场视察场办农业广播学校教学班。

6月1—3日，海南农垦第三届中学生田径运动会在场中学运动场举行，共有42个代表队参加了比赛，场中学代表队获团体总分第三名。

7月1日，农场茶叶加工厂建成投产。

是年，农场19队工人、印度尼西亚归侨周月英当选为第六届全国人大代表。

是年，海南农垦局首项橡胶加工废水处理工程在农场竣工投产，日处理橡胶加工废水150吨。

● **1984 年** 1月，工程师符史潭主持设计的乳胶大块凝固凝块切条试验获广东省农垦总局科技成果奖二等奖。

3月，农场开始试办家庭农场，到12月底，全场共建立2712户家庭农场，占应办家庭农场总户数的97.1%。

9月，农场制定1981—2000年生产建设规划。

9月，农场实行体制改革，基建科、机运科分别改为基建公司、工业公司，供销科分为供销公司和商贸公司，新成立联营公司。

11月4日，原机运科所属修理厂组建为修理公司。

是年，农场参加广东省农垦总局举办的群众性长跑比赛，荣获团体总分第一名，被广东省体育协会授予"群众性长跑运动先进单位"。

● **1985 年** 4月，农场第四水电站兴建。全场发电量达到150万度，不但自给有余，而且还有外售。

● **1986 年** 2月27日，农场撤销联营、供销、工业、基建4个公司，分别成立职工服务站、供销科、工业运输科、基建科。

3月28日上午，武装部干事韩裕畴在指导民兵投实弹训练时，发生意外爆炸，他用自己的身体庇护同志负重伤，受到嘉奖。

3月，木材加工厂引进海南热作两院"橡胶木改性防腐"新技术制作家具获得成功。

4月，垦区红明、东岭、中瑞、金安、西达等12个农场学校的300余人到场3区学校参观学习。

10月27日，琼山县人民政府发文批准不愿意并场的赞统，坡头，永昌一、二队，树德墟等6个队从农场划出，归大坡公社树德大队管辖。

10月，农场技术员陈飞雄参与的胶茶人工群落试验荣获中国科学院科学技术进步一等奖。

12月23日，白石溪小镇整治工程动工，此次整治按总体规划进行。

12月23日，农林部副部长张林池一行5人到农场视察立体农业和胶茶间作人工群落试验区。

是年，农场教师薛强、王世民分别创作的《书签》《红领巾办起图书角》，荣获中国少年儿童报社举办的"勤巧小队友谊赛"征文一、三等奖。

● **1987年**　2月6日，成立农场科学技术协会。

2月22日，农场取消31队和42队。

6月5—6日，海南农垦局在农场召开家庭农场现场会，推广农场"三自型"（自主经营、自筹资金、自负盈亏）经验。局党委书记符气鸿及垦区17个农场领导50人参加了会议。

6月7—12日，海南农垦局推行场长（厂长）负责制试点学习班在农场召开。局党委书记符气鸿主持学习班，农场及南林、农垦农具厂等5个试点单位领导32人参加学习。

9月，农场在1区3队首次发现六点始叶螨为害橡胶树。

是年，3区学校、6区小学参加中国少年儿童报举办的"全国勤巧小队友谊赛"分别荣获一、二、三等奖。

● **1988年**　2月16—21日和3月2—16日两次低温，导致橡胶开割时间推迟一个多月，造成全年干胶减产近百吨。

5月，成立海南农垦大坡中学团委。

6月，广东省国营大坡农场改名为海南省国营大坡农场。

7月，农场集资兴建35千伏变电站投入使用，成为省供电公司直供户。

8月，农场23队并入17队。

8月，成立国营大坡农场建筑公司。

11 月，农场商贸公司并入供销公司。

1989 年 5 月 6 日，撤销工业科，成立海南省农垦大坡工业总公司，辖农场下属各公司工厂。

是年，开始推行生产队目标承包经营责任制，取消职工家庭农场经营方式。

是年，开展"大坡改革与发展"教育活动，确立"团结、创业、求实、奉献"为大坡农场企业精神。

1990 年 5 月，部分地区发生蝗虫害，密度达每平方米 30～49 只，经过灭蝗队 15 天的喷药防治，蝗虫基本消灭。

7 月 1 日零时，开展第四次全国人口普查工作。此次人口普查结果显示，全场总户数 3224 户，总人口 1.2064 万人，其中，男性 6159 人，女性 5905 人。

8 月，启动白石溪革命烈士纪念碑、纪念亭捐款倡议。

11 月 20 日，白石溪革命烈士纪念碑动工建设。

是年，开展评选"人民公仆"活动，共有 8 名干部被评为"人民公仆"。

1991 年 2 月 28 日，农场召开第十届职代会。

3 月 30 日，白石溪地区革命烈士纪念碑建成揭幕仪式在农场举行，副省长王越丰，原海南军区副司令员马白山、张发华，琼纵老战士王昆、王若夫，琼山县、文昌县有关农场、乡镇负责同志 2000 余人参加了揭幕仪式。

6 月底，组织开展"入党这些年"演讲比赛活动，采取党支部初赛、党总支进阶赛及农场党委总决赛制，参加演讲党员达 90%。

8 月 6 日，白石溪风景开发区举行开工仪式，该开发区占地 850 亩，以藏族文化为主，计划投资 2100 万元。

8 月 16 日，第 11 号强台风袭击本场，持续 9 个小时，最大风力 12 级，造成开割橡胶树损害 3.62 万株，经济损失 106 万元。

8 月 27 日，文昌县与大坡农场联合开展白石溪引水工程大会战。

是年国庆期间，农场举办庆祝建场 40 周年系列活动，开展知识竞赛、歌舞比赛等活动。

是年，全场开展"讲奉献、创高产"活动，全场干部职工积肥献肥 42.3 万公斤，捐献肥款 5200 元，培养高产树 1.54 万株。

是年，成立大坡农场党校和职工培训中心。

是年，投资 20 万元，购买耕牛 300 余头，办起活动牛栏，积优质牛粪肥 1344 吨。

是年，白石溪至大坡镇柏油路动工兴建。

是年，农场为解决劳动力不足，新招收工人 240 名。

● **1992 年** 是年，原北京燕山工艺美术厂厂长、四川成都雁翎工艺美术厂厂长李荣禄到农场调研建立旅游工艺品生产基地事宜。

是年，全场开展党员活动日，724 名党员义务积肥献肥 32.5 万公斤，培养高产树 4500 株。

2 月 29 日，白石溪革命烈士纪念碑动工搬迁。

4 月，投入 17 万元进行电信建设，率先开通与海口市通信线路并网的程控电话，成为垦区较早实现电话自动化的农场之一，共安装 224 门程控电话和 100 门磁石电话，开设 3 个共用电话亭。

4 月，农场组织党支部书记到海口参观"全国反贪污腐败巡回展览"。

6 月 13 日，由农场党委书记陈玉吉带队，农场工会主席及 6 个作业区主任、书记一行到罗豆农场参观作业区办企业成果。

7 月 29 日，《关于印发补录、补划革命老根据地村庄的通知》提出，补划大昌园、冯官园、后湖村为革命老根据地村庄。

8 月 13 日，启动第一期社会主义思想教育工作，组织工作队进驻 18 个单位开展社会主义思想教育工作。

8 月 15 日，农场启动"五赛五比"百日劳动竞赛活动。

11 月 2 日，大坡农场召开关心下一代协会成立大会，通过选举产生协会委员会，名誉主席陈玉吉、主席郑凤岐。

是年，动员职工每人捐献 5 元优化校园建设，全场捐款 2 万多元，其中第四管理区捐款 5200 元。

是年，成立"学雷锋送温暖"活动小组 60 个，开展技术咨询、医疗卫生、理发、维修家电等服务，服务对象 1846 人次。

● **1993 年** 2 月，农场本着"精简高效"管理要求，对机关科室及下属单位领导班子进行精简调整，科室由原 22 个调整为 16 个，干部由 99 人减少到 64 人。

3月20日，大坡农场开展琼山县人大代表换届选举工作，推荐代表候选人。

5月17日，农场开展"全国助残日"活动，主要组织"走近残疾人家庭""我为残疾人捐一元"等活动。

10月4日，农场黑石口水电站竣工通过验收，总投资62.3万元，装机共32千瓦。

是年，连续10个月降雨量不足100毫米，造成严重旱情。

是年，大坡农场流动书箱在40个基层单位巡回流动，开展了"技术与效益"园地，为广大职工群众提供服务。

是年，杨燕参加农垦总局首次青工"双能手"技术大赛，荣获"十大采茶能手"称号。

是年，成立土方工程队，投入资金103万元购买工程装载车10辆。

是年，投资33万元兴建加油站。

● **1994年** 1月18日，召开大坡农场共青团第十届团代会。

3月，省农垦总局党委批准农场为省农垦总局综合改革试点区。

3月8日，海南省农垦总局副局长冼树棠带队，总局体改法规处、工会、宣传处、组织人事处、科技处、计划处、财务处、劳工处、社会保障局和驻琼山市办事处等10个部门领导组成调研指导组对大坡农场综合改革试点工作调研。

3月，开展"学雷锋月"活动，在活动中献义工2万个，活动事件306件，参与者1500人次，累计捐款5000余元。活动还举行学雷锋征文比赛活动，征稿397篇，经评选40篇获奖。

5月初，制订《国营大坡农场三清工作实施方案》，在全场范围开展"清理劳力、清理欠公款、清理住房"的"三清"工作。

5月，《关于转发补划革命老根据地村庄的通知》补划中税园村为革命老根据地村庄，至此，农场有革命老根据地村庄50个。

6月30日，海南省农垦总局综合改革调研指导组和大坡农场领导班子召开联席会议研究和探讨产业结构调整事宜，会上确定农场以发展"二高一优"农业为主的思路。

7月5日，农场医院组织37名职工进行民主推荐院长工作。

9月12日，农场召开场情教育总动员会，印发《大坡农场场情报告》

2000余册，推进场情宣传月活动（9月10日至10月10日）开展。

9月25—26日，海南省农垦总局在大坡农场召开垦区优秀企业家会诊大会。邀请省委政策研究室、省政府体制改革办公室、农林政策处有关领导到场指导，垦区12个单位的场长、书记对大坡农场深层次改革进行探讨。

10月13日，农场举行少先队建队节庆祝活动，进行了入队仪式、游园、美术书法比赛、歌咏比赛等活动。

11月，海南省副省长毛志君到农场考察外引内联工作。

是年，琼山市邮电部门在农场投资1000万元建设邮电大楼。

是年，完善企业经营承包责任制，推行"全员抵押承包、利费定额上交、资金有偿占有"制度。胶工实行"满岗承包"制，胶工从原来割胶200～300株增加到750～800株。

● **1995 年**　是年，被农业部列为"三百工程"改革试点单位。

年初，在省农垦总局综合改革指导组的指导下，试点试行产权制度改革，对农场7队国有资产进行评估折价，把部分产权转让给队集体依法经营，将7队改制创立为"金昌股份合作公司"，建立企业内部模拟法人独立核算机制。

3月13日，印发《1995年体制改革和经营管理方案》。

4月19日，启动开展"共筑热血丰碑"——纪念海南解放45周年百万营造行动，积极组织"献真情、筑丰碑"捐款活动，发动2464人捐款5746元。

5月1日，举行"共筑热血丰碑"联欢晚会。

5月10日，农场召开综合改革试点工作会议。

5月21日，开展第五次"全国助残日"活动，走访慰问残疾人及家属36人，发动助残捐款1800元。

7月16日，农场增挂海南农垦东昌联合企业总公司牌子。

9月4日，根据海南省农垦总局《关于国营大坡农场更名的批复》，恢复名称为海南省国营东昌农场。

10月10日，举行海南绿丹复合肥厂建成试产剪彩仪式，该厂设计年产2万吨，当年生产1500吨，创利20万元。

是年，25队撤并入24队、35队撤并入16队。

是年，成立东昌第一农业股份合作公司，用 3 队橡胶更新地 736 亩发展龙眼等高效水果基地。

是年，农场投资 12.8 万元建设有线电视。

● 1996 年 是年，农场遭受寒流、病虫害、台风、水灾等自然灾害轮番袭击，直至 6 月 15 日橡胶才开割。

1 月，出台《东昌农场国土管理方案》推行土地有偿使用，当年收缴土地费 380 万元。

2 月 15 日，农场第十一届职代会通过《1996—1998 年农场体制改革和经营管理方案》。

5 月 1 日，全场割胶技术大比武，经过练兵、初赛后 56 名胶工进入决赛。

5 月 23 日，出台《场政务信息工作方案》，建立 27 人信息员队伍。

8 月 1 日，出台"全场总动员苦干 8、9、10 月，夺取干胶 650 吨"劳动竞赛方案，号召全场职工发挥抗灾精神，争取全年各项任务的完成。

8 月 27 日，农场举办建场 45 周年庆祝活动，创作场歌《东昌之歌》。

9 月 26 日，出台《土地管理与经营实施办法》，按照土地所有权和使有权分离的原则，全面实行土地有偿使用制度。

10 月 1 日，农场举行全场单位革命歌曲大合唱歌咏比赛，5 分场代表队荣获一等奖。

11 月 7—11 日，农场组织文艺队到基层各单位开展"送戏下基层"文艺巡演。

12 月 27—29 日，农场庆祝建场 45 周年，开幕式、文艺晚会、座谈会等活动有序进行。

是年，成立农场验收结算中心，对全场各项生产进行验收结算。

是年，建立职工个人养老保险登记卡管理。

● 1997 年 是年，农场连续遭受病虫害、水灾等自然灾害的袭击，割制改"3 天 1 刀"为"4 天 1 刀"，干胶生产仍然上升，年产干胶 1908 吨，创历史新高，当年产胶最高胶工为六分场符惠珍，产量 6 吨。

5 月，组建东昌农场派出所党支部，符传炳任党支部书记。

7 月 9 日，为深化综合改革，成立企业管理委员会。

9 月 4 日，农场成立残疾人联合会。

12 月，出台东昌农场自营经济和扶贫攻坚工作发展规划。

是年，绿丹化肥厂生产专用肥 6021 吨，创产值 863 万元，利润 80 万元。

是年，原大坡农场工业公司更名为东昌农场机运公司，大坡农场供电所更名为东昌农场水电公司。

是年，农场机关管理人员实行年浮法工资制。

是年，成立农场护林保胶指挥部和保安大队，实行护林保胶分片承包制。

是年，引进裕昌公司、宏达公司发展热带水果种植业，种植荔枝、龙眼等水果 3000 亩。

1998 年　是年，成立"导富工程"领导小组，抓产业结构调整，促进"两高一优"产业发展。

是年，成立农场水果办公室。

1999 年　5 月 11 日，农场将原来的 6 个管理区（分场）合并为 3 个管理区（分场）。第六管理区并入第一管理区，第五管理区并入第二管理区，第四管理区并入第三管理区。

是年，农场虽然遭受病虫害的袭击，但是干胶生产总产量达 2000 吨，创历年来最高水平。

是年，投入 26 万元兴建农场第一个敬老院。

是年，农场筹措资金 81 万元，兴建机关干部住宅楼 14 套；在 12 队试行职工以作物抵押贷款 40 万元，建起 15 套两层的职工住宅楼。

是年，筹资 100 余万元，对场部 2 公里长的中心水泥大道进行扩建。

是年，海南省省长汪啸风到东昌农场调研，并对东昌农场采取多种股份合作制形式发展热带高效农业给予充分肯定。

2000 年　10 月，农场遭受历史上罕见的洪水袭击，使农场广大干部职工的财产损失惨重，农场的橡胶生产遭受严重破坏，直接经济损失超过 2000 万元。

是年，总局拨款 183 万元，农场出资 80 万元，建成一栋面积 3300 平方米的四层小学教学楼。

是年，投资 210 万元，兴建机关办公大楼一栋，并配齐现代化的办公设施。在机关大楼出口处，筹措资金 20 多万元兴建体现现代企业创业精神的场门一座。

2001 年　2001 年 4 月 20 日，海南省农垦总局小城镇建设经验交流会在东昌召开，垦区 200 多名农场场长、书记出席。

是年，投资 260 万元，兴建起一个服务功能齐全、绿化工程配套的大型农贸市场，面积达 2800 平方米。

2002 年 3 月，农场举办建场 50 周年场庆活动，有 135 名知青回场参加庆祝活动。

4 月 12 日，海南省委副书记罗保铭在海南省农垦总局党委书记邱国虎、局长林玉权的陪同下到东昌农场考察。

是年，集资 100 多万元，改造白石溪河，兴建起白石溪公路桥至场部礼堂桥河段双岸共 1000 米长的河堤。

是年，农场作为垦区第二批 8 个改革试点企业之一，在总局改革指导组的指导下，对全场干部进行公开、公平的招聘，竞争上岗。

2003 年 8 月 24 日，农场遭受 12 号强台风"科罗旺"的袭击，广大干部职工的财产损失严重，农场的橡胶生产遭受严重破坏。

是年，东昌供电资产移交海南电力公司，实现"同网同价"目标。

2004 年 3 月 31 日，农场加入海南省天然橡胶产业集团股份有限公司（以下简称海胶集团），并成立东昌分公司。

5 月底，撤并农场下属二级企业，成立白石溪居民委员会。

是年，出台《职工承包土地管理实施办法》。

2005 年 9 月 25 日夜间至 26 日，农场遭受第 18 号强台风"达维"的袭击，"达维"台风的范围之广、风力之强、破坏之大是 32 年来罕见的，风力达到 16 级以上。全场房屋损失面积 2.1311 万平方米，其中，房屋倒塌面积 4104 平方米，揭顶 1.7207 万平方米。橡胶树被台风刮倒、刮断的共 55 万株，香蕉受害面积 1500 亩，全场的直接经济损失达到 9215 万元。

2006 年 是年，农场针对 2005 年 18 号台风"达维"受损林带仅存 1040 亩进行防风林更新计划。

是年，投入 94 万元新建一幢学生公寓，改善学生生活学习环境。

是年，开展土地确权工作。全场依法确权 11.3 万亩，完成海口市下达的任务。职工签订土地使用合同 2736 份，完成 96％。

是年，积极争取区民政部门的支持，投入 41 万元对敬老院进行扩建，床位达到 50 多个，使之达到敬老、养老、疗养"三合一"，成为琼山地区最好的敬老院。

2007 年 8 月，东昌奖学助学基金会成立，并制定奖学助学基金会章程，当年筹集资金 11.207 万元，共有 53 名学生受到资助。

是年，投入资金 155.72 万元建 1385 平方米胡椒初级加工厂。

是年，投资 90 多万元新建的东昌医院竣工，并与农垦局医院达成了合作协议，总局医院派出专家长期到东昌农场医院坐诊。

2008 年 2 月 28 日，总长 490 米的白石溪防洪河堤修建工程动工，5 月 27 日竣工，总投入为 72.8255 万元。

2 月，东昌农场 3 队水库维修工程动工，投资金额 76.4539 万元。

3 月 9 日，东昌农场首个农民专业合作社"海口红丹荔枝专业合作社"成立。

3 月 28—30 日，广州中医药大学中医学院专家、教授一行 6 人再次到农场实地考察合作种植中草药项目。同年完成林下经济中草药广藿香苗圃种植 30 亩。

4 月 1 日，海口市工商局在农场召开支持农垦改革服务农垦发展现场会，海南省工商局钟鸣明副局长亲临大会指导工作。

6 月 3 日至 10 月 30 日，建设农场职工饮水工程，总投资金额 99.6468 万元。

6 月 5 日，东昌农场公路畅通工程建设（水泥路）开工，12 月交付验收，计划里程 29.915 公里，实际建设里程 31.319 公里，工程总造价 1180.6447 万元。

6 月 16 日，海口市林业局派 4 名林业工作人员前往东昌农场 18 队，对 600 龄海南松进行会诊，并提出先灭白蚁后促生长的方法挽救这株珍稀的海南松。

10 月 7 日，根据海南省农垦总局《关于拟退出海胶集团单位有关整合工作的通知》，农场正式退出海胶集团。

12 月 23 日，东昌农场医院改扩建工程开工建设，投资金额 59.6889 万元。

是年，农场社保科业务正式移交给海口市琼山区社保局。

是年，启动城镇医保工作，应参保人数为 7299 人，已参保人数为 6325 人，占 86.66%。

是年，农场全面实行橡胶开割胶园家庭长期承包制，共签订承包合同 622 份。

是年，农场的经济适用房，雅昌小区一期工程正式动工兴建。

是年，农场全体干部职工踊跃为四川地震灾区"献爱心"，共计捐款 13.4153 万元。

是年，海口东昌胡椒公司成立。

● **2009 年**　1 月 5 日，东昌农场学区（教育科），正式移交给海口市琼山区教育局。

4 月 28 日，海南省农垦总局纪检审计第一派驻组东昌农场联络办公室设立。

7 月 20 日，广东省政协副主席、广州中医药大学校长陈蔚文到东昌农场调研南药基地。

10 月 8 日，东昌农场与"农丰宝"建立第一个农资超市。

11 月 7 日，发展中国家热带作物生产与加工技术培训班 100 多名非洲国家学员到农场调研。

● **2010 年**　1 月 7 日，农场组织学习《关于推进海南国际旅游岛建设发展的若干意见》，农场副科级以上干部参加。

1 月 20 日，农场首期 SYB（Start Your Business，创办你的企业）创业培训班在职工礼堂开课。

3 月 15 日，东昌农场割胶培训工作全面铺开，近 700 名胶工接受培训。

3 月，海口市琼山区人民医院组织医务人员到东昌农场，为东昌学校开展"两查"义诊活动。

3 月，东昌农场"国家高级胶工"吴少师和"全国优秀胶工"翁书山到云龙镇为当地胶农进行开割前技术培训。

3 月 30 日，农场按政企分开、社企分离的现代企业制度，挂牌成立了海口东昌投资有限公司。

4 月，东昌农场首个"农家乐"旅游项目启动，总投资 100 万元，地点在东昌农场 19 队。

4 月，海南省胡椒产业发展理论研讨会在东昌农场举行。

5 月 7 日，海南农垦电大分校东昌农场行政管理班暨涉农专业班在东昌农场开课。

6 月 4 日，海南军区陆军预备役师高炮一团和琼山区人民武装部领导到东昌检查民兵预备役整组点验工作。

6 月，东昌农场启动敬老院食堂及配套设施建设。

6 月 10 日，省农垦总局关工委领导孙积文等 6 人到东昌调研学校移交后续工作。

6 月 16 日，由海南国盛古典家具有限公司与海南电视台《生活帮帮帮》栏目组组成的爱心人士到东昌敬老院慰问，共同度过端午节。

6月24日，海口琼山区人民检察院到东昌农场开展主题为"依靠群众，反腐倡廉，服务大局"的举报知识宣传活动。

7月19日，国家发展和改革委员会稽查组到东昌农场对保障性住房建设工作进行检查。

7月21日，"垦区礼仪知识"巡回宣讲在东昌农场举行。

8月，北京苍穹数码科技有限公司测量队到东昌农场利用GPS（全球卫星定位系统）测量场部小镇宅基地。

8月17日，海口市商务局人员到东昌农场指导白石溪农贸市场改造工程动工前工作，工程投入资金约80万元。

8月，东昌农场召开金秋助学大学生回访座谈会。举办金秋助学文艺晚会，现场收到"爱心款"2.63万元。

9月1日，海南省综治委副主任、省综治办主任、省公安厅副厅长林捷到东昌农场调研。

9月15日，海南百大投资有限公司董事长周鑫锋率领员工到东昌农场敬老院慰问。

9月21日，东昌农场举办"迎中秋，庆国庆"文艺晚会，农场职工群众组建7个代表队自编、自导、自演、自乐。

10月1—9日，农场遭遇49年不遇的洪涝灾害，连续大暴雨，总降水量达到1100毫米，造成农场白石溪沿岸部分村庄受淹，转移人员4250人次；所有农田受淹，农作物受灾，经济损失5266万元。

10月14日，IPC（世界胡椒共同体）一行3人来海南探讨我国加入IPC组织工作，在农场参观胡椒示范园。

10月22日，农场民政部门与海口市人民政府签署移交协议书，并在10月30日完成移交手续。

10月27日，海口市计划生育委员会（以下简称计生委）到东昌农场检查计生工作。

11月，东昌敬老院被民政部评为"全国模范敬老院"。

11月12日，省科技厅农村科技处领导到东昌农场对农场科技110服务站工作进行指导，并赠送一台电脑，实现与省科技110指挥中心联机对接。

11月23日，东昌农场120多户受灾职工获中国农业银行海口市红城湖支行小额贷款，金额达到 270 万元。

11 月 30 日，东昌农场"老年人健康教育"首期培训班开课。

12 月，东昌农场召开抗洪救灾工作表彰大会。

12 月 16 日，海南省农业厅科技 110 东昌服务站揭牌。

2011 年　1 月 20 日，海口市血液中心采血车到东昌农场进行采血，100 余名干部职工群众参加无偿献血活动。

1 月 28 日，东昌农场开展慰问计划生育困难户活动。

2 月，中国工商银行海南分行在东昌农场启动离退休人员和职工"牡丹卡"激活业务。

4 月，东昌农场邀请海南省党史办教授讲授海南红色文化。

4 月，中国热带农业科学院香料饮料研究所专家到东昌农场传授胡椒管理技术。

4 月，东昌农场白石溪河堤坝改造工程正式动工。该工程由文昌市政府投入专项资金改造。

4 月 7 日，优秀人民警察、东昌派出所教导员陈维文追悼会在海口市红旗镇举行。

4 月 18 日，东昌农场军事技能训练正式启动。

4 月，海南省科技厅副厅长赵庆惠到东昌农场就林下经济种植情况调研。

4 月，海南省档案局到东昌农场检查档案管理工作。

4 月 30 日晚，东昌农场在文化广场举办以"增进友谊、促进发展"为主题的庆五一国际劳动节文艺晚会，农场各单位组织节目进行表演。

5 月，国内 15 家沃尔玛超市采购团到东昌农场参观胡椒、荔枝基地，并达成合作意向。

5 月 24 日，东昌农场组织人员到海南省现代农业示范园参观学习。

5 月，东昌农场"党建工作现场会"在 15 队召开，约 100 人参加了会议。

6 月 15 日，省农垦总局第一派驻组组织农垦海口片区 6 个单位党委书记、党政办主任等人员到东昌农场检查党务公开工作。

6 月 29 日晚，东昌农场庆祝建党 90 周年"红歌大家唱"文艺晚会在东昌职工文化广场举行。

7 月 1 日，省农垦公安局干警一行 13 人到东昌农场敬老院开展"献爱心、送温暖"活动。

8月3—4日,海南电视台生活综艺频道《快乐出发》栏目组到东昌农场拍摄产业发展专题片。

8月10日,中央财政部检查组到东昌农场检查改水、改厕、改圈"三改"工作。

8月11日,农业部南亚热带作物中心和农业部农垦局热带作物处调研组到东昌农场对2009年和2010年农业综合开发"热作专项"执行情况进行调研。

8月19日晚,东昌农场"金秋助学"募捐晚会在办公楼前举行,现场募捐助学款4万余元。

8月22日,国家统计局海口调查队党组书记陈启扬率调查组到东昌农场对职工家庭人员工作、生活和经济收支情况进行调查。

8月,东昌农场开展"见义勇为事业"捐款活动,收到捐款2100元。

9月5日,为期20天的海南军区陆军预备师高炮一团野外军训活动在东昌农场启幕。

9月6日,东昌农场2011年"金秋助学金"发放仪式在机关会议室举行,为困难学子23人发放大学奖励金和助学金9.8万元。

9月7日,海口市社会保障局到东昌农场慰问孤寡老人。

9月27日,东昌农场户外全彩LED宣传屏交付使用。

10月8日,第17号强台风"纳沙"从海南省文昌市翁田镇登陆,与文昌毗邻的东昌农场经济损失达3229万元。风后农场投入抗灾人数达3.3万人次,投入抗灾资金50多万元。

10月11日,海口市琼山区农村社会养老保障局到东昌农场指导开展农村社会养老保险办理工作。

10月13日,东昌农场通过分设投票站,以无记名投票选举产生3名海口市琼山区第十四届人民代表大会代表。

10月17日,东昌农场为一线工人发放劳动安全用品。

10月24—25日,海南电视台生活综艺频道《快乐出发》栏目组到东昌农场拍摄企业文化专题片。

10月27日,省农垦总局237名退休老干部在省农垦总局直属机关党委的组织下,到东昌农场参观林下经济、东昌敬老院、雅昌花园、东昌文化公园等景观。

10月27日，农业部组织"义务教育化债"考核组到东昌农场对1993—2005年农场中小学债务情况、化解债务补助资金使用情况及化解管理工作进行考核验收。

11月，启动东昌农场离退休人员活动中心建设，预算总投资金额190万元。

11月，李明跃场长出席在印度尼西亚召开的第十四届胡椒经济共同体会议。

11月，海南省老年人体育协会对2009—2011年全省老年体育工作先进集体和先进个人进行表彰，东昌农场老干党支部和党支部书记莫垂志分别被评为"全省老年体育工作先进集体"和"全省老年体育工作先进个人"。

11月10日，来自斐济、马绍尔群岛、巴布亚新几内亚、库克群岛、密克罗尼西亚联邦等14个发展中国家的16名农业专家到东昌农场考察胡椒产业。

11月13日，海口市琼山区三套班子成员到东昌农场调研。

11月28日，海南农垦卫生体制改革座谈会在东昌农场召开，省农垦总局副局长符月华以及垦区12个农场医院院长参加了座谈会。

11月29日，2012年"海口红丹荔枝专业合作社年会暨荔枝技术交流会"在东昌农场举行。

11月，海南电视台拍摄《魅力东昌》专题片在东昌农场开机。

12月，海南省人民政府第六次人口普查领导办公室、海南省人力资源和社会保障厅、海南省统计局联合在海口召开海南省第六次人口普查工作总结大会，表彰先进集体和个人，垦区13个农场、5个办公室、152人榜上有名，东昌农场被评为海南省第六次人口普查工作先进集体，农场经营管理办公室干部黄守凤和14队队长卢文才被授予海南省第六次人口普查工作先进个人。

12月，当年动工兴建的220套保障性住房进入封顶施工阶段。这批楼房临近场部小城镇雅昌花园，每幢高5层，是东昌农场建场以来建设的最高楼。

12 月 23 日，东昌农场邀请海南师范大学教授符永雄就十七届六中全会精神辅导授课。

12 月 28 日，广州中医大学针灸推拿学院两名学生到东昌农场开展社会实践活动，他们宣传健康医疗知识，并在老干部活动中心设义诊点，为职工群众检查身体，免费为患者治病。

12 月 30 日，主题为"欢歌载舞迎新年，凝心聚力促发展"联欢晚会在大坡镇文化广场举行。这台晚会由大坡镇主办，东昌农场协办，并共同组织文艺队登台献演舞蹈、独唱、大合唱等节目。

是年，海南省综治委副主任林捷在农垦总局副局长、垦区公安局局长赵强陪同下到东昌农场检查综治工作。

2012 年　2 月，东昌农场开展建场 60 年 60 名最具影响力人物评选活动。

2 月 18 日，中国美术家协会理事、海南省文学艺术界联合会副主席、海南省美术家协会主席陈茂叶一行 16 人到东昌农场采风，并现场进行绘画和题写书法，农场 200 多名干部职工现场观摩。

3 月 3 日，农业部农垦局计划处调研员胡玉玲一行到东昌农场，就农场发展农业综合项目的情况展开调研。

3 月 4—7 日，300 多名曾在东昌农场工作生活过的知青回访农场，参加建场 60 周年庆祝活动。

3 月 6 日，农场举行建场 60 周年庆祝活动。海口市琼山区人大常委会领导、省农垦总局领导、东昌农场历届领导、兄弟农场领导、知青代表及农场离退休职工代表共 700 多人参加庆祝大会。

3 月 28 日下午，省农垦总局党校组织垦区基层党组织书记，到东昌农场交流工作经验，并参观了胡椒、荔枝、南药等经济作物发展情况以及民生建设等。

4 月，东昌农场党政办主任肖双在中国共产党海南省农垦总局代表会议上，投票当选中国共产党海南省第六次大会代表。

4 月 26 日上午，国务院农村综合改革工作小组办公室主任王卫星，农业部农垦局副局长彭剑良，国务院农村综合改革工作小组办公室综合处处长陈有方，省财政厅党组书记刘平治，省农垦总局副局长符月华，副局长、工会主席宋锦绣，副局长王任飞，到东昌农场调研胡椒标准化生产示范园。

4月26日，由省国资委党委副书记、纪委书记李振业，省驻琼企业工委主任徐南华，省总工会女职工部部长陈雅萍，省农垦总局工会副主席陈高等人员组成的省厂务公开检查组到东昌农场开展场务公开工作检查。

5月14日，东昌农场举行"党风廉政建设和反腐败工作"培训班。

5月15—17日，中国工商银行海南省分行营业部工作人员到东昌农场，开展办理新一代医保IC卡业务。4000多人办理新一代医保IC卡。

5月23日，海南省农业厅总农艺师黄正恩在省农垦总局副局长符月华等人的陪同下，到东昌农场就农业技术服务工作情况进行调研。农场党委书记蔡锦和向黄正恩一行介绍了有关情况。

6月20日上午，海南农垦报社在东昌农场举行东部记者站揭牌仪式，标志着垦区东部记者站正式投入运作。

7月6日，东昌农场举行"2012年度农民专业合作社年会暨生产技术培训会"，来自东昌、红明、东路、南阳农场和文昌试验站的46名"农业精英"参加。会议分别就农业生产技术创新和创建标准化基地及品牌建设等事宜进行了探讨。

7月27日，省总工会"面对面、心贴心、实打实"服务职工基层调研组在省总工会巡视员徐远航的带领下到东昌农场调研。省农垦总局工会副主席温小莹、陈高陪同调研。

8月12日，省农垦总局办公室抽调由多个农场档案员组成的工作组到东昌农场，通过听取情况介绍、实地查看、查阅相关材料，就农场档案管理工作进行检查。

8月13日，中国医药工业研究总院副院长易八贤一行到东昌农场，就推广种植中草药——积雪草项目进行调研。省农垦总局副局长王任飞在东昌农场接见了易八贤一行，并就发展项目的可操作性以及可行性等方面的问题进行了研讨。

8月24日晚上，农场举办2012年"金秋献爱心"文艺晚会。当晚共募集到社会各界人士的捐款6.4万多元。

8月27日上午，海南省血液中心在农场白石溪农贸市场，开展主题为"奉献点滴真爱、绽放生命之花"的采血活动，收到66人无偿献血2.64万毫升。

9月11日，东昌农场举行2012年奖学金发放仪式。农场党委书记蔡锦和、场长李明跃和工会主席吴多益，为农场 56 名大学生家长代表颁发 12.5 万元奖学金。

9 月 18 日，海南省商标广告处副处长王建禄率海南省著名商标认定考核组到东昌农场，就农场胡椒、荔枝注册商标以来的相关情况进行考核。

10 月，东昌农场在省农垦总局林业局相关人员指导下，对"绿化宝岛"建设工作进行规划，确定运行路径，道路和居住区面积共 960 亩。

10 月 28 日，由国家统计局海南省调查总队、国家统计局海口市调查队等相关人员组成的工作组到东昌农场，对农场近年来发展家禽养殖工作的情况进行调研。

11 月 2 日，海南丰谷投资有限公司董事长陈永舟一行 10 人到东昌农场进行"海南东昌设施休闲农业产业园"项目签约。该项目占地面积 1500 亩，在 4 队和 5 队区域内，工程总投资 8656 万元，采取"产业园＋公司＋农民"的模式。

11 月 10 日，琼山区司法局到东昌农场为人民调解委员会挂牌。

12 月 2 日，东昌农场第二轮村民直选村主任（队长）对 2 名候选人投票选举，李昌旭以 96 票当选为 20 队新队长。

12 月，国家统计局海口调查队在海口召开畜禽监测调查总结大会，东昌农场被评为畜禽监测调查先进单位，农场经营管理办公室统计员黄守凤被评为畜禽监测调查先进个人。

12 月 10 日，海口市公安局等级检查组对农场派出所 2012 年度的等级达标工作开展进行检查，采取"查、核、看、听、访"方式，认为派出所等级达标建设工作领导重视、投入保障到位、工作开展务实、工作措施得力等，给予了充分肯定和高度评价。

12 月，海南省农村公路管理检查组到东昌农场检查 2012 年度开展农村公路管理养护年活动的情况，并对农场营造"畅、安、舒、美"的路域环境给予了充分的肯定。

● **2013 年**　　1 月，东昌农场廉政文化室正式投入使用。

1 月 24 日上午，东昌农场党委书记蔡锦和、场长李明跃带领慰问组到机关、直属和基层单位开展"我为困难党员办件事活动"，看望和慰问离退休老干部和困难党员。

3月8日，海口市琼山区人民检察院组员到东昌农场开展联谊活动。该院女检察官与东昌农场机关女工开展了拔河比赛，男检察官也与东昌农场男子篮球队进行了篮球比赛。

3月22日，海口市琼山区"商标富农工作现场会"在东昌农场召开，琼山区区长田丽霞，海口市工商局、大坡镇、东昌农场领导和个体私营企业协会、农业专业合作社代表等共250多人参加。

3月25日晚上，《我们的名字叫知青》大型音乐舞蹈史诗在东昌农场文化广场上演。100多位海口知青用激情的表演，让现场观众仿佛回到了知青年代。

4月，东昌农场掀起主题为"绿满东昌"植树造林活动。从机关到基层单位，以生活区域为重点，合理规划，种植各类景观树等有经济价值的树种，努力提高环境绿化和美化覆盖率。

4月17日，省农垦总局局长吕勇到东昌农场，就防洪防风防汛工作进行检查，要求提前做好"三防"工作。

4月17日，省农垦总局副巡视员林绍胜率有关人员到东昌农场26队和24队两个革命老区村庄就道路建设、生活用水、照明用电、产业发展以及就业、医疗等方面的情况进行调研。

4月底，香港和海口知青联谊会组织近百名知青回访东昌农场，献上精彩的文艺汇演。

5月2日，东昌农场第二批广播电视户户通设备安装启动。安装人员深入到农场机关、各基层单位安装设备，调试信号，确保每户都能接收到清晰的电视节目。

5月10日，农业部农垦局10多名青年团员到东昌农场参观标准化胡椒生产基地。

6月4日，"瞭望中国网"到东昌农场从多方面对农场发展胡椒、荔枝产业和民生、小城镇建设等进行采访。

6月，"海口市东昌基地高效节水灌溉工程"采用机械和人工作业的方法，开挖大沟，铺设大型钢管和各类型塑料管，已完成铺设长度2万多米，把水引到已建好的16个大型蓄水池里，对荔枝和胡椒进行灌溉管理，灌溉面积达1.2万亩。

7月1日上午，东昌农场召开庆祝中国共产党成立92周年暨"七一"表彰大会。农场党政领导、各基层党支部书记、优秀共产党员代表和预备党员共120人参加。

7月底，海南省总工会宣教部部长高光辉一行到东昌农场开展文化工作调研。

8月9日上午，省农垦总局党委副书记、纪委书记李恩杰到东昌农场对开展党的群众路线教育实践活动进行调研。

8月12日，海口市琼山区老年人体育协会一行20多人到东昌农场开展文体联谊活动。

8月13日中午，海南省国营东昌农场一栋2层居民楼突发火灾，户主的两个小孩被困2楼的房间内，农场组织干部职工、广大群众将大火扑灭，将两名小孩救出。

8月16日晚上，主题为"丹桂飘香，金秋圆梦"的文艺晚会在东昌农场文化广场举行。

9月，东昌农场组织5名机关离退休老干部组成调研组到基层，广泛调查党委班子成员在工作、思想、生活等作风方面存在的问题。

9月7日晚8时，东昌农场文化广场座无虚席，新编历史琼剧《海瑞》垦区巡演活动第二站上演，农场1300多名干群前来观看。

10月16日，东昌农场老年人太极拳体育协会在参加海口市举办的"乡镇（农场）老年人太极拳体育比赛"中，发挥出色，获得了集体和单人24式太极拳比赛第一名，展示了老年人的健身运动成果。

10月21日，省纪委和省农垦总局有关部门人员组成检查组到东昌农场检查廉政文化进机关工作。

11月12日，海南省委巡视组一组到东昌农场调研产业发展、职工就业、民生建设及党风廉政建设、教育实践活动等工作情况。

11月27日，湖北省农垦局局长朱汉桥一行到东昌农场调研，省农垦总局副局长符月华陪同。

12月29日下午，东昌农场举行"迎新年、庆元旦"拔河比赛。

12月28日下午，东昌农场在18队举行第一轮村民直选队长（村主任）选举大会，70多名符合选举条件的人员参加会议。

2014年 1月6日，海口市民政局局长陈益君一行到东昌农场敬老院开展慰问活动。

1月7日，海口市地方税务局检查组到东昌农场检查2013年开展城镇居民医疗保险、收缴参保金和发票使用等工作。

1月8日，海南省司法厅检查组到东昌农场检查人民调解工作。

1月10日，东昌派出所一举端掉一个涉毒团伙，抓获贩毒和吸毒人员6人，维护了当地社会治安的稳定。

1月13日，省农垦侨联主席肖逸生一行到东昌农场慰问周培才等3名老归侨。

1月21日上午，东昌农场党委书记蔡锦和、场长李明跃率队到海南省博物馆，参观纪念海瑞诞辰500周年系列展览。

2月27日，东昌农场荣获海口市"2013年度人口和计划生育工作先进国营农场"荣誉称号。

3月19日，垦区琼文片区农场发展改革会议在东昌农场召开，省农垦总局党委书记、省农垦集团党委书记周公卒出席会议，并听取了相关农场的工作汇报。

4月23日上午，省政协副主席史贻云带领调研组到东昌农场，调研林下经济发展情况。省农垦总局副局长赵强以及农场场长李明跃、党委书记蔡锦和等陪同调研。

4月30日下午，东昌农场举行"五一"割胶技能大比拼活动。

5月7日上午，海口市司法局工作组到东昌农场就召开人民调解工作试点现场会有关事宜进行指导。

5月18日下午，海口市"候鸟艺术团"在东昌农场敬老院为老人奉献了舞蹈、独唱、快板、独奏等歌舞节目。

5月23日，海南省综治委及省垦区公安局有关领导到东昌农场，对农场社会治安综合治理工作进行调研。

5月28日上午，海口市琼山区人民调解工作会议在东昌农场召开。

7月，海南省第一个胡椒精深加工开发建设项目在东昌农场启动。

7月19日，超强台风"威马逊"肆虐东昌农场，使农场橡胶、胡椒等经济作物受灾严重，直接经济损失达1.466亿元。

7月21日下午，梁统安同志追悼会在东昌农场举行，省农垦总局副局长、工会主席宋锦绣，海口市、琼山区政法委、海南军区预备役师高炮团有关负责人，农场领导班子成员、全场干部共200多人参加追悼会。

7月24日上午，省总工会党组书记、常务副主席陈菁，副主席郭奕秋、郑有基在省农垦总局工会相关负责人的陪同下，赴东昌农场慰问受灾职工。陈菁和郭奕秋慰问了在抗击"威马逊"台风中因公殉职的梁统安的遗孀王英丽。

7月26日，由海南省慈航公益基金会和海南省成美慈善基金会组织的"爱心捐物车"到东昌农场开展赈灾活动，共捐赠大米650包、方便面910箱和矿泉水910箱。

7月28日，海南招标拍卖有限公司总经理孙伟率队将7500公斤大米和500瓶食用油等救灾物资送到东昌农场。

8月4日上午，海口市琼山区计生委副主任李金成、韩雪梅一同到东昌农场，慰问"抗灾英雄"梁统安的妻女。

8月22日，省文明生态村核查工作组到东昌农场检查创建文明生态村情况。

9月2日，垦区首个农业气象信息服务站在东昌农场建成并交付使用。

9月4日，省农垦总局局长吕勇到东昌农场慰问"海南省抗风救灾英雄模范"梁统安的家属，并送上慰问金。

9月15日上午，东昌农场召开紧急会议，部署防御第15号台风"海鸥"工作。

9月23日下午，省政协副主席、省科技厅厅长史贻云到东昌农场调研。省农垦总局党委书记、省农垦集团党委书记周公卒陪同调研。

10月28日，全国巾帼现代农业科技示范基地揭牌仪式在东昌农场举行。

10月28晚上，由海南省文化广电出版体育厅组织的"群艺大舞台，文化进万家"惠民文艺晚会在东昌农场文化广场举行。

11月13日下午，梁统安先进事迹报告会在东昌农场职工礼堂举行。东昌农场机关、直属全体人员及治安联防队员共200余人共同聆听了梁统安的先进感人事迹。

11月28日，省农垦总局党委书记、省农垦集团党委书记周公卒到东昌农场考察万山公司东昌东山羊种羊基地。

● **2015年** 2月4日，省总工会副巡视员陈文霞到东昌农场开展送温暖活动，看望慰问在抗击"威马逊"台风中因公殉职被追授"全国五一劳动奖章"的东昌农场综治办原副主任梁统安同志的家属。

3月27日，"海南农垦东部片区农场老年人太极拳（剑）比赛"在东昌农场"文化公园"成功举行。

5月，东昌农场致力于"做大、做强、做好"现代农业，从福建引进新品种——三红蜜柚，首批种植面积500亩，分别在15队和16队试点，着力打造新兴产业基地。

5月23日，东昌农场举办首届"佳木斯快乐舞步健身操会演"。

6月14日上午，海口市常务副市长巴特尔到东昌农场调研。巴特尔一行头顶烈日深入到10队实地了解"海口市江东垃圾综合处理厂"项目建设用地落实情况。

6月30日，海南省交通厅通报表彰了2014年度全省交通系统先进集体、劳动模范和先进工作者，东昌农场被授予2014年度全省交通系统先进集体。

6月下旬，来自越南、新加坡、巴西、印度、印度尼西亚、马来西亚、斯里兰卡的国际胡椒协会（IPC）成员官员一行18人，在海南省胡椒协会有关人员的陪同下，到东昌农场考察胡椒产业。

7月10日，琼山区大坡镇组织20名防治蝗害队伍到农场30队的竹林等作物园里，使用机械和药物，帮助防治蝗虫。

8月17日，海南志力水产有限公司老板邹桂平，专程从昌江到东昌农场捐款2.8万元，资助4位贫困大学生，每人7000元。

8月27日上午，省农垦总局党委书记、省农垦集团党委书记周公卒到东昌农场调研企业改革发展情况。

8月，东昌农场区域内天气持续高温，久旱无雨，给胡椒、荔枝、橡胶等长短期经济作物生长造成了严重影响。

9月11—16日，省委副书记、省深化海南农垦管理体制改革领导小组组长李军率队到东昌农场蹲点调研。

9月24日，省农垦广播户户通工程队人员到东昌农场，进行广播设备安装，包括机关、直属和基层单位共40套。

9月28日，海口市琼山区财政局、民政局、编制办等有关负责人和大坡镇党政主要领导到东昌农场，就东昌推进改革试点单位工作进展情况展开调研。

10月初，省农业厅有关负责人率相关人员到东昌农场召开专题工作会议，与农场领导班子成员共同研究制定改革试点单位农用土地核查工作方案。

10月15日下午，在东昌农场召开东昌农场农业用地使用清理规范试点工作动员大会。

2016年 1月，南方电网公司积极推进东昌农场电网改造建设。

1月18日，东昌农场被海南省老年人体育协会授予"老年体育示范单位"。

1月26日上午，东昌农场组织召开"2016年大学生春节团拜会"，农场有关领导和寒假回场的大学生共70多人参加会议。

2月1日上午，东昌农场召开离退休老干部迎春团拜会，向全场离退休老干部、老同志拜年，并致以亲切的问候和节日的祝福。

2月17日，海口市琼山区政府领导到东昌农场，就东昌当前社会职能移交和机构设置、人员配置等改革工作进行调研和指导。

2月24日，黑龙江省农垦总局党委副书记、纪委书记刘君，黑龙江北大荒农垦集团总公司党组书记、总经理侯培耀一行8人到东昌农场调研。

3月初，海口市警备区司令部参谋胡建辉和海口市琼山区人民武装部副部长童永胜到东昌农场调研，对农场人武工作正规化建设进行指导。

3月22日，青海省政法系统的近百名干部到东昌农场参观，了解农场开展社会管理综治工作的情况。

3月24日，省农垦投资控股集团党委书记、董事长张韵声，深入红明农场、东昌农场调研，详细了解荔枝、胡椒产业发展、农场项目招商进展、职工群众生产生活等情况。

4月7日，东昌农场举办"农业用地承包合同培训班"。

4月11—13日，省农业厅厅长、省农场农业用地规范管理领导小组一行到东昌农场调研。

5月中旬，省国资委主任倪健，在省农垦投资控股集团相关负责人的陪同下到东昌农场调研，就农场规范农业用地管理改革和农场公司化改造领导班子建设情况，以及规范农场土地资产化、资本化运作和清产核资范围、分类及公司化改造后农场职工安置等问题进行了专题座谈交流。

5月16日，海南省农业科学院热带果树研究所与四川国光农化有限公司、东昌农场等单位联合召开荔枝产业技术经验交流与现场观摩会，来自全省荔枝主栽区域的60多家种植大户参加了会议。

5月27日上午，海南农垦东昌农场有限公司（以下简称海垦东昌公司）营业执照正式颁发，这是新一轮农垦改革中农场企业化改革取得的第一个工商营业执照。

6月1日，中央电视台《新闻联播》栏目播放了东昌农场发展胡椒产业的新闻。

6月6日，省委政策研究室组织调研组到东昌农场，调研农业供给侧结构性改革情况。

6月15日上午，海南农垦首个社会管理属地化试点——东昌农场东昌居在东昌农场场部正式挂牌成立。这是全省新一轮农垦改革中首个正式挂牌的农场社会管理属地化机构，标志着海南省农垦改革工作跨出了崭新的一步。

6月29日下午，海垦东昌公司在东昌农场正式挂牌运行，标志着海南省农垦改革中的农场公司化改造取得突破性进展。省委副书记、省深化海南农垦管理体制改革领导小组组长李军为公司揭牌并致辞。省人大专职常委、省深化海南农垦管理体制改革领导小组办公室主任周公卒，省农垦投资控股集团党委副书记、总经理王业侨，省农业厅副厅长王宏良，省国土厅副厅长吴开成，省国资委副主任蔡君出席揭牌仪式。省农垦改革办副主任、省农垦投资控股集团副总经理王任飞主持揭牌仪式。随后，李军主持召开座谈会，听取农场公司化改造进展情况汇报。

7月8日下午，省农垦国土局组织南海、东太、东升、中建、红华、山荣、金江、三道等20个农场分管国土工作的领导和国土科相关人员共60多人到东昌农场参观学习清理规范农业用地管理经验。

7月9日，海垦东昌公司举行部门领导竞聘演讲，14名干部报名并参加演讲。

7月13日下午，海垦东昌公司召开首届董事会第一次会议。

7月14日下午，中国热带农业科学院橡胶研究所研究员罗世巧教授一行到东昌农场，就开割胶园刺激割胶进行调研，向胶农讲解气刺微割技术在老龄更新橡胶树上的应用。

8月8日，黑龙江省农垦九三管理局副局长邸洪军，率队到东昌农场调研。

9月8日，海垦东昌公司根据工作部署，与东昌居联动，认真开展琼山区人大代表换届选举工作。依法选举产生琼山区人大代表3名和大坡镇人大代表7名，圆满完成了区、镇人大代表选举工作。

9月26日，国土资源部地籍司副司长杨璐到海垦东昌公司，调研国有土地确权情况。

10月20日，海垦控股集团党委书记、董事长张韵声到东昌农场调研，深入胡椒地察看灾情，并召开座谈会部署工作。

10月23日13时30分，2016年第十一届环海南岛国际公路自行车赛车队经过223国道海垦东昌公司3分场赛段。

11月1日，由"汕头兵团知青联谊会"组织的赴海南参观访问团到海垦东昌公司参观，缅怀当年在海南农垦这片土地上挥洒汗水的青春记忆。

11月30日，"海南东昌众禾2000头黑山羊养殖项目"签约仪式在海垦东昌公司总部会议室举行。

12月9日下午，中央党校经济学部副主任潘云良率领由该部党总支书记鲍永升、经济观察编辑主任孙小兰等相关人员组成的调研组到海垦东昌公司，开展"农垦集团改革与发展"主题调研活动。

12月初，海口市环卫局、财政局、林业局、水务局、国土资源局、环保局、规划局、住房和城乡建设局、发展和改革委员会、市政市容管理委员会等相关单位的负责人到海垦东昌公司，就加快推进"海口市江东垃圾综合处理厂"建设项目进行专题调研。

12月20日，海口市委农村工作办公室相关人员到海垦东昌公司，就农垦改革及精准扶贫工作进行调研。

12月28日，中央政策研究室副主任潘盛洲一行到海口大坡镇东昌居调研国有农场改革情况。中央政策研究室、中央全面深化改革委员会办公室（以下简称中央改革办）农村局局长朱泽、处长曹利群、副处长张红奎，中央改革办督察局副处长郭磊参加调研。

● **2017年**　1月7日，农业部部长韩长赋先后深入到位于海口市琼山区的海垦东昌公司及东昌居进行调研，同职工、企业负责人、基层干部等交谈，了解农垦改革前后体制机制、人事待遇变化，以及社会管理职能属地化运作等情况。

2月，东昌公司开展"清理非法侵占胶园地专项行动"，10天清理私垦私占胶园地面积800亩，有效震慑了私垦私占国有胶园土地违法行为。

2月28日下午，农业部、财政部、国土资源部、民政部、人力资源和社会保障部等五部委联合组成调研组到海口市琼山区东昌农场，在海垦东昌公司一楼会议室召开座谈会，对东昌农场设居改革试点取得的成果进行交流。

3月，海口市政府投入专项资金，将东昌农场白石溪大道改建成沥青路。

3月7—10日，中国农林水利气象工会调研组一行深入海垦东昌公司、神泉集团，实地走访调研海南农垦改革发展情况。

3月26日，全国深化农垦改革现场推进会在海口举行。上午，农业部党组成员、副部长屈冬玉，海南省委副书记、省深化海南农垦管理体制改革领导小组组长李军率领全国农垦兄弟垦区代表百余人参观考察海南农垦东昌农场改革试点情况。

7月5日，海垦东昌公司宝湖村"宝湖启蒙书屋"创建，书屋位于宝湖村文化广场旁，由爱心人士筹建，为该村创建文明生态村增添了一道新亮点，成为海垦东昌公司第一个"社区图书室"。

8月2日，海垦东昌公司成立大坡胡椒地理标志产品申请工作机构。

8月18日上午，宁夏农垦集团党委书记、董事长张存平率领考察团，到海垦东昌公司考察调研。海垦控股集团党委副书记、总经理王业侨和海南省深化海南农垦改革工作领导小组办公室主任周公卒等相关人员陪同考察调研。

11月，启动离退休党员移交属地化管理工作。

11月22日上午，中央政策研究室经济局原巡视员、副局长，中国农垦经济研究会候任常务理事白津夫率调研组到海垦东昌公司调研。

12月8日上午，省交叉考核组澄迈组组长、副县长徐伟松率队到大坡镇调研东昌农场改革及扶贫工作。

2018年　2月27日，中国经济信息社有限公司海南分公司有关人员到海垦东昌公司，指导创建"新华指数胡椒数据采集固定观察点"工作，决定东昌农场公司为"新华·海南胡椒价格采集点"单位并授牌。

3月11日，海垦控股集团工会"培育好家风——职工在行动"大讲堂在东昌公司总部会议室开讲。海南省委党校（海南省行政学院）教授王白娇受邀作题为"好家风，好人生"的专题讲座。

3月27日，广东农垦集团党组成员蔡向东一行到海垦东昌公司调研，学习该公司社会职能属地化管理和农场企业化改革方面的成功经验和做法。

4月2日下午，海南省副省长刘平治率队到海垦东昌公司调研，深入东昌公司18队、20队、21队详细了解帮扶措施落实情况。

4月17日上午，海垦东昌公司举办"就业创业示范基地荔枝管理技术讲座"，原海南浩伦荔枝龙眼研究所所长助理、农艺师李海明应邀到场授课。该公司130多名管理人员和农户参加了培训。

4月21日上午，海南农垦红昇农场有限公司与海垦东昌公司在红昇东红分公司举行男女乒乓球团体友谊比赛，共22人参加了比赛。

6月5日下午，广西农垦局副局长金大刚率领考察团到海垦东昌公司考察，学习综合改革经验。双方举行座谈会，就改革的热点问题展开交流。海垦控股集团土地运营部总经理蒙小亮、海垦东昌公司领导班子成员陪同调研。

6月5日，海垦东昌公司召开第一届第二次职代会。

6月底，海垦东昌公司岗位竞聘活动圆满结束，公司总部、生产基地、生产队的管理人员共72人参与竞岗。根据这些人员的竞岗需求，公司将重新安排工作岗位，做到能者上、平者让、庸者下。

7月26日，海口市琼山区人民法院"流动法庭车"开进海垦东昌公司8队，开展《土地法》等法律知识教育，当场开庭审理拒缴公司土地使用费诉讼案件，收到明显的效果。第二分公司的管理人员和部分群众共50多人旁听庭审，亲历了一堂深刻的法制教育课。

8月20日，海垦东昌公司举办"我为'职工书屋'捐书"活动。当场捐赠各类书籍共136册，增加了"职工书屋"的藏书量。

8月27日下午，海垦东昌公司关工委和东昌居、东昌学校联合举办"关怀孩子成长"座谈会。

9月，海垦东昌公司关工委和老年人体育协会成立，公司党委副书记、纪委书记、工会主席肖双等领导班子成员出席揭牌仪式。

9月25—26日，海垦东昌公司举办"海垦东昌公司困难职工就业创业（电子商务）技能培训班"。

9月29日，发布《海南农垦东昌农场有限公司脱贫攻坚三年行动计划产业扶贫实施方案》。

10月10日下午，海垦东昌公司举办"勇当先锋，做好表率"主题演讲比赛。

10月15日下午，云南农垦集团副董事长陈云原一行到海垦东昌公司调研，了解该公司综合改革的具体做法和取得的成效。海垦控股集团董事会秘书高波等相关人员陪同调研。

11月12日下午，由新华社、中新社、《中国青年报》、央广网《北京时间》4家中央媒体组成的"央媒采访团"到海垦东昌公司调研采访。为庆祝中国改革开放40周年，中央宣传部开展"百城百县百企调研行"主题采访报道活动。

12月8日上午，吉林省农村综合改革办公室和吉林农垦总局组织的考察团到东昌农场公司考察调研。在海垦东昌公司党委和董事会负责人付谨盛的陪同下，考察团一行分别到17队标准化胡椒生产基地、东昌居调研。

12月10日上午，中央电视台拍摄组一行深入东昌农场公司采访，拍摄海南农垦改革专题片。

12月21日，海垦东昌公司8队土地承包户陈某端，因抗缴土地使用费，抗拒履行法院生效判决，被海口市琼山区人民法院查封银行账户，追缴土地承包欠款和违约金，共计7829.9元，依法维护公司的合法权益。

12月25日，农业农村部农业产业发展司副巡视员何建湘率领国家"特色小镇"调研组到海垦东昌公司进行工作调研。

12月26日晚，海垦东昌公司举办"勇当先锋，做好表率"垦地共建迎新年文艺晚会。

2019年　1月24日，中国人民大学教授吕萍一行到海垦东昌公司考察调研。公司党委书记、董事长付谨盛，总经理麦全法，向吕萍教授一行介绍了公司综合改革取得的成效、经验和存在的问题。在麦全法的陪同下，吕萍教授一行实地参观了海垦东昌公司的胡椒产业园、橡胶园和胡椒加工厂。

1月24日，海垦东昌公司2018年度产业扶贫（黑山羊项目）保底帮扶资金发放仪式在该公司14队黑山羊养殖基地举行。

2月12日上午，海南省品牌农业联盟常务副秘书长吴开参一行到东昌农场公司调研胡椒产业。

3月，海垦东昌公司与云南一家电子机械公司合作创办新型环保胡椒加工厂。

3月18日上午，海垦东昌公司水果规模化种植项目开工启动仪式在公司4队举行。

3月6日，宁夏农垦集团副总经理杨舵一行到海垦东昌公司考察。

3月27日，海垦东昌公司召开第一届第三次职代会。

4月，胡椒种植示范基地启动种植工作。

4月22日下午，省国资委主任倪健带队到海垦东昌公司调研，指导土地资产化资本化工作。省国资委党委副书记孙维雄和有关处室负责同志参加了调研。

5月8日，海垦东昌公司举办2019年党支部书记和党务骨干培训班，公司领导班子成员和公司总部、各基层党支部书记等相关人员参加。

5月13日下午，呼伦贝尔农垦集团党委委员、副总经理包常顺率呼伦贝尔农垦调研组到海垦东昌公司调研。

6月中旬，海垦东昌公司与云南一家电子机械公司合作创办的新型环保胡椒加工厂开始试产。

6月18日，海垦东昌公司首期《"不忘初心、牢记使命"主题教育简报》印发。

6月19日，海垦东昌公司召开"制度再创新、改革再发力"讨论会，研讨管理制度、思想作风等方面存在的问题，强力促改，主动求新，确保全年各项工作取得新成效。

6月26日，海垦控股集团投资总监、规划发展部总经理梁春发到海垦东昌公司蹲点，积极与企业对接，有针对性地帮助企业办好事、办实事、解难题，落实省委、省政府和海垦控股集团党委的工作部署。

7月3日上午，海南省政策研究室副主任李海华一行3人到海垦东昌公司调研。

7月6日下午，海垦控股集团副总经理张志坚一行到海垦东昌公司调研，指导海垦胡椒产业整合及深加工布局等工作。

7月5日上午，海南省总工会职工服务中心副主任阳海辉一行8人到海垦东昌公司开展帮扶入户走访工作，并结合"不忘初心、牢记使命"主题教育进行垦区帮扶工作调研。

7月24日下午，海垦东昌公司举办"珍惜生命，关爱健康"专题讲座，海南省全民健康宣教中心资深讲师徐倩应邀为公司70多名管理人员普及紧急救护与健康知识，传播健康理念。

8月6日上午，由琼山区农业农村局、东昌居、琼山区老年人体育协会、海垦东昌公司老年人体育协会联合举办的琼山区新时代文明实践之"孝行琼山、爱心助老"五老志愿服务活动在东昌敬老院举办。

8月7日下午，海垦东昌公司结合"不忘初心、牢记使命"主题教育，举办"新中国第一代南下大学生在海垦创业故事"主题讲座。此举，是公司开展主题教育又一自选动作。

8月5日，广东农垦经济学会秘书长黄建辉一行4人组成的考察组，到东昌农场公司调研。深入海南天地东昌生态农业股份有限公司菠萝基地参观，了解菠萝产品在市场的定位和生产、采摘、包装等作业标准化操作流程。

8月14日，海垦控股集团党委副书记、总经理王业侨率队到海垦东昌公司督导项目建设，并主持召开座谈会，听取公司1—7月生产经营情况汇报，重点研究推进胡椒产业整合、土地资产化资本化等方面工作。海垦控股集团副总经理张志坚参加督导。

8月下旬，正式启动基层卫生所建设，进一步优化基层卫生资源配置，提升基层卫生所的服务能力和水平，满足职工群众就近、便捷公共卫生服务的需求。

8月28日，海垦控股集团推动胡椒产业整合工作会议在海垦东昌公司召开。与会人员聚"椒"发展，各抒己见，就海垦胡椒产业整合、完善海垦胡椒产业链、打造具有核心竞争力的海垦胡椒产业品牌产品等方面进行探讨。海垦胡椒产业公司、海垦东昌公司、海垦东路公司、海垦东太公司主要领导及相关人员参加会议。

9月1日晚，2019年海口市安全生产暨禁毒宣传教育"七进"之进农村专题文艺演出，在海垦东昌公司文化广场举行。

9月10日，省农业农村厅副厅长莫正群一行到海垦东昌公司调研，到东昌新型环保胡椒初加工厂了解胡椒加工流程等情况，并就如何提高东昌胡椒品牌质量，与海垦东昌公司负责人进行了交流探讨。

11月，东昌医院门诊住院综合楼工程启动，由海南第二建设工程有限公司承建，建筑面积2115.06平方米。

11月5日上午，省农业农村厅调研组到海垦东昌公司调研，指导胡椒产业和产品加工项目建设。调研组参观了东昌新型环保胡椒初加工厂，了解胡椒加工流程等情况，并就加强环保建设、提高产品质量和附加值，提出了指导性意见。

11月6日，省农林水利交通建设工会常务副主席刘亚明率队到海垦东昌公司调研，指导工会建设工作。

11月20日，海垦东昌公司万株椰苗苗圃建成投入使用，培育新品系椰子种苗，满足发展产业需求。

11月28日上午，海垦东昌公司举行职工书屋揭牌仪式，海垦东昌公司职工书屋被中华全国总工会授予"全国职工书屋"称号，并颁发了牌匾和赠送价值超过3.3万元的690多册新书籍。

12月3日下午，"G360文昌至临高公路项目土地征收协议签订仪式"在海垦东昌公司总部举行。海口市琼山区人大常委会副主任蒙莽和海垦东昌公司党委书记、董事长付谨盛，分别代表琼山区人民政府、海垦东昌公司在征地协议方案上签字。

12月3日，海口市农民技术学校"空中课堂"走进海垦东昌公司，在该公司8队胡椒基地举办胡椒栽培管理专场讲座。中国热带农业科学院香料饮料研究所研究员刘爱勤应邀到场授课，现场示范胡椒风害和病害管理，对农户提出的问题答疑解惑，传播胡椒标准化种植新技术。

12月9日，海垦控股集团副总经理张志坚到海垦东昌公司调研，指导椰子产业、胡椒产业以及黑山羊养殖、文昌鸡养殖等项目发展及安全生产工作，并召开座谈会，研讨新举措，切实完成"两个确保"任务。

12月9日，海垦东昌公司党委书记、董事长付谨盛率队到中坤农场公司学习交流。

12月10日，广东省土地学会专家罗伟玲一行到海垦东昌公司，调研土地资产化资本化运作工作。

12月17日，海垦东昌公司在全公司10个党支部中开展应知应会知识竞赛，以笔试形式进行。

12月18日上午，参加2019年全国农垦扶贫产业（特色种植及农业产业融合发展）示范交流活动的全国27个垦区的170多名代表，先后到海垦东昌公司万亩胡椒产业项目基地、海垦南金公司万亩波罗蜜产业项目基地实地观摩。

12月25日，"垦地共建——不忘初心、牢记使命，共筑东昌梦"2020年迎新年文艺晚会在海垦东昌公司举行。海口市琼山区委常委、大坡镇委书记杜梅英出席，大坡镇镇长蒋先理致辞。

12月26日上午，大坡镇东昌居和海垦东昌公司联合举办"全民环保，共创美丽海南"公益性科普讲座，海南省环保宣传中心讲师吴兰菲应邀前来授课。

● **2020年** 1月23日，海垦东昌公司党委书记、董事长付谨盛代表公司向京玉环境服务公司赠送"马路天使，和谐环境"锦旗。

1月25日，海垦东昌公司启动疫情防控工作。

2月3日，海垦东昌公司召开会议，对春节期间的疫情防控工作进行总结，对进一步抓好疫情防控、安全生产、项目建设等当前重点工作进行再部署。

2月9日，海垦东昌公司负责人一行到东昌派出所，慰问公安干警。双方就抓好下一步垦地联手抗击疫情工作进行交流。

2月10日，海垦东昌公司启动疫情防控新预案，在白石溪场部小城镇区域8个道路出入口设置疫情防控点。

3月11日，海南省优秀共产党员和抗风救灾英雄模范梁统安遗孀王英丽捐款1000元支援武汉抗疫。

3月31日，海垦商贸物流集团副总裁余伟、海垦物业公司总经理黄素英带领工作组，先后到海垦东昌公司、海垦橡胶研究所交流洽谈，旨在进一步推进"三子工程"及垦区"三供一业"物业整合工作。

4月8日，海口市科学技术协会党委书记徐伟率队到海垦东昌公司考察胡椒产业，为即将成立的海口市胡椒协会开展调研。徐伟先后参观了海垦东昌公司胡椒标准化生产基地、胡椒加工厂，详细了解了全自动机械化胡椒加工生产线运行情况。

5月，省关工委常务副主任韩美带队到海垦东昌公司了解考评"全国关心下一代工作先进集体"情况。

5月7日，海口市琼山区人大常委会副主任蒙莽一行到海垦东昌公司调研，指导G360文昌至临高公路（琼山段）征地工作，研究制定项目推进实施意见和有关工作机制。

5月9日，海垦控股集团党委组织部一行到海垦东昌公司，调研督导退休人员社会化管理工作。

6月3日，省关工委常务副主任曾广河一行到海垦东昌公司调研，就进一步抓好关工委科技帮扶工作进行指导。

6月5日，琼山人民法院执行庭到海垦东昌公司对两户土地使用费欠缴户采取强制执行追缴。

6月16日，海垦控股集团党委书记、董事长盖文启率队赴海垦东昌公司调研，先后实地调研了胡椒加工厂、东昌居、凤梨生产基地。

6月22日，广西农垦集团副总经理黄永华率队到海垦东昌农场公司考察，并进行业务交流。

6月22日，海垦东昌公司召开2020年上半年生产经营分析会，贯彻落实海垦集团月度例会视频会议精神，并就抓好当前工作进行部署。

6月24日，海口市琼山区大坡镇政府、镇司法所、东昌居、海垦东昌公司、海口东昌派出所，联合开展"6·26"国际禁毒日普法宣传活动，提高全民禁毒意识和抵制毒品能力。

6月27日，海口市琼山区大坡镇委书记林欢率队到海垦东昌公司，开展党建工作专题调研。垦地双方就抓好新时期党建工作，促进垦地繁荣发展进行了交流探讨。

7月20日，海垦东昌公司启动2020年"大接访大下访"活动，由公司主要领导带队，前往联系点单位，接待来访群众。

7月30日，海口市打非治违办公室副主任宋佐率队赴海垦东昌公司和大坡镇东昌居调研，指导"两违"图斑信息核查和补正工作，并在海垦东昌公司召开调研会。

8月3日，海垦东昌公司关工委在东昌学校开展"劳动教育"主题培训活动。

8月13日，海垦东昌公司举办"我为加快推进海南自由贸易港建设做贡献"知识竞赛。

8月31日，以"大坡胡椒·飘香世界"为主题的2020年首届海口大坡胡椒文化节在海口市琼山区大坡镇的海垦东昌公司文化广场开幕。

9月10日，海垦东昌公司全面完成632宗"两违"图斑信息核查、补正工作。

9月13日，海南农垦胡椒绿色环保加工厂项目奠基仪式在海垦东昌公司举行。

9月23日，海垦东昌公司"昌农"胡椒首次在天猫平台实现网红带货销售，当晚直播销售3.3万瓶。

9月24日，国家发展和改革委员会城市和小城镇改革发展中心蒋阿简一行4人到海垦东昌公司调研。

9月25日上午，海南省乡村振兴促进会副秘书长罗天原一行到海垦东昌公司颁发会员单位证书及牌匾，海垦东昌公司正式成为海南乡村振兴促进会会员。

10月，海垦东昌公司职工子弟何敦富创办的文昌鸡屠宰生产线投产，日加工文昌鸡1.8万只。

11月5日，农业农村部农垦局一级巡视员彭剑良，率领农业农村部农垦局、财政部农业农村司农村处组成的调研组，到海垦东昌公司调研。

12月，海垦东昌公司关工委获评"全国关心下一代工作先进集体"。

12月，海垦东昌公司胡椒加工包装生产线安装调试。

第一编

自然地理

中国农垦农场志

第一章　场域、建制与区位

海垦东昌农场公司隶属于海垦控股集团，公司前身为海南农垦国营东昌农场，场部设在白石溪。

第一节　场域、建制

一、农场边界

国营东昌农场坐落在海南省海口市琼山区东南，东部与文昌市南阳镇交界；南部与文昌市蓬莱镇相连；西部与海口市琼山区大坡镇和甲子镇接壤；北部与文昌新桥镇毗邻。东西最长横宽 15.84 公里，最短 6.8 公里；南北最长纵距 16.73 公里，最短 0.051 公里，土地总面积 73.89 平方公里，折合

图 1-1-1　航拍白石溪河流穿场部段（2016 年）

11.096 万亩，边界周长 154.11 公里。四周均和海南农垦国营红明农场、农垦橡胶研究所、农垦国营南阳农场、农垦国营东路农场的土地相接连（图 1-1-1）。

二、建制沿革

1. **第一阶段：筹备建场（1951 年 2 月—1960 年 8 月）**　1951 年 2 月，根据中共中央有关"大力发展我国橡胶事业"的指示精神，海南岛解放初期新成立的海南军政委员会橡胶垦殖处，根据白石溪地区存在的零星橡胶树，派出了一支 8 人小分队进驻白石溪地区，开始采集橡胶籽及实地考察该地区的水土资源，为东昌农场的建立奠定了基础。

1952 年 1 月，由国家组建的华南垦殖局海南垦殖分局正式成立，4 月，海南垦殖分局采取上派下招的方法，开始建场，命名为文昌垦殖所。1953 年，该所扩建了东银（301）、

东路（302）、蛟南（303）等 8 个分场。1954 年春，根据上级统一垦殖系统组织体制为"垦殖局—垦殖所—垦殖场"的要求，将 8 个分场合并统称文昌垦殖场，场部由白石溪迁往文昌县新桥墟（现新桥镇）。1955 年 8 月改名为东昌垦殖所，场址回迁白石溪，在白石溪西岸修建了 200 平方米办公室，4 幢 400 平方米共 32 间宿舍，就此将场址确定下来。1957 年初，根据国家农垦部统一全国农垦场名的通知，更名为国营东昌农场（图 1-1-2、图 1-1-3、图 1-1-4、图 1-1-5、图 1-1-6）。

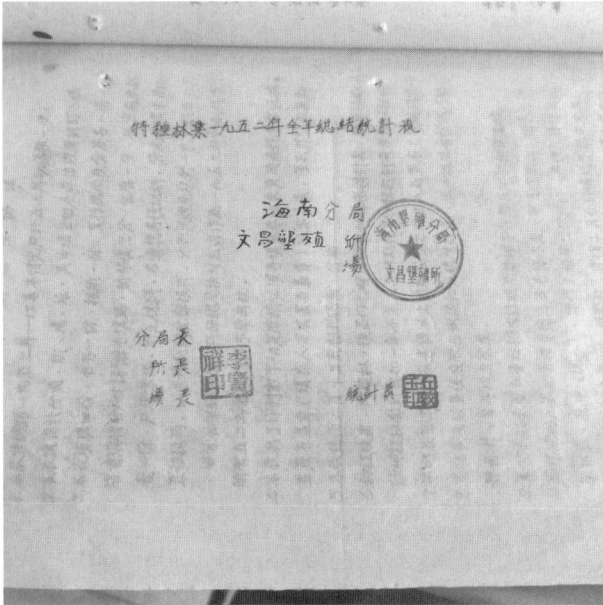

图 1-1-2　1952 年总结统计表

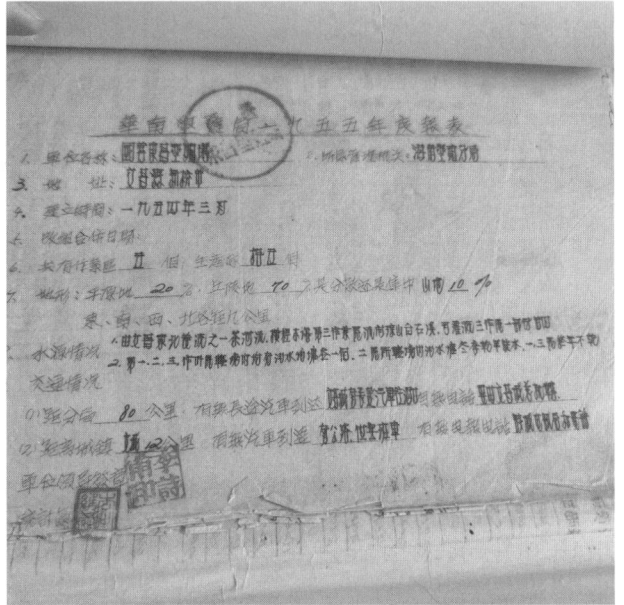

图 1-1-3　1955 年调查表

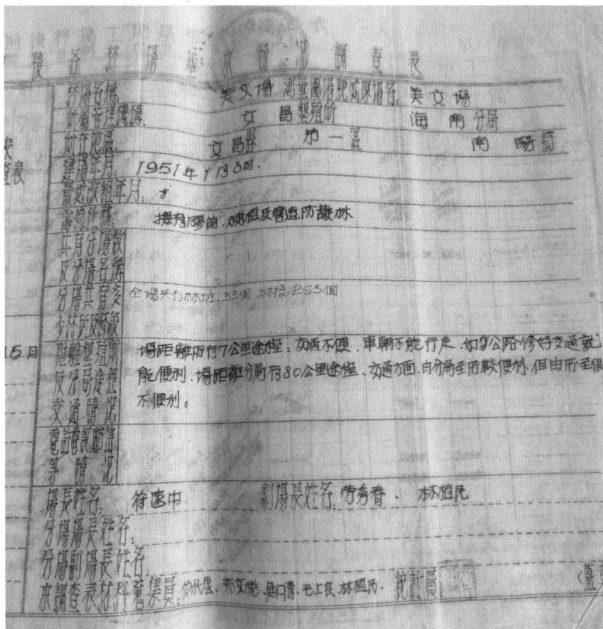

图 1-1-4　1955 年调查表（美文场）

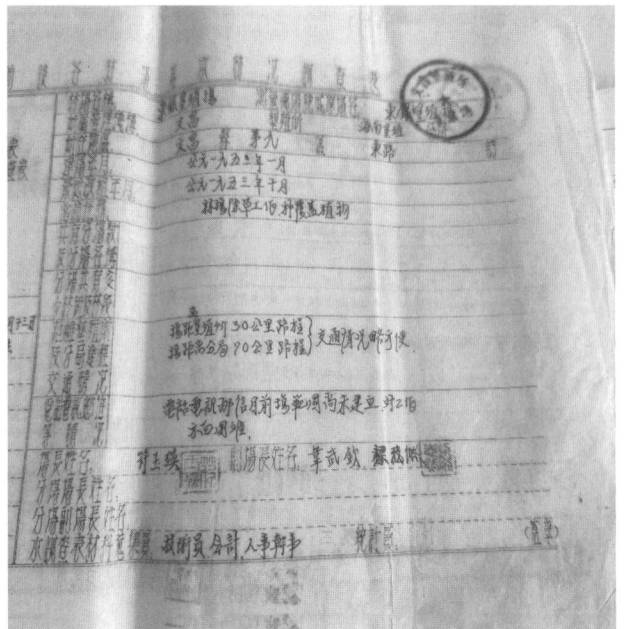

图 1-1-5　1955 年调查表（东昌农场）

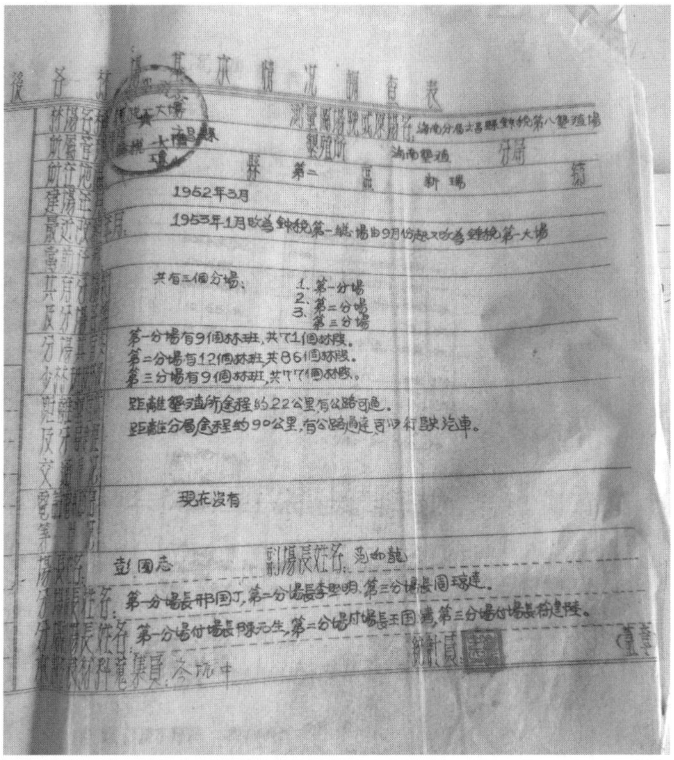
1952年3月
1953年1月改为钟锐第一垦殖场由9月份起又改为钟锐第一大场
共有三個分場：
1. 第一分場
2. 第二分場
3. 第三分場
第一分場有9個林班，共71個林段。
第二分場有12個林班，共86個林段。
第三分場有9個林班，共77個林段。
距離墾殖所途程约22公里有公路可通。
距離分局途程约90公里，有公路通達可以行駛汽車。
現在沒有

图 1-1-6 1955 年调查表（钟锐一场）

2. 第二阶段：建场初期（1960 年 9 月—1969 年 3 月） 1960 年 9 月，为方便管理并扩大农垦规模，海南农垦局决定按文昌、琼山两县界地，在文昌县境内扩建成立国营东路农场、国营南阳农场和海南橡胶研究所。于是将国营东昌农场一分为四，划出文昌县地界成立三个国营农场之后，将琼山县境内的树德、赞统、白石溪、中税和加东岭等作业区划出合并组建成立国营大坡农场，因其土地在原琼山县大坡公社境内，故命名为“国营大坡农场”。隶属海南行政区农垦局领导。1964 年春，农场在 1956 年场社土地划分的基础上与有关社队再次协商调整，确定地界线并编制土地界线图，呈报琼山县人民政府和海南行政公署，最后由广东省人民政府于 1964 年 7 月 14 日批复同意确定了农场版图。

3. 第三阶段：生产建设兵团时期（1969 年 4 月—1974 年 9 月） 1969 年 4 月经中华人民共和国国务院批准，在海南岛以海南农垦为主，加上外贸系统农场、热作两院，成立由广州军区领导的广州军区生产建设兵团，大坡农场隶属生产建设兵团领导，番号序列为第一师第二团。1971 年 3 月 29 日，海南行政区革命委员会批复同意将大坡一带的土地划给一师二团。

4. 第四阶段：恢复农场体制（1974 年 10 月—1988 年 3 月） 1974 年 10 月，经国务院批准撤销生产建设兵团，恢复海南农垦，一师二团番号撤销复名国营大坡农场，隶属广东省海南农垦局领导。1977年3月，经海南行政区和琼山县人民政府批准，大坡公社的白石溪大队和中税大队的部分生产队并进农场。1981年9月，又将大坡公社的新峰、曙光、树德、大坡、中税、新瑞、新群、新方、益群等大队的部分生产队及甲子公社的加东岭、井埇村等59个自然村并进农场。并场队总人口4255人，其中劳力2296人，土地面积3.138万亩。

海南农垦局从1984年开始在全垦区推行家庭农场承包责任制，农场在经营承包责任制改革中，创立了"自主经营、自筹资金、自负盈亏"的"三自型"经验，得到海南农垦局的肯定。1987年6月，海南农垦局在试点农场召开家庭农场现场会推广"三自型"经验。

5. **第五阶段：海南建省成立省农垦总局时期（1988年4月—2015年9月）** 1988年4月，经国务院批准海南建省成立大特区，从广东省分离，海南农垦局和通什农垦局合并成立海南省农垦总局。在海南省农垦总局领导下，国营大坡农场申请恢复原东昌农场名称，1995年批准更名东昌农场，同时组建4个分场及数个支场、股份合作公司。1999年5月农场党委讨论决定撤销支场及股份合作公司，并将原4个分场合并为3个分场，2001年根据工作需要将第三分场一分为二，分成第三、第四分场，恢复原4个分场建制。

2005年4月，经海南省农垦总局批准成立东昌分公司，成为海胶集团的子公司，2008年经海南省农垦总局批准退出海胶集团，恢复农场建制。

2008年7月9日，国务院下发《关于同意推进海南农垦管理体制改革意见的批复》（国函〔2008〕59号），原则同意"从2008年1月1日起，将海南农垦的管理体制由过去的'省部共管、以省为主'调整为海南省人民政府全面管理，原由中央管理的海南农垦资产及负债整体划转海南省"。央属海南农垦就此时起转为省属海南农垦，海南省人民政府出台一系列政策领导海南农垦的管理体制改革和经营机制创新工作。

6. **第六阶段：农场企业化改革时期（2015年9月—2020年）** 2015年11月27日，中共中央、国务院出台《关于进一步推进农垦改革发展的意见》（中发〔2015〕33号），提出"整建制实行集团化改革"，实行"集团化企业管理"。根据海南省委省政府关于对深化海南农垦管理体制改革的重要指示精神，省深化海南农垦管理体制改革小组从2015年10月开始推进农场社会职能移交、农场公司化改造、清产核资、土地资源资产化资本化、国有农业用地清理规范等综合改革试点工作。依照《中共海南省委海南省人民政府关于推进新一轮海南农垦改革发展的实施意见》（琼发〔2015〕12号），2016年6月15日成立东昌居，实现农场社会职能剥离移交政府管理；2016年6月29日成立海垦东昌公司，建立法人治理结构及运行机制；2016 年 12 月完成清产核资，试点推进土地资源资产化资本化。公司出台《海垦东昌公司"去行政化"管理实施方案》，取消干部级别，实行以岗定薪，减少管理人员 104 人。公司以"企业效益最大化"为工作中心，抓住机遇，外拓营销，内强管理，经营绩效大幅提升，实现了平稳过渡和良好开局。2017 年实现总收入1424.12 万元，利润 308 万元，结束连续 6 年亏损局面；2018 年总收入 2701.22 万元，利润 1068.14 万元；2019 年完成总收入 3712.81 万元，利润 1296.33 万元。

图 1-1-7　公司办公区

第二节　区　　位

一、天文地理位置

海垦东昌公司位于东经 110°31′—110°40′，北纬 19°31′—19°40′。农场场部行政中心位于东经 110°37′，北纬 19°36′。

二、自然地理位置

海垦东昌公司位于海口市琼山区东南部，南北长约 17 公里，东西宽约 15 公里。场域东邻海南农垦橡胶研究所，南抵海南农垦南阳农场，西连琼山区大坡镇，北接海南农垦红明农场公司。农场场部距海榆东线公路 7 公里，距海口市区 65 公里，距美兰机场 45 公里，距文昌市区 16 公里（图 1-1-8）。

图 1-1-8　在建的文临高速公路（2020 年）

三、经济地理位置

海垦东昌公司主体位于海南省海口市琼山区大坡镇辖区内，地处海口、文昌、定安三角区的腹地以及海澄文一体化综合经济圈。公司是全国最大胡椒连片生产基地，拥有胡椒种植园 2.8 万亩。

第二章　自然地理

海垦东昌公司地处海口市琼山区东南部高地，属缓坡丘陵和平台地，土壤为玄武岩风化砖红土壤，土层深厚，适合种植橡胶、菠萝、胡椒、甘蔗等多种热带经济作物。

第一节　自然环境

一、地质地貌

海垦东昌公司境内土地属玄武岩台地，文昌文教-儋州王五断裂带接近农场北端。该断裂带是划分琼北断陷盆地和琼南隆起的分界线。文昌白延-海口断裂带从农场穿过。

农场东北角是一级台地，其余为二级台地。地域分为南部 2 块、北部 1 块、东部 2 块、西部 1 块。西南部高，东北部低。除西南面的加东岭海拔 151 米外，整个地势开阔平坦，部分海拔 30～100 米。大部分坡度在 5°左右。全场除第三管理区的 5 个生产队在缓坡丘陵地外，其他 3 个管理区 30 个生产队均为平缓台地，适应机械作业。

二、水文气象

农场地处琼东湿润频繁重风气候区。其特点是高温多雨，雨水多，气温高，气压低，风大。据 1963 年以来的气温资料统计，年均日照 1932.9 小时，蒸发量 1981 毫米，年平均气温 23.3～24℃，日均温度 27～28℃。月平均最高气温在 7 月，约 27.5℃。

历史上有过极端气温，1955 年 5 月 2 日，最高温度达到 40.5℃；最低在 1 月，平均气温约 13℃。1955 年 1 月 11—12 日曾连续出现 0.3℃的低温，地面凝霜 2 毫米，低洼积水凝结薄冰。

年降水量 1785 毫米，雨天 117 天左右，干湿度分明，5—10 月为雨季，降水量占全年的 77.7％，其中降水量最多的是 8 月，降水量最多时达 343.9 毫米，11 月至次年 4 月为旱季，降水量不足全年的 1/4。常年风力 2～3 级，8—10 月常受热带气旋影响，破坏性较大（图 1-2-1）。

图 1-2-1　从东昌境内经过的红岭灌区引水渠（2020 年）

三、土壤

农场土壤类型主要为玄武岩风化砖红土壤，除东北角是坑谷地坑垌田土地类型外，其余均属铁质砖红壤台地土地类型。土层深厚（厚度大于 1 米厚土层地占总面积的 99.2％），地质黏重，发生层次不明显。pH5～6，有机质含量高，一般缺钾，有效磷低，渗透性差，易涝易旱，肥力中等，适宜种植橡胶、胡椒、荔枝、龙眼、菠萝、香蕉、茶叶、咖啡、青橘等多种热带经济作物。

四、植被

农场建场初期，植被群落大致分为三种类型：一是疏林地，占总面积的 2.67％，分布在居民地周围和水域边沿；二是灌木地，占总面积的 31.28％，主要分布在农场的西部和东部偏北部；三是高芒茅草地，占总面积的 50.22％，覆盖至全场范围。其余 15.9％面积为居民点。

经过 60 多年的开垦，大部分已种上了橡胶等热带经济作物。现在的疏林地仅保留在农村和新居民点的周围和水域旁边，灌木林地在五区、六区存在不足百亩。此外，二区、三区、四区还有部分地域生长竹子。林木覆盖率（含橡胶林、防护林、果木林、薪炭林、绿化林）30％以上。随着人类的活动，农场的自然植物种类逐渐减少；人工栽培植物种类不断增加，分布范围不断扩大，逐渐代替了自然植物种类。

（一）自然植被

农场范围内的原始自然植被大致分为四大植物群落：

1. **矮草原群落**　分布在低缓或烧垦后开荒的坡地上，以矮草为主。有竹节草、蜈蚣草、鸭嘴草、叉草、飞机草、含羞草、决明子、莎草、穆草等。其间稀疏生长着一些桃金娘、野牡丹、九草木等灌木。

2. **灌木中草群落**　分布在丘陵山脉以上部分，占地面积很广，草类以芒箕、茅草为主，还有竹节草、穆草、狗尾草等，灌木有桃金娘、野牡丹、刺血，稀疏生长海棠等中低高度的乔木。

3. **中草灌木群落**　分布在丘陵的下坡或沟中，有刺血、刺梅、九节草、银地等，草类有芒箕、茅草、芒草等，其他还稀疏生长一些乔木，有海棠、油茶、竹子等。

4. **草本乔木灌木群落**　分布在土壤较好未经人为破坏区，面积不大。草类有芒箕、芒草等；乔木有白银树、赤鳞树、厚皮树等，灌木有银地、刺血、桃金娘及一些豆科藤类。

（二）人工栽培植物

1. **粮油类**　水稻、绿豆、花生、芝麻、番薯、木薯、玉米、芋头、大薯、甜薯等。

2. **瓜菜类**　冬瓜、南瓜、木瓜、黄瓜、甜瓜、丝瓜、苦瓜、萝卜、茄子、韭菜、白菜、空心菜、花菜、芹菜、葱、大蒜、生姜、番茄、马铃薯、辣椒、四季豆、荷兰豆等。

3. **热作类**　橡胶、胡椒、咖啡、香茅、椰子、槟榔、油棕、剑麻、茶叶、甘蔗等。

4. **水果类**　菠萝、波罗蜜、荔枝、龙眼、杨桃、黄皮、香蕉、柑橘、橙、西瓜、杧果、果蔗等。

5. **草木类**　木麻黄、大叶桉、相思树、楝、榕树、水秧草、竹子、玉兰花、茉莉花、九里香等。

6. **中草药类**　金银花（忍冬）、穿心莲、珍珠草、砂仁、益母草、地胆头、蛇尾草、霸王鞭、积雪草、人字草、独脚金、田基黄、蛇尾草、旱莲草（鳢肠）、一点红、三叉苦、两面针等。

7. **水生类**　莲花、凤眼蓝、黄芪等。

五、野生动物

土地开发利用前，野生动物有：

1. **兽类**　猴子、山猪、赤鹿、刺猬、穿山甲、狸、山兔等。

2. **鸟类**　喜鹊、燕子、中华鹧鸪、鹁鸪、猫头鹰、乌鸦、八哥、麻雀等。

3. **爬行类**　蟒蛇、金环蛇、银环蛇、眼镜蛇、竹叶青蛇、龟、鳖等。

4. **昆虫类**　蝴蝶、飞蛾、蜜蜂、蜻蜓、萤火虫、蝗虫等。

5. **水生类**　鲤、草鱼、鲢、田螺、田蟹、蚂蟥、对虾等。

6. **两栖类**　青蛙、蟾蜍等。

第二节 自然资源

一、土地资源

第三次全国土地调查显示，海垦东昌公司土地总面积 111907.96 亩（约 7460.53 公顷）。

生产用地 107255.81 亩。其中：耕地面积 4469.88 亩，园地面积 86040.77 亩，林地面积 13690.39 亩，其他农用地面积 3054.77 亩。

城乡建设用地 3569.52 亩。其中：物流仓储用地 21.96 亩，商业服务业设施用地 89.56 亩，工业用地 163.75 亩，采矿用地 40.86 亩，居民住宅用地 2961.51 亩，农村宅基地 117.75 亩，机关团体新闻出版用地 34.59 亩，科教文卫用地 126.01 亩，公用设施用地 13.53 亩。

交通水利用地 251.93 亩。其中：公路用地 92.46 亩，城镇村道路用地 41.88 亩，交通服务场站用地 4.90 亩，水工建筑用地 112.69 亩。

水域面积 604.95 亩。自然保留地 149.24 亩，其中：其他草地 127.65 亩，裸土地 21.59 亩（图 1-2-2）。

图 1-2-2　从海垦东昌公司 9 队经过的国道

二、水资源

农场地下水资源较为丰富，属于火山岩裂陈孔潜水类型，一般 10 米深度可出水，且常年水源充足。

地面沟谷纵横，溪涧繁多，但流程短，属于大雨水满、干旱枯竭的状态。境内有两条河流。白石溪是流程最长的主河流，河长 18.13 公里，发源于文昌市蓬莱东北丘陵地带，流经大坡镇，穿过农场境内，经文昌市出海。在海口市琼山区境内的流域面积 75.6 平方公里，总落差 137.5 米。在场部东侧 500 米处，有一断壁，宽 20 多米，深 10 多米，溪水奔流至此，直泻深潭，形成瀑布，称白石溪瀑布，终年流水不断，瀑布上游有一深洞，称仙人洞，有一深潭，称将军潭。1958 年 3 月，农场在将军潭下 200 米处筑起拦水坝一座，坝长 30 米、宽 6 米、高 13 米，河水落差 8.3 米（图 1-2-3）。

图 1-2-3　白石溪瀑布

另一条是赞统溪，位于农场北面，发源于琼山区文岭墟，流程约 15 公里，流程短而水少。两溪均汇集于文昌新桥境内的新桥溪。

全场有人工水库 4 座，蓄水量为 153.47 万立方米。其中，树德水库蓄水量为 137 万立方米，水面落差 6 米（图 1-2-4）；乌石水库蓄水量为 5.47 万立方米，水面落差 5 米；合龙水库蓄水量为 8.5 万立方米，水面落差 5 米；前昌水库蓄水量为 2.5 万立方米，水面落差 3 米。4 座水库可灌溉面积 3300 亩。

图 1-2-4　树德水库一角

三、矿产资源

农场境内地下探明的矿产有三水铝土矿，储量约840万吨，主要分布在场部以南的二区、四区、五区。大边主矿体品系最高达46％，最低位37％，已探明的还有玄武岩，储量600多万立方米，主要分布在二、五、六等3个管理区。1978年前，农场零敲碎打，开采玄武岩。1978年后，采取承包方式组织开采，开采年产量400～500立方米。

第三节　自然灾害

一、气象灾害

（一）风灾

农场地处海南岛东北部的重风害地区，距海岸线40公里左右。地势平坦，没有天然屏障，每年夏秋季热带气旋发生频繁。1952—2011年，热带气旋影响农场60余次，其中风力12级以上的台风有6次，平均每10年就有一次。年均有3次左右的较强台风掠过农场，每次都带来大量的降水，给热带作物、林木、农作物及房屋、建筑物造成不同程度的风害和损失。

据气象资料记载：

1953年，第4号强台风经过农场，风力12级以上，降水量达到300毫米。

1963年，第11号强台风经过农场，风力从5级逐渐增大到12级，降水量150～200毫米，历时69小时，橡胶树被刮倒断枝裂干19072株，损失胶水16.35吨，农作物受灾面积455亩，房屋倒塌、掀顶共计4617.4平方米。

1972年，第20号台风风力12级以上，降水量295～346毫米。橡胶开割树折断、倒斜占总株数的40％，风后的1973年比1971年干胶产量减少41％，职工宿舍倒塌达90％，风害造成2人死亡，是农场创建以来受灾损失最惨重的一年。

1983年7月，第3号强台风以风力11级、阵风12级穿越农场，职工宿舍掀顶6253平方米，牛舍及仓库掀顶3661平方米，橡胶树受害总株数10.29万株，受害率12.86％，人造林损失2.5万株，其他作物1200余亩，造成经济损失164.45万元。

1986年第16号台风风力12级以上，当年干胶损失约45吨，占年产干胶总量的6％。

1991年7月，第9106号台风风力大、持续时间长，橡胶开割树刮倒、折断主杆36200株，其中报废31000株，全倒4000株，当年干胶减产177吨；橡胶未开割树被台风刮倒、折断主杆79200株，报废16000株。胡椒受灾面积1083.9亩，其他作物3500余亩。台风造成经济损失197.7万元，致1人死亡。

1996年8月，第9612号台风造成橡胶树受灾100451株，受灾率9.8%；水稻受灾面积3700亩，胡椒受灾面积1758亩，其他作物2500亩；电线线路损失3.5公里，房屋倒塌824平方米，经济损失共计177.6万元。

2005年9月25日夜至26日，第18号"达维"台风风力达16级以上，风力强、范围广、移动慢，是32年来罕见的强台风，造成房屋损坏21311平方米，其中全倒4104平方米，掀顶17207平方米；橡胶树被刮倒55万株，胡椒受害面积9800亩，香蕉受害面积1500亩，其他作物2000亩。经济损失9215万元。

2011年，第17号强台风"纳沙"在海南省文昌市翁田镇登陆，农场受害达三级以上的橡胶树10.5万株，受害率达18.5%，影响当年干胶产量130吨，经济亏损429万元；粮食受灾面积6960亩，影响当年产量445吨；胡椒受灾面积1.42万亩，影响产量360吨。此外，香蕉、甘蔗、柑橘、瓜菜等短期经济作物以及鱼塘和部分房屋都受到较为严重的破坏，经济损失总计3229万元。

2014年7月18日下午，第9号超级强台风"威马逊"在文昌市翁田镇登陆，交通堵塞，断水断电，房屋、各种农作物及畜牧养殖严重受损，直接经济损失达1.56亿元。其中：经济损失最大的是农场核心产业胡椒，迎风面的胡椒枝叶基本扫光，断倒率近20%，直接经济损失7700多万元；损害率最大是橡胶树，报废率达到52.9%，直接经济损失达5500多万元；房屋倒塌113间、2028平方米，直接经济损失1100多万元（图1-2-5～图1-2-10）。

图1-2-5　2014年7月18日第9号台风受损橡胶树

图1-2-6　2014年风灾

图 1-2-7　风灾受损橡胶树

图 1-2-8　风灾后的胡椒园

图 1-2-9　2014 年 7 月 18 日第 9 号台风胡椒受灾情景

图 1-2-10　2014 年 7 月 18 日第 9 号台风受损公路林

（二）寒害

海南岛虽属亚热带气候区，受寒流袭击为时不长，但也有低温寒害发生，一般集中在当年 12 月至次年 2 月。

据资料记载，农场气温较低的年份是：

1955 年，全年气温低于 10℃有 19 天，其中最低气温为 0.3℃，致使橡胶树裂皮流胶，幼小苗芽被冻枯。

1963 年，全年气温低于 10℃有 29 天，其中最低温度为 1.5℃。

1975 年，全年气温低于 10℃有 15 天，其中最低温度为 3.5℃。

1982 年，全年气温低于 10℃有 13 天，其中最低温度为 3.6℃。

一般情况下，出现寒流是正常的气候，但偶尔会出现倒春寒这种反常气候。1985 年 3 月中旬，一次罕见的倒春寒影响农场，4 月 20 日，橡胶开割率只有 39.7％，直至 6 月初，割胶生产才进入正常阶段，橡胶生产比正常年份缩短了近两个月时间，造成年干胶损失20％。1998年3月的倒春寒，导致橡胶开割树6月26日后才正常开割。

（三）冰雹

冰雹隔数年偶尔也会出现一次。据气象资料记载：

1956年6月16日零时2分，农场场部四周3公里左右的地方降落一次冰雹，最大直径不足10毫米。

1958年5月22日2时30分，农场降落一次冰雹，最大直径10毫米。

1971年5月9日3时30分，农场降落一次冰雹，最大直径12毫米。

1978年3月16日17时零分，农场场部2公里处降落一次冰雹，最大直径23毫米。

（四）水灾

2008年10月12—14日，历史罕见的大暴雨，持续时间长，导致全场大面积受灾。

2010年10月1—9日，农场遭遇49年不遇的洪涝灾害，连续大暴雨，导致河水上涨，内涝严重，倒塌房屋27间，水浸房屋446间，冲毁道路4650米，浸没水井31口，水利渠道冲毁8米，受灾作物有：橡胶27042亩，胡椒10400亩、死株208000株，香蕉1513亩，瓜菜550亩，柑橘137亩，甘蔗849亩，水稻3615亩，鱼塘44亩，经济损失5266万元（图1-2-11～图1-2-14）。

（五）旱灾

农场境内有明显的高温多雨、低温干旱季节，每年5—10月为降水月份，11月至翌年4月常出现干旱现象。

1997年是农场创建以来最干旱的年份，全年降水量仅100毫米。各种农作物严重受损，不同程度减产。

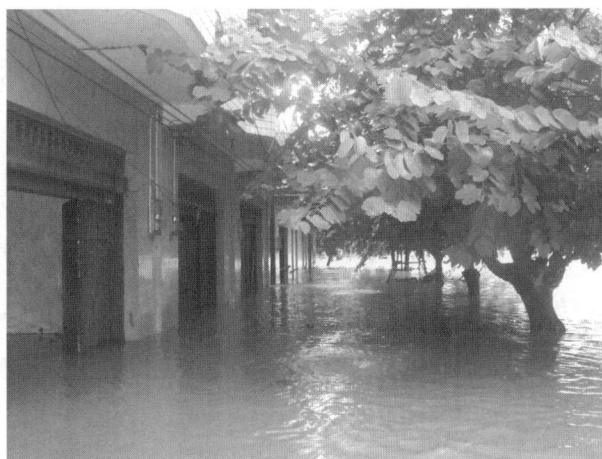

图1-2-11　2010年10月水灾职工大礼堂被淹　　　　图1-2-12　2010年水灾

— 69 —

图 1-2-13　2010 年 10 月水灾被淹的香蕉

图 1-2-14　2010 年 10 月水灾被淹的作物

2020 年 5—7 月，持续高温无雨，除各种农作物严重受损、减产外，最为严重的是造成白石溪河断流。

二、地质灾害

1982 年 5 月 4 日 17 时 12 分 31.6 秒，发生琼山-文昌 3.1 级地震，震源深度 20 公里，最高烈度为 Ⅴ 度（5 度），震中位于琼山县中税热作场、大坡公社新群大队和文昌县南阳农场 15 队和典昌大队之间。农场最高烈度区为 Ⅳ 度（4 度）。

1986 年 4 月 19 日 15 时 23 分 48.7 秒和 15 时 26 分 9.3 秒，在文昌县蓬莱区及琼山县大坡区一带，发生 2.6 级地震。震源深度：第一次约 9 公里，第二次约 6 公里。农场属 Ⅳ 度区。

三、生物灾害

1. **橡胶树白粉病**　白粉病随早春寒流阴雨而至，特别是倒春寒，其特点是发病快、蔓延广。1969 年，发生的白粉病病情指数为 36.4；1978 年，最重病情指数为 56.4；1980 年，最重病情指数为 61.7。需要及时喷撒硫黄粉才能控制病情。

2. **水稻蝗虫害**　1990 年 5 月，农场发生蝗虫害，灾情覆盖面积几千亩，蝗虫数量每平方米 30～40 只，对当年水稻生产危害极大。

1991 年三分场 15 队、29 队、30 队及四分场 14 队、33 队、35 队发生蝗虫害，面积 1800 亩，虫口数量每平方米 35～45 只。

3. **胡椒瘟及叶斑病**　农场是胡椒主产区，台风多发及其带来的大量雨水，为胡椒瘟病和胡椒细菌性叶斑病、花叶病的发生和流行创造了条件。

2014年受超强台风"威马逊"和连续雨水天气的影响，胡椒发生大面积的病变，瘟病、细菌性叶斑病较为严重，农场特邀请热带作物科学研究院专家传授防治新技术。

第四节　环境状况

一、环境质量

海南岛四面环海，热带亚热带气候造就岛内陆地空气质量全国最优，人居环境全国最好，加上海南岛内没有大型工业企业，环境质量是全国最好的。海垦东昌公司地处海口市，2020年第三季度，海口市环境空气质量优良率100%，达到国家《环境空气质量标准》（GB 3095—2012）一级标准91天，二级标准1天。全市二氧化硫（SO_2）月均值3微克/立方米，二氧化氮（NO_2）月均值12微克/立方米，可吸入颗粒物（PM10）月均值20微克/立方米，细颗粒物（PM2.5）月均值8微克/立方米，一氧化碳（CO）日均值第95百分位数为0.6毫克/立方米，臭氧（O_3）日最大8小时值的第90百分位数为74微克/立方米。

二、环境污染

虽然岛内自然环境良好，但人类的活动会造成环境污染。海垦东昌公司种植胡椒2.8万亩，每年6—9月胡椒采摘季节，种植户采取传统水浸泡去皮工艺加工胡椒，胡椒脱皮后产生的污水恶臭难闻，对环境空气及水源产生一定的污染。

海垦东昌公司采取两条措施整治污染：

一是采用新型胡椒加工工艺生产胡椒。2019年海垦东昌公司试投产新型环保胡椒加工生产线，青胡椒无须泡水，自动化物理加工成白胡椒，产生的污水经过专业设备处理，达到排放标准，有效解决了胡椒生产过程污染问题。

二是全面清理胡椒浸泡池。2020年，农场配合地方政府清理胡椒浸泡污染白石溪河道，共清理胡椒浸泡池600多户，从根本上治理白石溪河水污染。

第五节　土地空间优化

按照中共中央、国务院《关于推进新一轮海南农垦改革发展的实施意见》和海南省委、省政府《关于推进新一轮海南农垦改革发展的实施意见》的部署和要求，牢固树立和贯彻落实新发展理念，以保障橡胶等国家战略物资、热带农产品有效供给和国家种子安全为核心，加快转变经济发展方式，推进资源资产整合、产业优化升级，将垦区建设成为热带特色现代农业的大基地、大园区和大企业，切实发挥农垦在海南热带特色现代农业建设中的骨干引领作用。农场公司根据本单位所在的地理区位优势、产业结构调整布局，研究确定国土发展优化建设"三地三中心"：

一、主体功能区战略——建设"三基地"

在海南自贸港建设的大背景下，依托当地的自然资源优势、热带农业产业基础和文化底蕴，把产业发展作为实施乡村振兴战略的重要抓手，将海垦东昌公司打造成"优质热带农产品的供给基地""城郊乡村休闲旅游的目的地"和"乡村振兴的新型示范基地"，以打造乡村休闲旅游发展带和主要城镇集聚轴为定位，实现可持续发展。

二、土地空间开发格局——建成"三中心"

根据各作业区的资源条件以及区位条件，将全场区域划分为综合服务职能、片区级服务职能、农业职能"三个中心"。

综合服务职能：农场场部是农场的政治、经济中心，是集旅游、教育、商贸、服务为一体的综合职能中心。

片区级服务职能：是四个作业区，可以利用其区位条件、交通条件、资源条件，建设服务农场连队和周边基层村的片区级服务中心。

农业职能：生产队以农业职能为主，发展胡椒、荔枝、橡胶、瓜菜等产业，同时积极发展设施农业和农业合作组织。

第六节 生态环境保护与修复

一、生态环境保护

（一）保护生态环境

1. **保护水环境** 实行场部生活污水集中处理，规划期末处理率达到95％以上；加强对水厂水源的保护，水质满足相关标准。

2. 保护大气环境　加强对基建项目施工和道路运输管理，加快对场区裸露地面的硬化、绿化和美化，有效控制扬尘。加强机动车尾气监管，提高大气净化能力；规划区空气质量达到 GB 3095—2012《环境空气质量标准》中的一级标准。

（二）治理垃圾污染

按海口市政府统筹安排，完善环卫设施建设，按照生活垃圾分类处理的原则，建立全场生活垃圾处理系统。对生活垃圾进行无害化处理和综合利用，垃圾无害化处理率达到 85％以上，对医疗废气物进行集中安全处置，提倡和推行生活垃圾分类收集。

（三）治理噪声污染

加强对建筑施工对社会生活产生噪声的监督管理；加强场区道路建设和交通管理，提高机动车辆运行率，重点地段限制机动车鸣笛，不同功能区按相应的类别标准进行控制，最终使环境噪声达到相应功能区标准。

二、生态环境修复

严格保护基本农田，未开发时，应保持生态植被的农业用途，经规划主管部门批准后可作其他临时性用途，但不得进行永久性开发建设。2013 年农场已完成"绿化宝岛"建设任务 685 亩，2019 年海口市把农场 10000 亩橡胶林列为国家生态保护红线林（图 1-2-15～图 1-2-18）。

图 1-2-15　2008 年白石溪河堤改造

图 1-2-16　白石溪河道整治

图 1-2-17　改造后的白石溪河

图 1-2-18　白石溪河一角

第二编

管理体制

中国农垦农场志

第一章　管理机构

20 世纪 50 年代以来，国有农场一直属海南农垦局（总局、总公司）的领导，海南农垦的行政体制，曾经历 7 次大的变动。其中，20 世纪 50 年代 2 次，60 年代、70 年代、80 年代各 1 次，21 世纪的前 20 年内先后 2 次，国有农场也随之变动。虽然变动频繁，但万变不离其宗，农场的上级管理机构仍为海南农垦，农场的企业性质一直不变，自主经营、自负盈亏、自我调整、自我发展始终如初。

行政体制的变动对国有农场经营的影响不大，倒是自然气候影响较大，热带气旋的摧毁，加速了农场的产业结构调整，产业结构调整反过来影响行政管理体制，只有适合的行政管理体制才能使产业得到更好的发展，保证并促进国营农场的经济发展。

第一节　管理机构设置

一、农场机关

国营大坡农场于 1960 年 8 月 25 日正式建立。根据海南农垦局关于国营农场机关设科室的决定，农场机关内部设置行政办公室、生产科、计划科、农械科、工资科、卫生科、农牧科、机务科 8 个科室。第二年调整合并减少 2 个科室，将生产科和农牧科合并为生产农牧科，计划科和供销社合并为计划供销科，工资科更名为劳动工资科，机务科改为工业基建科，存 6 个科室。

1962 年 12 月 23 日，进行机构调整，增设财务科，恢复机务科，保留工业基建科，取消人保科、计划供销科，成立保卫科、人事计划科、供销科，生产农牧科改为生产科，卫生科改为场中心医院。第二年 2 月 6 日，新成立场计划生育指导委员会。

1964 年 4 月，根据海南农垦局关于加强思想政治工作的要求，成立政治处，下辖组织科、宣传科、共青团、保卫科、监察委员会，形成政治和行政经济管理两分开的机构。

1969 年 4 月，依照国务院决定，海南农垦改为中国人民解放军广州军区生产建设兵团，农场改为广州军区生产建设兵团第一师第二团，团机关设立司令部、政治处、生产处、后勤部。

1974年10月，撤销生产建设兵团体制恢复海南农垦管理体制后，农场机关设置政治办公室、保卫科、生产计划科、劳动工资科、机工科、财务科、供销科、农牧科、武装部9个科室。

1976年5月，根据上级决定，建立大坡农场法庭。

1980年9月17日，增设经营管理科。

1981年年底，取消保卫科，成立琼山县公安局大坡农场派出所。

1982年2月，成立农场计划生育办公室，机关科室达到13个。

众多的机关科室给农场经济带来不小的压力，改革机构、减少非生产人员是1984年实行体制改革的主要内容，机关科室由管理型过渡为服务型是这次改革的重点，基建科、机运科分别改称为建筑公司和工业公司；供销科分为供销公司和商贸公司；新成立联营公司。原机运科所属修理厂单独成立修理公司。这些公司的成立全部实行独立核算、自负盈亏。

1988年海南建省办经济大特区之前，农场新设立卫生科、农牧科、土地管理科、审计监督科。

1990年农场机构有：行政办公室、人事科、经营管理办公室、生产科、农牧科、财务科、审计监察科、国土管理办公室、教育科、卫生科、计划生育办公室、供销科、机运科（运输公司）、基建科（基建公司）、武装部、派出所、法庭，共17个科室。

2015年农场机构有：党政办公室、组织科、人事科、宣传科、纪监审联络办、行政办公室、经营管理办公室、劳动社保科、国土资源管理科、财务结算科、社会事务科、生产科、计划生育办公室、武装部、派出所、综治办公室、信访办公室、工会、团委、畜牧站等，共计21个科室。

2016年5月底成立海垦东昌公司，6月成立综合管理部、财务部、经营发展部、生产技术部4个职能部门，并根据农场改制过渡期的需要，成立农场事务办公室管理存续农场事务工作。

2018年调整成立综合管理部、财务部、经营发展部、项目部、党群工作部、土地资源规划部等6个职能部门。

2020年公司总部机构有：综合管理部、财务部、企业管理部、市场营销部、党群工作部、土地规划发展部、纪律检查部等7个职能部门。

二、直属单位

1960 年，农场建立了橡胶加工厂、农械厂、基建队、机耕队 4 个直属单位。1963 年 9 月，增设了大边、白石溪 2 个直属生产队和卫生院；11 月，机务科与机耕队合并成立机耕大队。1964 年 9 月，机耕大队与农械厂（又名综合厂）、汽车班合并组成机运大队。

生产建设兵团时期直属单位有基建队（工兵连）、机运队（运输连）、卫生队和橡胶加工厂、中小学。

1974 年恢复农场体制后，1979 年 4 月撤销机运队，分别设立了修理厂、汽车队、机耕队；7 月，设立畜牧队（1984 年撤销畜牧队）。1982 年 4 月成立供电所，同年 12 月建立茶叶加工厂。1985 年 3 月建立木材厂。

1981 年来，农场曾先后设立工业公司、建筑公司、供销公司、商贸公司、联营公司、修理公司、机运公司 7 个公司。1989 年 5 月 6 日，农场将这 7 个公司统归成立海南大坡工业总公司。

1990 年农场的直属单位有：海南大坡工业总公司及所属的胶厂、茶厂、供电所、木材厂、修理厂、机运公司、基建公司，此外还有场中学、中心小学。

2011 年农场的直属单位有：基建科、橡胶转运站、医院、公路分局、服务公司、自营经济办公室（水果办）。

2015 年农场直属单位有：基建公司、医院、公路分局、自营经济办公室、环卫分局、市场管理办。

2016 年 6 月公司化改革后，进行社会职能移交及资源整合，公司不再设有直属单位。

农场机关科室历任正副职名单见表 2-1-1。

表 2-1-1　农场机关科室历任正副职名单

部门名称	正　　职	副　　职
组织科	梁容锡、冯尔金、吴英贤、黄有江、陈兴文、吴淑跃、肖双	王集谋、陈和益、陈文兴、梁其山
宣传科	蒋志贤、梁容锡、李振环、郑元才、林道庄、翁书庆、吴淑跃、范高龄、黄镇、符华明	林道庄、吴淑跃、关毓堂、郭勇汉、颜林、林宝华
团委	翁绍林、陈明杏、邓琼南、宋辉儿、翁书庆、赵泽辉、云大旭、肖双、云大旭、赵泽辉、蔡小娟	陈明杏、吴宗光、宋辉儿、王小萍、肖双
行政办公室	罗忠、吴英贤、冯所桂、李振环、符玉英、甘仙桂、陈传英、郑成文、关毓堂、陈玉诗、王彬	李胜桂、陈业礼、符玉英、陈传英、莫垂志、陈月娥、吴淑元、蔡伟昌、符荣华、郭勇汉、王彬、卢少雄
经营管理办公室	彭泉盛、彭恒高、王武烈、吴淑云、符传平、李明跃、张昌武	陈飞雄、符史潭、李先坚、张昌武

（续）

部门名称	正　职	副　职
生产科	谢恩源、罗昌群、陈传英、王武烈、林明锦、甘仙桂、陈飞雄、钟忠李、陈英才、林鸿基、符儒英、符气恒、彭光强	郑成山、林明锦、王武烈、陈飞雄、钟忠李、钟新稳、符气恒、符儒英、符策保
劳工科	何伟楼、彭泉盛、符气、云大旭、李忠	陈传玉、黄镇、谢崇道
财务科	林书英、蔡云、周德钊、吴亚忠、黄守福、林尤炎、范高峰	黄文教、林之进、罗福宽、林志标、黄守福、林尤炎、吴忠、王录英
农牧科	甘仙桂、王益周	黄新生、郑成山、云惟海
基建科	吴宗光、梁居友、林书升、王英和	林书升、王英和、林声朝
供销科	彭恒高、许志安、李振环、欧生梅、吴宗光、莫垂佳、刘坤南、郑成文、陈丰熙、林书升	骆木煌、欧生梅、颜溪文、郑成山、林书升
机运科	朱跃敏、陈明杏、欧生梅、梁其栋、杨祖超、林书升	梁其栋
工业科	彭恒高、欧生梅、陈明杏、吴宗光、符策栋、	叶炳跃、刘乃学、吕云德、吴国英、欧海建、李先坚
卫生科（含医院）	何玉成、黄国良、林夫、关毓堂、王太山、邓源	何玉成、符之泮、吴惠贞、何书平、张新奇、王若萍、邓源
审计科	林书升、刘坤南、符昌严、梁其栋	
国土资源管理科	梁居友、赵泽辉、颜业祥、符传平、许统高、肖武	莫垂志、王承銮、符传平、肖武
武装部	刘乃学、侯巨曹、莫垂志、蒋廷芹、黄镇、林尤炎、肖双	欧海建、林前、关毓堂、梁其山
保卫科	沈汝安、李权忠、翁绍林、符传炳、周经武、王太军、林前	曾连发、林诗禄、符传炳、王汉文、周经武、林前、梁其铭、谢冰山
法庭	李忠权、韩平、林诗禄、王月琴	王小萍、王月琴

三、作业区、生产队

农场实行农场、管理区（作业区）、生产队三级管理制度。

1960年8月，正式建立的大坡农场设立赞统、中税、白石溪、蓬莱4个作业区，除赞统作业区管辖4个生产队外，其余各管2个生产队。同年12月，新设新昌作业区（1962年12月23日取消），同时增设树德作业区。

图 2-1-1　农场 10 队大门

1964年9月，取消所有作业区，保留生产队（图2-1-1）。

1969年4月，组建生产建设兵团，按部队建设连队，原12个生产队分别按数字顺序改称1—12连，当年8月组建13连，1971年又分别组建14连、15连、16连。连下设排（1972年取消排），排下设班。

1974 年 10 月 28 日，撤销兵团建制，恢复农场后，农场重新划分作业区，设一区（原赞统区）、二区（原中税区）、三区（原蓬莱区）、四区（原新昌区），连队归属各作业区。第二年 5 月，增设第五作业区（原白石溪区），连队改为生产队。

1977 年，根据当地政府和海南农垦局的决定，同意在农场乡村土地相连，互为插花土地的乡、村并入农场，3 月 1 日，琼山县大坡公社白石溪大队南亚、罗本、潭养、古井塘上村、古井塘下村 5 个生产队并入农场，分别设立从 17 至 23 共 7 个生产队。

1981 年 5 月 30 日，经琼山县人民政府批准，大坡公社树德大队赞统堆、美占、大昌园、石堀、冯符、冯朱、后湖生产队（1、2、3 队），赞统、塔昌、坡头、永昌（1、2、3 队）和树德圩生产队；大坡大队昌口、志村、大垦生产队；中税大队中税园、祝平生产队；曙光大队昌肚子、曙光、合龙尾、老卓上、老卓下生产队；新云大队高明生产队；新丰大队水容、老棵、蓬莱园、四方园、黑墨头、双万（1、2 队）生产队；新瑞大队龙滚塘、洋港塘东、洋港塘西生产队；新丰大队封塘、白塘园、南边生产队；公社农场白石溪大队；益群大队黄山埇生产队以及甲子公社新昌大队加东岭生产队，民尖大队井昌生产队等并入农场，农场增设第六作业区，分设 20 个生产队，编号从 24 至 43。

1986 年 10 月 27 日，琼山县人民政府下文收回 1981 年 5 月批准并入农场，但不愿意进场的原大坡公社树德大队的赞统、塔昌、坡头、永昌（1、2 队）、树德圩等 6 个队，重归大坡区公社管辖。

1987 年 2 月 22 日，农场取消 31 队和 42 队，原 31 队祝平堆、黄山埇班归 14 队管理，原 42 队青年场归 3 队管理，大昌园归 5 队管理。

截至 1987 年底，全场共有 6 个管理区 41 个队（割胶队 17 个、农业队 24 个）。

1999 年农场又将原一区与六区合并为一区，二区与五区合并为二区，三区与四区合并为三区，2007 年三区拆分为三区与四区。

至 2015 年，全场共有 4 个管理区 35 个生产队。

第一管理区：1960 年 8 月设立时称赞统作业区，1964 年 9 月撤销，1974 年 10 月复设称第一作业区，1985 年 5 月改称管理区，1999 年合并原六区。现辖第 1—5 队和 36 队、37 队、38 队、39 队、40 队、41 队、43 队共 12 个生产队。总人口 3087 人，土地总面积 19643 亩，共种植橡胶 6231.86 亩，胡椒 1850 亩，荔枝 621 亩，水稻 1476 亩。

第二作业区：1960 年 8 月设立，原称中税作业区及白石溪作业区，1964 年 9 月撤销，1974 年 10 月复设称为第二作业区。1985 年 5 月改称管理区，1999 年 5 月合并原五区，现管辖 6 队、7 队、8 队、11 队、12 队、17 队、18 队、19 队、20 队、21 队、22 队、24 队、26 队共 13 个生产队。总人口 3851 人，土地总面积 16720 亩，共种植橡胶 4581 亩，胡椒

3967 亩，荔枝 2495 亩，水稻 1096 亩。

第三管理区：1960 年 8 月设立，原称蓬莱作业区。1964 年 9 月撤销，1974 年 10 月复称第三作业区，1985 年 5 月改称管理区。现管辖 9、10、15、29、30 队等 5 个生产队。全区总人口 2126 人，土地总面积 17935 亩，共种植橡胶 5173.1 亩，胡椒 1453 亩，荔枝 780 亩，水稻 1146.2 亩。

第四管理区：1960 年 8 月建场时称新昌作业区，1962 年 12 月取消，1974 年 10 月复称第四作业区，1985 年 5 月改称管理区。现管辖 13、14、16、32、33、34 队等 6 个生产队。全区总人口 1724 人，土地总面积 16950 亩，共种植橡胶 6744.5 亩，胡椒 1194 亩，荔枝 425.1 亩，水稻 903.86 亩。

2016 年，根据《关于进一步推进农垦改革发展的意见》文件精神，在海南农垦集团化、农场公司化改革中，取消管理区改为分公司，第一管理区改为第一分公司、第二管理区改为第二分公司、第三管理区和第四管理区合并改为第三分公司。

四、公司建制

2016 年 6 月，海垦东昌公司成立，为一级法人单位，公司从利益最大化出发压缩管理层，取消生产队建制。2020 年底公司总部设立综合管理部、党群工作部（含党务、组织、人力、工会、信访、维稳）、财务部、土地规划发展部、企业管理部、市场营销部、纪律检查组等 7 个部门；下辖不具备法人资格的第一分公司、第二分公司、第三分公司、东昌农业公司。只有东昌胡椒公司具备独立法人资格，是公司的二级法人单位。

农场（公司）部门（单位）历任正副职名单见表 2-1-2。

表 2-1-2　农场（公司）部门（单位）历任正副职名单

部门名称	正　职	副　职	备　注
综合管理部	王彬、卢少雄	卢少雄、谢江泮、翁书祝、王远	
党群工作部	黄守焕	陈芳、吴中强	
土地资源规划发展部	张昌武、蒋永雷	张熙新、林声福、黄智	
企业管理部	张昌武、王录英、陈耀先	符浩、陈玉诗	原为经营管理部
财务部	范高峰、陈耀先	方蕾	
市场营销部	王录英	符浩、曾广进	
生产技术部（项目部）	林声福	翁书祝	后合并到土地资源规划发展部
农场事务办公室		王录英、卢少雄	后合并到综合管理部

（续）

部门名称	正 职	副 职	备 注
第一分公司	林志得	符茂英	
第二分公司	郭仁清、陈礼勇	叶世发、李昌旭	
第三分公司	李家杰、翁书祝、陈兴起	叶世发、陈兴起、李昌旭、吴山	
东昌胡椒公司	王录英、曾广进	王彬	
东昌农业公司	郭仁清	李家杰	

第二节 农场（公司）历任行政领导人

农场（公司）历任行政领导人见表 2-1-3。

表 2-1-3 农场（公司）历任行政领导人

单位名称	姓名	职务	籍贯	任期时间
琼文橡胶所	莫基民	所 长		1951 年—？
	韩 新	副所长		1951 年—？
文昌垦殖所	邝世发	所 长		1952 年—1953 年 1 月
	冼书敬	副所长		1952 年—1953 年 1 月
	李贤祥	所 长		1953 年 1 月—1954 年
	林庆祥	副所长		1953 年 1 月—1954 年
	方建三	副所长		1953 年 1 月—1954 年
文昌垦殖场	李诗甫	场 长	海南琼山	1954 年—1955 年 8 月
	林尤棒	副场长	海南文昌	1954 年—1955 年 8 月
	苏琼福	副场长		1954 年—1955 年 8 月
	谢福正	副场长		1954 年—1955 年 8 月
东昌垦殖场	李诗甫	场 长	海南琼山	1955 年—1957 年 12 月
	林尤棒	副场长	海南文昌	1955 年 8 月—？
	苏琼福	副场长		1955 年 8 月—？
	谢福正	副场长	山东	1955 年 8 月—？
国营东昌农场	陈剑飞	场 长	海南文昌	1957 年 12 月—1958 年 3 月
	冯国亮	场 长		1958 年 4 月—1959 年
	林琼南	副场长		1957 年—1960 年
国营大坡农场	杨顺昌	场 长	广东梅县	1960 年—1962 年
	王 雄	副场长		1960 年 8 月—1962 年
	陈剑飞	场 长	海南文昌	1962 年—1969 年
	周德启	副场长	海南文昌	1962 年 2 月—1968 年
	葛文连	副场长	山东葛县	1962 年 2 月—？
	谢福生	革命委员会主任	海南万宁	1968 年—？
	莫垂志	革命委员会主任	海南琼山	1968 年—？
	周德启	革命委员会主任	海南文昌	1968 年—？
	葛文连	革命委员会主任	山东葛县	1968 年—？

（续）

单位名称	姓名	职务	籍贯	任期时间
广州军区生产建设兵团一师二团	周德启	团长	海南文昌	1969 年—1974 年
	葛文连	副团长	山东葛县	1969 年—？
	魏文泰	副团长		1969 年—？
	李吉山	副团长		1969 年—？
国营大坡农场移交领导小组	符国棣	组长	海南文昌	1974 年 9 月—？
	周德启	副组长	海南文昌	1974 年—1975 年
	侯巨曹	副组长	河北怀安	1974 年 9 月—？
	葛文连	副组长	山东葛县	1974 年 9 月—？
	何子炎	副组长	海南琼海	1974 年 9 月—？
	郑风歧	副组长	辽宁新会	1974 年 9 月—？
	覃业纯	副组长	海南万宁	1975 年 8 月—？
国营大坡农场	覃业纯	场长	海南万宁	？—1990 年 12 月
	林辉英	场长	福建福清	1990 年 12 月—1992 年 4 月
	梁修锦	场长	海南琼海	1992 年 5 月—1993 年 12 月
	罗志敏	副场长	海南万宁	1976 年—1978 年
	欧生梅	副场长	广东侣县	1978 年—1984 年
	周德钊	副场长	海南文昌	1982 年—1986 年 8 月
	钟忠李	副场长	广东梅县	1984 年—1987 年 12 月
	宋辉儿	副场长	广东新会	1984 年—1993 年 3 月
	林道庄	副场长	海南文昌	1984 年—1986 年
	吴淑云	副场长	海南文昌	1986 年 11 月—1990 年 9 月
	吴亚忠	副场长	海南琼山	1986 年—1993 年 12 月
东昌农场	谢明昌	场长	海南澄迈	1993 年 12 月—1998 年 10 月
	陆国兴	场长	海南儋州	1998 年 11 月—2004 年 3 月
	李明跃	场长	广东潮阳	2004 年 3 月—2016 年 5 月
	吴亚忠	副场长	海南琼山	1993 年 12 月—2002 年 9 月
	陈英才	副场长	海南琼山	1996 年 1 月—2004 年 3 月
	李明跃	副场长	广东潮阳	1996 年 1 月—2004 年 3 月
	蒋廷芹	副场长	江苏沭阳	1996 年 6 月—2002 年 7 月
	陈奕雄	副场长	海南澄迈	1997 年 7 月—2002 年 9 月
	赵朝光	副场长	海南琼海	1998 年 1 月—1999 年 2 月
	孙丰华	副场长	重庆	1998 年 11 月—2008 年 9 月
	林尤炎	副场长	海南琼山	2003 年 10 月—2008 年 10 月
	符气恒	副场长	海南海口	2004 年 10 月—2014 年
	林一萍	副场长	海南琼海	2008 年 9 月—2011 年 6 月
	云大旭	副场长	海南文昌	2009 年 4 月—2016 年 5 月
	蔡锦和	副场长	广东揭阳	2011 年 10 月—2016 年 5 月

（续）

单位名称	姓名	职务	籍贯	任期时间
海垦东昌公司 （董事会及经营班子）	蔡锦和	董事长	广东揭阳	2016 年 6 月—2016 年 9 月
	李明跃	董事长	广东潮阳	2016 年 10 月—2017 年 10 月
	付谨盛	董事长	河南汝南	2018 年 9 月至今
	麦全法	总经理、董事	广东顺德	2016 年 7 月至今
	王绥文	董事	海南	2016 年 6 月—2019 年 7 月
	王　兵	董事	海南海口	2016 年 6 月至今
	黄廉宏	董事	海南琼海	2019 年 8 月至今
	王坚伟	财务总监	海南临高	2017 年 2 月至今
	云大旭	副总经理	海南文昌	2016 年 6 月—2017 年 12 月
	张昌武	副总经理	海南海口	2017 年 12 月至今
	符华明	董事会秘书	海南海口	2016 年 6 月至今
	王录英	总经理助理	海南海口	2017 年 12 月至今
	陈耀先	总经理助理	广东罗定	2017 年 12 月至今

第二章　管理体制改革

国有农场作为海南农垦局（总局、总公司）下属二级单位、国有企业，从最初的半核算单位到目前的核算单位，历经了几十年不间断的管理体制和经营机制改革，每次改革措施的出台，都给农场带来一次冲击波，执行新的管理制度都会有新的效果，但不能长久有效，再出台更新的改革措施，然后贯彻执行，周而复始，国有农场在不断的改革中发展前行。

第一节　管理体制机制改革

一、历次体制改革

第一，1984 年，农场根据中央 1 号文件《关于国营农场应继续进行改革，实行联产承包责任制，办好家庭农场》的精神，按照海南农垦局《兴办职工家庭农场实施办法（试行草案）》要求，更好发挥职工的生产经营积极性和激发主人翁责任感，让国营农场和职工尽快富裕起来，结合农场实际情况，在先期推行以户联产承包责任制的基础上，当年 3 月成立家庭农场工作指导办公室，4 月在 16 队、13 队、2 队 3 个队试点，6 月又增加 8 队、20 队为试点单位，将试点单位扩大到 5 个生产队。通过试点于当年 8 月制定《兴办职工家庭农场试行实施办法》，明确了职工家庭农场是国营农场统一领导下的全民所有制的基层生产经营单位，是在国家计划指导下对国有土地实行长期承包、自主经营、自负盈亏的经济实体。家庭农场通过经济合同，确立对国营农场的经济责任，任何单位和个人都不得侵占家庭农场的经济。家庭农场成员中原属国家职工的，其国家职工身份不变，退职退休福利待遇不变，原工资级别保留不变。国营农场的生产经营，以职工家庭农场承包经营为主要形式，同时允许职工个人、小组联产承包等责任制形式存在。全面铺开至 1985 年初，全场兴办家庭农场 2606 个，占比 97.9％。

1985 年，农场为适应职工家庭农场兴办后的需要，开始对农场管理体制进行改革：一是撤销原生产队一级的核算单位，由国营农场直接与家庭农场进行经济核算；二是管理区增设会计组、供销站等机构，帮助家庭农场搞好经济核算和生活、生产物资供销工作；三是对农场机关部分科室进行调整、合并和精简，将原来21个行政科室压减到14个，把工业、基建、供销、商贸、联营等5个行政科室改为公司，从行政系统中分离出来，实行单独核算、自负盈亏、定额上缴；成为服务家庭农场的经济实体。通过改革全场行政管理体制，形成3个指挥系统，即党群系统、生产经营系统、供销服务系统。

第二，1991年，中央出台《全民所有制工业企业转换经营机制条例》，海南省农垦总局制订全面落实企业经营自主权、进一步完善企业承包经营责任制、建立场长任期目标承包新体制的文件。农场根据上级文件要求，对下属厂、公司、区、队各级承包制的承包年限、承包形式、承包指标和承包的权利责任进行完善规范，初步形成激励机制和约束机制，同时还建立和落实劳动保险制度。

第三，1994年，农场进行脱贫致富改革，改革在海南省农垦总局工作组帮助指导下，最终确定调整产业结构的办法：适度减少橡胶面积，因地制宜发展热带水果荔枝和热带作物胡椒；新产业发展全部由职工自费投入。此改革措施从三个方面进行。

一是改革企业产业结构和农业综合开发体制。产业结构调整本着"立足场情、发挥优势、瞄准市场、稳步发展"的路子分步实施，根据实际情况创办"两高一优"农业和农业综合开发，将部分防护林带和低产老胶园更新，创办了水果、花卉、蔬菜等基地，以市场供求为尺度，进行产业结构调整，利用胶园更新地736亩发展热带水果。种植龙眼462亩2476株，其余土地种植石榴。采取农业股份合作经营形式，即：农场以土地和投产前非劳务投资参股；龙眼专业户以种苗和生产周期全过程应付的技术资本参股，职工以劳务和投产前物资投入参股；三方同股同利、共担风险，投产后按各自股权比例分成。

二是改革企业产权制度和所有制结构。产权制度改革做法是将7队国有资产进行评估折价，把部分产权转让给生产队集体依法经营，将7队改制为金昌股份合作公司，建立企业内部模拟法人独立核算单位的股份合作公司，以多方参股的形式经营。股权结构为：国有股33.5%，集体股1%，职工养老统筹股57.8%（以在职职工工龄和离退人员离退前实际工龄每年工龄各配200股），职工现金股7.8%。各种股权（除养老统筹股外）享受权益，共担风险。在兼顾三者利益的前提下，大胆设计职工养老统筹股，运用当量换算的方法，把职工养老统筹金换算为股权配股，同时规定养老统筹股不量化到职工个人。

三是改革企业领导体制和组织结构。根据效率、效益优先和廉政、高效的原则来规范企业内部组织领导机构。经上级党委批准，撤销原农场建制，按企业集团总公司模式组建海南农垦东昌联合企业总公司暨海南省国营东昌农场，在省农垦总局授权下，以其全部法人资产依法自主经营、自负盈亏。总公司下属二级企业分别建立不同类型的分公司、子公司，相应建立由股东会、董事会、监事会和经理层及社区管理委员会（以下简称社区管委会）等组成的公司内部组织结构，相互间交叉任职。具体划分为三大块：第一块是由原党群各部门归口合署设立政工部；第二块是建立企划部、经理部、农林生产部、财务部；第三块是增设社区管委会。

第四，2008年10月12日，海南省委、省政府发布《关于海南农垦管理体制改革的实施意见》，明确提出按照政企分开、社企分离和建立现代企业制度的总体要求进行农垦的管理体制、经营机制改革，努力实现"体制融入地方、管理融入社会、经济融入市场"目标。农场成为海南农垦进行这场改革的7个试点单位之一，通过剥离农场行政社会职能工作，于2009年开始进行农场中小学校、社会保险、民政事务等移交地方政府管理工作，至2012年完成。

2015年12月，中共中央、国务院出台《关于进一步推进农垦改革发展的意见》（中发〔2015〕33号），要求推进农垦集团化和农场公司化改革。海南省委、省政府出台《关于推进新一轮海南农垦改革发展的实施意见》，同时还专门成立省农垦改革领导小组组织实施，海南农垦总局随之出台《海南农垦农场公司制改革的指导意见》。省农垦改革领导小组在推进这场集团化、公司化改革时，将农场作为改革试点单位，首先于2016年5月26日到海口市工商行政管理局登记注册海垦东昌公司，6月15日完成东昌居组建挂牌，紧接着完成农场农业用地清理工作，制订《海垦东昌公司"去行政化"管理实施方案》，最后于当年的6月29日进行农场公司化，海垦东昌公司揭牌，阶段性完成新一轮改革任务。

按照《海垦东昌公司"去行政化"管理实施方案》，农场撤并原管理机构，按照公司法规定，在公司总部设4个部门，生产队设4个生产基地，撤销原农场设置的管理人员行政级别，不再按正科级、副科级、科员等干部级别用人；按公司模式运作，设置董事长、总经理、副总经理、总经理助理、经理、主管、职员等职务；逐步完善因岗用人、岗位能上能下、人员能进能出、薪酬能高能低的市场化制度。公司按照现代企业制度要求，建立法人治理结构及运行机制；2016年12月完成清产核资，进一步摸清家底，确定了土地分类处置方式，推进土地资源资产化资本化。2020年底公司总部成立综合管理部、财务部、企业管理部、市场营销部、党群工作部、土地规划发展部、纪律检查部等7个职能部门，下设第一分公司、第二分公司、第三分公司、东昌农业公司、东昌胡椒公司。

第二节 政企社企分开改革

一、政企分开

2003年10月，海南农垦实施三项改革，分别出台改革办法：《海南省农垦国有开割胶园长期承包经营办法（试行）》《关于推进农场内部政企分开的决定》《关于深化农场二级企业改革的决定》。《关于全面推进农场内部政企分开的决定》中，要求各国有农场建立社区管委会，把学校、医院、幼儿园、派出所、社会保障分局、计划生育等社会服务机构从企业中分离出来，交给社区管理，企业与社区实行机构、人员、职能、资产、费用、核算"六分开"，社区管委会模拟政府运作。基本框架是"一个党委两个实体"，即：在农场党委的领导下，把农场的行政和社会管理职能及机构剥离出来，成立东昌农场社区管委会，把生产经营管理职能留给农场。

2008年4月21日，海南天然橡胶产业集团股份有限公司出台了《开割胶园职工家庭长期承包指导性意见》，开割胶园职工家庭长期承包全面推开。8月，东昌农场1333.33公顷开割胶园由632户职工家庭长期承包经营。

2008年10月22日，海南农垦体制改革动员大会之后，贯彻《关于同意推进海南农垦管理体制改革意见的批复》（国函〔2008〕59号）和海南省委、省政府《关于海南农垦管理体制改革的实施意见》（琼发〔2008〕14号），在调整产业结构的同时建立各产业集团。2010年，东昌农场退出海胶集团公司，撤销原有机构，进行重组合并。2010年3月30日，海口东昌有限投资公司挂牌成立，公司在融入市场过程中，因地制宜调整产业结构，转变经济增长方式，实现管理理念和经营理念的彻底变化。

二、社企分离

剥离农垦的社会职能、实行社企分离，减轻农垦的社会负担，让农垦企业轻装上阵，是中央对海南农垦体制改革的目标要求之一。

《关于同意推进海南农垦管理体制改革意见的批复》文件下发后，海南省委、省政府随即制定《关于海南农垦管理体制改革的实施意见》（琼发〔2008〕14号）文件，要求"用一年左右的时间，将海南农垦所属普通中小学校移交地方政府管理；用三到五年的时间，移交公安机构、劳动就业管理、农场社区管理、公共卫生和基本医疗服务等其他社会职能"。当年 10 月，省委、省政府还主持召开农垦管理体制改革动员大会，会后，海南农垦总局开始精心组织，稳妥分离农垦所承担的社会职能。在农垦总局的具体领导下，开始逐项移交农场所办社会职能机构。一是中小学校移交。2009 年 6 月 22 日，农场与海口市琼山区人民政府签订了教育移交地方管理协议书；9 月 1 日，农场教育系统移交地方管理完成。共移交的学校 5 所，其中，4 所小学教学点移交大坡镇中心学校管理，东昌学校移交海口市琼山区教育局管理。此次移交随同移交教职工 106 人，退休教师 31 人。二是职工养老保险移交。2009 年 1 月，农场 2740 名离退休人员养老保险纳入省级统筹，正式移交海口市政府，农垦职工养老保险金标准与全省逐步拉平。当年还为农场 6325 名居民办理了城镇居民医疗保险。三是民政工作移交。2010 年 10 月，与海口市政府签订民政管理职能移交协议书，完成了民政及武装部相关工作的移交，农场共移交 369 名复业、转业、退役士兵至地方政府管理。

第三节　属地化管理改革

依照《中共海南省委海南省人民政府关于推进新一轮海南农垦改革发展的实施意见》提出的推进农场社会管理属地化改革要求，省深化海南农垦管理体制改革领导小组于 2015 年 9 月将东昌农场作为设居改革的试点单位，组织省民政厅、海口市、海垦控股集团以及琼山区人员形成联合工作组，通过近一年的工作，经过反复调研论证，2016 年 5 月，最终形成《关于在东昌农场设立东昌居的工作方案》，提出三项主要工作职能，即管理职能、服务职能和群众自治职能，并确定"居"隶属镇政府管辖（图 2-2-1、图 2-2-2）。

图 2-2-1　2015 年，省委副书记李军（右三）在 43 队调研时与农户座谈，了解企业改革情况

图 2-2-2　2015 年 9 月 11—17 日，省委副书记李军在东昌农场 22 队调研

2016 年 6 月 15 日，海南农垦首个社会管理属地化组织——东昌居，在海口市琼山区大坡镇成立。东昌居根据政府授权，行使一定的社会管理职能；受政府委托，以政府购买服务的方式为居民提供公共服务；由琼山区大坡镇政府负责；按《中华人民共和国居民委员会组织法》，赋予东昌居群众自治职能。新组建的东昌居设居长 1 名、副居长 2 名，专职工作人员 17 名，共 20 人。东昌居下设居民小组 36 个。东昌居人员薪酬参照海口市现行的基层组织（居民委员会、居民小组）人员生活补贴标准，按照省财政统一制定的经费测算，由省财政转移支付市财政再由市财政统筹安排解决（图 2-2-3）。

东昌居作为基层组织，承担民政、城市管理和市容市貌等 14 个大项 100 个小项的社会管理及公共服务，在推进社会职能移交中，同步推进人员分流安置工作，包括东昌居、公安协警、医院、防疫、环境卫生、道路养护等职能移交人员 156 人，社会公益性资产剥离移交给管辖政府管理（图 2-2-4～图 2-2-6）。

图 2-2-3　省委副书记李军（左三）、副省长何西庆（左一）共同为东昌居和东昌居党总支揭牌（林宝华 摄）

图 2-2-4　2017 年农垦改革现场会场景

图 2-2-5　全国农垦改革现场会东昌观摩点会场

图 2-2-6　农垦改革现场会东昌点现场

第三章　计划财务管理

农场属国有企业，计划财务管理主要有五种形式：一是一级管理一级核算，二是二级管理二级核算，三是三级管理二级核算，四是三级管理一级结算，五是二级管理一级核算。

第一节　计划管理

1952年2月建立垦殖场，实行一场一核算，各项计划要求严格，完全按上级制定下达的各项计划执行财务核算。

1981年以后，实行场、队两级核算，按各生产年度内各项任务指标下达年度计划，以各生产项目的单位成本、投资标准及内部产品结算单价，核定生产队的年度财务定收定支计划和核定全年应上缴利润或应补贴额。每月末由生产队汇总原始凭证记账、编表向财务科报账，实行账内成本核算。年终通过全面检查验收后完成的数量质量调整应拨的投资额来考核生产队的经济效果。增收、节支、超利润的实行四六分成（场四队六）；减利润或增亏超支的扣生产队四成，挂账处理。生产队的留成用于年度奖金发放和集体福利事业支出。

1985年，兴办职工家庭农场，实行农场对职工家庭农场承包户核算到管理区的场区两级核算。由管理区会计组直接按各家庭农场担负合同书规定的产品上交款和生产任务量的投资额汇总设账。每月按投资比例预借工资和费用给家庭农场，年终验收总结算，由财务科对管理区、管理区对家庭农场冲销往来账。农场对管理区、生产队管理人员、后勤人员的管理费用按统一标准核定到管理区包干使用，实行超支不补，节余留用。

农场对教育、卫生等事业单位核定全年各项费用支出总包干数实行超支不补、节余留用；农场直属公司、工厂等生产单位则实行独立核算制度。

1987年，农场按上级要求实行党委领导下的场长负责制，计划财务部门将场长任期目标合理地分解到基层，从原先"三自型"（自主经营、自费管理、自负盈亏）家庭农场发展到"三级管理、二级指标"（场区队三级管理、场队二级指标）的生产队目标承包经济责任制。1991年实行场长负责制后，计划财务管理实行场队两级核算，较好地处理经营者与生产者之间的关系，促使经营者对其决策真正负起责任，让经营者真心实意地依靠职工来加强农场的各项管理，才能有效促进农场生产力的发展。

2016—2020年，农场公司化改制后，公司根据海垦控股集团年初下达的经营管控KPI（关键绩效指标），制定全年经营目标计划，按定量指标和定性指标相结合的方式对各分公司（基地）进行考核，定量指标包括利润总额、净利润、总收入；定性指标主要包括土地租金收缴、项目推进、管理费用控制、资产盘活和处置、"两违"整治和"被占地"收回等。实行经营管控KPI考核，全面落实公司全年经营目标以及项目，提升公司整体盈利能力，推动农场公司实现高质量发展。

第二节　统计管理

国营农场的统计工作，自1952年建场开始，逐步形成一套系统的年度工作方式，主要任务是建立人口、职工、土地资源、热带作物、畜牧、机械设备等台账，报告农情进度和播种面积、产量、灾情调查报告，主动掌握、搜集、整理、分类、归档统计信息，编制月报、季报以及国民经济指标统计年报等。统计工作要求统计人员严格遵守《统计法》，不虚报、瞒报、漏报统计资料，做到实事求是，为领导进行经营决策提供真实可靠的数据。

1988年，海南省农垦总局开始组织统计人员参加上岗培训，当年农场有18人取得上岗证。

1994年，农场制定统计业务工作管理制度，对统计人员工作职责、业务要求、处罚及奖励规定进行细化管理。单位统计人员开始接受双重领导，既要对本单位领导负责，又要对上级业务主管部门负责，逐级负责制能使业务到岗，责任到人。各级统计人员对报送统计资料的准确性、连贯性负责，上报数据失实严重、影响较坏者，除给予经济处罚外，可解聘其岗位、职务。通过制定管理制度，加强统计队伍管理，提高统计人员的业务水平和综合素质，统计工作有较大的改观。

为进一步加强统计工作，省农垦总局规定统计人员必须持证上岗，无证不得上岗，农场从1994年以后，采取每年不定期以会代训的方式对统计人员进行统计基础知识和统计法内容培训，以提高统计人员的业务水平和法律意识。至2020年，全场统计人员全部参加上岗培训，有35人能持证上岗。

第三节　财务管理

一、管理机构及职责

1952 年成立的垦殖场配财务人员 1~2 名，之后增配多名人员形成财务组，1960 年开始设财务科，直至 2016 年农场公司化改制，农场财务科改制为财务部。2020 年，农场财务部有专职人员 4 人，其中，部长 1 人、主办会计 1 人，专职会计 1 人，出纳 1 人。下属全资控股子公司东昌胡椒公司配有专职或兼职会计人员，各基地分公司及生产队不配置会计人员，由农场公司财务部负责全场各生产单位的会计业务工作。

二、财务核算

1960 年成立财务科后，财务管理实行生产队发生的工资及费用以原始凭证汇总编表，向场财务科报账，实报实销，生产队不搞账内核算，一切生产资料、物资由场供销社供应，产品由供销社回收。

2000 年，农场为提高资金运营质量，加强财务资金管理，取消农场二级企业的银行开户权，一切资金流转都要经过财务科；同时执行财务收支两条线，各单位的资金、现金收入都要进财务科，一切资金、现金的支出都要从财务科出；坚持一支笔理财制度，所有资金的使用，统一由场长审批，避免出现多头批钱的局面。积极抓好资金的回收工作，全场组成两个追债小组，由副场长担任组长，负责追缴欠债，争取最大限度地回笼资金，场长从"三保"（保生产、保生活、保稳定）入手，合理安排资金，做到工资按时发放。

从 2014 年开始，农场全面实行财务预算管理，坚持"效益优先、积极稳健、权责对等、奖罚激励"的原则，要求各单位（部门）按业务职能归口编报部门预算后统一报送财务部门汇编，财务部门按照"以收定支、收支平衡、超支自负、结余不补"的原则，负责细化和分解年度预算，职代会审议通过后下达各单位（部门）执行。财务预算管理规范了经营活动，能有效管控财务风险。

三、财务收支

1952 年建场至生产建设兵团组建前，财务收支年年略有结余。1969 年产品销售收入

283.25 万元，各项开支共支出 183.12 万元，结余 105.13 万元。当年上级拨款 65.53 万元，农场上交上级款 191.93 万元。

生产建设兵团时期，1973 年，财务收入 246.14 万元（含上级拨款 40.32 万元），财务支出 279.30 万元（含上交款 79.15 万元）。

1974 年恢复农场建制后，1984 年，财务收入 366 万元，支出 354.7 万元，结余 11.3 万元。

经济体制改革后，1987 年，财务收入 584.8 万元，财务支出 584.3 万元，结余 0.5 万元。

2000 年，财务总收入 3068.7 万元，财务总支出 3068.7 万元，收支基本持平。

2001 年，财务总收入 2962.97 万元，财务总支出 3319.99 万元，收不抵支出现亏损，之后年年经营亏损。

2016 年农场公司化改制后，2017 年，经营总收入 1172.56 万元，利润总额 64.47 万元，开始扭亏增盈。2018 年利润总额 199 万元，比上年增加 134.53 万元，增长 2 倍多。2019 年实现利润总额 1296.33 万元，比上年增加 1097.33 万元，增长 5 倍多。2020 年实现利润总额 1128 万元。

第四节　审计管理

农场审计工作，20 世纪 50 年代在农场办公室配特派员 1 人，兼保卫、监察任务，1964 年，农场党委开始设立监察委员会，配监察员 1 人，专职党纪、政纪工作。1987 年，根据审计署关于加强内部审计工作的指示，农场 1989 年设审计监察科。主要任务是进行经济监督，保护国家资产，维护财经法纪和企业的合法经济权益，促进企业经营行为规范化，提高经济效益。在农场主要负责人直接领导下开展工作，并向主要领导者和上级主管部门审计机构报告工作。从 1998 年起主要以财务收支审计和经济责任审计为主，先后开展了经济责任审计、专项资金投入和基本建设投资项目审计、两个文明建设年度目标审计、离任审计、专项审计、经济效益审计等工作内容。

2013 年，成立纪审、监察、联络办公室，全场配备联络员（纪检员）4 名。2020 年 11 月，成立纪律检查部，配备专职人员 2 名。

第四章 人力资源和劳动保障管理

第一节 人事管理

垦殖所没有撤销前，农场的劳动管理因场小、人少无职能部门，具体业务设专人管理。垦殖所撤销后，农场设经营管理科，劳动管理得到加强。1960 年，全场有干部 122 人，其中：初中文化程度 23 人，小学 99 人；25 岁以下 69 人，26 岁及以上 53 人。生产工人 1079 人。

生产建设兵团时期，劳动管理由团司令部负责，全场有干部 277 人，其中：团级领导干部 5 人、科（区）级干部 8 人、一般干部 264 人；大专文化程度 22 人，高中（含中专）52 人，初中 108 人，小学 95 人；党员干部 135 人。生产工人 2506 人。

撤销生产建设兵团恢复农场体制后，农场恢复劳动工资科，全场有干部 196 人，其中：场级干部 7 人、科区级干部 23 人、一般干部 166 人；党员干部 134 人。生产工人有 2432 人。

1981 年以后，生产责任制逐渐发展为长期经济承包，1985 年，人事劳动制度有新的改革，依据生产建设需要和定员管理要求核定限额到场人员，农场需人时，要编制增人计划，上报农垦局批准。

1987 年，全场有干部 290 人，其中：场级领导干部 9 人、科（区）级干部 69 人、一般干部 212 人。生产工人 6108 人。1989 年开始，在定员定额管理的基础上，实行劳动优化组合，对劳动组成形式进行改革。

2016 年农场改制为公司后，在人事上取消干部级别，实行定岗定员定薪。

2020 年，公司有管理和工勤人员 113 人，其中：总部高管 8 人（含公司领导班子成员）、管理人员 23 人、工勤 4 人，基地分公司、东昌胡椒公司和东昌农业公司等共 78 人。自谋职业 123 人。

第二节 劳动社会保障管理

农场干部职工的劳动报酬主要以固定工资来体现，劳动社会保险 1985 年以前由国家统包，之后，农垦着手进行企业职工退休基金统筹。1989年，随着农垦总局成立劳动保险公司，农场也成立劳动保险公司，负责退休养老金的筹集、管理、调剂、支付工作。1994年劳动保险公司改为社会保险局，与全省同步进行社会保障工作。农场根据海口市城镇从业人员社会保险缴费基数均按从业人员实际工资总额核定，规定按实际工资总额征缴，但不得低于全省上年度社会职工的平均工资（以下简称社平工资）的50％，基本医疗、工伤、生育和失业保险不得低于全省上年度社平工资的60％。海口市2020年规定五项社会保险缴费费率为：基本养老保险总费率35.9％，单位缴纳25.4％，个人缴纳10.5％；失业保险总费率1％，单位缴纳0.5％，个人缴纳0.5％；基本医疗保险总费率10.5％，单位缴纳8.5％，个人缴纳2％；工伤保险总费率0.2％～1.5％，单位缴纳0.4％。

公司按照海口市区五险一金最低标准执行。

养老保险最低缴费基数为3422.4元，单位缴纳：3422.4×16％＝547.58元；个人缴纳：3422.4×8％＝273.79元。

医疗保险最低缴费基数为3422.4元，单位缴纳：3422.4×8.5％＝290.9元；个人缴纳：3422.4×2％＝68.45元。

失业保险最低缴费基数为3422.4元，单位缴纳：3422.4×0.5％＝17.11元；个人缴纳：3422.4×0.5％＝17.11元。

工伤保险最低缴费基数为3422.4元，单位缴纳：3422.4×0.4％＝13.69元；个人不用缴。

公积金最低缴费基数为2400元，单位缴纳：2400×12％＝288元；个人缴纳：2400×12％＝288元。

个人五险一金最低缴费金额：273.79＋68.45＋17.11＋288＝647.35元。

单位五险一金最低缴费金额：547.58＋290.9＋17.11＋13.69＋288＝1157.28元。

2020年农场公司237名员工均按规定缴纳五险一金，最低缴费金额1228.65元，最高缴费金额5026元；公司全年五险一金缴费总额（含个人部分）247.752万元。

第五章　安全生产管理

安全生产管理是农场重要的工作之一，历届农场领导十分重视安全生产，在不同时期设立安全生产管理机构并专人负责，保证安全生产费用投入，确保农场生产安全。

第一节　管理概况

一、安全生产委员会

1952 年建场至 1968 年，农场的安全生产工作分别由劳工科、生产科、财务科、工会等职能部门主管。1969 年兵团时期由司令部兼管。恢复农场体制后，分别由劳工科、生产科主管。1979 年农场正式成立安全生产委员会（以下简称安委会）。由一名副场长兼任安全委员会主任，劳工科科长兼任副主任，委员是由劳工科、生产科、机运科、基建科、工会和办公室的副职组成，劳工科配备 1 名专职安全员，负责处理日常工作。1986 年以后，安委会主任就由单位的法人代表场长担任，设副主任 2 人，委员 13 人，专职安全员 1 人，实行领导分工负责制，明确职责范围，制定了岗位安全技术要求，从组织上保证了"安全第一、预防为主"的安全生产方针，得到贯彻落实。

二、安全生产领导小组

农场下属各单位，包括工厂、医院、学校、公司和区队均成立安全生产领导小组，组长一般由各单位一名副职担任，内设 3~5 名组员。

2016 年 6 月，农场转制成立公司，安委会主任调整为党政一把手兼任，连续三年被上级评为安全生产"良好单位"，2019 年被评为"优秀单位"。

第二节　安全教育

1979年农场成立安委会，安委会每年初召开一次安全生产工作会议，讨论制订本年度安全生产的具体措施和安全生产管理奖罚条例。年底由安委会组织全场安全生产大检查一次，重点检查各单位的危房、避雷针、车检、机电和各工厂车间机械设备情况，做到及时发现，及时查清原因采取防患措施，将各种事故苗头消灭在萌芽之中。一旦发生事故，安委会立即组织人员赴现场调查处理，同时，安委会在每年全场性安全生产检查的基础上，表彰安全生产做得好的单位和个人。

农场始终坚持"安全生产、预防为主"的根本方针，全面落实安全生产责任制，全场45个基层直属单位都分别成立安全领导小组，加强领导，做到了安全与生产同步抓。每年对从业人员进行安全生产知识的培训和考核。由于落实安全生产取得较好成绩，1981—1982年连续两年被广东省农垦总局授予"安全生产先进单位"的光荣称号。同时开展安全教育活动。2001年开展"安康杯"竞赛；2002年5月开展"全国安全生产月"。农场加大安全生产所需资金的投入，改造安全设施，2002年投入11万元资金对全场高压线路进行维修，投资2万对全场的避雷装置进行维修重新安装。2003年，投资3.7万对胶厂电路进行改造，投资3.4万元对全场的避雷针重新进行维修和安装，从而杜绝了事故的隐患。2006年农场进一步完善安全基础设施，全场新增应急照明灯30座，安全标志牌50个，购买灭火器50个，建道路安全缓速道10条，投入资金27.5万元维修30支避雷针。2007年，拨出专项资金7960元，进行"安全生产月"知识教育，全场共展示标语857条、横幅44条、宣传画100张、黑板报46期、墙报13期，在中小学校播放录像片6场，演练预案1次，发放安全生产知识及法律常识传单100份。针对部分单位反映突出的防雷问题，农场投入25万元，更换了30支避雷装置。由于安全生产工作的思想到位、措施落实，农场大小事故逐年减少。

农场组织开展安全大检查。检查分为联合大检查、行业专项安全检查及经营单位自查三种形式。联合大检查次数由以往的每季度1次改为每2个月检查1次，行业专项检查次数依行业生产特点而定，经营单位自查次数根据农场安委会要求及单位工作要求采取不定期自查方式。2011年开展了两次安全生产大排查。投资17万元对各单位的避雷设施进行维护或新建；投入资金98万元，对受2010年水灾毁坏的设施进行维护及建设，修建桥梁2条、涵洞10个、盖板涵1个、公路护堤3000米、农田排灌设施10处、挡土墙154立方米。

公司成立后，依照职责范围规定，公路、桥梁、涵洞等民生工程建设及安全生产管理职责移交地方政府，公司主要负责农场资产管理及安全生产活动。

2016年安全生产检查4次，每季度1次，还组织"安全生产月"，在中央和省"两会"期间、春节前后重要节假日或专项活动进行安全检查，检查范围包括场部办公楼、各分公司的经营场地等（图2-5-1～图2-5-5）。

图 2-5-1　安全生产讲座

图 2-5-2　消防演练

图 2-5-3　森林防火消防演习

图 2-5-4　农场公司安委办开展安全生产检查

图 2-5-5　生命安全讲座

第三节 安全管理

一、管理制度

长期以来,农场执行"安全第一,预防为主"的方针,但不同时期上级的有关管理制度有所不同。1954年按海南垦殖分局颁发的《职工重大伤亡事故调查报告书》《职工伤亡情况月报表》规定执行。1956年按华南垦殖局颁发的《生产单位安全卫生暂行规定(草案)》执行。制度健全了,农场才能做到有章可循,有据可查,使安全生产制度化。

1960年海南农垦局颁发了《交通运输安全技术操作规程》《拖拉机安全技术操作规程》《土建工程安全技术规程》《爆破作业安全操作规程》《手工伐木安全操作规程》《油锯伐木安全操作规程》等一系列专业安全生产制度,农场贯彻执行这些制度后,安全生产得到有效保障。

1979年开始,农场按上级要求,由农场安委会每年定期组织安全生产检查,开展"安全生产月""百日无事故"活动。1981年后增加经费,加强安全设施建设,保证生产安全进行。

1988年海南建省后,海南省农垦总局重新修订补充安全生产规章制度,如《安全生产奖惩条例》《安全生产检查制度》《安全生产教育暂行规定》《职工伤亡事故调查处理和报告制度》等,总共有26项。农场按照"管生产必须管安全"的原则,健全责任制,把安全生产与经济承包责任制、场长任期目标责任制结合起来,制订农场安全生产管理办法,写入承包合同或责任书中,上下共同承担安全责任。

2013年印发《自然灾害防范抢险救护安全应急预案》《三队水库防洪抢险应急预案》,2016年印发《突发事件领导带班值班制度》《突发事件应急方案》《海南农垦东昌农场有限公司生产安全事故应急预案》等规定。采取以下措施。

第一,落实目标管理责任制。按照安全生产主要领导为安全工作第一责任人的原则、与下属单位签订《三防责任书》43份,并将责任逐级签订到班组、岗位和个人,落实安全责任,以上级对下级监督、下级对上级负责方式,形成分级管理、分线负责、相互配合、党政同责、齐抓共管的安全生产考核体系,建立多渠道的监督检查制度,各部门主要领导、公司分管领导与主管签订"三防责任书"。

第二,实施安全生产"党政同责、一岗双责",贯彻落实新时代安全生产发展思想,坚定红线意识,深入践行安全生产发展观。党委监督,企业加强管理,明确党政一把手的责任，把安全发展战略贯彻落实到企业经营发展的各项工作中。

按照"谁主管、谁负责、谁审批、谁负责、管生产经营必须管安全、管行业必须管安全、管业务必须管安全"的要求，履行安全生产工作职责，对未履行、不履行、履行不当安全生产工作责任的党政负责人给予责任追究。

二、事故处理

安全生产出现事故后，分五类进行事故处理。

轻度事故：人员受伤事故（未构成重伤），或直接经济损失 100 万元以内。

一般事故：一次死亡 3 人以下，或重伤 10 人以下，或直接经济损失 100 万元以上 1000 万元以下。

较大事故：一次死亡 3 人以上 10 人以下，或重伤 10 人以上 50 人以下，或直接经济损失 1000 万元以上 5000 万元以下。

重大事故：一次死亡 10 人以上 30 人以下，或重伤 50 人以上 100 人以下，或直接经济损失 5000 万元以上 1 亿元以下。

特别重大事故：一次死亡 30 人（含）以上，或重伤 10 人（含）以上，或直接经济损失 1 亿元以上。

历年职工因工死亡情况见表 2-5-1。

表 2-5-1　历年职工因工死亡情况　　　　　　　　　　单位：人

年份	职工总数	死亡	重伤	年份	职工总数	死亡	重伤
1963	1200	1		1979	3950	1	1
1965	1374	2		1980	3910		1
1967	1507	1		1981	6500	1	1
1969	2151		1	1982	6483	1	
1971	2790	1		1983	6477		2
1972	2837	2	14	1985	6337	1	1
1976	2900	2		1986	6320	1	

直接经济损失包括人身伤亡后所支付的费用、善后处理费用和财产损失价值。人身伤亡后所支付的费用包括医疗费用（含护理费）、丧葬及抚恤费用和补助及救济费用；善后处理费用包括处理事故的事务性费用、现场抢救费用、清理现场费用、事故罚款和赔偿费用；财产损失价值包括固定资产损失价值和流动资产损失价值。

第六章　土地管理

随着农场体制和经营方式的变化，农场农业用地管理从原来的集中经营管理转变为农场经营和职工承包经营、对外合作、对外租赁等多种形式的土地利用经营方式和管理模式。土地管理先后成立农场土地管理办公室、土地分局、国土科、土地规划发展部等职能部门，规范化管理全场土地、依法依规科学合理使用土地，形成产业布局合理、土地利用高效、管理规范的用地格局。

第一节　土地利用与管理

1952—1969年，农场按照政府划定的土地面积和范围实行国家经营，按计划经济模式由农场统一管理11.08万亩土地。

1969—1974年，农场改制为生产建设兵团，土地统一由兵团管理。

1974—1984年，恢复农场管理体制，土地由农场统一管理经营。

1984—1987年，实行联产承包制后，土地由职工家庭农场和农场自主经营相结合管理。开垦利用率达到71.38%。1987年，恢复农场经营体系，实行三级管理、二级核算，农场成立土地管理办公室，制定《大坡农场关于土地管理实施办法的暂行规定》，实行制度化管理国有土地。至1987年末，全场土地面积11.08万亩，开垦利用7.908万亩，种植橡胶3.162万亩；热作950亩；苗圃98亩；林地15315亩；耕地11977亩；果园3649亩；生产水面130亩。

1993年，琼山县政府发出《关于同意国营大坡农场场部（中心区）总体规划和控制性规划的批复》，将农场场部建设用地纳入规划，实行规范性管理。

2000年，海南省人民政府发出《关于开展国有农场土地确权登记发证工作的通知》，农场立即组织力量开展土地的确权工作。至2004年，完成农场大部分土地确权发证工作。

2008年，农场修订《海南省国营东昌农场土地承包经营实施细则》部分条款及出台《关于划拨非农建设用地的若干规定》。

2015年，省农垦总局发出通知，决定在东昌农场开展农业用地情况核实工作，农场全面开展农业用地清理工作，2016 年，东昌农场农业用地清理试点工作结束。省农垦总局、省农业厅、省国土厅联合出台《关于（东昌农场）农业用地规范管理（试点）工作若干问题处理意见的通知》，针对农业用地规范管理中出现的问题提出处理意见。省农垦改革办公室就农垦国有农场农业用地规范管理提出方案，随即全省国有农场开展农业用地规范管理工作，根据通知精神农场也相应出台了农业用地规范管理实施办法及补充规定（图 2-6-1、图 2-6-2）。

图 2-6-1 东昌农业用地清理规范试点工作动员会

图 2-6-2 培训班现场

2017 年，公司制定《海南农垦东昌农场有限公司 2017 年度土地运营专项工作实施方案》，开展土地资产资本化工作，将农场 107810 亩土地使用权全部变更登记到新成立的海垦东昌公司名下。同时将资源条件好、价值高、具有产业发展优势的土地（3555.83 亩）分给 9 队（505.3 亩）和 17 队（3050.53 亩），通过作价出资的方式注入海垦控股集团，转增国有资本金由省国资委代表省政府出资持有。土地总估价为 1.4933 亿元，其中 40%（5973.2 万元）的国有资本金由省国资委代为持有，省国资委又将 5973.2 万元作为对海垦控股集团的出资。

2020 年末农场土地总面积 11.0955 万亩，已确权发证 10.9722 万亩，发证率 98.89%；尚有 1233 亩（1.11%）因存在争议，未能确权。确权土地中已种植橡胶 2.00 万亩，职工自营经济总面积 3.044 万亩，其中，荔枝种植面积 1.2 万亩，胡椒 1.2 万亩，龙眼 1060 亩，香蕉 1950 亩，菠萝 750 亩，甘蔗 650 亩，其他经济作物 2030 亩。公司已签订土地承包合同 4010 份，承包土地总面积 3.3254 万亩。对内与农场职工签订土地承包合同 3984 份共 28982.66 亩；对外 26 份，土地面积 4271.47 亩。

第二节 土地权属管理

农场创建所需用地，是由农场所在地的县人民政府根据国家发展橡胶生产的需要，采取划拨方式所取得的必需土地。1953 年"大转弯"时，农场撤、并、合，原先划分的土地界线被打乱。1956 年，广东省人民委员会颁发《关于荒地管理的一些暂行规定》，明确规定国有荒地划拨中各级政府的管理权限，要求海南农垦新建农场一律先进行土地权属处理后建场生产；1956 年以前建立的农场，逐个进行地权处理"补课"，实地划定各自的土地利用界限，签订划界协议书，按处理结果编制土地利用界线图，即场间土地规划图及说明书。这就是农垦历史上的第一次土地确权工作。第二次农场土地确权是在 1961—1965 年，因 1959 年农场与农村社队合并成立"人民公社"，造成土地利用混乱现象。这次土地确权是在原有土地基础上调整划定各方土地界线，报请县政府批准。

东昌农场创办于 1952 年 2 月，先是在琼山县白石溪成立琼文垦殖所，1953 年撤销琼文垦殖所，分别成立琼山垦殖所（地址在琼山县树德）、文昌垦殖所（地址在文昌县新桥），下属美文、东银、企路、蛟南、南阳一（欧村）、南阳二（里吉）等 6 个垦殖场，其所属土地横跨琼山、文昌两县。1954 年文昌垦殖所更名为文昌垦殖场，1955 年 8 月更名为东昌垦殖场，1956 年夏将东银、企路、蛟南的土地，调换东山垦殖场（今红明农场）的加东岭、树德、赞统的土地，同时接管了红明垦殖场的白石溪土地，1957 年初更名为国营东昌农场，1958 年下半年同文昌县新桥人民公社合并，成立新桥人民公社。1960 年恢复农垦体制，当年 9 月，海南农垦局对国营东昌农场实行调整、划分，将文昌县境内的大昌、美文和南阳的土地划出，分别新建国营东路农场、国营南阳农场和海南农垦橡胶研究所，保留琼山县境内的树德、赞统、白石溪、中税和加东岭的土地，将原东昌农场更名为国营大坡农场。土地权属变更，随管理体制、管理区域变化而改变，直至 1964 年 5 月，海南农垦才正式将农场土地界线报广东省审批确定下来。1969 年 4 月，组成生产建设兵团，国营大坡农场改为一师二团，1971 年大坡地区土地规划报告经琼山县革命委员会批复同意。1974 年 9 月，又复称国营大坡农场，1977 年琼山县政府复函同意白石溪大队、中税大队等村庄并入国营农场，由集体所有制转为全民所有制，土地权属也由集体所有制转为国有。1980 年国务院发布《转批海南岛问题座谈会纪要》（国发〔1980〕202 号），县政府、海南农垦以此批复文件作为解决农场与周边农村土地权属纠纷问题的重要依据。1981 年，琼山县政府同意大坡公社树德大队美占、后湖等村庄并入农场，土地权属归于农场，土地性质变更国有。

1978 年，农场成立土地管理办公室，开展农场行政区域的地籍管理。1995 年 9 月 4 日，海南省农垦总局同意农场更名申请，大坡农场更名为海南省国营东昌农场。2000 年，海南省人民政府下文通知开展国有农场土地确权登记发证工作，农场随即组织力量开展土地确权工作，直至 2004 年，基本完成农场大部分土地确权发证工作。这是在政府主导下的农场第三次土地确权工作。

2016 年 5 月，成立海垦东昌农场公司，2019 年底，原国营东昌农场土地使用权证变更登记在海垦东昌农场公司名下。

第七章 政务管理

农场机关各科室部门的事务、经费开支、车辆调度使用、公文处理、文件保密、档案建档管理、场内紧急事务处理等，全由行政办公室（农场公司化改制后叫综合管理部）处理，它是农场领导的喉舌和手脚，农场党政领导班子的决策由它下达传递到基层，基层的情况由它汇总到农场领导，上传下达没它不行，对外交往全由它负责，它工作的好坏决定农场的社会形象、名誉、地位，抓好它的工作就等于抓住了"牛鼻子"。

第一节 办公管理

一、机关管理

（一）办公费用管理

1952年农场成立时就组建农场行政办公室，它是农场的核心科室，又是综合科室；它不仅管理机关科室，还负责场领导与基层生产单位的联络、上传下达等众多具体事务。农场机关的管理从建场开始到1995年办公经费基本按级别按人数定额从工资总额中收取，实行平均分配制。1996—2003年实行机关办公经费包干后，打破了办公用品平分制，各科室根据本科室的实际情况自行采购，办公用品办公费节余可灵活使用。2004—2017年，办公设备机械化，设备维护及日常用品多样化，办公用品基本上由各部门按实际需求自行采购，集中到办公室统一报账管理；2018年后，成立招投标小组、采购小组、验收小组及监督小组等专项工作小组，制定物资采购流程，公司办公日常用品由各部门按季度列出申请计划，由综合管理部（原行政办公室）统一申请采购，公司采购小组采购后分发到各部门使用。公司领导、打字室及公共用品由综合管理部专人负责管理，实行签名领取制度。

（二）农场（公司）公务接待

上级主管部门或地方政府职能部门到公司调研、检查、指导、接洽工作和相关单位与公司业务交往等公务活动，所发生的餐费、住宿费等，1952年从建场起至公司成立之前，几乎是按实用实报处理，造成农场接待费用年年上升。2016年改制为公司后，实行"执行标准，总额控制，合理开支，有利工作，程序清晰，降低成本，文明迎接，对口陪同"的原则。坚持一事一审批，一事一结算。由接待部门填写"业务接待申请表"，综合管理部审核，分管领导及总经理审批。

（三）公务车辆使用管理

1952年建场后仅场长有专车使用，兵团时期车辆增加后，各科室也能使用，为降低费用，实行科室承包车辆制，2016年组建农场公司后，公务车辆由综合管理部集中管理，主要保障农场领导及专项工作用车，一般工作人员出差按旅差管理执行，自行乘坐公共汽车或拼车。公司高管、部门工作需要用车，填写公务车辆使用申请表，由综合管理部统一调度。在多个部门同时申请用车时，综合管理部会根据用车办事的轻重缓急进行统筹安排，能拼车使用的尽量拼车；没有公务车辆安排的公务出差按差旅管理有关规定执行。岛内出差按每人每次200元的标准执行；误餐费按每人每餐60元定额标准发放。先由所在部门负责人签署意见，再由综合管理部审核，报分管副职领导审批。省外和国外出差、培训、考察，一律由总经理审批，按相关规定等级乘坐交通工具，凭据报销交通费、住宿费及误餐费（图2-7-1）。

图 2-7-1　公司使用新能汽车

二、文秘工作

文秘工作是农场行政办公室最重要的工作，主要负责公文处理，包括文件的起草、审核、打印、下发、上报等日常工作，1952—1956年相对简单些，1957年后，农场企业化改制，文秘工作开始重要起来，除日常工作外，还要负责党政领导班子会议记录、信息上报、重要材料撰写等工作。1969年成立生产建设兵团后，还要负责上级和农场重大方针、政策的督办落实。1988年海南建省办经济大特区后，公文工作按照标准化、规范化、程序化的要求，结合农场的实际工作需要，严格抓好制发过程中的各项管理，每年共起草、审核、印发各类文件160余份，其中上呈文20余份、农场文件130余份。

1996 年后，农场各科室实行办公现代化，逐步添置了电脑、打印机等，文秘工作进一步规范化。2017 年，公司建设 OA 办公系统，文件收发、审核、传阅、签署及上报等工作均以 OA 系统办理，基本实现无纸化办公。2019 年，OA 系统与海垦控股集团 OA 办公系统对接（图 2-7-2）。

图 2-7-2　公司 OA 系统启用

三、信息与保密

信息工作紧紧围绕经济建设进行，包括搜集、整理、编写和报送，为领导的科学决策提供依据。农场早期的信息工作主要是出简报，通过简报相互沟通。1963 年出版《增产节约简报》；1965 年出版《四清简讯》23 期，出版《简讯》2 期；1971 年出版《政情报告》13 期；1972 年出版《政治工作情况简报》5 期；20 世纪 80 年代出版《大坡信息》65 期，1989 年 8 月成立信息反馈小组；1994 年出版《大坡改革快讯》；2012 年出台《农场信息交流、综合报告》制度，每年向海南农垦总局、海垦控股集团办公室报送信息，近 10 年每年上报信息不少于 150 条，每年被《海南农垦每日要情》《海南农垦情况交流》采用 100 条左右，2008—2020 年均被海南农垦评为信息工作先进单位（图 2-7-3）。

农场除可以公开的信息外，还有不少属于不能公开的信息，这就需要做好

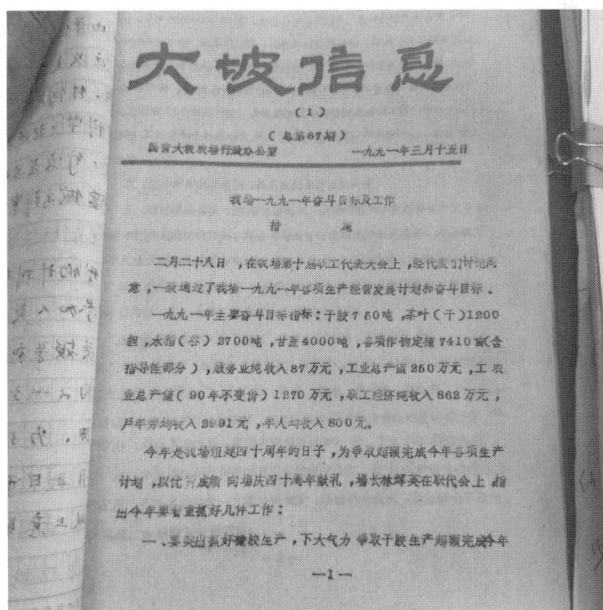

图 2-7-3　农场出版《大坡信息》

保密工作。为了保密，1956 年在办公室设 1 名保密员，兵团时期建立保密组织机构，落实专人负责，健全了制度，1971 年全面使用保密本，当年清退各种文件、保密本 2625 份，销毁各类无价值内部资料 1423 份。从 1976 年 7 月农场成立保密委员会直至 2020 年，保密委员会定期召开例会，研究部署保密工作，贯彻落实对党政班子研究重大事项的及时归档，超期存放的资料文件由专人负责按规定进行销毁，防止出现泄密。

四、档案工作

1953 年，农场档案工作由办公室负责管理，办公室指定 1 名专人负责收集整理保存往年的文书档案，现存 1952—1953 年文字档案资料 4 盒。兵团时期，档案工作由司令部指定 1 名专人管理。

1974 年恢复农垦体制后，农场的档案工作仍由办公室分管，多年一直是 1 人在管理，直至 1998 年，成立综合档案室，档案室配备 2 人，其中 1 人专职负责档案和保密工作，1 人兼文书和打字工作。农场还专门调出一间 60 平方米的办公室作为档案室，为档案的集中统一管理提供了便利的条件和场所。按照档案管理的要求，档案库房与办公室分开办公，将档案室划分为两间：一间为办公室，面积有 15 平方米；一间为档案库房，面积 45 平方米。

2002 年 9 月，随着农场新建办公楼的使用，档案室总面积增至 89.6 平方米，其中档案库房面积为 72.6 平方米。

农场从人、财、物等方面给档案工作创造良好的条件，多年来，农场在极度困难的情况下，仍投入资金近 10.1 万元，给档案室配置电脑，购买安装"琼兰档案管理系统"软件以及空调机、吸湿机、碎纸机、档案柜、灭火器等档案所需的硬件设施设备，还安装了"三铁"（铁门、铁窗、铁柜），使库房硬件管理设施达到国家的规定标准，有效地控制库房温湿度，延长了档案的寿命，确保档案的安全管理。2004 年，农场又拨款 6 万元购置了档案密集柜 10 列。

2006 年 11 月，海南省农垦总局档案馆对垦区 120 个立档单位 2003—2005 年度档案综合管理及文字档案质量进行检查评比，农场被评为优秀单位。

2012 年 8 月，按照海南省农垦总局办公室《关于开展海南省农垦总局所属立档单位档案工作检查的通知》要求和《海南省农垦机关档案工作考核规定》《海南省农垦机关档案工作考核标准》，总局档案馆对总局所属 52 个立档单位 2006—2011 年度档案工作进行全面检查考评，共评选出 21 个优秀单位，东昌农场榜上有名。

1952—2020 年档案归档情况：

第一，1952—2002 年度，传统文书档案立卷（案卷）1831 卷；照片档案 9 册 255 张；会计档案 1575 卷。

第二，2003—2020 年度，按照国家档案局第 8 号令《机关文件材料归档范围和文书档案保管期限》和《归档文件整理规则》要求，结合《海南省农垦总局（总公司）机关文件材料归档范围和文书档案保管期限表》，做好归档文件材料的收集、整理和归档工作。

一是 2003—2008 年度文书档案归档永久 3223 件，长期 1322 件，短期 1061 件；照片档案 2 册 78 张；实物档案（奖牌、证书、奖状）卷 55 本（张）；科技档案卷。二是 2009—2020 年度文书档案归档 307 盒 5545 件，其中：永久 1583 件，定期 30 年 2673 件，10 年 1289 件；照片档案 3 册 110 张；实物档案（奖牌、证书、奖状）卷 67 本（张）。

第二节　应急管理

农场应急管理 20 世纪五六十年代是由保卫部门负责，兵团时期由司令部保卫干部负责，1981 年改由派出所负责，一直到 2010 年。2010 年公安派出所移交地方政府后，农场成立应急分队，并先后编制《安全生产应急预案》《档案应急管理预案》《应急分队快速集结预案》《重大活动应急预案》《重大灾害应急预案》等应急预案。依照应急预案，组织应急分队，以战斗的姿态奔赴应急点展开救援工作。

2010 年 10 月特大洪灾中，农场再遭重创，直接经济损失达 5750 万元。在总局党委的正确领导下，农场班子成员迅速组织机关、直属、作业区、生产队、派出所等单位 173 名干部和 1277 名群众成立了 7 个抗洪抢险小组赶赴一线转移被洪水围困的群众，3 天共转移群众 2150 人，发放救灾物资快食面 100 箱、饼干 100 箱、大米 4200 多包、棉被 100 床、矿泉水 10000 余瓶，对危险地段应急处理抢修 35 处，设立安全警示标志 20 多个。

2014 年，"威马逊"超强台风防御抢险，7 月 17 日全面启动 I 级应急预案，18 日早上农场机关应急分队 56 名队员全部奔赴生产队驻守，将居住在危房、简易房、林段边、低洼地职工群众按就地转移方针往平顶房、队办公室等安全地带转移，共妥善安置转移职工群众 809 人，给转移职工群众提供矿泉水、饼干、八宝粥等。

2020 年 2 月，新型冠状病毒肺炎疫情发生后，公司启动应急预案，成立由公司主要领导任组长的疫情防控工作领导小组，10 个应急小组疫情防控期间入户排查外来和返琼总人数 638 人；公司辖区内设立卡口 8 处，实行 24 小时值守，共排查外来车辆 2700 多辆 4000 余人次；对白石溪农贸市场监管巡查 165 次，入户走访 3000 余户，发放防疫物资口罩 5650 个、消毒液 20 公斤、酒精 98 公斤等，共耗费资金 4.67 万元，确保农场区域内疫情零发生。

第三节　政务公开

农场的政务公开工作在 2008 年管理体制改革后有所进展，但全面实行党务、场务公开是 2010 年，党委书记是党务公开的"第一责任人"，场长是场务公开的"第一实施人"，工会主席是场务公开的"第一协调人"，具体负责场务公开的协调工作，督促做好场务公开的日常工作，对如何深化场务公开提出意见和建议，并领导工会事务公开工作。联络办主任是场务公开的"第一监督人"，对场务公开工作是否真实、全面、适时、合法，职工反映的问题是否得到解决、整改等负有监督责任。

2011 年农场被海南农垦总局列为党务公开示范创建单位，在上级单位的指导下，农场成立党务公开领导小组，2012 年 5 月制定《关于开展党务公开"三化"工作实施方案》，依照实施预案，各党总支及基层生产队党支部成立了党务公开工作领导小组并聘用监督员，做到了领导、机构、人员"三到位"，形成了场、分场、生产队三级联动的党务公开工作网络和"上下联动，条块结合"的运行机制，以出版《党务公开简报》形式指导基层工作。为使基层党组织认真执行党务公开，2013 年还制定了《基层单位实行民主管理公开工作制度及实施办法》，大力推进基层单位工作公开的日常化、制度化，农场建起公示栏将所有涉民服务项目和应公开的经济账目在公示栏内公开。对涉及国有土地收回、土地使用费收缴等重大事项落实情况，实行在公司总部、分公司、居民点三级公开，主动接受全场职工群众的监督（图 2-7-4）。

图 2-7-4　总局纪委到东昌检查党务公开工作

2017 年公司成立企务民主管理领导小组，正副组长由党政主要领导担任，组员由公司管理人员、职工代表、工会会员代表等 5 人或 7 人组成。公开内容主要有：经营管理的基本情况，如签订土地合同、承包土地费租金及收缴情况；招用职工及签订劳动合同的情况；集体合同文本和劳动规章制度的内容；奖励处罚职工、单方解除劳动合同的情况以及人员安置的方案和结果，评选劳动模范和优秀职工的条件、名额和结果；社会保险以及企业年金的缴费情况；投资和生产经营管理重大决策方案等重大事项，企业中长期发展规划以及员工薪酬等有关情况。公开的内容、形式与时间：一是建立职工大会报告制度，每季度或半年一次；二是分层次公开，对阶段性工作可以在每月的经理会议上公开，或在党务政务会议上公开；三是对财务收支情况及有关职工切身利益的事情，可以通过公开栏或召开职工大会等多方式公开。

第三编

经济概况

中国农垦农场志

第一章　经济总情

1952年建场至2020年近70年间，农场经济发展经历了1952—1978年计划经济，1979—1991年计划经济为主市场经济为辅，1992—2020年社会主义市场经济。农场经济长期结构单一，全心全意发展橡胶生产，努力建设国家战略物资保障生产基地。1987年国家调整经济政策，国营农场由国家投资转为农场自主贷款后，单一经济结构导致农场整体经济实力弱，造成连续亏损，工资不能按时发放，拖欠职工工资15个月以上。1994年海南农垦总局把农场作为总局综合改革的试点单位，积极调整产业结构，发展胡椒生产，发展职工自营经济。从1993年的7232亩发展到1996年的12905亩。经过几年努力到2000年，农场经济形成了多种经营、个体经营、合营企业、民营企业齐发展局面，职工群众的收入、生活水平得到很大提升。

第一节　经济责任制

一、生产经济责任制形式

1956年以后，海南农垦全面推行企业化管理，对国营农场实行经济核算、成本计算等一系列经济制度，国营农场依据上级指示，结合自身实际贯彻执行，在生产经营上对国家承担一定的经济责任。

（一）"五定五保"经营管理

1962年实行"五定五保"生产经营责任制。"五定"即：定地段（林段）、定任务、定人员、定工资、定工具物资（割胶定树位、定产量）；"五保"即：保作业计划、保技术措施、保生产质量、保出勤率、保橡胶增粗量与存苗率（割胶保开割株数、保产量）。计件工资制形式进行工资管理。工人在完成规定的作业数量和合格质量标准前提下，以计件结算劳动报酬。产品产量和橡胶苗的保苗率与增粗量按完成任务指标为标准，采取超额多奖，不完成任务少罚的奖惩原则。具体的做法如下。

橡胶中小苗林段管理，实行林段责任到人、长期固定（一包到底，在正常的情况下长期不变）、定超（按亩）计分、评比奖励。要求实现"五保"，即保全苗、保林段面貌、保种肥施肥量、保增粗、保出勤。

割胶生产责任制，实行管、养、割三结合，树位长期固定到人，正常情况下多年不变，开割率低的树位实行满额割定额管、按产（含质量）计分、按分计酬、评比奖励。割株定额平均为双树位 560 株，单树位 280 株，以各树位的开割率、路途远近及自然条件，具体划分为 260 株、280 株、300 株、320 株等四个类型。管理定额为：双树位 19.16 亩，单树位 29.31 亩。每吨胶水工资单价 85.61 元（胶丝单价包在胶水单价内，胶丝每株每年产量指标为 0.0533 公斤，折含胶水 0.184 公斤，每减产 0.1 公斤胶丝，则扣减胶水 0.345 公斤）。工资支付形式分为割胶、管理两个部分。管理部分实行定额（按亩）计分，多管多得；割胶按产（结合质量）计分（当天完成任务记 6 分，不完成任务低于 5 分者记 5 分）、按（全队活分值）分配，多产多得，多割多得。

林建工人的主要任务是开荒、造林、管理防风林、筑梯田、平整土地、筑水田及其他工作。生产责任制采取任务到班，责任到人，以班为单位，集中或分散劳动，班组内个人分行分块作业，个人对责任地块（行）的连续性作业、质量负责到底。实行定额计分，按分（全队活分值）分配，节约工数奖励。少量零星无定额的作业，采取按时折分或评工记分。根据技术含量和重劳动量与轻劳动量，计 11 分、10 分、9 分三个等级。

粮油生产责任制实行一业为主，农牧结合，多种经营，任务到班组，责任到人，定额计分。采用定总产、定工资总额、定成本、超额奖励的"三定一奖"形式。

畜牧生产主要是养牛。实行任务到班，责任到人，定管理，定积肥，定繁殖，超额奖励。按管理头数、按积肥记工分，按全队活分值分配工资。管理定额：肉牛、黄牛每工饲养管理 50 头；水牛每工饲养管理 20 头。役牛：黄牛每工饲养管理 8 头；水牛每工饲养管理 4 头。积肥（不分育肥和役牛，含牛栏垫肥）：黄牛每头每月定额 405 公斤，水牛每头每月积肥定额 675 公斤。繁殖定额：育龄牛（不分肉牛和役牛）每一年半产一胎。奖励：产仔一头满一周岁，育肉黄牛奖 6 元，育肉水牛奖 8 元，役黄牛奖 8 元，役水牛奖 10 元。

（二）"五定一奖"岗位责任制

1978 年下半年，农场在经营管理上实行定额、计划、劳动、物资、技术、机务、安全、财务 8 项管理制度，对生产工人实行"五定一奖"岗位责任制。

1. 8 项管理制度

（1）定额管理。农场下达的各项作业定额指标，生产队可作调整，但不能低于农场的平均水平。

（2）计划管理。农场下达到队全年各项计划，队按月份落实到班组或个人，不能完成任务要组织协作，保证按时按质按量完成。

（3）劳动管理。实行定员定额管理，压缩非直接生产人员，控制非生产用工，严格控制职工人数，坚持8小时工作制，健全请销假制度。

（4）物质产品管理。由供销部门统一计划、统一采购、统一分配、统一调度、统一核算。

（5）技术管理。认真贯彻农业"八字宪法"，统一制定各项技术措施，做好农业科学技术普及工作。

（6）机务管理。坚持农机为农业服务的方向，严格执行机务技术规程和交通运输规则。

（7）安全生产。健全安全生产组织，农场有安委会，队有安全领导小组，班有安全员，严格执行安全生产规则。

（8）财务管理。实行场、队两级管理、两级核算。场下达成本、盈利、定收定支计划指标到队，超收留成奖励，减收扣除工资，包干费用超支不补，节约留用。

2. "五定一奖"岗位责任制

（1）割胶岗位责任制。割胶工人实行定人员、定产量、定林管作业、定技术措施、定工资物资消耗，每超产1公斤胶水奖励0.2元。胶块胶泥洗净晾干后，按0.5公斤折合胶水1公斤计入胶水完成数参加评奖。胶工结合技术、出勤、完成任务，实行月终检查，季度综合评比。评奖标准为：一等奖18元，二等奖12元，三等奖6元。

（2）管胶岗位责任制。橡胶中小苗管理要求达到速生全苗、良种、覆盖、梯田整齐；行间可间作粮食当覆盖的，每人每年交原粮150公斤。全场对管胶工人实行定人员（平均每人管理30亩）、定任务作业、定增粗指标（三年内苗株年平均直径增粗2厘米；三年以上苗株年平均直径增粗2.6厘米）、定保苗率（要求达到99%）、定工具物资消耗。生产队全面实现"五定"指标后，经验收合格，按实管面积，每亩奖励1元到队。个人按季度综合评比奖励，一等奖12元，二等奖8元，三等奖5元。

（3）橡胶开荒、定植、造林等短期突击性生产，实行超额奖励。以出勤、工效、质量、成活率为条件，按割胶奖励等级标准，参加季度综合评奖。

（4）粮油、饲料生产纳入计划统筹安排，核定产量，定指标，超产留成，归队使用，任务到班，单项作业定额责任到人。

（5）畜牧生产实行定人员、定饲养头数、定产量、定饲料、定积肥量、定工具材料消耗，超产奖励。

（6）其他人员，如后勤人员相应按定额安排定员。

（三）财务包干经济责任制

1982年，农场全面推行财务包干经济责任制。根据海南农垦局下达给农场的财务包干指标，农场把任务包干到生产单位，对各队、工厂实行任务、投资、利润、补贴一定四年（不能包干多年的项目则一定一年），计划包干，分年结算，自负盈亏。生产队将任务包干到个人（户）或班组，联产计酬、计奖。生产队"三包一奖罚"即包任务，包投资，包盈亏，超产、超计划利润（减亏）分成奖励，完不成包干计划利润（超亏），其不足部分从预留责任工资中扣赔，当年扣不完的挂账，下年补扣。超利润（减亏）分成比例：橡胶队与农业队按不同区域实行按 60％、55％、40％、20％归场；5％、10％归作业区；35％、40％、50％、70％归队。包干年内，遇到不可抗拒的自然灾害，可通过检查评灾酌情减少或减免任务；盈利单位和个人实行"包干上交，超收分成，短收不补"原则；多余劳力在本人自愿的基础上，通过合同每人每月固定上交 10～20 元给队，可以自找就业门路。规定自找就业门路的在册人员，年缴"三费"720 元给农场作为续保，享受同等职工待遇。2002 年后，农场按社保有关规定，对"三费"进行调整，金额达到 5000 多元。

（四）职工家庭农场

1984 年 5 月，农场根据中央 1 号文件关于"国营农场应继续进行改革，实行联产承包责任制，办好家庭农场"的精神和《海南农垦兴办职工家庭农场的实施办法（试行草案）》，结合农场的实际情况兴办职工家庭农场。

职工家庭农场是在国营农场统一领导下将国有土地和橡胶等作物实行长期承包、自主经营、自筹资金、独立核算、自负盈亏，国营农场通过与家庭农场签订经济合同，确立双方的经济责任。家庭农场的经济，任何单位和个人都不得侵占；原属国家职工的身份不变，退职退休福利待遇不变，原工资等级保留不变；保留享受公费医疗待遇和退职、退休及符合探亲假的路费，但不再按原工资级别发工资和各种补贴，不再发病假、产假、婚丧假的工资。

职工家庭农场在政策允许下可根据自主经营的有利条件，积极发展生产和提高产量，自主发展自营经济或自行分离劳力，允许兼营种植业、饲养业、渔业、工副业、建筑业、运输业、商业、服务行业等，鼓励职工在农村发展横向经济，搞开发性生产。

家庭农场的收益分配，有产品的，如割胶生产、茶叶、胡椒、咖啡、菠萝、甘蔗等按照产量产值核定分成比例或以亩核定包干上交，其余归己；没有产品收入的，如橡胶中小苗、造林、茶叶、胡椒、咖啡等在投产前需由国家（农场）投资经营的，由农场按标准核定投资，由家庭农场包干使用，或由家庭自筹资金解决，投产后按不同分成比例分配。完全自费的家庭农场分成比例为 70.6％～47％；贷肥料款的为 66.2％～45.6％；全贷款的为 61.2％～44.1％；联系增粗报酬为 41.2％～35.3％。

橡胶中小苗，提前投产的收入按干胶价格 60％归家庭农场，40％交国营农场作为加工费、折旧费、销售费用和税金。

农场投资的茶园，植后第三年每亩上交国营农场 150～170 元，第四年每亩上交国营农场 170～190 元；自费经营的，植后第三年每亩上交国营农场 70～90 元，第四年起每亩上交国营农场 90～110 元。上交款额为地租和管理费用。

水稻，原则上实行口粮田自种自食，费用自理，自负盈亏，责任田定产量，除种子、饲料粮后交售给国营农场，以当时当地每 50 公斤市价的 95％ 付款给家庭农场，家庭农场每交售 50 公斤奖售化肥 10 公斤。旱田和部分单造田每亩上交地租 20～30 元。

1987 年底，全场职工家庭农场 2532 个；增收户 2345 户，占总户数 92.61％；人均收入 566 元，劳均收入 1221 元，平收户 42 个，占 1.66％；减收户 145 个，占 5.73％。收入最高的是 35 队，人均收入 1256 元，劳均收入 2656 元，全场收入 4000～4999 元的有 125 户，5000 元以上的有 99 户。

1995 年，家庭农场经营模式逐步退化，回归之前国营农场经营状况。

（五）公司年薪制

从 2016 年 7 月公司成立，公司员工实行年薪制，由岗位工资、绩效工资、超额利润奖和福利四部分组成，即：薪酬总额＝岗位工资＋绩效工资＋超额利润奖＋福利。

第二节　经济开放与合作

一、招商引资

十一届三中全会后，农场为了发展经济，吸引外来投资，采取"筑巢引凤"的措施发展产业。1985 年成立农场工业总公司，1986 年建设内部程控电话，修建白石溪大道，集资筹建商业街，1987 年建成 35 万伏变电站。这些项目的建成，是农场"筑巢引凤"的具体措施，目的是改善农场现有投资环境和条件，吸引外来投资。良好的投资环境具备了引资条件，农场抓住良机，于 1988 年启动白石溪瀑布旅游项目建设，1989 年青海省海南藏族自治州投资开发建设白石溪旅游风景区，这是农场引来的第一个外来投资者。1995 年海南裕昌公司投资在 4 队和 5 队建设 3000 亩荔枝基地及养猪场；2012 年海南丰谷有限公司与农场合作建设东昌高效农业休闲示范园 380 亩，2017 年合股成立天地东昌农业有限公司发展凤梨菠萝产业 1000 亩；2018 年河南浩创公司与农场公司签订合作协议，开展棚改项目和高效农业基地项目筹建工作。

二、经济协作

农场创建初期，周边农村大队、生产队派人帮助割茅草、搭草寮、送稻草、借铺板、借耕牛帮助农场翻地。农场也派出大量的人力物力支援地方生产建设，提供薯苗、水稻种子、肥料，拉电线、架电路解决照明用电，还派出拖拉机给村队开荒机垦、机耕，帮助农村社队发展生产。

改革开放以后，农场与附近乡镇本着自愿互利的原则，积极发展联营经济，联合经营的形式与做法有两种：一是由农场出资金、机耕、种苗、化肥、技术；农村出土地、劳力；二是社队单纯出土地，其他一切（规划、开垦、种植、抚管、割胶、加工等）均由农场负责。后一种形式，适合农场土地与乡村土地插花较多的村庄实行。

1987年，农场14队与大坡区新瑞乡白苑村联营造防护林20亩，由白苑村出土地，农场营造。联营30年，利润分成二八开：农场20%，白苑80%。防护林砍伐后，土地归白苑村。

1988年，农场还派出人员积极协助大坡镇中税乡老宋村扶贫致富，帮助他们制定发展规划，并在技术、资金方面给予指导和帮助。

1988年，农场与琼山县大坡镇达成场镇联营种植橡胶262亩、防风林50亩的合作协议，农场出资金13万元，并负责技术指导，大坡镇塘口经济社提供土地和劳力，负责管理，联营年限从1988年起至作物生产周期完止。利益分配：橡胶投产10年内（含第10年），二八分成，农场20%，塘口80%。投产10年后，农场5%，塘口95%。胡椒为二八分成，防风林为四六分成。

第三节　经济主要指标

一、产业发展变化

1952—1979年农场的产业以经营橡胶为主，属产业结构单一的全民所有制经济。

1979年下半年，国家农垦部颁发《关于加强国营农场经营管理若干问题的规定（试行草案）》指出，在不损害农场公有制的前提下，农场职工、家属可以经营家庭副业（包括饲养家禽、种茶、种树、纺织以及其他副业），牧区可养少量自用的大牲畜，产品自用有余，可以出售。广东省农垦总局于当年12月12日也颁布《关于农场职工家庭副业若干问题的规定》，海南农垦局也作出允许职工家庭发展副业的决定，农场在发展公有经济的同时，采取各种扶持措施发展集体、个体经济，从土地、肥料、资金等方面给予适当支持，激发了职工发展自营经济的积极性，全场自营经济规模不断扩大。

2011 年底，农场职工自营经济产品：年产蔬菜 1815 吨，猪肉 2464 吨，羊肉 124 吨，家禽肉 224 吨，蛋类 496 吨，稻谷 2505 吨，菠萝 1008 吨，香蕉 2055 吨，胡椒 1120 吨，荔枝 425 吨。参与自营经济的人员有 4631 人，其中，年纯收入 1 万元以上的有 985 户；年纯收入 5 万元以上的有 565 户。职工自营胡椒 15200 亩，荔枝 10000 亩。个体经营的运输业、商业、餐饮业、服务业得到发展，个体拥有小汽车 115 辆、客货车 366 辆、摩托车 2393 辆，商业用房 1380 平方米，餐饮业用房 800 平方米，居民住房总面积 329069 平方米，人均拥有住房面积 24.69 平方米。

扶持鼓励职工发展自营经济，下大力气狠抓国有经济，20 世纪 80 年代，以产业结构调整为轴心，农工商交运五业并举，初步突破了单一经营橡胶的局面，形成了以橡胶为主导、以农业为基础、农工商综合经营的新型产业结构。国有经济获得长足发展，截至 2011 年底，国有土地总面积为 110955 亩，已开垦利用地 90403 亩，其中：国有橡胶园 22449 亩，造林 6263 亩；居民点 17261 亩。全场资产总计 32810.58 万元，其中：固定资产净值 2826.27 万元，流动资产 20394.08 万元。截至 2020 年底，第一产业占 82%，第二产业占 2%，第三产业占 16%。

2019 年不同所有制各业产值结构见表 3-1-1。

表 3-1-1　2019 年不同所有制各业产值结构

项目	总产值（万元）	农业		建筑业		交通运输		商业		餐饮业		服务业	
		产值（万元）	占比（%）	产值（万元）	占比（%）	产值（万元）	占比（%）	产值（万元）	占比（%）	产值（万元）	占比（%）	产值（万元）	占比（%）
国有	533	533	100	—		—		—		—		—	
集体	—												
个体	26895	21234	79	1409	5	1569	6	1550	6	573	2	560	2
合计	27428	21767	79	1409	5	1569	6	1550	6	573	2	560	2

2019 年种养业结构见表 3-1-2。

表 3-1-2　2019 年种养业结构

名称	计量单位	合计	全民		集体		个人	
			数量	占比（%）	数量	占比（%）	数量	占比（%）
橡胶	亩	14087	—	—	—	—	390	3
水稻	亩	6679	—	—	—	—	125	2
胡椒	亩	22844	—	—	—	—	9702	42
水果	亩	13730	—	—	—	—	9073	66

（续）

名称	计量单位	合计	全民		集体		个人	
			数量	占比（%）	数量	占比（%）	数量	占比（%）
糖蔗	亩	175	—	—	—	—	175	100
牛存栏数	头	32	—	—	—	—	32	100
猪存栏数	头	1320	—	—	—	—	1320	100
家禽	只	1160	—	—	—	—	1160	100

二、历年经济收支状况

1969 年总收入 288.25 万元（含上级拨款 65.53 万元），产品销售收入 283.26 万元，其他销售收入 4.99 万元，财务共支出 183.12 万元，结余 105.13 万元，上交 191.93 万元。

1973 年财务收入 246.14 万元（含上级拨款 40.32 万元），财务支出 279.30 万元（含上交款 79.15 万元）。

1984 年财务收入 366 万元，支出 354.7 万元，结余 11.3 万元。

1987 年财务收入 584.8 万元，财务支出 584.3 万元，结余 0.5 万元。

2000 年经济总收入 3068.7 万元，财务总支出 3068.7 万元。

2011 年经济总收入 2962.97 万元，财务总支出 3319.99 万元。

工农业产值见表 3-1-3。

表 3-1-3　工农业产值

单位：万元

产值	1951—1959 年	1960—1968 年	1969—1973 年	1974—1983 年	1984—1987 年	1988—2010 年
工农业总产值	160.14	1699.06	2131.94	6270.86	3954.96	1423.31
年均产值	17.79	188.78	426.39	627.09	988.74	64.70

主要年份经济指标见表 3-1-4。

表 3-1-4　主要年份经济指标

年　度	总产值（万元）	第一产业		第二产业		第三产业	
		产值（万元）	占比（%）	产值（万元）	占比（%）	产值（万元）	占比（%）
1985	1069.38	915.96	86.00	152.89	14.00	0.53	0.05
1990	1610.20	1206.10	75.00	71.00	4.00	333.10	21.00
1995	2835.00	1047.00	37.00	206.00	7.00	1582.00	56.00
2000	3479.00	2733.00	79.00	277.00	8.00	469.00	13.00
2005	4248.00	3475.00	82.00	90.00	2.00	683.00	16.00

（续）

年　度	总产值 （万元）	第一产业		第二产业		第三产业	
		产值 （万元）	占比 （％）	产值 （万元）	占比 （％）	产值 （万元）	占比 （％）
2010	9808.00	7028.00	72.00	784.00	8.00	1996.00	20.00
2015	17949.00	13238.00	74.00	299.00	2.00	4412.00	25.00
2020	18027.00	14760.00	82.00	410.00	2.00	2857.00	16.00

主要农产品产量见表 3-1-5。

表 3-1-5　主要农产品产量

单位：吨

农产品	1985 年	1990 年	1995 年	2000 年	2005 年	2010 年	2015 年	2020 年
水稻	2064	2739	1061	1082	1729	2898	271	629
薯类	1117	199	180	282	75	93	215	42
甘蔗	2125	3500	2660	1875	2225	2510	1530	0
花生	88	105	0	22	26	45	47	256
蔬菜	313	367	633	1297	1568	1350	1496	846

主要工业产品产量见表 3-1-6。

表 3-1-6　主要工业产品产量

单位：吨

指标	1990 年	1995 年	2000 年	2005 年	2010 年	2015 年	2020 年
碾米	745	—	—	—	—	—	—
茶	97	3	8	9	—	—	—
合成复合肥	—	1500	3200	1000	—	—	—

主要农产品商品量见表 3-1-7。

表 3-1-7　主要农产品商品量

单位：吨

指标	1990 年	1995 年	2000 年	2005 年	2010 年	2015 年	2020 年
干胶	698.4	1333.0	1500.0	1049.5	936.0	515.0	175.0

国家投资转为农场贷款后，2010 年，积累资金合计 7232 万元，其中，上缴利润 1848 万元，上缴折旧及变价收入 493.4 万元，上缴国家税金 1902 万元。

国家投资效果见表 3-1-8。

表 3-1-8 国家投资效果

项 目	至 1985 年	至 1990 年	至 1995 年	至 2000 年	至 2005 年	至 2010 年	至 2015 年	至 2020 年
累计投资（千元）	17403	25497	36235	52068	56180	72316	90567	—
累计收回投资（千元）	23391	25965	31343	38602	38722	38900	39144	—
投资回收率（%）	134	102	86	74	69	54	43	—

历年上缴税利见表 3-1-9。

表 3-1-9 历年上缴税利

单位：千元

项 目	至 1985 年	至 1990 年	至 1995 年	至 2000 年	至 2005 年	至 2010 年	至 2015 年	至 2020 年
累计上缴税金	15	3514	7859	14839	18844	19022	19266	20160
累计上缴利润	2617	17409	17409	17409	18477	18477	18477	18477
合计	2632	20923	25268	32248	37321	37499	37743	38637

三、从业人员和劳动报酬

农场职工来自广东、海南、福建、湖南、广西、山东、吉林、台湾等 8 个省（自治区），有汉、黎、壮、瑶、高山等民族。职工队伍中有老工人、退伍军人、职工子女，各地城乡来的职工配偶、亲属，有上山下乡知识青年，还有印度尼西亚归侨等。2020 年末，企业在册职工 230 人。

（一）工资福利

1. **工资收入** 1955 年前职工月收入平均 33.6 元。1956 年实行企业化管理后，职工按农工下延 1～2 级定级，月工资平均 38.70 元。定额计酬计件工资，老工人按出勤天数收入不够原等级工资时，给予差额补贴。1964 年开始橡胶管理以亩计件，平均每人管理 38 亩，分月支付工资按劳动取酬。1969 年实行计月工资。1984 年 5 月兴办职工家庭农场，职工除岗位收入外，可以发展自营经济增加收入。1987 年劳均收入 1185 元，其中，岗位（工资）收入 661 元；自营经济收入 524 元，占总收入的 44.22%。2000 年职工劳均收入 9105 元，其中，工资收入 2935 元；自营经济劳均收入 6170 元，占总收入的 67.76%。2004 年，职工劳均收入 11551 元，其中，工资平均收入 4585 元；自营经济收入 6966 元，占总收的 60.31%。2011 年劳均收入 19533 元。

2. **工资调整** 1977—1985 年，按国家有关劳动工资政策及调整职工工资的有关文件，职工工资进行四次调整。从最初的月平均 33.60 元，1960 年人均增加工资 1.56 元，职工月平均工资 35.16 元；1984 年调整工资增幅较大，平均每人按 22.99 元增资，职工月平均工资 58.15 元；1985 年的工资调整，只有额度没有现币，调资额度记入职工工资等级档案，待职工离退休时，按等级工资计发其离退休金，而每月的货币工资仍按岗位计酬。2011 年农场出台《东昌农场 2011 年薪酬方案》，对劳务工务进行调整。

2016 年 7 月，农场体制转换为公司制，所有人员去行政级别化以岗定薪酬，通过与农场公司签订劳动合同来确定劳动关系，领取工资福利。

（二）工资沿革

1. **供给制**　1955 年以前，农场对劳动者的报酬，以供给制形式确定。每人每月 106 分，按每月分值的升降来计算，平均月分值约 0.3 元，干好干坏没有尺度，一律由国家拨给。

2. **工资制**

（1）等级工资。1956 年工资改革，由国家统一规定，实行等级工资制。根据不同的劳动条件、劳动强度和劳动技能熟练程度，给不同工种的劳动者分别确定工资等级和工资标准。

（2）月薪日计制。1959 年，实行等级工资制时，按照劳动者实际参加劳动（工作）时间来支付工资，即以月等级工资标准除以月均法定工作日数（25.5 天），得出日工资标准，然后根据劳动者每月实际出勤（劳动）天数，计算应支付给劳动者的工资额。

（3）工分制。1960 年初，农场实行全场工资总额不变，职工实行作业定额计分、按分付酬的工分制管理形式，职工的月工资＝月工资总额÷月总工分×月工分数。它在一定程度上体现了定额计酬工分工资的优点。但劳动者所得的工分越多，它的工分单价就越低，"水（工分）涨船（工资总额）不高"，劳动者的积极性得不到充分发挥。

第二章　橡胶种植

中华人民共和国成立后，天然橡胶被列为国家战略物资，党和国家非常重视橡胶种植及橡胶事业发展。从1952年建场开始种植橡胶，1958年开始割胶，当年生产干胶20.24吨，橡胶干胶生产成为农场主要经营收入来源。1959年，农场橡胶种植面积5.90万亩，受热带气旋的影响和摧毁，到1987年减少到3.16万亩，到2011年仅存2.24万亩，2016年农场转制成立公司后，至2020年底国有胶园现存0.90万亩。

第一节　规划开垦

建场后，开垦前土地覆盖着疏林、灌木、草地，经过全面规划，采取分片开垦，逐年种植，全场67%的土地种上橡胶和防风林。

从1952年开垦至1959年，已达到5.90万亩。

1969年，生产建设兵团新建4个生产队，全场土地总面积扩大到7.36万亩，规划橡胶用地3.43万亩，实际到达2.35万亩。

1974年下半年，恢复农垦体制后，1977年和1981年分别将周边农村自然村和生产队并入农场，带入土地3.71万亩，土地总面积增加到11.084万亩，规划橡胶用地20世纪末要达到4万亩，至1987年末橡胶种植3.16万亩。

第二节　种植生产

一、垦殖场时期

1952—1959年为垦殖场时期，东昌垦殖场有树德、赞统、加东岭中税、南阳、美文5个作业区，土地面积7.36万亩，开垦利用土地面积3.97万亩，1959年种植橡胶5.90万亩，其中，1952年划入地方老胶园1083亩，3.27万株。1958年开始投产割胶，1959年开割面积1882亩，开割树5.65万株，年生产干胶20.24吨，平均亩产10.75公斤，平均单株年产干胶 0.35 公斤。

二、大坡农场时期

1960 年，海南农垦局将东昌垦殖场分为四个组，建南阳农场、东路农场、美文育种站（即海南农垦橡胶研究所）、大坡农场。分别组建后的大坡农场土地总面积 4.29 万亩，开垦利用 3.77 万亩，橡胶种植 1.77 万亩，39.84 万株，平均每亩 22.5 株。其中，实生树15648 亩，32.85 万株；芽接树 2102 亩，6.99 万株。至 1968 年底实有橡胶面积 2.13 万亩，52.53 万株。其中，芽接树 6109 亩，18.49 万株；开割面积 1.75 万亩，28.41 万株，包括芽接树 2.42 万株；干胶总产 362.15 吨，平均亩产 20.66 公斤，平均单株产干胶1.204 公斤。

1969 年生产建设兵团时期大力发展橡胶，至 1971 年共定植橡胶 1.30 万亩，35.31 万株，到 1974 年仅存橡胶 2566.6 亩，6.18 万株，面积保存率 19.74%，株数保苗率 17.5%。

干胶生产方面，投产树的产量按橡胶树产胶规律应是年年提升，因不按割胶技术要求，加刀强割，大部分橡胶开割树患严重条溃疡病和死皮，干胶产量反而逐年下降。1969年开割胶 1.75 万亩，干胶总产 607 吨。1974 年割胶 1.66 万亩，干胶总产 281 吨，比1970 年减产 36%。

1974 年生产建设兵团撤销，恢复农场建制，农场认真执行"一业为主，多种经营，以主带副，全面发展"和"整顿、提高、巩固、发展"的方针，并根据海南农垦局指示，1977 年和 1981 年将附近社队 69 个自然村并入农场，增加 25 个生产单位，土地总面积增加到 11.09 万亩。大力抓好橡胶开割林段的"管、养、割"，培养高产树，加施有机肥，实行科学割胶，有计划地更新低产胶园。定植第二代橡胶树，一律采用抗风高产品系PR107 和 RRIM600 等良种。至 1984 年，干胶生产开割面积达 2.06 万亩，41.54 万株，干胶总产 773.56 吨，平均亩产 37.58公斤，平均单株年产 1.86 公斤，橡胶中小苗围茎平均年增粗 5.85 厘米（图 3-2-1）。

图 3-2-1　20 世纪 70 年代割胶生产

1984 年 8 月，农场认真贯彻执行中央 1 号文件。通过试点，先后办起职工家庭农场

2882 个，其中，以橡胶为主的职工家庭农场 1571 个，胶园面积 3.21 万亩，按照"自筹资金，自主经营，自负盈亏"的要求建设"三自型"职工家庭农场，形成了大农场套小农场的生产经营格局。

1988 年，海南建省办大特区，大坡农场为发展橡胶生产，还向世界银行申请橡胶发展基金 501.6 万元。

三、东昌农场时期

1988 年建省后成立海南农垦总局，农场向总局申请恢复原东昌农场名称。1995 年获总局批准，大坡农场更名为东昌农场。农场为了加快产业调整步伐，对老化低产胶园实行更新，将地分给职工发展自营经济，主要是种植胡椒和荔枝。国有橡胶因大面积使用良种产量逐年提高，2000 年，全场干胶总产 2000 吨，创历史最高纪录。

2004 年，海南农垦组建海南天然橡胶产业集团股份有限公司，农场成立东昌分公司，东昌分公司运作一年后按总局指示退出海南橡胶集团，恢复原农场。2016 年在集团化、公司化改革中，东昌农场成立公司，继续抓橡胶产业生产，但面积产量减少很多，国有橡胶面积仅存 0.9 万亩，至 2020 年，60 多年累计生产干胶 4.36 万吨，平均年产干胶 700 多吨，为国家工业化和国防建设做出了一定的贡献。

第三节　生产技术

一、种植技术

（一）改革橡胶定植规格

20 世纪 50 至 60 年代按长方形（5 米×4 米、6 米×3 米）规格定植，20 世纪 70 年代为街道形（8 米×2 米）规格，到 80 年代初采用双龙出海式（3 米×2 米×15 米）。1983 年改为丛式种植规格（4 米×1.5 米×4.4 米×16 米），宽行密株型可保持亩种植株数，留出空地间种茶叶、胡椒、菠萝等林下经济作物，形成立体交叉种植的新式胶园，增加土地利用率。

（二）推广良种种植

20 世纪 50 年代种植的橡胶都是实生树，60 年代提出良种化要求，引进的品种较多，主要有芽接苗 PR107、RRIM600、GT1 号、海垦 1 号。实践证明 PR107 和 RRIM600 最适宜农场地区栽培，1985 年后农场大面积推广。

（三）增加定植苗类型

20 世纪 60 年代初期，采用橡胶芽接苗、低截干苗定植，80 年代开始采用尼龙袋苗定植，有利于提高防风害、防病害能力和缩短抚管期。

（四）提高橡胶管理措施

20 世纪 50 至 60 年代的橡胶园管理措施是，每年挖穴施肥压青一次，挖穴规格为 1.5 米×40 米×40 米；施化肥 2～3 次，每次 2～3 两[①]，带状除草 1～2 次。20 世纪 70 至 80 年代采用速生快长的施肥方法。每年压青施肥 1～2 次，要求每株施各种土杂肥 50 公斤以上，优质肥不少于 15 公斤，实行"三保一护"即保水、保土、保肥、护根。1984 年以改造落后苗为中心，把好平衡关，每株压青 2 次，每次肥量 75 公斤。1986 年掀起培养高产树高潮，要求每年培养高产树 30%，3 年完成。培养高产树技术要求是开大沟，施足肥，每株 100 公斤以上，优质肥不少于 40 公斤。1990 年以后，改革橡胶压青施肥，要求挖大穴施重肥，每 2 株胶树按 3 米×0.8 米×0.6 米规格挖一穴，把橡胶林段四周的杂草、小灌木"三光"（砍光、锄光、挑光）后压于穴中，每年还施化肥 2 次。

二、割胶制度

（一）开割标准

橡胶实生树在 20 世纪 70 年代末期，按"实生树离地 50 厘米处或芽接树离结合点 100 厘米处树围达到 50 厘米的植株占林段株数 50%时，为达到开割标准"的规定执行。1979 年，国家农垦总局颁布《橡胶栽培技术规程（试行草案）》，规定芽接树离结合点 100 厘米处和优良实生树离地 80 厘米处树围达到 50 厘米的植株占林段株数 50%时，可以开始割胶；同时规定林段开割率在 80%以上或树龄已达 10 年而尚未达到标准的植株也可开割。1985 年，开始执行农牧渔业部颁布的《橡胶树栽培技术规程》规定：在重风、重寒地区和 1975 年前定植的橡胶树，树围达 45 厘米（海垦 1 号为 50 厘米）开割；其他类型区，树围达 50 厘米（海垦 1 号为 55 厘米）开割。

（二）割胶强度

1949 年前种植的老龄树，先是沿用 1/3 树围天天割，1954 年起，改为 1/2 树围隔天割。1958 年幼树投产，采用 1/2 树围隔天割，老龄树采用 1/2 树围对面双割线隔天割或隔两天割。1963 年起，执行幼树、老树均统一采用 1/2 树围隔天割、月割 15 刀的割制。

---

① 两为非法定计量单位，1 两＝50 克。——编者注

1990 年后，实行"三天一刀"割制，直至 2020 年。

（三）割胶时间

20 世纪 50 年代，按垦殖局规定，成龄老树从春季新叶稳定到 12 月为割胶期，幼龄树从春叶稳定到 11 月为割胶期。60 年代，上级统一规定，无论新老胶树，每年新叶挺直稳定到 12 月为割胶期，年开割期为 7～10 个月，停割休养期为 2～5 个月。从 70 年代开始，把开割和停割标准进一步量化为：林段内胶树第一蓬叶老化植株达 70%～80% 时可开割；单株黄叶有 50% 以上时单株停割，林段内有 50% 以上植株停割时树位停割，全场有 50% 树位停割时全场停割。初冬季节早晨 8 时气温连续有 3～6 天出现 15℃ 以下或已达到规定的年割胶刀数者停割，一般正常年份停割期在 12 月 20 日。

三、割胶技术

（一）割胶操作

农场的割胶技术完全是按照海南农垦局制定的《胶工操作规程》操作的。1952 年，采用推刀割胶，按推拿刀、拔胶线、下刀、行刀、收刀、换放胶杯、收胶等割胶先后工序操作。1958 年，上级总结推广"不重刀割胶法"，以及胶刀锋利、割线平直、先割高产树后割低产树和看天候割胶的经验，并建立割胶辅导员制度，采取师傅带徒弟的办法培训胶工，把磨刀、割胶和收胶作为割胶生产的基本功。20 世纪 60 年代中期，开始推广割胶"神刀手"活动和观摩评比，先后总结推广"三结合、三细心、三均匀、三防止"割胶操作法：三结合——手、脚、眼相结合，平、稳、快速相结合，连刀、挑刀相结合；三细心——下刀细心，转弯细心，收刀细心；三均匀——割线深浅均匀，接刀均匀，切片厚薄均匀；三防止——防止叉脚，防止摇手，防止重刀、顿刀。收胶特点为"六清洁"：胶杯清洁、鸭舌清洁、胶头清洁、树身清洁、胶桶清洁、胶线清洁。磨刀技术注意"三好"：刀口平整锋利，凿口斜度均匀，刀身内外光滑。用这样的刀割胶，产量可提高 4%～10%，耐割度提高 50%。农场按照《胶工操作规程》，在胶工中广泛开展割胶技术大练兵，普遍提高了割胶技术，促进橡胶产量大幅度增产。1964—1966 年连续 3 年平均每株年产干胶比 1963 年增长 50%，亩产提高 67.6%，特大伤口率降低 4.61%。"文化大革命"后，农场进一步开展以培养高产树和提高割胶技术为主要内容的割胶"红旗手"活动，组织割胶、磨刀技术比赛，胶工技术水平又进一步得到提高（图 3-2-2）。

图 3-2-2 20 世纪 80 年代割胶生产

（二）胶刀和磨石

1964年以前，割胶的胶刀均为岛内各地手工制造，规格不一，质量低劣，割胶效果不佳。1966年，采用农垦定制的广东3号、4号、5号、6号胶刀，其中，3号适于割壮龄树及芽接树，4号宜于割老龄树，均为推刀；5号为短柄拉刀，6号为长柄拉刀。1966年春，农场试用熊岳园艺工具厂生产的胶刀。由于胶刀的刀型好，锋利耐割度高，不易崩口和卷口，比原有胶刀割胶增产胶水5%～10%，胶工每天磨刀时间可缩短半小时以上，胶刀使用年限延长，深受胶工欢迎。1984年后，采用农垦营根机械厂研制JD-4型推刀，这是农垦自己的工厂生产的合格胶刀。20世纪70年代前，农场胶工磨刀所用的钢石、红石供应渠道较多，规格繁杂，形状、材质、粒度、硬度不一。1984年后海南农垦采用广州砂轮厂合作研制的粤垦1号、2号钢石和人造红石，有效解决了繁杂状况，使割胶技术评比可制定统一标准（图3-2-3）。

图3-2-3　农场组织胶工开展磨胶刀比赛

（三）管、养、割相结合

从20世纪60年代开始，农场在生产实践中摸索出根据不同胶树特点及其变化情况，采取相应的割胶强度，培养产胶潜力的经验：有褐皮病的胶树暂停割胶，对易患褐皮病的树改隔天割为隔3天、4天割，对胶水易凝固的树采取浅割等技术，根据不同气候、物候、树情，采取不同割胶措施，取得既高产又养树的经验。这种管、养、割相结合的生产技术措施，一直为农场生产所应用。技术内容包括：一是加强胶园的肥水管理，为提高胶树产胶能力打好物质基础；二是通过调节割胶强度（深度、频率），保护胶树产胶潜力，使其稳产高产；三是贯彻采胶技术，严格执行割胶操作规程。运用产胶动态分析，做到"三看"割胶，即一看季节物候、二看树情、三看天气，严格执行"一浅四不割"，即冬季适当浅割，上午8时气温低于15℃当天不割，割面不干不割，有条溃疡病的林段在病情流行期低割线不割，有宽1平方厘米以上扩展型病斑未处理的条溃疡病树不割（图3-2-4、图3-2-5、图3-2-6、图3-2-7）。

通过长时间的割胶实践，农场总结出"三不割"（病树不割、上午8时气温15℃以下不割、树皮不干不割）；"三好"（刀口平整锋利好、齿斜度均匀好、刀身内外平顺光滑好）；"三结合"（手脚眼身相结合、稳准轻快相结合、管养割相结合）；"三均匀"（割胶深浅均匀、接刀均匀、切片厚薄均匀）；"三防止"（防止伤树，防止叉腿，防止摇手、重刀、顿刀);"一区别"(品种不同操作要区别)和"六清洁"(胶杯清洁、鸭舌清洁、胶桶清洁、胶线清洁、树身清洁、胶头清洁)的全套割胶技术措施。割胶制度一贯沿用1/2树围隔日割胶制(图3-2-8、图3-2-9)。

图 3-2-4 职工在胶园林管

图 3-2-5 林管劳动

图 3-2-6 职工在压青管理(20世纪80年代)

图 3-2-7 胶工在收胶站过秤胶水

图 3-2-8 机关和三分场干部凌晨在胶园抓割胶技术管理

图 3-2-9 胶工在认真割胶

（四）化学药剂刺激割胶

20世纪80年代初，对实生树推行"高频低效"割胶制，采用乙烯利刺激采胶和稀土技术促使胶树排胶顺畅，减少割次，降低耗皮量，减少死皮。稀土还有调节橡胶生理、增加营养微量元素作用，达到高产稳产的效果。

第四节　植保工作

一、植保队伍

农场栽种的巴西天然橡胶树（又叫三叶橡胶）是从东南亚引进的，它虽然可以在海南岛生长成活，但它自身的病灶以及不同气候环境引发的各类植物病，需要植胶人加以保护和防治。

1955年，农场组织一支短小精悍的植保队伍，统一由场生产科配备一名植保技术人员专司此职，各生产单位也选配一名专职植保员，形成上下贯通的植保网。在橡胶发生较大病害时，农场成立临时指挥部，各生产单位成立突击小组，集中力量喷药防治。平时，举办植保人员培训班，学习各种病虫害的特征、危害及防治方法。1990年后，取消专职植保人员，由割胶辅导员兼任，他们既抓割胶技术管理，又抓植物保护，2011年农场有割胶辅导员41人。

二、机具农药

农场初期植保工具比较简陋，随着生产的发展和防治大面积植物病虫害的需要增加，各种植保机具也不断更新提高。截至1987年，全场有拖拉机牵头的大型硫黄喷粉机2部，担架式中型硫黄喷粉机3部，背式喷粉器机28部，农药喷雾器49部。到2000年，农场淘汰了笨重的喷粉机，以背式喷粉器机为主，全场有48部。农药基本使用对防治橡胶树病虫害起很大的作用的硫黄粉、多菌灵烟剂。

三、防治工作

农场植保工作的重点为防治橡胶的白粉病、炭疽病、条溃疡病、死皮病、根病和木龟病。白粉病是易发病、病情广、蔓延快、危害大的主要病害，多在低温阴雨的初春、胶树萌芽发叶时发生、蔓延，每年冬春，植保人员都在胶林里选择不同方向、不同环境、不同品系、不同定植年度的橡胶林段建立若干个橡胶物候观察点，对气候、胶树落叶、发芽情况做好详细登记建立档案，认真做好橡胶白粉病的预报工作。一发现病情，立即汇总通报全场，并根据不同病害程度，采取单株、小区域或全部喷洒硫黄粉的方法，及时控制白粉病发病指数。对橡胶其他病害和胡椒、荔枝、龙眼、茶叶、甘蔗、水稻等各种病虫害，也做到注意观察，及时发现，因病施治，获得了良好的植物保护效果。

农场橡胶产业 1990—2020 年产量见表 3-2-1。

表 3-2-1　农场橡胶产业 1990—2020 年产量

年份	面积（亩）	株数（万株）	单株产（公斤）	总产（吨）
1990	12416	33.2	2.1	698
1991	13347	28.9	2.5	723
1992	14036	30.2	2.5	756
1993	17241	43.2	1.7	735
1994	20352	55.2	2.1	1158
1995	22106	60.5	2.2	1333
1996	23684	57.1	1.9	1086
1997	25130	65.0	2.9	1885
1998	26319	63.3	2.2	1393
1999	24815	66.6	3.0	2000
2000	26152	65.2	2.3	1500
2001	27314	67.0	2.3	1543
2002	29497	64.6	2.5	1642
2003	28084	60.6	2.5	1515
2004	27179	55.3	2.8	1548
2005	23342	55.2	1.9	1050
2006	23216	47.5	1.2	570
2007	22751	46.4	1.8	855
2008	22716	49.1	1.8	884
2009	23078	55.0	1.7	936
2010	23149	49.3	2.0	986
2011	22449	47.0	1.4	662
2012	26172	54.8	1.9	941
2013	26172	5.7	1.8	812
2014	25715	58.2	0.8	380
2015	25715	43.7	1.2	515
2016	24187	48.7	1.0	488
2017	14807	46.9	0.8	354
2018	12001	47.3	0.8	389
2019	12001	47.1	0.8	390
2020	9505	45.5	0.3	175

第三章　农业生产

全民所有制的国营东昌农场在计划经济时代是由国家投资逐级申报项目后才组织生产。受限于投资额度农业生产产品结构单一，随着经济体制改革的深入和社会主义市场经济体制的建立，农场的农业生产得到了迅猛的发展。从 1979 年允许职工家庭经营非国有投资项目的农业生产开始，到国有、民营、个体种植一起上，形成多种作物并种，多种经营齐上，到 2019 年，农场辖区内种植的作物有：橡胶 1.30 万亩；胡椒 2.39 万亩，产量 2940 吨；荔枝 0.83 万亩，产量 6511 吨；青橘产量 2000 吨；槟榔产量 940 吨。地区总产值 1.81 亿元，地区劳均收入 29126 元、人均收入 12137 元。

第一节　胡椒种植

一、发展概况

与天然橡胶发展一样，胡椒也是舶来品，是琼属华侨从东南亚一带带回培育得到人们认可后，发展壮大起来的一种经济作物。

1954 年，琼山县大坡公社树德大队后湖村繁星经济社（1981 年并入农场）由山塘仔村人马来西亚华侨符气合带回胡椒苗 320 株种植，1956 年树德大队其他经济社引种，1957 年农场 1 队引种 0.7 亩，1965 年发展为 20 亩。生产实践使胡椒的育苗、栽培、管理、施肥、追肥、剪枝等一整套技术得到不断总结、提高和推广，1978 年农场胡椒生产发展到 1242 亩。1985 年农场贷款 20 多万元给职工家庭农场大力发展胡椒种植业。农场种植的胡椒也折价转让给职工家庭农场抚管，到 2020 年底，全场胡椒面积 2.80 万亩，收获面积 2.50 万亩，年产胡椒干果近 2000 吨，总价值 1.20 亿元（图 3-3-1）。

东昌农场地处琼北台风地区，虽然早期以橡胶为主，受风害影响农场橡胶逐年减少，经济体制改革和市场经济激励职工大力开垦零星地、五边地种植胡椒。农场在几场 12 级以上台风摧毁下，决定进行产业结构调整。采取多种措施：一是加强政策引导，编制发展

图 3-3-1　东昌胡椒园

规划，出台扶持政策，将老化低产胶园淘汰更新后把地分给职工家庭种植。二是加大扶持力度，将种植胡椒地分为开垦地和规划地两类，收取土地使用费。职工用地每亩收取土地使用费 50 元，规划用地每亩收取土地使用费 200 元。也可用收获的胡椒干果抵交，规划地每亩干果 15 公斤。遇到灾害影响收成，实行地租减免。2005 年，受超强台风"达维"袭击后，农场先后投入 200 多万元，购买 3 万多株胡椒苗、1 万支胡椒柱及肥料等物资，以及 7000 多个用工，帮助受灾职工恢复生产，扶持椒农发展胡椒产业。三是创新发展模式。2005 年，在 12 队试行"农场担保，职工贷款投资种植胡椒"，12 队成为全场首个户均收入超万元、建起别墅式"胡椒楼"最多的生产队。四是解决"卖难"问题。农场成立绿丹胡椒合作社，设点建立胡椒产品收购点，安排 6 个职工设立个人胡椒收购部和 40 多个胡椒购销经纪人，解决了后顾之忧。

2003 年 7 月，大面积的胡椒成功生产，获海南省农业厅"海南省无公害瓜果菜生产基地"认证，并颁发了匾牌。

2007 年，农场胡椒产品获国家工商总局注册"昌农"牌。当年，胡椒生产基地被中国热带作物学会授予海南省国营东昌农场"农业科技示范基地（胡椒）"，并颁发了匾牌。

2007 年 11 月，中国果菜专家委员会、中国果菜产业发展论坛组委会授予"全国高产优质果菜标准化示范基地"，并颁发了匾牌。

2011 年 10 月，被农业部认定为"热作农业标准化示范园"，并颁发匾牌和证书。

至 2020 年，全场发展胡椒生产面积 2.80 万亩，年产量达 2000 吨，成为全国最大的胡椒生产基地，被列为海南农垦十大优势产业之一，是海南农垦胡椒核心基地。胡椒产业收入占职工自营经济收入 80％以上，远远超过工资收入。农场职工实现"一份产业、一套房子、一份存款、一幢胡椒楼"的愿望。

2020 年 4 月，海南省琼山区大坡镇（区域范围涵盖东昌农场）大坡胡椒符合农产品地理标志登记程序和条件，获颁中华人民共和国农产品地理标志登记保护证书（图 3-3-2、图 3-3-3）。

图 3-3-2　胡椒技术培训班现场

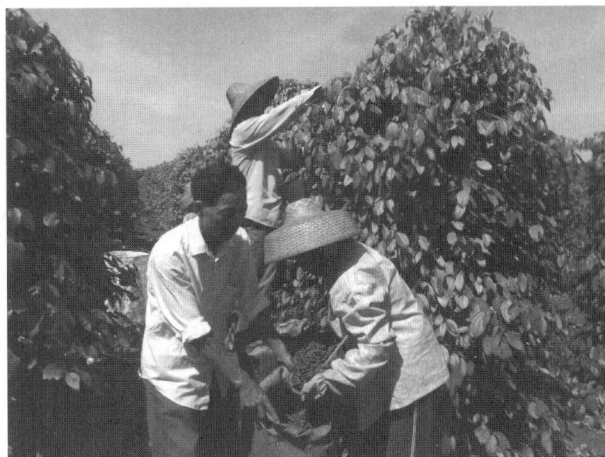

图 3-3-3　职工采摘胡椒

二、种植技术

1. **选地**　胡椒怕积水，应选缓坡地、排水良好的平地和透水好的土壤，面积不宜过大，一般3～5亩为宜。先划出防护林带，接着深耕30厘米，除净园内树桩、树根、杂物等。

2. **育苗**　苗圃地应选择静风环境，平地或缓坡地，靠近水源、土质肥沃、排水良好的沙壤土。育苗前一个月进行深耕细耙，清除石块和杂质，充分暴晒土壤，整平整细，然后按畦宽120厘米、高35厘米开沟理墒，四周开好排水沟。

3. **插条**　选择生长正常的2.5年生幼龄植株作为母株，在5—6月剪有发达活气根、无病虫害及机械损伤的主蔓，然后剪成30～40厘米长的插条，浸入水中20分钟，然后将插条按8～10厘米间隔排在面上，使气根紧贴斜面土壤压实，淋水，搭棚遮阴，保持潮湿阴凉的环境条件能有效提高成活率。

随着科学技术的发展，现在已使用营养袋扦插育苗。营养袋苗便于长途运输，能提高苗的移栽成活率。

4. **定植**　在春秋两季的阴天和晴天的下午进行，土壤湿度过大时不宜定植，定植时方向应与梯田的走向一致。定植时距支柱20厘米，挖穴深30厘米，坡面成50°斜面，并压实。盖草、遮阳和淋足定根水。定植后如有死株，要及时补种。胡椒苗抽出新蔓时，要及时栽支柱、绑蔓。

5. **管理**　主要是施肥、绑蔓、摘花，施肥应按生长的各个时期有所不同。

幼龄胡椒施肥应以含氮较多的水肥为主，配合有机肥和少量化肥，春季施有机肥和磷肥，每株施腐熟的牛粪堆肥 30 公斤，过磷酸钙 0.5 公斤，并结合施肥进行扩穴改土。

生长正常期每隔 20～30 天施水肥一次，水肥由人畜粪尿和绿叶沤制而成。一龄胡椒每次每株施 2～3 公斤。

结果树施肥应根据胡椒开花结果的各个物候期对养分的需求进行，一般每个结果周期施肥 4～5 次。每株施肥量大致为：牛粪或堆肥 30～40 公斤，饼肥 1 公斤，水肥 40～50公斤，尿素 0.2～0.3 公斤，过磷酸钙 1.5 公斤，氯化钾 0.4 公斤，复合肥 1 公斤。

6. 绑蔓、摘花 中小胡椒抽生新蔓时，多余的芽和枝蔓要及时切除。胡椒顶部树冠过大和枝条过密时，必须把顶部的老弱枝和徒长枝剪除，外围过长的枝短截，保持树冠上下平衡、大小一致和通风透光。新枝蔓长出 3～4 节时，每隔 10～15 天绑蔓一次，用柔软的麻皮在蔓的节下将几条主蔓分布均匀地绑于支柱上，让主蔓每节都紧贴于支柱上。结果胡椒每年绑蔓 1～2 次。

胡椒一年四季都可开花结果。为使植株正常生长，中小胡椒必须摘花，2 龄植株，冠幅达 120 厘米以上时，可保留植株下部花穗，让其结果，海南地区一般留春花、夏花，其他季节抽生的花穗，一律摘除。

三、病虫害防治

（一）病害防治

1. 胡椒瘟病 胡椒极易得胡椒瘟病，亦称胡椒基腐病、速衰病、黑水病，是世界胡椒种植区最重要的胡椒病害。主要症状是胡椒植株的根系、主蔓基部、枝蔓、叶、花、果都受侵害。后期，外表皮变黑、腐烂、脱落，从腐烂的木质部流出黑色液体（黑水病因此得名）。发病初期应对发病中心区（株）及周围植株喷施 1％波尔多液或 40％三乙膦酸铝（乙膦铝）可湿性粉剂 100 倍液，并且用 1％硫酸铜溶液或 1％波尔多液喷洒病区的行间土壤；及时挖除病死植株，运出园外烧毁，病穴土壤要挖开暴晒或淋灌 1％硫酸铜溶液消毒。

2. 胡椒细菌性叶斑病 是胡椒种植区的重要病害之一。主要症状是叶片染病初期产生水渍状病斑，几天后变成紫褐色、圆形或多角形病斑，果穗染病初现紫褐色圆形病斑，之后整个果穗变黑。叶、枝、花、果重病时均易脱落，而只剩下光秃的主蔓，最终主蔓也变干、枯死。雨季到来前应将园内感染细菌叶斑病的病叶全部摘除并集中烧毁，发现病株，及时摘除病叶，并用 1％波尔多液或 40％三乙膦酸铝可湿性粉剂 100 倍液喷射病株及其邻近植株，病株的地面要同时喷药消毒，连续喷施几次。

3. **胡椒枯萎病**　又名慢性萎蔫病、慢性衰退病、黄化病，是仅次于胡椒瘟病的一种重要病害。染病植株的一般表现是叶子褪绿、变黄、生势不旺、植株矮缩，严重时整株呈萎蔫、衰退状。线虫数量多的胡椒园应施用杀线虫剂，减少线虫伤根、降低枯萎病发生率。枯萎病初发病株喷施和淋灌灭菌灵1：250倍液，每隔7～10天1次，连用3次；或淋灌40％多菌灵与福美双1：1：500倍液。

4. **胡椒根腐病**　主要症状是染病植株的地上部呈现生长停滞，叶片失绿、黄萎、脱落，严重时整株死亡。采取病株处理防治措施，小心将病株椒头周围的土壤挖开，用小刀刮去病部、曝晒2～3天或涂敷杀菌剂，填回新表土。重病树刮治处理后要适当修剪地上部的枝蔓和叶片。

（二）虫害防治

1. **虫害**　危害胡椒果实、叶片、茎节和根系的重要害虫有胡椒蛀果象甲和胡椒蛀茎象甲，我国尚未发现。我国植区常见的胡椒害虫有粉蚧、盲蝽、蚜虫和刺蛾。

长尾粉蚧危害胡椒叶片及刚抽出的嫩梢，防治方法：喷洒0.1％～0.3％乐果药液；同时保护和利用瘿蚊、瓢虫等长尾粉蚧害虫的天敌。

橘腺刺粉蚧及臀纹粉蚧为害胡椒嫩梢和果穗。防治方法：清除胡椒园内及周边的野生寄生刺桐，也不用刺桐作支柱；喷射40％乐果500倍液。

根粉蚧危害胡椒的根部，幼虫和雌成虫生活于胡椒根部，胡椒植株受害后轻则生势衰退、造成减产，重则烂根整株死亡。将对二氯苯撒埋入植株根旁离土表5厘米的土中有一定防效。

橘二叉蚜又名茶二叉蚜，其成虫、幼虫吸食胡椒的嫩梢、嫩叶及果的汁液，造成叶片卷曲、皱缩，嫩梢枯死，并诱发煤烟病。该害虫有多种重要天敌，保护和利用能起事半功倍效果。发生虫害时喷施40％硫酸烟碱800～1000倍液，加入0.3％的肥皂可增加防效。蚜虫大发生时可喷施2.5％功夫乳油5000～7000倍液，24％灭多威（万灵）水剂1000～2000倍液，或40％乐果乳油1000倍液。

2. **生理性疾病**　胡椒的生理性疾病包括各种营养元素的缺乏症、肥害、水害等生理异常现象。

（1）缺氮。抽梢时缺氮，叶色变黄绿色，叶小，梢短，花穗短，稔实率低。

（2）缺磷。刚老熟叶青绿色至暗绿色，叶尖和叶缘后坏死，根系生长不良，花穗发育不正常。

（3）缺钾。较老叶尖端和叶缘组织坏死，质地变脆，还会发生枯顶现象。

（4）缺镁。较老叶的叶缘、叶尖浅黄色，叶脉间变黄，主脉保持绿色，以后小脉间有坏死斑点，坏死斑点扩大汇合成坏死斑块，叶片脱落。

（5）缺钙。较嫩叶片边缘褪绿，出现许多细小的棕色坏死斑点，斑点周围有黄色晕圈。叶片背面主脉间有棕色坏死区，叶片过早脱落。有时蔓尖出现回枯。

（6）缺锰。嫩叶脉间褪绿，后褪绿区由浅黄色变成棕黄色，叶脱落。

（7）缺硫。嫩叶浅绿至银白色，后转为均匀的黄色，有大量坏死斑点，叶尖形成黑色坏区，叶成熟前脱落，蔓顶回枯，植株生长矮缩。

（8）缺铁。顶部2～3片嫩叶脉间褪绿，逐渐向下部叶片扩展。细小叶脉褪绿，而沿主脉仍为绿色条带，叶成熟前脱落，植株生长矮缩。

（9）缺铜。嫩叶脉间褪绿后，扩展到包括叶脉在内的整个叶片，叶尖、叶缘形成暗褐色坏死斑点，下卷，脱叶，植株生长受阻（图3-3-4～图3-3-6）。

图 3-3-4　农业技术培训

图 3-3-5　首期 SYB 创业培训班

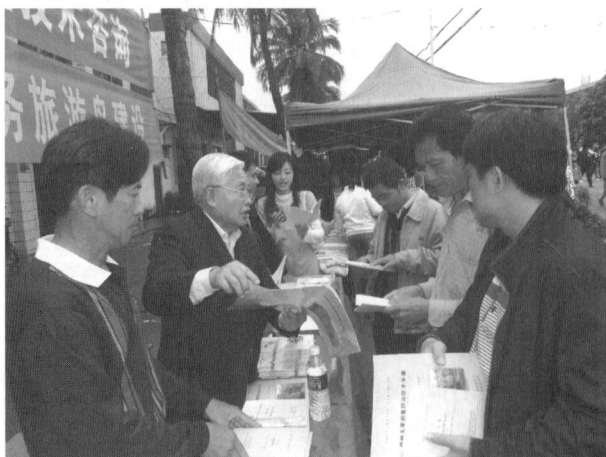

图 3-3-6　2011 年 3 月，胡椒专家到东昌农场向农户传授农业技术

第二节　荔枝生产

一、发展概况

荔枝作为热带水果王之一，从1979年允许职工家庭发展副业生产开始，由职工自费零星种植，通过多年的生产实践，职工对荔枝的生产技术，如环割、控梢、施肥、打药等管理环节有所掌握。到1999年全场已发展到200亩，亩产荔枝50公斤。随着农场产业结构的调整，农场将低产老残胶园更新后，将土地分配给职工家庭种植荔枝，经过8年努力扩大生产，2006年全场荔枝面积7000多亩，总产1000多吨。2007年农场向国家工商总局申请荔枝注册"裕妃"牌商标获得批准。2009年荔枝产品被中国食品质量检测中心认证为"A级绿色食品"，2011年10月，荔枝生产基地被农业部认定为"热作农业标准化示范园"，并颁发匾牌和证书。到2020年，全场有荔枝8320亩，年总产6073吨，平均亩产730公斤（图3-3-7、图3-3-8）。

图 3-3-7　荔枝园

图 3-3-8　海口红丹荔枝专业合作社年会

二、栽培技术

（一）保水

搞好荔枝园灌溉，保证花、果期水分供应是获取高产的关键。

海南冬春季属旱季，早中熟荔枝常常因高温干旱导致授粉不良、果实膨大受阻等。搞好荔枝园配套灌溉，提高抵御气象灾害能力，一方面，荔枝花芽分化期要保持土壤干燥。另一方面，保证荔枝花、果期有充分的水分供应，同时防止渍害，是海南荔枝生产不可忽略的一个关键技术环节。

（二）施肥

适当施用促花、保花、保果肥能提高树体营养水平，延长老叶寿命，增强抵抗不良天气的能力。促花、保花肥，施肥时间安排妥当、适时，能促进花器官发育，抽出壮健花穗。合适的施肥时期，一是早熟品种于"小寒"至"大寒"期间，中、迟熟品种于"大寒"至"雨水"期间。对壮旺树、青年树，施肥时期可滞后或不施；对长势较弱的树体，施肥时期可提前，施肥次数可适当增多。

（三）保果

为了减少落果，提高坐果率，谢花后，叶面喷施1～2次保果素、果特灵、防落素等保果药。保果的另一项措施是环割，它适用于生长偏旺的结果树，特别是幼龄结果树，但不适用于老树、弱树。环割能暂时割断皮部的输送渠道，使光合产物暂时停止向根部输送而向环割上部积累，向果实输送，从而抑制根系的生长，有利于坐果。

（四）防治

花果期主要病虫害是荔枝椿象、蒂蛀虫、吸果夜蛾和霜疫霉病及炭疽病等。防治方法基本采取药剂防治，一般使用的药剂有敌百虫、氯氰菊酯、毒死蜱等。

（五）修剪

荔枝要丰产，首先必须培养适时健壮的秋梢，一般是在采果后进行，方法有两种：一种是疏剪，采果后首先将荔枝粗度小于0.4厘米的弱枝和一些交叉枝、病虫枝疏剪掉；另一种是对粗壮的枝条进行短截修剪。短截修剪就是要对上部的枝条，适当重些短截，下部的枝条适当轻些短截，这样就可使抽生的新梢能够各就各位，不至于以后相互遮阳（图3-3-9、图3-3-10、图3-3-11）。

图 3-3-9　职工在采摘荔枝

图 3-3-10　采摘的荔枝

图 3-3-11 打包待装车的荔枝

农场胡椒、荔枝产业 1990—2020 年产量见表 3-3-1。

表 3-3-1 农场胡椒、荔枝产业 1990—2020 年产量

年份	胡 椒			荔 枝		
	投资面积（亩）	亩产（公斤）	总产量（吨）	投产面积（亩）	亩产（公斤）	总产量（吨）
1990	1285	14.8	19			
1991	1335	38.1	51			
1992	1335	56.2	75			
1993	1350	23.7	32			
1994	1405	125.3	176			
1995	1250	20.0	25			
1996	1474	135.0	199			
1997	1650	107.9	178			
1998	2000	133.5	267			
1999	2500	136.0	340	200	50.0	10
2000	3000	116.7	350	400	62.5	25
2001	4100	134.4	551	500	54.0	27
2002	4500	144.0	648	4900	51.0	250
2003	5020	144.0	723	4900	91.8	450
2004	6040	150.0	906	5600	133.9	750
2005	6540	119.9	784	5600	160.7	900
2006	8500	100.0	850	7040	142.0	1000
2007	8500	176.5	1500	7900	82.3	650
2008	9400	150.0	1410	8500	65.9	560
2009	9900	96.0	950	8500	282.4	2400
2010	10400	94.2	980	8260	363.8	3005
2011	11400	98.2	1120	8260	172.5	1425
2012	15200	93.7	1425	8260	498.9	4121
2013	15563	109.8	1710	8260	511.3	4224
2014	15563	76.9	1197	8260	570.9	4716

（续）

年度	胡 椒			荔 枝		
	投资面积（亩）	亩产（公斤）	总产量（吨）	投产面积（亩）	亩产（公斤）	总产量（吨）
2015	15563	55.2	860	8260	515.4	4258
2016	22541	40.0	902	8260	660.7	5458
2017	22656	43.8	992	8260	734.9	6071
2018	22844	120.1	2743	8260	800.8	6615
2019	22844	128.7	2940	8320	782.5	6511
2020	22844	127.3	2894	8320	730.0	6073

第三节 粮食生产

粮食作物主要有水稻、番薯、木薯。

农场初建期的粮食作物生产主要用作饲料。1958年水稻播种面积872亩，总产量118.15吨，平均单产135.5公斤，加上番薯和木薯共播种8641亩，总产量678.2吨，平均单产78.5公斤。

国家三年自然灾害困难时期，为弥补口粮供应的不足，水稻播种814亩，总产量105.7吨，平均单产129.9公斤。旱粮和蕨类、薯类粮食播种面积达到17179亩，总产量670.8吨。平均单产39公斤。

以种植水稻为主，包含薯类的粮食作物生产作为职工口粮一直延续到1990年。20世纪90年代后期，随着市场经济的发展，职工对种植口粮的水田地调节利用，不仅种植水稻，还种植瓜菜。2010年，全场种植瓜菜1900多亩，年收入各类瓜菜1200吨。至2019年，水稻种植面积1072亩，产量343吨，玉米种植面积35亩，产量10吨。

历年农作物生产情况见表3-3-2。

表3-3-2 历年农作物生产情况

年份	水 稻		薯 类		蔬 菜	
	种植面积（亩）	总产量（吨）	种植面积（亩）	总产量（吨）	种植面积（亩）	总产量（吨）
1955	76	8.13	—	—	—	—
1956	260	50.65	693	20.30	—	—
1957	102	14.05	1351	90.25	—	—
1958	120	13.55	857	68.45	—	—
1959	314	31.75	1545	83.70	—	—
1960	7	0.85	906	23.35	—	—

（续）

年份	水 稻		薯 类		蔬 菜	
	种植面积（亩）	总产量（吨）	种植面积（亩）	总产量（吨）	种植面积（亩）	总产量（吨）
1961	31	2.10	1371	56.35	—	—
1962	57	4.30	887	37.70	—	—
1963	33	3.25	437	8.90	—	—
1964	34	2.15	341	9.55	—	—
1965	34	3.55	201	7.95	—	—
1966	213	32.70	126	3.70	—	—
1967	197	31.90	144	6.55	—	—
1968	108	24.95	240	8.05	—	—
1969	144	14.85	—	—	—	—
1970	47	10.60	16	0.35	—	—
1971	46	4.10	10	0.20	—	—
1972	46	7.55	388	15.80	—	—
1973	46	8.45	760	100.10	—	—
1974	46	12.65	747	132.95	—	—
1976	46	14.05	1285	52.50	—	—
1977	3334	720.00	1328	33.90	—	—
1978	4039	680.55	1349	82.00	—	—
1979	4123	844.35	1157	89.25	—	—
1980	3819	701.50	1034	89.95	—	—
1981	2928	514.00	390	30.60	—	—
1982	7184	1371.00	1197	95.76	—	—
1983	7933	1476.21	2201	6500	—	—
1984	8800	1495.00	1048	80.85	—	—
1985	10450	2064.25	1448	111.50	—	—
1986	1037	2207.00	1380	110.40	—	—
1987	10374	2032.00	1220	101.00	—	—
1988	9081	1503.00	1365	99.00	—	—
1989	9738	2678.00	1454	125.40	—	—
1990	10000	2737.00	1560	199.00	—	—
1991	10000	2650.00	1707	165.00	—	—
1992	10005	2680.00	1755	130.00	—	—
1993	7568	1114.00	1995	1564.00	—	—
1994	7700	766.00	920	91.00	—	—
1995	7700	1061.00	950	180.00	1070	633
1996	7700	694.00	1155	354.00	4400	2254
1997	7700	1273.00	927	276.00	2170	1227
1998	7700	1227.00	755	237.00	1930	1206
1999	7700	1600.00	930	288.00	1915	1373
2000	7700	1082.00	870	282.00	1945	1297
2001	7700	1585.00	875	283.00	1925	1598

（续）

年份	水 稻		薯 类		蔬 菜	
	种植面积（亩）	总产量（吨）	种植面积（亩）	总产量（吨）	种植面积（亩）	总产量（吨）
2002	7700	1658.00	950	315.00	1915	1385
2003	7700	1671.00	935	99.00	1925	1932
2004	7700	1671.00	935	99.00	1925	1930
2005	7700	1729.00	975	75.00	1920	1568
2006	7700	1729.00	800	58.00	1920	1567
2007	7700	1735.00	975	287.00	2120	2380
2008	7700	1735.00	975	287.00	2120	2380
2009	7700	2525.00	1425	427.00	1900	1200
2010	13476	1820.00	1045	112.00	1930	2094
2011	13220	2505.00	1035	113.00	1785	1818
2012	2451	876.00	460	146.00	1539	1282
2013	7879	2212.00	62	39.00	2030	1350
2014	6157	1641.00	422	135.00	1963	1668
2015	625	271.00	805	215.00	1512	1496
2016	1228	553.00	195	195.00	936	869
2017	1044	364.00	403	114.00	814	814
2018	1044	334.00	415	119.00	820	804
2019	1072	343.00	388	122.00	920	888
2020	629	194.00	42	12.00	846	836

第四节　果茶蔬种植

一、甘（果）蔗种植

农场1974年开始试种甘蔗36亩，总产量53.4吨，平均亩产不足1.5吨。1984年，引进侨引、桂糖等新品种，分期分批培训技术骨干，广泛推广集约性种植经验，到1987年，全场种植甘蔗1021亩，平均亩产3.8吨，总产量达2773吨。1990年后，年种植面积保持在500亩左右，年总产量2496吨。2010年随着海南省全面调整限制糖蔗生产，农场再也不生产制糖甘蔗。但果蔗种植集中在40队，常年保持150亩种植规模（图3-3-12）。

图 3-3-12　职工种植的果蔗

二、茶叶种植

从 1978 年农场开始在橡胶中小苗林段行间间种茶叶之后，逐年有计划地发展，种植重点放在 1、4、6 三个管理区。到 1987 年，全场有茶园面积 3341 亩，总产干茶 98 吨，茶青由农场茶叶厂加工生产绿茶和红茶。2000 年后，由于种种原因，农场停止茶叶生产，胶园间种的茶园也随之淘汰（图 3-3-13、图 3-3-14）。

图 3-3-13　20 世纪 80 年代胶茶间种

图 3-3-14　2020 年种植户管理的茶园

三、菠萝种植

菠萝是农场主要生产的水果之一，1975 年开始试种 150 亩，总产 2.35 万公斤，1987 年，由各家庭农场自费利用零星荒地和橡胶中小苗林段行间间种，全场共种植菠萝 7203 亩，总产 2932 万公斤。1990 年，菠萝种植面积减少，仅 3、4 分场开垦山头和利用橡胶地间种。

2016 年公司成立后，通过招商，2017 年 8 月与海南天地有限公司合股设立海南天地东昌农业生态有限公司，发展菠萝生产。2020 年种植凤梨（菠萝）1500 亩，安排在 9 队、10 队、29 队、2 队等生产队种植（图 3-3-15、图 3-3-16、图 3-3-17）。

图 3-3-15　菠萝

图 3-3-16 天地东昌凤梨基地

图 3-3-17 凤梨包装车间

四、中草药种植

农场 1981 年发动职工在林带中种植益智因无市场而放弃；2011 年与广州中医药大学合作，利用胶园开展林下种植砂仁，2013 年有部分开花，但 2014 年受超强台风"威马逊"袭击，林下种植受损严重，2017 年因技术原因而失败，以后再没有生产。

五、蔬菜种植

冬瓜、豌豆、青菜、大白菜等蔬菜由职工零星种植，每年保持在 1000 亩左右，1996 年种植 4400 亩，产量 2254 吨，是全场最高面积产量时期。

第五节 林 业

一、防风林

防风林种植主要用于保护橡胶，起防风作用，根据上级关于平原地区必须先造林后植胶的生产方针，农场始终坚持先林后胶的原则。从 1954 年就开始营造防风林，1959 年防风林面积达到 6903 亩。1968 年新植防风林 3615 亩，1987 年又新植防风林 4238 亩，使防风林面积达到 1.47 万亩。

2006 年，由于受上年"达维"台风的影响，农场在农垦总局的指导下，与海南金华林业集团签订纸浆林种植合同，全面砍伐公路防风林和胶园防风林，更新种植纸浆林5813亩。

二、经济林

1962年开始营造部分经济林，主要品种有细叶桉、木麻黄、楝和竹子，至1972年，共有经济林786亩。在逐年开垦种植橡胶的热潮中，经济林有所减少，1974年，经济林存340亩，用材林（竹子）294亩；2000年后，经济林地被改种其他作物。

第六节　畜　牧　业

一、养牛

农场初期有15个生产队共饲养黄、水牛23头，用于运输、耕地。

1956年农场在大坡（现7队）和新昌（现13队）成立两个畜牧队，分别饲养黄牛73头、水牛135头，主要解决发展生产肥料所需和职工食肉问题。

1962年，农场的养牛业进一步发展为以队为单位，饲养黄、水牛共678头。1977年底，农牧科从海南区畜科所引进辛地红、西门塔尔、夏洛莱等优良品种6头，共培育良种牛后代85头。

1983年，农牧公养的1512头牛全部折价出售或分散到职工家庭饲养，职工家庭农场饲养量最多达25头，1987年存栏1460头。其中，水牛1277头，黄牛183头。到2020年底，全场存栏108头，其中水牛6头，黄牛102头。

农场畜牧饲养情况见表3-3-3。

表3-3-3　畜牧饲养情况

单位：头

年份	牛年末存栏			猪年末存栏	羊年末存栏	家禽
	合计	水牛	黄牛			
1955	181	179	2	219	—	—
1956	239	237	2	569	—	—
1957	443	409	34	1562	—	48
1958	475	416	59	1640	—	—

（续）

年份	牛年末存栏			猪年末存栏	羊年末存栏	家禽
	合计	水牛	黄牛			
1959	529	507	22	708	—	2270
1960	211	206	5	215	3	3100
1961	245	244	1	256	—	3154
1962	237	236	1	229		2709
1963	240	239	1	206	46	3170
1964	260	259	1	263	—	3159
1965	297	297	—	215	—	2974
1966	368	368	—	205	—	6903
1967	422	422	—	178	—	4904
1968	282	282	—	683	—	3364
1969	245	245	—	248	—	4448
1970	259	259	—	257	—	3864
1971	288	141	117	271	—	4100
1972	312	156	156	1178	—	4500
1973	334	158	176	836	—	5916
1974	593	234	359	917	271	6225
1975	635	245	390	1407	452	10000
1976	673	248	425	1716	426	—
1977	1010	586	424	1599	808	15500
1978	1124	645	479	2023	955	12700
1979	1124	670	442	1475	1037	14600
1980	1050	600	450	2640	695	12520
1981	867	479	388	3841	735	18500
1982	1656	1238	418	3751	359	43000
1983	1694	1239	455	4392	439	39839
1984	1466	1159	307	3900	390	42600
1985	841	673	168	3950	841	28900
1986	1206	1055	151	6500	1629	79800
1987	1460	1277	183	5333	1676	98200
1988	1467	1319	148	6686	1555	130000
1989	1512	1342	170	8152	1754	112000
1990	1587	1405	182	15721	1921	174000
1991	2007	1432	575	15562	1983	185000
1992	3050	1923	1127	12500	2840	210000
1993	3036	1928	1108	9560	2840	307000
1994	2420	1562	858	2200	2012	362000
1995	2075	1750	325	2550	2350	934000

（续）

年份	牛年末存栏			猪年末存栏	羊年末存栏	家禽
	合计	水牛	黄牛			
1996	2345	2020	325	2920	2690	230000
1997	2750	2347	403	3720	2810	200000
1998	2682	2387	295	2510	2950	150000
1999	2620	2337	283	1951	2885	80000
2000	2660	2445	215	2155	2913	80000
2001	2585	2379	206	2015	2850	140000
2002	2090	1885	205	2155	2695	120000
2003	725	550	175	2150	2015	200000
2004	725	550	175	2150	1646	190000
2005	727	550	177	9300	1676	200000
2006	870	680	190	9500	1780	220000
2007	910	705	205	17343	1800	160000
2008	910	705	205	17343	1850	210000
2009	850	640	210	15950	3082	260000
2010	566	356	210	23717	2450	180000
2011	576	80	496	7860	1560	240000
2012	375	236	139	14223	1975	300000
2013	357	88	269	17204	1635	460000
2014	292	72	220	16183	2180	420000
2015	288	27	261	16183	2197	190000
2016	219	27	192	14154	1662	290000
2017	211	7	204	33169	1394	270000
2018	162	7	162	8475	1907	100000
2019	75	7	75	8026	1047	70000
2020	108	6	108	7799	1047	70000

二、养猪

1957年农场在草塘旁边投资兴建万头猪场，养猪1200头，1958年3月，苏联畜牧专家考察团一行6人，对该猪场进行实地考察。1960年由于粮食紧张，经济困难，猪场停业。

1957年，农场又投资20多万元，分别在6队和2队兴建万头、千头猪场各一个，各生产队还有养猪栏，全场共养猪4000多头，年产肉量6万多公斤，除满足本场职工食肉外，还外调给农垦局、海南食品公司、海南进出口公司和文昌县等地。

农场养猪业日益发展，1987年，全场养猪12083头。1998年后，养猪业向集约化发展，承包经营土地的职工，在农业基地建规模型养猪场，饲养猪 500～1000 头为多，有效地解决了农业生产对肥的需求，缩减了投资成本，2000 年以后，养猪业的链条向下游发展，形成养猪—沼气—肥料—种植业的良性循环，不仅节省了能源、资源，还满足了农场职工的生活需求（图3-3-18）。

图 3-3-18　职工养猪场

2000 年，农场与海南裕昌集团有限公司以股份制形式合作，在 5 队的更新胶园创办占地面积 72036 平方米的裕昌万头种猪场。

三、家禽饲养

家禽主要是鸡、鸭、鹅"三鸟"等，由集体食堂及职工个人饲养，1960 年底全场存栏 1890 只。集体食堂公养主要供应蛋类给医院病号及产妇，逐年减少，年平均只有100～150 只，1983 年后取消食堂公养。全部由职工家庭自养。1987 年，职工家庭农场自养"三鸟"9.1 万只，其中养鸭 7200 只。

1990 年后，随着林下经济的兴起，养鸡业发展迅猛，职工利用胶园建栏牧养文昌鸡，养鸡专业户王绥仕还专门申请注册"牧榕"牌文昌鸡商标，2011 年 4 月，还投资 400 多万元兴建文昌鸡宰鸡场，年加工成品鸡 60 万只，销往国内大中城市（图 3-3-19）。

图 3-3-19　职工养鸡场

2019 年 4 月，职工子弟何敦富返乡创业，投入资金 1000 多万元成立海南四季椰林农牧有限公司，2020 年 10 月，海南四季椰林农牧有限公司文昌鸡屠宰加工车间投产，一只活鸡加工要经过放血、烫鸡、自动脱毛、清洗、开膛、洗理、挂链条带、预冷、包装、冷藏等多个工序，每天加工文昌鸡 1.8 万只。

第四章　工　　业

第一节　农产品加工业

一、橡胶加工业

1958年农场的橡胶加工由中税、加东岭两个制胶点负责制作烟胶片，因设备简陋，全靠手工操作。

1959年9月，农场在白石溪下游投资兴建一座日产干胶8吨的中型制胶厂，总投资160万元的东昌农场橡胶厂有标准厂房1900平方米，化验大楼1幢；全厂分设离心、绉片、凝固、包装、干燥等5个车间。全厂有职工35人，管理人员6名，技术员2名，主要领导干部2名（图3-4-1）。

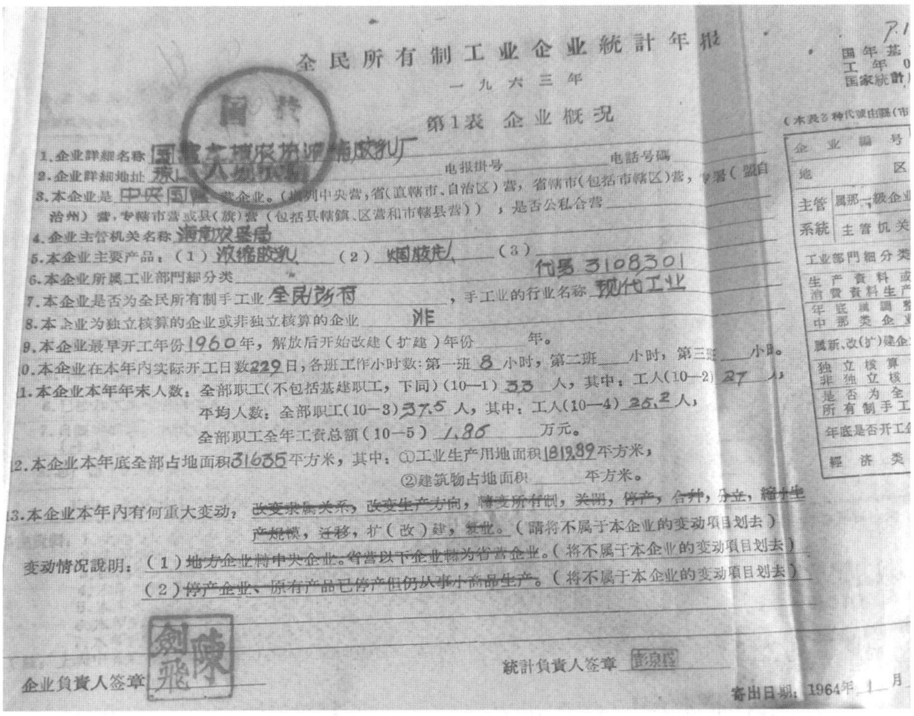

全民所有制工业企业統計年报

一九六三年

第1表 企业概况

1.企业詳細名称 国营东昌农场橡胶加工厂　电話号碼

2.企业詳細地址　　电报掛号

3.本企业是 中央国营 营企业。（填列中央营，省（直轄市、自治区）营，省轄市（包括市轄区）营，专署（盟自治州）营，专轄市营或县（旗）营（包括县轄镇、区营和市轄县营）），是否公私合营

4.企业主管机关名称 海南农垦局

5.本企业主要产品：（1）浓缩胶乳　（2）烟胶片　（3）

6.本企业所属工业部門細分类　代号 3108301

7.本企业是否为全民所有制手工业 全民所有，手工业的行业名称 现代工业

8.本企业为独立核算的企业或非独立核算的企业 非

9.本企业最早开工年份1960年，解放后开始改建（扩建）年份＿年。

10.本企业在本年内实际开工日数229日，各班工作小时数：第一班8小时，第二班＿小时，第三班＿小时。

11.本企业本年年末人数：全部职工（不包括基建职工，下同）（10—1）33人，其中：工人（10—2）27人，

平均人数：全部职工（10—3）37.5人，其中：工人（10—4）26.2人，

全部职工全年工資总額（10—5）1.86万元。

12.本企业本年底全部占地面积31635平方米，其中：①工业生产用地面积1819.89平方米，

②建筑物占地面积＿平方米。

13.本企业本年内有何重大变动：~~改变隶属关系~~，~~改变生产方向~~，~~转变所有制~~，~~关闭~~，~~停产~~，~~合并~~，~~分立~~，~~缩小生产规模~~，~~迁移~~，扩（改）建，~~复业~~。（請将不属于本企业的变动項目划去）

变动情况説明：（1）~~地方企业转中央企业。省营以下企业转为省营企业~~。（将不属于本企业的变动項目划去）

（2）~~停产企业、原有产品已停产但仍从事小商品生产~~。（将不属于本企业的变动項目划去）

企业負責人签章 陳劍飛　統計負責人签章 彭京庭

寄出日期：1964年1月

图3-4-1　1963年农场胶厂报表

1963 年前主要是用胶盆制作烟胶片。1963 年开始进行浓缩胶乳生产，1983 年开始生产标准颗粒胶。2004 年，海南天然橡胶股份有限公司成立后，东昌农场橡胶厂改为东昌农场橡胶转运站，负责胶水进站管理，把处理后的鲜胶水运到海胶集团指定的橡胶加工厂进行加工。至 2010 年，农场累计生产干胶 26828.5 吨（图 3-4-2、图 3-4-3、图 3-4-4）。

图 3-4-2　工作人员在加工橡胶

图 3-4-3　橡胶加工厂生产车间 1

图 3-4-4　橡胶加工厂生产车间 2

2014 年，按照海南天然橡胶产业布局，橡胶加工集中生产，农场胶水运往金竹加工厂加工，农场不再进行橡胶加工生产。

二、胡椒加工业

2006 年筹建东昌胡椒加工厂，工厂在终止经营的绿丹肥料加工厂进行改造与扩建，2008 年 6 月 26 日农场注册成立东昌胡椒公司，申请"昌农"牌胡椒获国家工商总局批准（图 3-4-5、图 3-4-6）。

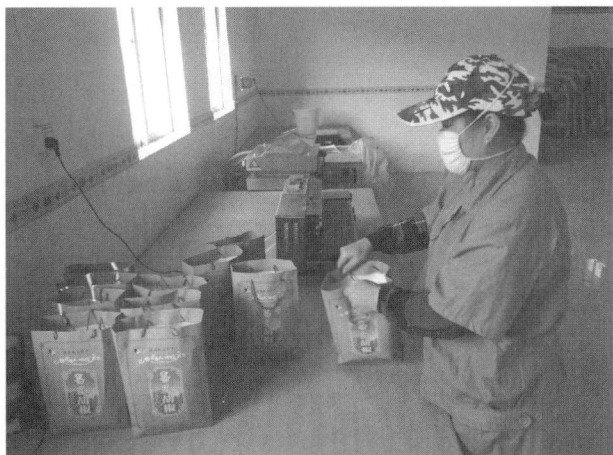

图 3-4-5　胡椒生产包装

图 3-4-6　2008 年胡椒生产车间

2017 年，农场筹资 160 多万元，按专家设计定制胡椒去杂机、筛选机、分级机和包装机，建成黑胡椒加工生产线，每小时可加工鲜果 2 吨，生产成品 0.5 吨，日可加工生产黑胡椒 6 吨（图 3-4-7）。

系列产品有：白胡椒瓶装 100 克、黑胡椒瓶装 90 克、冻干胡椒瓶装 50 克、黑胡椒酱瓶装 50 克、胡椒根盒装 200 克、黑白胡椒盒装 200 克、黑胡椒盒装 200 克、黑白胡椒粉袋装 50 克、胡椒礼盒系列产品。

图 3-4-7　胡椒加工厂

2018 年，"昌农"牌胡椒作为公司品牌，先后参加了海南农垦十大品牌推荐会、海口十大品牌推荐会、北京国际农产品博览会、中国国际进口博览会、中国自主商品博览会、广西桂林国际商标节、中国农垦北大荒哈尔滨国际食材交易会、中国农垦品牌万里行江西丰收节、海南欢乐节美食节、三亚购物节、屯昌农博会、海南特优产品展销会、海南国际香辛原料文化节等展会，开启了"昌农"牌胡椒的市场推广。

2019 年，海垦东昌公司与昆明星汇达公司合作，引进新型胡椒环保脱皮加工生产线，每小时可加工鲜胡椒 3 吨，生产成品 0.6 吨，日加工白胡椒 8 吨，该生产线加工的白胡椒油含量比传统加工的高，胡椒碱提高 16.7%、杂质含量降低 50%，且无异味、无细菌、无灰尘，可 100% 回收胡椒的枝，回收皮、胶 70%，新生产线的使用改变了传统胡椒以水浸泡的加工工艺，有效地解决了水污染和环境污染问题，深受人们的欢迎（图 3-4-8、图 3-4-9）。

图 3-4-8　2019 年引进胡椒青果物理脱皮加工生产线

图 3-4-9　2020 年胡椒加工厂生产车间

三、茶叶加工业

1982 年 12 月，农场投资 50 多万元兴建年产 500 吨的中型茶叶加工厂，厂房建筑面积 2000 平方米，设有萎凋、初制、烘干和精制 4 个车间，建成红、绿茶两条生产线，红碎茶生产线引进国外 CTC 型的先进机械设备，绿茶生产线用国内首创机械设备。工厂于 1983 年 7 月 1 日正式投产，有职工 35 人，管理人员 5 人，技术人员 4 人，主要领导干部 1 人。

投产时先生产绿茶，1984 年初，生产产品有绿茶袋茶，同年 8 月正式生产红碎茶，红碎茶产品送广东省茶叶进出口公司评审获得好评与奖励，该公司既与农场签订合同，包销全部红碎茶产品。红碎茶、红袋茶产品远销美国和香港地区，绿茶深受广州、汕头、惠阳、英德等地顾客的欢迎。

由于种种原因，茶厂转交个体户承包经营，茶园茶叶生产逐年减少，2006 年停止经营。

第二节　建材加工业

一、木材加工业

1984 年以前，农场木工组隶属基建公司，1985 年 3 月成立木材厂，实行独立核算，自负盈亏经营。同年 8 月农场投资 40 多万元改扩建厂房 400 平方米，配套完善各种机械设备，设有锯木、备料、煮药、烘干、制作、组装和油漆等 7 个车间。安装大型锯木机、刨床、钻孔床等 20 多种大中型机械。全厂职工 58 人，管理人员 4 人，熟练技术工人 38

人，领导干部2人。1986年3月引进华南热带作物学院和华南热带作物研究所的新技术，有效提高了橡胶木的防腐性能。橡胶木制品品种多样、美观大方，产品不仅销售岛内各地及广州、香港，而且远销日本及西欧等国家和地区。工厂成立一年多总产值150多万元，创汇7万多美元。1987年12月，工厂与海南大华橡胶制品公司、香港泰帮堂有限公司正式签订了"生产橡胶木地板砖"的合同，研发开辟新产品。由于种种原因，2005年合作项目停止，农场将原木材加工厂承包给个体户经营石材加工。

二、建材工业

1986年4月，农场工业科主办筹建新型建筑材料厂，采取股份制的形式经营，12名待业青年集资3.4万元，农场工会扶持贷款1万元，工业科拨款0.5万元，总投资4.9万元建造简易厂房360平方米，设有切割车间、钻孔车间、电镀车间。当年9月正式投产。

建材厂主要经营各种家用电器、电动机的维修，制造适合农村使用的小型变压器，生产高度（35000V变400V）低线路金具。至1987年，工厂生产总产值28万元，利润6万多元，扣除全部股份基金和厂房折旧外，纯利润0.8万多元。后来因经营原因，于1988年关闭。

第三节 其他工业

一、肥料加工业

1994年，农场将已停产的茶厂改造成绿丹肥料厂，安排70多人就业，主要生产橡胶专用肥和胡椒专用肥，自负盈亏，每年生产各种化肥0.5万吨，除满足本场使用外还销往周边农场。2004年终止经营，10年间累计生产化肥5万多吨。

二、机械维修业

1960年农场成立机械维修组，隶属机运科，有2名修理工，1台文昌机械厂生产的车床，只能从事简单的机械维修。

1979年4月成立修理厂，实行单独核算，自负盈亏。修理厂实行对外开放，找米下锅。1980年生产经营盈利3万多元，被评为海南区工交战线先进单位。

1981年7月修理厂扩大，有职工42人，管理人员4人，熟练技术修理工30人。机械设备逐年配套，已有车床2台，刨床1台，钻床2台，风焊机5部，电焊机3部。能承领场内外机动车辆、电动机、发动机的维修和各种铁器家具的制作。1987年积累资金73万元。同年12月修理厂在白石溪墟大道北端筹建新的厂房面积288平方米。2000年农场所办工业实行市场化经营后，农场将厂房折价出售给职工自主经营。

三、粮食加工业

1963年农场投资兴办粮食加工厂，同时进行饲料加工，设计生产能力为年产300吨大米，1965—1970年共生产大米1334.48吨，平均年产大米166.81吨，实际生产能力只有设计生产能力的一半。农场于1990年将粮食加工厂承包给职工个人加工。2008年，农场根据建设规划需要，征用粮食加工厂及周边的胡椒地，粮食加工厂停止生产。

第五章 商业、服务业

几十年建设发展，农场场部所在地白石溪，已从原来的咫尺之街发展成为商业集中地，党的十一届三中全会以后，随着改革、开放深入，第三产业崛起，商品流通日益频繁，白石溪墟已有邮电、银行、信用社、税务所、五金交电、百货日什、陶瓷建材、烟酒副食、饮食服务等门类齐全的商业店面，成为从东到西长 1.2 公里、宽 30 米的商业街，成为农场及周边地区重要的商品交易及农产品贸易集散地（图 3-5-1、图 3-5-2）。

图 3-5-1　场区街景 1

图 3-5-2　场区街景 2

第一节　商品交易

一、批发零售

1984 年 10 月前，农场商贸系统由供销科统一管理。同年 11 月成立商贸公司，从业职工 32 人，管理人员 7 人，公司经营百货大楼、五金交电、副食、饮食、饲料、缝纫店、理发店、米粉加工厂和白石溪批发部。固定资金 15 万元，流动资金 32 万元。商贸公司采取承包经营，独立核算，自负盈亏的经营管理形式。1986 年总销售额 40 多万元，利润 1.5 万元，留成资金 1500 元。1987 年，增加个体小售亭 28 间，平均每队有 2 个销售点，之后农场商贸系统受到较大冲击，利润有所下降（图 3-5-3）。

海南解放初期的白石溪仅有 6 户人家，2 户经营零星日用品，1 户为缝补衣裤店，1 户是仅有 4 个座位的小食店，其余 2 户为居民，经商者占 70％ 以上。随着农场不断壮大和经济不断发展，白石溪第三产业迅速崛起，在长 1.2 公里、宽 30 米的商业街上，除国营单位和企业单位办的商业点外，

图 3-5-3 20 世纪 80 年代白石溪商铺

还有个体开设的副食、百货超市 3 间，杂货店 15 间，饮食店 7 间，缝纫店 5 间，理发店 8 间，照相馆 1 间，修理店 4 间，火锯场 2 家，碾米粉碎加工厂 1 家。2020 年，农场投资建设功能齐全的农贸市场 2800 平方米，汇集各类商铺 173 家（其中零售商店 124 家），大量人流、物流、信息流汇集，促进了商品流通（图 3-5-4、图 3-5-5）。

图 3-5-4 白石溪农贸市场开业剪彩仪式

图 3-5-5 商铺

二、农产品贸易

1984 年，职工家庭农场生产的农产品使市场交易量逐步增多，随后职工自营经济胡椒、荔枝、青橘、槟榔等产量增多，交易额度不断升高，使白石溪地区形成了周边农产品交易集散地。2020 年本场辖区有胡椒收购点 3 家，年营业额 7200 万元；荔枝收购店 3 家，年营业额 4500 万元；青橘柠檬收购点 5 家，年营业额 352 万元（图 3-5-6、图 3-5-7、图 3-5-8）。

图 3-5-6 东昌农场农资超市开业

图 3-5-7 东昌农贸市场

图 3-5-8 首届海口大坡胡椒文化节

第二节 服 务 业

一、交通运输

1953 年前，农场只有牛车、自行车，1959 年后，逐渐增加苏联产的吉斯牌汽车 5 辆，105 型 4 吨位汽车 3 辆，戈斯 51 型汽车 2 辆。20 世纪 90 年代职工开始购买摩托车、农用三轮车；2000 年后，职工开始购买私家车。2020 年底，全场建成通队、通村公路 162 公里，实现了通队公路等级化和公路路面硬化的"双化"目标，通作业区、生产队等级公路率达到 100%，通村公路路面硬化率达 90%，实现了生产队通等级公路率和通村公路路面硬化率的"双百"目标。随着道路的改善，农场辖区机动车保有量为 6915 辆，其中民用汽车为 1365 辆，拖拉机 220 辆，摩托车等机动车 5330 辆。场部白石溪已开通文昌往返白石溪、海口往返白石溪客运班次，海口微公交、网约车覆盖到东昌地区，居民出行更加方便（图 3-5-9）。

图 3-5-9　微公交进入东昌

二、邮政物流

2000 年前农场投寄业务一直由白石溪邮政代办点经营，主要是报刊、信件、文件及小物件的投寄。2012 年居民网购的大部分快递物件需到海口、文昌地区领取（图 3-5-10）。

图 3-5-10　白石溪邮政大楼

2013 年快递业开始进驻农场，除邮政外，圆通快递最早在白石溪开设快递业务代办点，随着本地区网购快递业务需求日益加大，邮政、顺丰、圆通、韵达、中通、百世、申通、京东、熊猫、天天等快递业务均增设代办点。2020年共配送各种物件356000件，快递为农场电商业发展创造良好的基础条件，仅东昌胡椒公司通过快递公司投递出售胡椒产品51535份。

三、住宿餐饮

2010年前，农场只有农场招待所能提供住宿和餐饮业务，2010年以后，随着场部小城镇化建设及市场消费需求增加，职工开设居家公寓式住宿旅馆，至2020年，有职工私人旅馆3家、床位28个，均为档次较低普通间。

餐饮业随场部小城镇化建设有所发展，2020年有茶点店24家、饭店8家，基本是农场职工私营企业，规模较小（图3-5-11）。

图3-5-11　东昌招待所

第三节　金融活动

一、商业银行

1980年4月20日，琼山县农业银行在农场设立大坡农场营业所，吸纳农场职工存款储蓄。1963年以前有70多户参加储蓄，1987年参加储蓄户增加到3100户。

2000年，农业银行营业所撤并到大坡镇。取而代之是新成立白石溪农村信用社，2011年有储蓄户6012户，储蓄总额突破11000万元；2020年，白石溪农村信用社营业有储蓄户8315户，储蓄总额突破18000万元（图3-5-12）。

图 3-5-12　海南农商银行白石溪分理处

二、保险业

1985 年 10 月，中国人民保险公司琼山县支公司，在场部设立大坡农场保险站，从事简易人身保险和财产保险业务。1987 年全场有 10102 名职工及家属参加简易人身保险，合计 17258 份，办理家庭财产保险 25000 元。2000 年后保险站撤销，保险业务均自行与各保险公司业务员联系办理。

三、其他金融活动

1981 年后，农场职工根据国家认购任务开始认购国库券，到 1987 年累计任务 4 万元，全场职工个人购买 15.6 万元，超额 3 倍完成任务。1990 年，全场认购国库券 41.6020 万元，职工个人购买 37.1020 万元。20 世纪 90 年代中后期，国库券面取消认购任务，转向市场认购。

2015 年以后，农场居民通过手机、支付宝、微信平台进行相关金融活动。

第四编

党群组织

中国农垦农场志

第一章　农场党组织

随着农场成立，农场的中国共产党组织以及共青团、工会、女职工委员会（以下简称女工委）等群众团体组织也相继成立，并积极开展各项政治活动和社会活动，在社会主义物质文明和精神文明建设中发挥了重要作用。

第一节　农场党代会

一、党委

国营大坡农场1960年8月正式设立，是由琼山垦殖所分所后成立的国营东昌农场一分为四而组建的，按上级要求，1952年成立垦殖所时就成立党委，1953年底上级决定撤销垦殖所，党委也随之撤销。新成立的国营大坡农场从1961年9月开始组建成立农场党委，至2020年共组建14届党委。党员代表最多的是第八届，共有党员181人，选举产生的党委委员最多的是第六届，共有委员21人。

1. **第一届党委**　1961年9月26—29日，第一次党代会在场部会议室举行，应出席代表55名，实际出席代表46人，因事缺席9人。大会选举产生7人组成的中国共产党国营大坡农场第一届党委。

2. **第二届党委**　1964年3月9—11日，第二次党代会召开，党员代表50人，实出席会议代表43人，因事缺席7人，会议选举产生15人组成第二届党委、监察委员会。

3. **第三届党委**　1966年9月19日，第三次党代会召开，党员代表56人，到会代表52人，因事缺席4人，大会选举产生11人组成的第三届党委、5人组成的监察委员会。

4. **一师二团党委（第四届党委）**　1971年2月26日至3月2日，中国共产党广州军区生产建设兵团第一师第二团召开第一次党代会，应出席会议代表85人，实际出席大会代表80人，因事出差4人，生病缺席1人。大会选举产生17人组成的一师二团党委。

5. **第五届党委** 1975 年 12 月 26—28 日，第五次党代会召开，党员代表 110 人，实际出席大会代表 100 人，其中女代表 21 人，大会选举产生 17 人组成的第五届党委。

6. **第六届党委** 1981 年 12 月 26—27 日，第六次党代会召开，党员代表 153 人（男 133 人，女 20 人）出席大会 148 人，因事缺席 5 人，大会选举产生 21 人组成的第六届党委、5 人组成的第一届纪律检查委员会。

7. **第七届党委** 1985 年 4 月 26—27 日，第七次党代会召开，党员代表 142 人，出席大会代表 132 人，因事缺席 10 人，大会以无记名投票方式选举产生了 9 人组成的第七届党委、5 人组成的第二届纪律检查委员会。

8. **第八届党委** 1988 年 8 月 30—31 日，第八次党代会召开，党员代表 181 人，实际出席会议代表 174 人，因事缺席 7 人，特邀列席代表 6 人，大会选举产生 8 人组成的第八届党委、5 人组成的第三届纪律检查委员会。

9. **第九届党委** 1991 年 6 月 28—29 日，第九次党代会召开，出席会议的代表 180 人，大会选举产生 9 人组成第九届党委、5 人组成的第四届纪律检查委员会。

10. **第十届党委** 1996 年 11 月，第十次党代会召开，代表 78 人，实际出席会议 71 人，因事缺席 7 人，列席代表 12 人。大会选举 7 人组成第十届党委，5 人组成第五届纪委。

11. **第十一届党委** 1999 年 6 月 28 日，第十一次党代会召开，党员代表 115 人，实际出席会议代表 111 人，因事缺席代表 4 人，列席代表 13 人。大会选举产生 8 人组成的第十一届党委。

12. **第十二届党委** 2005 年 1 月 27 日上午，第十二次党代会召开，正式代表 131 人，因病因事请假 4 人，实到会正式代表 127 人，列席代表 27 人，大会选举产生 7 人组成的第十二届党委、5 人组成的新一届纪律检查委员会（图 4-1-1）。

13. **第十三届党委** 2009 年 7 月 1 日，第十三次党代会召开，正式代表 139 人，因病因事请假 3 人，实到会代表 136 人，列席代表 22 人，大会选举产生 7 人组成的第十三届党委。

图 4-1-1 东昌农场第十二次党代会

14. **公司党委** 2016 年，东昌农场改制公司，公司设党委 1 个，党支部 41 个，党员

861 人，领导成员有：党委副书记李明跃、肖双，党委委员李明跃、肖双、麦全法、云大旭，党委秘书符华明。2017 年公司设党委 1 个，党支部 39 个，党员 723 人，领导成员有：党委副书记李明跃、肖双，党委委员李明跃、肖双、麦全法、云大旭、王坚伟，党委秘书符华明。2018 年，公司设党委 1 个，党支部 10 个，党员 425 人，领导成员有：党委书记付谨盛，党委副书记肖双，党委委员付谨盛、肖双、麦全法、王坚伟，党委秘书符华明。2019 年，公司设党委 1 个，党支部 10 个，党员 425 人，领导成员有：党委书记付谨盛，党委委员付谨盛、麦全法、王坚伟，党委秘书符华明。

二、党的纪律检查委员会

农场党委领导下的纪律检查委员会从第五次党代会起选举产生，之前从第二次党代会起选举产生监察委员会。

第二节　农场党组织

一、领导机构

中国共产党国营大坡农场委员会是农场的领导核心。1961 年 9 月 28 日选举产生第一届党委，具体办事机构为党委办公室。

兵团时期，第一师第二团党委，实行党委常委领导制，下设政治处，负责组织和党务的管理。

恢复农垦体制后，农场先是成立临时党委，临时党委下设组织科具体管理党务，直至 1975 年 12 月召开党代会，选举产生新的正式党委。

1982 年 7 月 28 日，农场宣教科分开，党委成立宣传科，行政成立教育科。

1984 年，农场实行党委领导下的场长负责制制度。党委主要监督和保证场长任期责任目标的实现。

1991 年实行场长负责制，农场经济发展目标完全由场长负责，党委主抓党的建设、干部职工思想教育以及纪律检查工作。2016 年农场改制为公司后，成立董事会，董事长兼党委书记实行法人治理企业；党委只抓组织思想工作、纪律监察工作，一方面配合支持董事会工作，一方面抓纪律监察。

国营东昌农场历任党委正副书记名录见表 4-1-1。

表 4-1-1 国营东昌农场历任党委正副书记名录

届次时间	单位名称	姓名	籍贯	职务	任期时间
		方建三		指导员	1952 年 2 月—1954 年 3 月
		彭国智	广东昌感	书 记	1954 年 4 月—1957 年
	东昌农场	郭颖光		书 记	1957 年—1960 年 10 月
		钟明生	海南儋县	代书记	1960 年 10 月—1961 年 9 月
	大坡农场	郑风歧	辽宁省	副书记	1961 年 2 月—1961 年 9 月
		刘光汉	江西省	副书记	1961 年 9 月—？
第一届党委 1961 年 9 月—1964 年 3 月	大坡农场	钟明生	海南儋县	书 记	1961 年 9 月—1962 年 7 月
		郑风歧	辽宁省	副书记	1961 年 9 月—1964 年 3 月
		刘光汉	江西省	副书记	1961 年 9 月—1964 年 3 月
		林 山	海南文昌	书 记	1962 年 7 月—1964 年 3 月
		钟明生	海南儋县	第一副 书 记	1962 年 7 月
第二届党委 1964 年 3 月—1966 年 9 月	大坡农场	林 山	海南文昌	书 记	1964 年 3 月—1966 年 9 月
		刘光汉	江西省	副书记	1964 年 3 月—1964 年 10 月
		郑风歧	辽宁省	副书记	1964 年 3 月—1966 年 9 月
		董世福	河南安阳	副书记	
		谢福生		副书记	
第三届党委 1966 年 9 月	大坡农场	谢福生	海南万宁	书 记	1966 年 9 月—1969 年 3 月
		董世福	河 南	副书记	1966 年 9 月—1969 年 3 月
二团临时党委 1969 年 4 月—1971 年 2 月	一师二团	文 戈	辽宁沈阳	政 委	1969 年 4 月—1971 年 2 月
		赵德忠	辽宁海城	副政委	
		池玉堂	黑龙江富锦	副政委	
第四届党委 （二团首届党委）1971 年 3 月	一师二团	文 戈	辽宁沈阳	政 委	1971 年 3 月—1974 年 9 月
		赵德忠	辽宁海城	副政委	1971 年 3 月—1974 年 9 月
临时党核心小组 1974 年 9 月—1975 年 10 月	大坡农场	符国棣	海南文昌	组 长	1974 年 9 月—1975 年 10 月
		周德启	海南文昌	副组长	1974 年 9 月—1975 年 8 月
		覃业纯	海南万宁	副组长	1975 年 8 月—1975 年 10 月
		葛文连	黑龙江	副组长	1974 年 9 月—1975 年 10 月
		候巨曹	河北怀安	副组长	1974 年 9 月—1975 年 10 月
临时党委 1975 年 10 月—1975 年 12 月	大坡农场	符国棣	海南文昌	书 记	1975 年 10 月—1975 年 12 月
		覃业纯	海南万宁	副书记	1975 年 10 月—1975 年 12 月
		刘积林	海南琼海	副书记	1975 年 10 月—1975 年 12 月
		郑风歧	辽宁新会	副书记	1975 年 10 月—1975 年 12 月
第五届党委 1975 年 12 月—1981 年 12 月	大坡农场	符国棣	海南文昌	书 记	1975 年 12 月—1981 年 12 月
		覃业纯	海南万宁	副书记	1975 年 12 月—1981 年 12 月
		刘积林	海南琼海	副书记	1975 年 12 月—1981 年 12 月
		郑风歧	辽宁新会	副书记	1975 年 12 月—1981 年 12 月

（续）

届次时间	单位名称	姓名	籍贯	职务	任期时间
第六届党委 1981年12月—1985年4月	大坡农场	符国棣	海南文昌	书记	1981年12月—1985年4月
		覃业纯	海南万宁	副书记	1981年12月—1985年4月
		刘积林	海南琼海	副书记	1981年12月—1985年4月
		郑风歧	辽宁新会	副书记	1981年12月—1985年4月
第七届党委 1985年4月—1988年8月	大坡农场	符国棣	海南文昌	书记	1985年4月—1986年12月
		符鸿秋	海南文昌	书记	1986年12月—1988年8月
		覃业纯	海南万宁	副书记	1985年4月—1988年8月
		刘积林	海南琼海	副书记	1985年4月—1986年10月
		林道庄	海南文昌	副书记	1986年10月—？
第八届党委 1988年8月—1991年6月	大坡农场	符鸿秋	海南文昌	书记	1988年8月—1990年12月
		陈玉吉	海南文昌	书记	1990年12月—1991年6月
		覃业纯	海南万宁	副书记	1988年8月—1990年12月
		林道庄	海南文昌	副书记	1988年8月—？
第九届党委 1991年6月—1996年11月	大坡农场	陈玉吉	海南文昌	书记	1991年6月—1995年2月
		谢明昌	海南澄迈	书记	1995年11月—1996年11月
		翁书庆	海南琼山	书记	1991年6月—1996年1月
		林辉英	福建福清	副书记	1991年6月—1992年4月
		梁修锦	海南琼海	副书记	1992年5月—1994年1月
		谢明昌	海南澄迈	副书记	1993年12月—1995年2月
第十届党委 1996年11月—1999年6月	东昌农场	谢明昌	海南澄迈	书记	1996年11月—1998年11月
		孙丰华	重庆铜梁	书记	1998年11月—1999年6月
		黄镇	海南文昌	副书记	1996年11月—1999年6月
		陆国兴	海南儋州	副书记	1996年11月—1999年6月
第十一届党委 1999年6月—2005年1月	东昌农场	孙丰华	重庆铜梁	书记	1999年6月—2005年1月
		陆国兴	海南儋州	副书记	1999年6月—2004年3月
		黄镇	海南文昌	副书记	1999年6月—2005年1月
第十二届党委 2005年1月—2009年7月	东昌农场	孙丰华	重庆铜梁	书记	2005年1月—2008年9月
		林一萍	海南琼海	书记	2008年9月—2009年7月
		黄镇	海南文昌	副书记	2005年9月—2009年7月
		李明跃	广东潮阳	副书记	2005年1月—2009年7月
		吴多益	海南海口	副书记	2009年5月—2009年7月
第十三届党委 2009年7—2016年5	东昌农场	林一萍	海南琼海	书记	2009年7月—2011年6月
		蔡锦和	广东揭阳	书记	2011年10月—2016年5月
		李明跃	广东潮阳	副书记	2009年7月—2016年5月
		吴多益	海南海口	副书记	2009年7月—2016年5月
2016年6月至今	海垦东昌公司	蔡锦和	广东揭阳	书记	2016年6月—2016年9月
		李明跃	广东潮阳	书记	2016年10月—2017年10月
		付谨盛	河南汝南	书记	2018年9月至今
		肖双	广西玉林	副书记	2016年3月—2018年12月
		王彪	海南海口	副书记	2020年12月至今

二、党委机构

党委会下设组织科、宣传科。

组织科负责党委会的日常事务工作、全场干部人事的任免、场部机关单位管理、所属单位和基层单位党组织的建设。

宣传科主要任务是围绕党在各个历史时期的中心任务，宣传党的路线、方针、政策，抓好全场干部群众的思想宣传教育工作，特别是党员干部党风党纪的宣传教育，搞好党员队伍思想建设。

第三节　党务工作

一、组织工作

1961年9月29日，中国共产党第一届国营大坡农场委员会正式成立，党的组织和党的领导正式建立，至1968年，按作业区成立5个党总支，每个作业区成立一个党总支，机关和作业区下属队成立党支部，完善和健全农场的党组织机构。

兵团时期取消作业区，不设党总支，只设党支部，8个作业区党总支改为党支部。恢复农场建制后，重新设立管理区，1980年在作业区恢复成立5个党总支。

海南建省前1987年全场有6个党总支，59个党支部，853名党员。

党委建立健全党的各级基层组织，在工作中发挥了党支部的战斗堡垒作用和共产党员的先锋模范作用，不断发展壮大党的组织。从1961年第一届党委成立时，全场只有党员166名，到1987年时已发展到853名党员。人数增加687名，党委领导下的各级党组织积极发展党员，并注意发展女党员和第一线生产者党员。

1990年，全场有党总支7个，党支部63个，党员906人，其中，女党员141人，占党员总数的15.6%。2000年，全场有党总支5个，党支部47个，党员929名。2009年教育移交地方，教育战线党的总支移交到海口市琼山区组织部，2011年，全场有党总支6个，党支部46个，党员871人，其中女党员168人（图4-1-2）。

2012年以后，农场党委认真落实党风廉政建设责任制，切实加强基层组织建设。党委以"坚持标准、保证质量、改善结构、慎重发展"为方针，把握标准、质量、程序，注重在生产第一线、妇女尤其是劳动模范、割胶能手等行业先进分子中培养、发展党员。按照"八个坚持、八个反对"（即坚持解放思想、实事求是，反对因循守旧、不思进取；坚持理论联系实际，反对照搬照抄、本本主义；坚持密切联系群众，反对形式主义、官僚主义；坚持民主集中制，反对独断专行、软弱涣散；坚持党的纪律，反对自由主义；坚持艰苦奋斗，反对享乐主义；坚持清正廉洁，反对以权谋私；坚持任人唯贤，反对用人上的不正之风）的要求，严格遵守"一岗

图 4-1-2 庆祝中国共产党成立 87 周年暨表彰先进大会

双责"，做好抓基层、打基础的工作，努力建设一支"学习型、服务型、发展型"的党员队伍。

2013 年 7 月，农场深入开展党的群众路线教育实践活动，活动中开展了对农场作风建设满意和不满意"三个一"评议活动。就职工群众最满意的 10 件事、最不满意 10 件事、强烈要求解决而尚未解决的 10 件事，发动全场职工群众进行评议，对强占更新林地、安全饮水、拖欠地租处理、机关干部服务态度；基层支部经费活动少、项目引进开发进度慢等问题进行深入的研究剖析，形成整改意见、整改时限、责任领导，同时向职工群众公示。为了进一步突出农场特色，以"六个一"作为自选动作，即开展一场"我为百姓做了什么"大讨论活动；组织一次"听民声，解民忧"大接访活动；组织全场党员开展一次"捐一日工资，圆困难职工子女大学梦"行动；每个党总支建立一支党员志愿者服务队；举办一场"中国梦·农垦梦"文艺晚会；场领导班子成员每人讲一堂党课。自选动作的开展，大大丰富了教育实践活动内容，取得了显著成绩。在"捐一日工资，圆困难职工子女大学梦"活动中，全场共收到捐款 89212 元，资助 56 名困难职工子女圆了大学梦；在党员志愿者服务活动当中，共成立了 6 支党员志愿者服务队，加入志愿者服务队的党员有336 人，每支服务队都建立了一套完善的服务制度，6 支服务队共组织集体服务活动 73场，参加活动的党员达到 1434 人次。

2014 年 8 月 18 日举办学习贯彻《中国共产党发展党员工作细则》培训班。农场领导班子成员和机关、直属、分场党总支书记及所属党支部书记等共 60 多人参加了培训，同时编印了《发展党员工作手册》100 多份，发放给全场 50 多个党总支、支部，便于他们的学习理解和实际操作，不断提高发展党员工作科学化水平。

根据《关于在全省开展深入整治庸懒散奢贪"不干事、不担事"突出问题专项监督检查的通知》要求，农场紧紧围绕解决"不作为、不担当、不干事、不担事"等为官不为的

消极腐败现象进行自查。发动全场干部职工群众广泛开展为农场今后发展出谋献策活动，得到广大职工群众的广泛支持，收到意见建议 53 条。开展了专项督察工作，对查证的 6 位工作时间离开工作岗位的工作人员给予通报批评（图 4-1-3、图 4-1-4）。

图 4-1-3　基层党支部收看党员干部远程教育节目

图 4-1-4　基层党支部组织党员学习

1960—2020 年农场党组织发展情况见表 4-1-2。

表 4-1-2　1960—2020 年党组织发展情况

年份	党总支（个）	党支部（个）	党员（人）	当年发展党员（人）	女党员（人）
1960	5	21	166	—	11
1961	4	21	179	—	12
1962	—	9	150		—
1963	3	15	174		—
1964	5	14	180		—
1965	5	13	188		—
1966	5	15	271		—
1967	5	16	268		—
1968	5	12		1966—1971 年	—
1969	—	18	—	共 146 人	—
1970		18	192		—
1971	—	22	411		54
1972	—	19	397	—	—
1973	—	22	387	12	—
1974	—	23	469	44	—
1975	5	22	489	15	87
1976	5	25	522	34	90
1977	5	32	570	20	106
1978	5	31	573	2	101
1979	5	32	589	20	102

（续）

年份	党总支（个）	党支部（个）	党员（人）	当年发展党员（人）	女党员（人）
1980	5	32	593	3	100
1981	6	58	764	13	124
1982	6	57	797	20	114
1983	6	58	816	16	114
1984	—	—	—	—	—
1985	6	60	842	19	126
1986	6	59	844	14	124
1987	6	59	853	25	128
1988	6	60	872	20	132
1989	7	64	880	19	139
1990	7	63	906	27	141
1991	8	64	905	19	145
1992	8	65	907	17	145
1993	8	64	918	26	143
1994	8	64	918	23	145
1995	8	62	912	39	148
1996	8	61	928	24	150
1997	8	61	938	29	155
1998	6	58	922	26	155
1999	6	58	919	5	158
2000	5	58	925	15	158
2001	5	58	931	17	162
2002	5	58	937	15	165
2003	5	58	949	16	166
2004	5	58	951	14	170
2005	5	58	945	16	170
2006	5	58	951	12	172
2007	6	58	955	16	175
2008	6	58	957	16	179
2009	6	58	949	15	162
2010	6	48	864	7	165
2011	6	46	871	7	168
2012	6	48	835	17	162
2013	6	48	851	18	136
2014	6	48	861	5	137
2015	6	46	848	3	136

（续）

年份	党总支（个）	党支部（个）	党员（人）	当年发展党员（人）	女党员（人）
2016	0	41	861	3	139
2017	0	39	737	1	119
2018	0	10	473	1	86
2019	0	10	445	1	79
2020	0	10	260	1	22

二、宣传工作

农场党委根据党在各个历史时期的形势和中心工作，宣传党的方针、政策，对党员进行党风党纪的宣传教育，搞好党员队伍的思想建设。

20世纪60年代初，场宣传部门围绕开荒橡胶定植的中心工作，针对当时干部群众不安心农场建设的思想实际，进行形势教育、革命传统教育、纪律教育、备战教育和阶级教育，与农场党校密切配合，共同举办各种培训班学习，使广大党员干部群众了解农场发展前途，安心农场工作。农场党委为及时准确系统地对党员进行教育，1961年9月，组建成立农场党校。1961年9月14日，党校开班举办第一期党员培训班，22名党员参加培训学习，同年11月6日，党校举办第二期党员培训班，179名党员干部参加培训学习。1962年举办7期，356人参加学习，1963年举办4期，135人参加学习，学习内容主要是"做一个好党员"。

党的十一届三中全会召开以后，宣传部门组织广大党员、干部、群众深入开展真理标准问题的学习和讨论，开展新的历史时期党的路线、方针、政策的教育，形势教育，遵纪守法教育，消除右倾思想影响，解放思想，统一认识，坚定了信念，振奋了精神，巩固和发展了安定团结的大好形势。

1984年兴办家庭农场之初，针对有些干部职工中存在的思想顾虑，农场宣传部门通过黑板报、宣传栏、《白石溪之声》小报和有线广播向广大职工宣传兴办家庭农场的重要意义，消除干部职工的思想顾虑，使兴办家庭农场工作在农场顺利展开；同时对好的家庭农场宣传部门及时总结经验，通过报刊、电台和电视台进行宣传，扩大影响，激发了广大职工的积极性和创造性，推动全场职工家庭农场生产的发展。

1988年以来，宣传部门根据中央部署和上级指示精神，先后在全场干部群众中开展党的初级阶段理论和新时期党的基本路线教育、四项基本原则反对资产阶级自由化教育、大坡改革与发展形势教育、职业道德教育。2001年开展"三讲"教育活动，2005年开展党员先进性教育活动，2009年开展科学发展观学习活动，2010年开展创先争优活动。

在历次宣传教育中，狠抓新闻报道工作，做到每年都有100多篇稿件被各级报刊、电台和电视台采用，农场宣传科业余报道组1984—1990年先后6次被海南区农场工作部、海南农垦总局、《海南农垦报》评为新闻报道先进单位；2000—2010年连续被海南农垦总局评为宣传报道优秀单位及先进单位。

2014年7月23日，梁统安在抗击超强台风"威马逊"中因公殉职，被海南省委省政府授予优秀共产党员和抗风救灾英雄模范称号。省委号召全省广大党员、干部要向梁统安同志学习。东昌农场组织起由8人组成的宣讲组，在全场组织了梁统安同志先进事迹巡回报告会6场次，参加人数达到1300余人（图4-1-5）。

农场党委充分利用报刊、电台、新闻网站等新闻媒体，多层次、多角度开展宣传报道工作，展示了农场良好的社会形象，2014年对外宣传报道稿件被采用513篇。

图4-1-5　梁统安同志先进事迹巡回报告会

三、纪检工作

大坡农场纪律检查委员会（以下简称纪委）前身是农场监察委员会（以下简称监委会），于1961年9月26日召开第一次党代会时选举产生，连续两次党代会都选举产生监委会。监委会协助党委抓好党的作风建设，严肃党的纪律，对加强党的领导起到了一定的作用。

1980年5月，农场党委根据上级党委的指示精神，成立中共国营大坡农场纪委，在1981年第六次党代会上，正式选举产生农场第一届纪委会，同时选出纪委书记和副书记。

纪委协助农场党委，抓好党的纪律，抓好党风建设，建立健全党委党风责任制，干部目标管理责任制，民主评议党员干部，及时查处党员违纪案件，对违纪的党员进行耐心的引导和严肃的教育。既坚持惩前毖后，治病救人，又坚持党的纪律原则，根据案情轻重和认识错误程度给予区别处理。至1990年，共受理来信来访71人次，查处党员违纪案件27宗，追回公款8.7万元，其中影响较大的案件有两次，一次是1987年鸭款被骗取案，另一次是1990年的转手贩卖乳胶和擅自转让巨额贷款案。案件侦破后，先后受到开除党籍处分的有 4 人，党内警告 7 人，严重警告 4 人，被撤销党内职务 1 人。

纪委平时工作主要是抓党风廉政教育和纪律教育，教育形式一般是办学习班，学习党的有关文件，2000—2006 年，为加强党组织建设，搞好反腐倡廉工作，一是抓学习，先后举办三期党（总）支部书记培训班，以十五大、"三讲"教育、"三个代表"重要思想为主要内容。二是抓反腐倡廉，组织党员干部观看《戚火贵的黑白人生》《胡长清的反腐倡廉警示录》及《生死抉择》等警示资料及电影。三是举办党员培养对象培训班，全场共有 56 名同志参加培训学习。四是组织开展"树荣辱观、唱正气歌"的主题演唱比赛活动。这些党风党纪学习教育，极大地提高了党员和入党积极分子的思想觉悟和政治水平，有利于农场各级党组织的思想和作风建设。

2009 年 7 月 1 日，海南农垦总局成立纪检监察审计组，将纪检、监察、审计三项工作合并为一个部门，农场根据上级指示，撤销纪委，由党委指定一名纪检监察联络人负责纪检工作。

2011 年是中国共产党建党 90 周年，农场党委狠抓党风廉政建设，开展各种形式警示教育宣传。召开全场三级干部会议，传达学习海南农垦总局纪委、组织部、宣传部关于加强领导干部反腐倡廉教育的实施意见和开展反腐倡廉宣传月活动的通知，制定了农场《2011 年纠风工作实施方案》，将《中国共产党党员领导干部廉洁从政若干准则》等反腐倡廉书籍，发给每个场领导、作业区党总支、队党支部，结合廉政党课电仪教材《拒腐防变每月一课》组织党员干部认真学习。组织全场党员干部观看警示教育片《溃穴》《增强执政意识》《选择》《以人为本、执政为民》等，教育效果明显。要求各基层党组织认真组织开展廉政准则学习、贯彻落实，自觉接受监督，防止发生违反廉政准则的行为，要求党员领导干部带头。建党 90 周年开展反腐倡廉知识竞赛活动，参赛党员 617 人，占党员总数的 85%；完善场务（厂务）、队务公开制度，对重大事项、民生工程等热点问题进行公开、公示，接受群众监督。认真开好党员领导干部民主生活会。会前发放征求意见表，向基层共征求到 4 大类 18 条 104 次的建议及意见，根据建议制定整改措施逐条加以落实。组织党员、干部观看电视片《东方》，全场有 250 名党员、干部写了心得体会。组织党员、干部参观农垦博物馆，230 人参观博物馆后懂得了老一辈农垦人艰苦创业精神，加深了对农垦控股集团党委提出的二次创业的理解。

2013 年推进"廉政文化进机关"活动，先后在机关建设廉政标语牌 50 多个，廉政广告灯箱 10 个，办公室摆放廉政警句格言 65 个，建设廉政教育室 1 个，还先后组织全场干部及入党积极分子等 6 批次约 300 人次到农场警示教育室参观和接受党风廉政教育。严肃党纪政纪，先后对 10 名党员干部进行诫勉谈话、对 37 名党员干部进行廉政谈话，给予 12

名党员干部通报批评。

2013年抓好土地管理、资金管理、基建工程管理、干部人事管理、生产物资及资产处置管理、劳动管理等六个重点领域防控体系建设，共设定权力事项64项，排查确定了216个廉政风险点（其中：高风险点80个，中风险点89个，低风险点47个），制定防控措施338条，绘制各类权力流程图46个，不断强化对管人、管财、管物和项目建设等权力运行情况的监督。

2014年坚持落实党风廉政建设责任制，全面落实"两个责任"制度，加大监督力度，同时加强廉政文化教育，先后组织全场干部及入党积极分子等6批次约300人次到农场警示教育室接受廉政警示教育。严肃党纪政纪，先后对10名党员干部进行诫勉谈话、对37名党员干部进行廉政谈话，给予12名党员干部通报批评，对4名工作失职的党员干部分别给予党纪政纪处分。

2018年深入贯彻党的十八大精神，开展"勇当先锋、做好表率"主题教育。加强党风廉政建设，明确领导班子、领导干部在党风廉政建设中的责任，公司党委与各单位、部门负责人签订《党风廉政建设工作责任书》48份，组织学习《廉洁自律准则》《中国共产党纪委处分条例》《中国共产党党内问责条例》《中国共产党党内监督条例》、习近平"4.13"重要讲话精神、中央12号文件精神等，参加学习732人次。组织观看警示教育专题片《伸手必被抓》《真理的光芒》《打铁还需自身硬》等。撰写督查督办简报6期。

2019年加强对公司党员干部的教育管理，从思想源头上杜绝腐败现象的发生，积极组织党员干部深入学习党的十九大精神，习近平总书记"4.13"重要讲话精神，十九届中纪委三次、四次全会精神。结合开展"不忘初心、牢记使命"主题教育活动，公司领导班子成员下到基层挂钩党支部上党课8次。开展对违规发放各类津贴补贴奖励金的清查，共清查出违纪款121168元，并上缴到海垦控股集团。

2020年在海垦控股集团的正确领导下，以中纪委十九届四次全会精神和省纪委七届四次全会精神为指导，坚持"标本兼治、综合治理、惩防并举、注重预防"的方针。狠抓党风廉政建设责任制落实，加强党风廉政建设宣传教育，强化党风廉政监督。全年召开党风廉政建设专题会和反腐败工作会议3次，利用党委理论中心组学习5次，宣传学习中纪委十九届四次全会精神、省纪委七届四次全会精神、十九届五中全会精神、海南省委七届九次全会精神、《中国共产党纪律处分条例》《中国共产党党支部工作条例》《中国共产党党内监督条例》等。组织收看党风廉政教育警示片《褪色的人生》《贪途末路》。根据海垦控股集团《关于全面开展清理违规各类津贴、补贴、奖励金专项工作的通知》（琼垦发〔2020〕25号文件）精神及公司党委的工作要求，成立专项工作小组梳理、清理历年违规发放各类津贴、补贴、奖励金 78017 元。对《海南省国营东昌农场原场长、海南农垦东昌农场有限公司原董事长李明跃同志任期经济责任审计报告》中存在未按照相关规定使用专项经费的问题加以整改，在整改过程中将违规使用专项经费 10100 元追缴回来并上缴海垦控股集团账户。开展任前党风廉政教育。2020 年新提拔转正 14 名管理人员，组织开展任前党风廉政教育 2 次（图 4-1-6）。

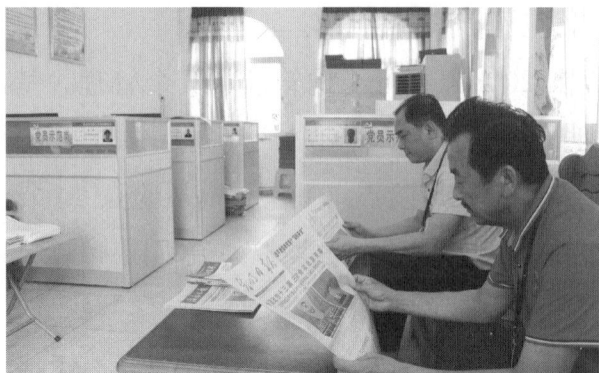

图 4-1-6　党员在学习

第四节　精神文明建设

一、精神文明活动

农场（公司）积极开展物质和精神两个文明建设，坚持服务中心，坚持以人为本，着力推进社会主义核心价值体系，着力深化群众性精神文明创建活动，促使职工道德水平和社会文明程度不断提高，为加快公司建设营造良好的环境。

1963 年农场首次开展学雷锋活动，动员学习《发扬"一厘钱"精神》报告讲话，当年农场青年义务积肥 30000 公斤，砍桁木 400 多条，运石砖 2500 块，打泥砖 1000 多块，拾木柴 17705 公斤，橡胶加工厂团员青年为绿化工厂环境义务植树 500 株。

1978 年，原来的读书小组改名为学雷锋小组，发起学雷锋活动倡议，知识青年充分发挥学雷锋小组和理论辅导员的作用，认真抓好有线广播组、宣传报道组、批判评论组，宣传好人好事。

1979 年 9 月，党的十一届四中全会通过了中共中央副主席、全国人大常委会委员长叶剑英代表中共中央、全国人大常委会和国务院《在庆祝中华人民共和国成立三十周年大会上的讲话》，首次提出社会主义精神文明的科学概念。

1980 年，结合"五讲四美三热爱"活动的开展，全场成立学雷锋小组 370 多个，为职工家庭服务 104 户，做好事 23700 多件，义务植树 60777 株，建花坛花园 2210 个，种花草 23 万多株，参加活动达 2 万多人次。

1990 年，开展"学雷锋树新风"，全场成立学雷锋送温暖活动小组 86 个，成员 846人，用业余时间为单位搞清洁卫生，为孤寡老人、军烈属挑水捡柴，为群众维修房屋，全年共计做好事 1583 件（次）。1990 年，该队团支部被省农垦总局团委评为"学雷锋先进集体"。

2012 年，抓好"文明大行动"活动，把"文明大行动"作为一项政治任务来看待，列入干部政绩考核范围，农场在 15 队召开了"文明大行动"动员大会，各单位召开动员会，制订措施实施环境整治工作，树立 15 队为农场文明行动示范点，该队与干部、职工、个体户层层签订环境保护目标责任书。房前屋后统一规划，植树 300 多株，并且开展"文明卫生清洁户"评比活动。同时通过综合检查，树立典型，召开现场会、曝光会，实行每月检查评比通报工作，促进文明大行动落到实处。

二、创建文明单位

1971 年，生产建设兵团一师二团开展"四好单位"（政治思想好、生产好、作风好、管理好）、"五好战士"评比活动，评出"四好班"44 个，占 166 个班的 26.5%；评出"五好战士"718 名，占全部战士 2204 人的 32.6%。

1991 年，根据农垦总局党委关于精神文明重在建设和把精神文明建设落实到基层的指示精神，农场党委决定在全场各区队开展创建文明队活动，并将此项活动作为农场两个文明建设和改革发展稳定的基础性工作，制定出文明生态队建设的标准；全场统一在经济建设、领导班子建设、思想道德建设、职工住房、用水用电、环境与文化设施 7 个方面，作出量化标准，同意将 1 队、8 队、3 队、7 队、15 队、16 队 6 个生产队作为文明队建设的先行点。

1996 年，农场党委认真总结 5 年创建文明队经验的基础上，制定了《海南省国营东昌农场创建文明生态队活动实施方案》（以下简称《实施方案》），对文明队建设的指导思想与目标、组织领导、资金筹措和检查验收等相关事项作出明确规定，使创建文明队活动逐步走上制度化、规范化轨道。在《实施方案》中，将文明队建设的标准由原来的 7 项内容调整为 6 项，即经济建设、领导班子建设、思想道德建设、文化生活建设、环境与卫生建设等，要求每年抓好建设 1～2 个文明队。工作中党委把文明队建设纳入企业经济发展总体规划，与加快改革发展、改善民生目标和任务融为一体，同部署、同检查、同考核，形成主要领导亲自抓，分管领导具体抓，党政工团齐抓共管的良好局面。至 2001 年，全场已建成海南农垦总局局级"精神文明建设示范队"10 个，占全场生产队（自然村）总数的 22.3%。2003 年海南农垦总局授予农场"文明单位"称号，2004 年总局授予农场"文明小城镇"先进单位称号。

2002 年，农场党委根据上级党委的部署，学习兄弟农场创建文明生态村的成功经验，开展以"优化生态环境、培育生态文化"为主要内容的"文明生态队（村）"创建活动，提出"经济发展、社会文明、环境优美、管理先进、科技普及、文化生活丰富多彩"的文明生态队建设要求，把文明生态队建设与社会主义新农村建设融为一体，坚持因地制宜，尊重民意，结合自身的特色和生活风俗习惯，从完善基础、调整结构、培育能人、壮大龙头着手，突出农业标准化建设，全面促进"一队一品"的发展格局快速形成。开展创建文明生态队活动后，党委坚持每年召开一次全场性的文明生态队建设工作会议或现场会，促进全场文明生态队建设。至 2008 年，农场累计建成文明生态队（村）20 个，提前 2 年实现海南农垦总局提出的 2010 年前将 50％自然村建成文明生态村的目标要求。18 队（古井塘村）获评为海南农垦文明生态村（队）。

2009 年，结合海南国际旅游岛建设及农垦管理体制改革的新形势，农场文明生态队（村）创建工作在内容、形式、机制上有了新的内容，结合场部小城镇建设、白石溪河改造、交通道路通畅、职工保障性住房建设、新建职工医院、农业灌溉等几项民生工程建设，极大地改善了企业的面貌。

2006—2015 年，农场共筹资并投入 1399.91 万元建设文明点 18 个，完善队办公室 13 间，硬化村道、安装路灯及完善文化活动场所等基础设施一批；规划创建文明生态队 17 个，组建农民专业合作经济组织 8 个；"一队一品"主导产业日益凸现，规模较大的"一队一品"村数量占生产队总数的 60％，主导产业为胡椒、荔枝、橡胶、蔬菜、槟榔、果蔗、养鸡、养猪和手工艺品加工等。2018 年 1 月，农场公司 40 队被评为第五届海南省文明单位。

三、创建文明家庭

1981 年农场开展"五好文明家庭"创建工作，制订"文明家庭"创建工作方案，成立由党委副书记任组长的领导小组，做好年初计划及经费预算，年终考核成效。"五好文明家庭"创建活动，以树家庭文明风貌、做家庭文明成员、学家庭文明美德、搞好家庭文明建设为内容，做好"文明家庭"的宣传和普及。活动中结合"巾帼建功""平安家庭""创建文明岗"和"最美家庭"评选，引导农场职工爱场爱岗敬业，走产业结构调整、副业兴家、劳动力转移之路，大力发展家庭经济产业，塑造农场新生活、新风尚、新美德。"文明家庭"创建活动紧紧围绕农场生产建设和改革、发展、稳定的大局，突出工作重点，服务基层，注重实效，贴近家庭，有力地促进了文明家庭的创建活动。农场组织 3 次

3400 名家庭成员代表观看"最美家庭故事会报告会"，召开"身边人讲身边事"家庭交流会 2 场次，自下而上推选 365 个家庭为"最美家庭"候选户。倡扬家庭新风。1981 年评选表彰 38 户"五好文明家庭"、1990 年评选表彰 58 户"文明家庭"、2010 年评选表彰 49 户"文明家庭"，弘扬家庭美德，扩大了创建活动的社会影响。2015 年，农场 4026 户家庭中，有 3769 户达到平安创建标准，达标率占 94％，经推举审议评选出刘元泰等 6 户为农场 2015 年度"最美家庭"，刘元泰家庭被授予海南省第二届"文明家庭"称号。2020 年，符茂英家庭被授予海南省第三届"文明家庭"称号（图 4-1-7、图 4-1-8）。

图 4-1-7　职工住宅小区

图 4-1-8　职工住宅

第二章　人民团体

第一节　工　会

1954 年，海南农垦实行企业"一长制"管理，要求"实行一长制必须与民主管理相结合"，到 1961 年 4 月，海南农垦进一步强调企业要健全党委领导下的职工代表大会制度，实行"两参一改三结合"（即干部参加劳动、工人参加管理，改革不合理规章制度，领导、技术人员、工人三结合），规定农场职工代表大会每季度召开一次，区、队每月召开 1 次，发动职工（或代表）审查评议。遵照这一规定，农场在党委领导下，基本按一年一次召开职工代表大会，让职工代表审议农场工作报告，参加管理。

一、工会组织机构

农场 1952 年 2 月建立后，海南垦殖局在 13 个垦殖所建立了工会办事处，1955 年 3 月撤销垦殖所，工会办事处也跟着撤销，1959 年场社合并成立人民公社，1960 年上半年又分开，农场于 1960 年 8 月设立中国农林工会国营大坡农场委员会。下设 6 个分会及 81 个小组。1962 年，分会扩展到 12 个。1966 年"文化大革命"开始及以后的一段时间，工会组织活动中断 13 年。1979 年 9 月工会组织恢复后，内设组织、宣传、文体、劳保、福利、职工技协、群众生产、女工委员会 7 个机构。重新成立的工会组织先后进行了整顿，1981 年，整顿农场内部治安，在全场范围内开展"四查三摆"活动，即查思想、查制度、查漏洞、查线索，摆案件、摆暴发户的经济来源、摆外来人员和经常旷工人员去向，巩固和发展了安定团结的政治局面；1982 年 8 月开始，进行企业整顿，整顿经营管理、整顿劳动纪律、整顿财经纪律、整顿领导班子等工作，边整边改，收到了较好的效果，经过恢复、整顿和健全以后，各级工会组织都进一步得到巩固、发展，并充分发挥了作用，建立健全了职工代表大会制度，保障职工民主管理企业的权利得到实施，两个文明建设有了显著的成效，广泛开展争先创优、五好职工、三八红旗手和五好家庭的活动，工会财务收支基本平衡，略有节余。1986 年 4 月召开第六次工会代表大会决定：职代会和工会代表大会合并，统一机构，实行两会合一。职代会不设主席团常任制，工会不设 7 个工作委员会机构，合并成立生产经营、生活福利、规章制度、评议监督干部等 4 个专门工作小组，行使两个大会的职能。到 1987 年底，全场有工会委员会 1 个，工会分会 59 个，工会小组 224 个，工会会员发展到 5857 人，占职工总数的 95％。

1990 年，职代会和工会代表大会又分开召开，分开设置机构。工会代表恢复建立了组织、宣传、文体、劳保福利、职工技协、群众生产、女工等 7 个工作委员会。当年全场有工会委员会 1 个，工会分会 59 个、工会小组 224 个。工会会员 5680 人，占职工总数的 95％。

1991 年 4 月 7 日，第八届工会会员代表大会在场部举行，与会代表 103 人。会议选举产生由 24 人组成的农场第八届工会委员会。这次大会还表彰了 1990 年度工会工作先进集体和先进个人。

之后，每隔 3 年左右时间召开一届工会委员会代表大会，听取工会工作报告，选举产生新一届工会委员，表彰工会先进集体和先进个人。

2016 年 6 月 29 日在海南农垦体制改革中，成立海垦东昌公司。2016 年 10 月 13 日，公司召开改制后的第一次工会会员代表大会，出席会议的代表 97 名，列席代表 5 名。会议选举产生新的由 9 人组成的公司第一届工会委员会，大会同时选举由 5 名委员组成的工会经费审查委员会。

公司工会组建成立后，2018 年创建"职工之家""职工书屋"，2019 年 10 月被上级评为省级"职工书屋"示范点，11 月 26 日又被评为国家级"职工书屋"示范点。

二、职代会

1961 年 7 月 20—22 日，农场召开第一届职代会，到会代表 117 人，工会主席作工会工作总结报告；党委第一副书记作生产工作报告。会议要求全体代表以身作则，立即开展社会主义劳动竞赛活动。海南农垦局副局长、中共琼山县委热作部部长到会祝贺并讲话。

1962 年 11 月 21—27 日，第二届职代会召开，与会代表 141 人，与会代表听取和讨论场长所作的《当前形势和任务》报告；副场长作的《关于五定五保责任制》报告；副书记作的《迎接明年生产新高潮》报告。大会通过了《国营大坡农场职工代表大会决议》。

1963 年 12 月 18—22 日，第三届职代会举行，与会代表 120 人。场党委书记作了题为《认清形势，明确方向，继续高举三面红旗，鼓足干劲，为完成 1964 年生产、基建计划而奋斗》的报告。

1965 年 6 月 26—29 日，第四届职代会在场部机关举行。

1966 年因"文化大革命"，紧接着又是改制建生产建设兵团，职代会中断未召开。

1980 年 2 月 5 日，第五届职代会暨 1979 年度先进生产工作者代表大会举行，与会代表 349 人。

1982 年 1 月 11 日，在大礼堂召开第六届职代会。与会代表 288 人，会议通过《广东省国营大坡农场规定》等决议。

1984 年 12 月 26—27 日，第七届职代会举行，与会代表 240 人，会议通过了场长《加快改革步伐，办好家庭农场》的工作报告。

1986 年 2 月，第八届职代会于机关礼堂开幕，与会代表 206 人（图 4-2-1）。

1987 年 9 月 28 日至 1990 年 1 月每年召开 1 次。第九届职代会暨第七次工代会到会代表 326 人。会议通过了《九届职代一次会议报告》《场长负责制任期目标》及 9 个经营方案。

图 4-2-1　农场 1986 年两个文明建设表彰大会

1988 年海南建省办经济大特区后，1989 年 10 月，海南省农垦工会制定《海南垦区贯彻落实职工代表大会条例的实施细则》和《海南省农垦企业职工代表大会工作规范表》，通过贯彻省农垦工会文件精神，农场党委决定职代会不再像往年那样每年召开一届会议，改为四年一届，四年内每年召开的会议为这届的第几次。从 1988 年始，每年召开的农场职代会为第九届第几次会议。直至 2016 年体制改变为公司后，恢复每年一次职代会为一届的称呼。

1991 年 2 月 27 日至 1995 年 3 月 8 日，每年举行 1 次，第十届职代会要求代表们"团结一致，同心同德，为振兴农场经济而努力奋斗""不畏艰难、再度创业""和衷共济共渡难关，深化改革发展，加快经济发展再创辉煌"。

1996 年 2 月 15 日—1998 年每年举行 1 次第十一届职代会，大会号召职工代表负重自强、求实创新，继往开来，再创佳绩，打改革攻坚战，为加快推进农场两个根本性转变而奋斗。

1999 年 3 月 23 日，第十二届职代会第一次会议在机关礼堂召开，直至 2004 年连续 6 年，每年都召开 1 次第十二届职代会，共召开 6 次。会议讨论《2000 年经营管理基本办法》和财务报告，号召大家认清形势、转变观念迈好新千年第一步；与会代表认真讨论场长关于《调整产业结构、加快城镇建设、为实现农业和市场的双繁荣而努力奋斗》的工作报告、经营方案，经审议通过，同意将《橡胶产业长期承包经营实施办法》上报总局审批后执行。

2005年1月31日至2009年，每年召开1次第十三届职代会，审议场长《保生产、保生活、保稳定，以人为本、加强管理、努力使本场工作再上新台阶》《贯彻落实农垦工作会议精神，继续解放思想，促进本场经济及各方面工作又好又快发展》的工作报告；《立足场情、找准方向、努力实现农场经济新的增长点》的工作报告和场财务结算科的财务结算及预算报告。

2010年4月20日，农场第十四届第一次职代会在机关礼堂举行，与会代表108名，听取场长作《总结经验，转换机制，谋求发展，努力开创农场工作新局面》的报告（图4-2-2、图4-2-3）。

图4-2-2　2010年职代会

图4-2-3　2010年三个文明建设先进单位表彰大会

2011年4月—2013年5月，每年召开1次第十四届职代会，审议场长《以民生工作为抓手，加快产业升级为目标，为提高职工群众经济收入和生活水平而努力奋斗》《以十八大精神为指引加快发展步伐为建设幸福美丽东昌而努力奋斗》的报告。

2014年7月1日，农场召开第十五届第一次职代会，会后，农场按海南农垦总局工作部署将管理体制按集团化、公司化方向改革（图4-2-4）。

图4-2-4　东昌农场第十二次工代会

农场于 2016 年 6 月 29 日通过改革,成立海垦东昌公司。2017 年 5 月 8 日公司召开第一届第一次职代会,参会职工代表 91 名。公司总经理作《巩固改革成果、转变发展理念、全面推进农场公司新标杆、新征程》的工作报告;董事长作《不忘初心、继续前进、创造东昌和谐发展的崭新局面》的讲话。会议通过了公司总经理的工作报告、《关于公司 2016 年经营情况及 2017 年预算编制分析报告》《公司三项集体合同》《海南农垦东昌农场有限公司胡椒产业园项目建议书》等四项决议。会议还表彰了一批先进集体和优秀个人。

2018 年 6 月 5 日—2020 年 6 月 5 日,公司连续 3 年召开第一届职代会听取公司总经理的工作报告。2018 年第一届第二次职代会讨论通过了《把握机遇、勇挑重担、一心一意谋产业、凝心聚力促发展》工作报告、《2018 年经营管理工作方案报告》《2017 年度财务预算执行情况及 2018 年度财务预算情况报告》《2017 年接待费使用情况报告》《2018 年工资集体协议》等五项决议;会议还表彰一批先进集体和优秀个人。

2019 年 3 月第一届第三次职代会召开,参会职工代表 69 名。会议通过了《勇立潮头、砥砺前行、以项目为抓手,推进东昌全方位发展》工作报告、《2018 年经营管理工作方案报告》《2017 年度财务预算执行情况及 2018 年度财务预算情况报告》《2017 年接待费使用情况报告》《2018 年工资集体协议》等五项决议。会议选举董事、监事各 1 名;表彰了一批先进集体和优秀个人(图 4-2-5)。

图 4-2-5 公司 2019 年职代会

2020 年 6 月,第一届第四次职代会举行,职工代表 61 名。会议通过了公司《再发力、更奋进,积极融入自贸港建设》工作报告、《2020 年经营管理工作方案报告》《2019 年度财务预算执行情况及 2020 年度财务预算情况报告》《2019 年接待费使用情况报告》《2019 年薪酬方案》等五项决议。会议表彰了一批先进集体和优秀个人。

历届工会代表大会(表中简称工代会)召开选举领导人情况见表 4-2-1。

表 4-2-1 历届工代会召开选举领导人情况

届次	时间	代表人数(人)	工会委员会(人)	工会主席	工会副主席	
第一届工代会				张光楚 郭颖光		
第二届工代会	1963 年 2 月—1965 年 2 月	196	16	刘光汉	刘剑飞	林　山

（续）

届次	时间	代表人数（人）	工会委员会（人）	工会主席	工会副主席	
第三届工代会	1965 年 2 月 19 日—？	136	17	郑凤歧		
第四届工代会				侯巨曹		
第五届工代会	1979 年 11 月—1986 年 4 月	122	19	郑凤歧	谢炳炎	
第六届工代会	1986 年 4 月—1987 年 9 月	143	23	王集谋	冯昌盛	
第七届工代会	1987 年 9 月—1991 年 4 月	326	21	王集谋	冯昌胜	陈飞雄
第八届工代会	1991 年 4 月—1996 年 5 月	103	24	王集谋	范高龄	莫垂佳
第九届工代会	1996 年 5 月—1999 年 7 月			王集谋		
第十届工代会	1999 年 7 月—2005 年 1 月			王集谋	云大旭	范高龄
第十一届工代会	2005 年 1 月 7 日—2010 年	80		黄　镇 吴多益	赵泽辉	
第十二届工代会	2010 年—2016 年			吴多益	赵泽辉	
海垦东昌公司 第一届工代会	2016 年—2018 年	102	9	肖　双	陈　芳	
海垦东昌公司 第二届工代会				王　彪		

历届职代会情况见表 4-2-2。

表 4-2-2　历届职代会情况

时间	届次	代表人数（人）
1961 年 7 月	第一届	117
1962 年 11 月	第二届	141
1963 年 12 月	第三届	120
1965 年 6 月	第四届	
1980 年 2 月	第五届	349
1982 年 1 月	第六届	288
1984 年 12 月	第七届	240
1986 年 2 月	第八届	206
1987 年 9 月	第九届	326
1991 年 2 月	第十届	209
1996 年 2 月	第十一届	
1999 年 3 月	第十二届	
2005 年 1 月	第十三届	
2010 年 4 月	第十四届	108
2014 年 7 月	第十五届	
2016 年 6 月	公司第一届	91
2020 年 6 月	公司第二届	61

三、工会组织活动

（一）职工思想文化教育

1. 政治思想教育 农场工会建立后，坚持把对职工进行政治思想教育放在第一位，经常围绕党在各个时期的中心工作，结合农场实际情况，开展职工政治思想教育活动。1960年，国家经济困难粮食紧张，农场职工口粮少，生产劳动任务重，一些职工看不到农场前途，特别是一些从部队退伍分配来农场的部队军工想要回家，工会配合场党委在工人中进行阶级教育和革命传统教育、形势教育。重点讲述国家发展橡胶生产对国防建设、国家工业化建设的重大意义和作用，促进职工转变思想，安心于农场。1980年，国家政策允许职工家庭发展副业生产，职工生活有所改善，但公、私生产有所偏差，这时工会组织在职工中开展"五讲四美三热爱"教育活动。通过谈心、交友形式，对后进青年进行思想教育，使187人有了明显转变，其中97人还被评为农场两个文明建设积极分子。1986年兴办职工家庭农场后，针对职工中出现的弄虚作假、拖欠承包款现象，工会在职工中开展职业道德和普法教育，刹住了损公肥私的歪风。1989年海南建省办大特区时期，农垦管理体制调整变动，给职工带来较大的思想波动，农场各级工会组织贯彻中共中央关于"稳定压倒一切"的方针，举办各种报告会、演讲会、专题讨论会、图片展览和录像观摩，对职工群众进行国情、场情和艰苦奋斗教育，有效地稳定了人心，团结一致建设农场。

2. 文化教育 1952年建场初期，各作业区建立了扫盲班、高小和初中教育班，每区配一名专职教员和若干兼职教员，每周利用4～6小时对工人进行文化补习。到1962年，全场办起业余学校7间共18个班，扫除文盲188人。1979年工会恢复后，注重区、队图书室建设。20世纪80年代初，工会与农场有关部门在全场开展振兴中华读书活动，参加人数达1340人，建起读书小组102个，有149人参加了函授、刊授和农业广播学校的学习。五队青年陈泽深，经过三年刻苦学习，掌握了英语、日语，被国家选送赴美学习。1984年开始兴办家庭农场，工会做好科技培训和推广工作，举办种养技术培训班29期，受训职工达5698人次；在区队建立了34个职工技术组，推广新技术31项。

2012年，工会抓好再就业培训，争取总局再就业培训费11万元，围绕胡椒、荔枝、香蕉等热带高效农业，针对职工生产需求，组织聘请专家举办培训班4期，培训从事农业生产的下岗职工184名。农场自筹5万多元为600多名胶工进行为期7天的上岗培训（图4-2-6）。

（二）参与企业民主管理

1952 年 2 月农场组建成立后，第二年上级就要求农场建立工人民主管理委员会，对职工生活和文化福利实行民主管理。1954 年实行"一长制"时，也要求"必须与民主管理相结合"。1961 年实行"两参一改三结合"，更进一步增强了职工参加企业管理的意识。"文化大革命"时，这些制度被废除。

1981 年，农场实行党委统一领导下的场长分工负责制，工会作为农场职代会的工作机构，审查和通过企业生产、建设、生活、经营管理等决策方案和场长年度工作报告，

图 4-2-6　工会大讲堂

研究制定企业管理规章制度。1984 年，兴办职工家庭农场期间，职代会先后制定了 14 个家庭农场生产经营方案、案例、规定，使兴办家庭农场工作顺利进行。

1988 年，工会在 6 个管理区、58 个基层单位建立了职工民主管理委员会，职工代表参与生产队生产、生活福利决策，参加连队各项生产检查和总结评比，对干部进行民主评议。

1990 年，工会在全场开展评选"人民公仆"活动，评出 8 名职工为"人民公仆"。

2013 年，坚持和完善以职代会为基本形式的民主管理制度，凡属职代会职权范围内的事，都认真向职代会报告，由职代会审议、通过或决定；制定《队级民主管理实施办法》，规定凡涉及职工利益的重大问题需经队职代会表决通过，进一步规范完善党务、场务、队务公开工作。

2016 年改制成立公司以后，工会作为农场职代会的工作机构，负责组织召开职代会，每年至少 1 次，审议通过行政工作报告、经管方案、财务预决算报告、接待费、工作集体合同等决议。

2017 年，工会组织开展职工代表对企业高层管理者的评议，以及合理化建议征求意见活动，收集合理化建议 14 条，2018 年收集合理化建议 20 条，2019 年收集合理化建议 40 条，充分体现职工参与企业民主管理的职责，有利于企业健康发展。

（三）生产劳动竞赛

20 世纪 50 年代初期，海南农垦就要求农垦企业响应全国总工会的号召，在生产劳动中开展劳动竞赛，1958 年采取"打擂台"方式进行"比先进、赶先进"的竞赛活动。

1960 年，工会组织在开荒定植、修筑梯田等生产活动中，开展生产劳动竞赛，不仅提高了工作效率，而且还增强了工人的集体观念。8—9 月，为在 20 天中完成定植 60000

株橡胶，把任务层层落实到区、队和班组，开展劳动竞赛，干部、工人一起参加劳动。在竞赛中，有 2 个作业区、10 个生产队、12 个班组、151 人受到了表彰。1963 年开展的增产节约为中心的劳动竞赛，全场 1096 人参赛，占职工总数 98%，平均提高工作效率 8.25%，义务劳动节约用工 15909 个。

工会组织恢复后，劳动竞赛活动形式多样，效果显著。1980 年开展"增产节约"的劳动竞赛活动，全场 32 个单位 4134 人次参加竞赛活动，实现增收节支 42 万元。1985 年，又先后组织了橡胶创高产、中小苗抚管、创优秀胶工和五好职工、先进家庭农场、创"双"文明单位的劳动竞赛活动，全场参赛人数达 95% 以上，获奖面达到 23%。1990 年组织的橡胶中小苗竞赛人数达 2629 人次，占岗位人数 100%，获奖人数达 349 人，在竞赛中，涌现出 1 队、8 队、18 队、35 队、32 队、41 队等先进单位和一大批先进个人，8 队割胶工人周爱莲，1983—1990 年连续八年被评为农场优秀胶工，两次评为"全国优秀胶工"；18 队工人周家武 1987—1989 年连续三年夺取橡胶中小苗抚管劳动竞赛第一名。劳动竞赛活动，有效地促进农场经济发展，促进全场和谐稳定。

2011 年后的劳动竞赛已形成常态，农场工会坚持做到"十抓"：一抓机构健全，成立以场长为主任的劳动竞赛委员会，下设办公室，负责活动的日常工作。二抓经费落实，按干胶当月完成的数量，每吨提取 60 元作为活动费用。三抓干部管理，建立干部挂点、挂岗工作责任制，实行干部考勤制度、工作问责制度和工资奖励制度。四抓技能，举办磨刀技术、割胶技术大比武活动，为广大胶工强本领、修内功提供平台。五抓"天时"，为生产一线干部订阅天气预报信息，掌握天气变化情况，灵活安排干胶生产工作，保证年割胶有效刀数达 80 刀次。六抓"地利"，投入资金 153.52 万元，购置橡胶专用肥 680 吨，单株施放 3.5 公斤。七抓"人和"，干胶计酬单价从每公斤 3.5 元提高到 6 元，增幅 71.4%；投入资金 14.65 万元，为胶工购置 718 套工作服，发放降温费 5.7 万元；实行同奖同罚制度，发放胶工超产奖 6.52 万元，胶工欠产扣款 5930 元。八抓挖潜，残桩树、风害树、死皮复割树挖潜 13860 株，多产干胶 4158 公斤。九抓堵源截流，区划保安队员工作范围，落实岗位责任，采取"守、巡、查、控、抓"等措施，抓偷胶分子多人，没收橡胶产品（胶块）37 公斤。十抓激励机制，召开现场会 3 次，树立单位典型 10 个、个人典型 20 个，表彰奖励产胶优胜单位 25 次、产胶能手 60 人次、护林保胶有功人员 4 人次，开展组织"优秀胶工奖""最佳辅导员奖"，年终总评比一次，每人奖励 1000 元。到 10 月底，农场扶持活动资金 42 万元，发放奖金 26 万元，完成干胶生产 500 吨，占计划的 75.2%，创经济产值 1500 万元，实现胶工人均纯收入 1.1 万元。2011 年，农垦总局评农场为"抓项目促发展"劳动竞赛三等奖。

2016年农场改制成立公司以来，公司工会每年都组织开展生产劳动竞赛，2016年开展完善农业用地清理规范后续工作及土地使用费收缴工作竞赛活动，有10个生产队、3个部门获得表彰。2017年开展"扭亏保盈做贡献，建功立业当先锋"为主题的劳动竞赛，6队获得海垦控股集团工会优秀班组；2人获得海垦控股集团工会竞赛标兵。2018年开展"攻坚克难创佳绩，不忘初心铸辉煌"劳动竞赛，第一分公司获得海垦控股集团工会红旗集体；2人获得海垦控股集团工会竞赛标兵。2019年开展"主动作为做表率，建功海南自贸区（港）"劳动竞赛，1人获得海垦控股集团工会竞赛标兵（图4-2-7）。

2020年开展以"我为加快推进海南自由贸易港建设做贡献"劳动竞赛。

图4-2-7　公司开展知识竞赛

2017—2020年每年开展海垦控股集团工会"安康杯"知识竞赛活动，2017年11人获得优胜奖；2018年2人获得优胜奖；2019年3人获得优胜奖。

（四）组织群众文体活动

职工业余文体活动长期由农场工会、宣传、教育部门负责组织领导。20世纪50年代的文化体育活动以看电影和打篮球、排球为主。1964年，海南总工会、海南农垦工会、琼山县工会组织巡回电影队在农场放映达50多场。同年还邀请琼剧团、木偶剧团、歌舞团演出11场，还组织了"五一文艺汇演"和"国庆体育运动会"。

1979年工会恢复后，工会先后拨款18万多元，在区队新修和维修了一批文化室，图书室，篮、排球场，以及增添桌椅、图书电视机等设备。至1990年，全场共建起图书室49间，文化室57间，图书馆2间，篮、排球场50多个，为开展群众性文体活动提供了良好场所。1987—1990年，全场举办各类球赛92场、舞会138场、文艺晚会2场、田径运动会2次，还组织了一批优秀节目参加了总局文艺汇演。

2008年，农场工会投入资金1万元，研究挖掘本土文化，组织人员编写《南朝护国显赫翊侯王资料专辑》一书。

投入资金31.6万元，建设文化公园1300平方米，组织文艺队伍积极开展文艺宣传活动，活跃职工业余生活。工会先后组建农场业余文艺队1支，夕阳红太极拳队伍5支，广场健身舞队伍10支，投入资金16万元，举办文艺晚会5场次，自编、自导、自演文艺节目40个，开展内外联谊活动20场次。在每年的重大节日期间，举办群众喜见乐闻的文体比赛活动6场次。

2013 年，组织开展丰富多彩的职工群众业余文化生活。先后于元旦、春节、国庆节、军坡节等重大节日同市、区、乡等单位共同举办联谊晚会 6 场次、琼剧演出 2 场次；举办男子篮、排球，男女拔河比赛活动 6 场次；组织"夕阳红"退休职工代表队参加海南农垦第五届老年人运动会，农场工会获得优秀组织奖和团体总分第四名的好成绩；征集到"我的农垦梦"表述语 50 条、报送"文明生态队（村）集锦"摄影作品 9 张，报送参加"才艺大比拼"比赛节目 2 个，其中，冯雅琼表演的舞蹈"美人鱼"，获得总决赛舞蹈类第一名（图 4-2-8）。

图 4-2-8 公司举办文艺联欢晚会

2016 年农场管理体制改为公司后，公司工会每年组织职工在重大节日开展各项文体活动，如"垦地共建迎新年联欢晚会"、"三八"女职工拔河比赛、"五一"广场舞比赛、团体拓展趣味活动、太极拳、老年气排球比赛等系列文体活动。

2017 年农场组队参加海垦控股集团举办的"学习贯彻落实十九大精神，助力扭亏保盈"职工羽毛球比赛，荣获男子双打第三名的好成绩。

2018 年，积极开展海垦控股集团"唱响海垦，再创辉煌"职工大合唱活动。

2019 年积极参加海垦控股集团"不忘初心、牢记使命祝福祖国筑梦农垦"文艺会演。文体活动有力提升了职工生活的信心和决心。

（五）关心职工生活

1. **办好职工食堂** 计划经济时代，农场各队均建有职工食堂，50% 以上的职工在食堂开饭，各类食品较缺乏，为改善职工生活，工会组织食堂炊事人员自己种菜、饲养猪与家禽。1960 年，种菜 450 亩，养猪 40 头，三鸟 220 只，职工每月能吃到 4 两肉，每日 750 克蔬菜。为管理好食堂，各单位普遍建立了职工食堂经济委员会，做到账目公开，并在各食堂开展流动红旗竞赛，职工较满意。

开始实行市场经济后，各单位职工食堂逐渐取消不办。

2. **抓好托儿所、幼儿园建设** 1960 年以前，农场只有日托保育站，这年之后办起托儿所 11 间、幼儿园 1 间，日托小孩 116 人。全场职工小孩都可就近入托入园。1964 年，又办起了一间全托幼儿园。工会恢复后，先后拨款 40.2 万元，建起了 36 所幼儿园、37 所托儿所。1987—1990 年，工会又先后拨款 3.82 万元，维修了 12 间幼儿园、托儿所，添置桌椅 137 张、蚊帐 456 件、教具玩具 368 件。增添设备的同时，派出 28 名幼教人员到外地进修学习，以提高育儿教儿水平。为使孩子们接受到更好的教育，工会发动群众集资 9879 元，加上工会投资 4 万元，在场部建起了可容 100 名小孩入托的场中心幼儿园。

3. 关心困难户和离退休职工 早期的东昌农场地处琼山县（现海口市琼山区），与文昌市交汇，远离市镇，交通不便，农村食品缺乏，职工生活相当困难。1979 年放开自用地后，职工才开始真正地发展家庭副业，但仍有不少职工处于最低生活线下，1960 年工会实行困难帮扶，在对困难户补助的同时，动员职工投资建立互助储金会。13 个基层分会中有 12 个建立了工人互助储金会，平均每人存款 20 元。1979 年工会恢复后，工会每年都拿出一部分资金对困难户和离退休职工进行补助，逢年过节进行慰问。1989 年，对离退休和病残干部职工进行慰问 4 次，慰问品 4000 元，对 376 户职工生活补助 8463 元。1984 年举办职工家庭农场后至 1989 年，工会配合行政部门做好扶贫助发展工作，拨出资金 7.6 万元，举办各类技术培训班 29 期，参加人员 5698 人次，传递经济信息 396 条，转送技术书籍 6700 册，推广新技术 31 项；供应各类种苗 102 万株，猪苗 1.2 万头，肥料 78.9 公斤；推销产品 270 公斤，使 516 户困难户摆脱贫困走上了致富之路，脱贫困难户占全场困难户的 89%。

2000 年后，农场发挥工会帮扶窗口作用，采取具体措施为职工解难事、办实事，帮助困难职工尽快脱贫。

（1）经济上救助。滚动建档 355 户（正式档 241 户），协助办理享受低保待遇 300 人次，年发放低保金 85 万元，场内筹措帮扶资金 9.43 万元，申请救助重大病号 9 人、资金 4.74 万元；给予因病致困职工 230 人生活、医疗救助 9600 元；开展"温暖进万家"活动，走访慰问困难职工 466 人、劳模 5 人，送去慰问金 12.79 万元，慰问住院病号 21 人，送去慰问金 8300 元。

（2）政策上扶助。坚持公开、公平、透明原则，落实困难职工保障性住房对象 23 人。

（3）法律上援助。除举办 2 次法律法规知识咨询活动外，还接待来信来访职工 8 人次，成功调解劳动争议 2 件。

（4）技能上服务。帮助已就业职工提升就业本领；采取分散或集中形式办学习班 16 场次、专题讲座 3 场次，同时开展"一帮一""二带一"活动，从资金、技术、种苗等方面，帮助 50 名困难职工发展经济、增加收入。

2016 年自公司成立，公司工会高度重视帮困救助工作，站在关心职工冷暖、促进企业和谐、稳定公司发展大局的高度认真履行职责。全年累计发放日常救助、扶贫解困、贫困助学、大病互助等资金 150 多万元，其中，春节送温暖 764850 元，受益人 1458 人；大病救助 113690 元，受益人 31 人；医疗救助 8000 元，受益人 4 人；金秋助学 337400 元，受益人 127 人；生活救助 263412 元，受益人 281 人；关爱女工 13200，受益人 62 人。

2017 年发放日常救助、扶贫解困、贫困助学、大病互助等资金 80 多万元，其中慰问住院员工 11 人，慰问金每人 500 元共计 5500 元；春节送温暖 416 人，共 301600 元；劳模慰问 4 人，共计 4000 元；精准扶贫 23 人，共计 39100 元；大病救助 20 人，共 69611 元；医疗救助 12 人，共 24000 元；金秋助学 43 人，共 135000 元；生活救助 334 人，共 200400 元；公司生活救助 1 人，共 17000 元；关爱困难单亲女职工 9 人，共计 5400 元，总计 801611 元。

2018 年发放日常救助、扶贫解困、贫困助学、大病互助等资金 20 多万元，其中，两节送温暖活动，帮扶救助全国级、基层级困难职工 86 人次，发放生活救助金 64000 元；非困难职工突发性医疗救助 4 人次，救助金额 12000 元；职工大病救助 42 人次，发放大病救助金 121619 元；全国级困难职工直系亲属大病救助 6 人次，救助金额 12000 元；劳模慰问 4 人，共计 4000 元；慰问住院病困职工 14 名，慰问金 7000 元；慰问家属过世职工 1 名，慰问金 1000 元；慰问单亲母亲 3 名，慰问金 1800 元，总计 223419 元。

2019 年发放日常救助、扶贫解困、贫困助学、大病互助等资金 15 万元，其中，困难职工两节送温暖活动，帮扶救助困难职工 50 人次，发放生活救助金 25000 元；慰问劳模 3 人 2 次，慰问金 4200 元；慰问住院职工和家属 19 人次，慰问金额 8300 元；慰问职工（去世家属）6 人次，慰问金额 3500 元；金秋助学（大学生回访）2 人次，慰问金 6000 元；职工大病救助 30 人次，发放大病救助金 103080 元，合计 150080 元。

2017—2020 年每年开展"送清凉"活动，为每位职工送去"王老吉"凉茶、菊花茶、冬瓜茶、菊花晶、夏桑菊等夏季防暑降温用品（图 4-2-9）。

图 4-2-9 公司开展"送清凉"活动

（六）开展职工工资集体协商

职工中的热点问题是工资增长问题。计划经济体制时代，职工工资的增长靠评比。进入市场经济体制后，职工工资已打破原等级工资界限，如何定标准？农场工会实行工资集体协商，并把这项工作当作"民生工程"来抓，突出"三点"：一是加强领导，健全工作体系。通过召开职代会选举产生双方协商代表 7 名，建立健全组织机构，形成"场长亲自抓、工会主席配合抓、职能部门重点抓"的工作体系。二是深入群众，征求意见。由工会主席率领各职能部门，深入基层，走访职工，通过座谈会、面谈会，倾听职工的所想、所求、所需，收集梳理意见和建议 10 条。三是制定方案组织实施。召开双方协商代表 3 次协商会议，充分沟通、交换意见，达成共识，形成决议，制订出符合农场实际的工资协商草案，《东昌农场 2011 年薪酬方案》提交职代会审议通过；由双方协定监督检查小组，定期对工资集体协议履行情况进行检查，确保集体协商工资落到实处。2011 年农场生产总值达 1.20 亿元，比上年增长 21.5%，职工纯收入 1.94 万元，比上年增长 22%。

2016 年，公司工会严格执行规章制度，切实履行维权职能，以双代会为载体，及时反映职工心声，调动职工的积极性和创造性，为公司领导了解职工参与企业管理、集中职工集体智慧搭建坚实平台；公司在职代会期间组织会员代表对公司领导进行了民主评议；2016 年，对公司的年度计划、人员招聘、员工薪酬、工会费的收缴等进行了公开，接受广大职工监督，全员签订用工合同 224 份。2017 年 3 月，成立 2017 年工资集体协商工作领导小组，制订出符合农场公司的工资协商草案，《东昌农场公司薪酬管理办法（暂行）》提交职代会审议通过。2017 年地区总产值 1.88 亿元，劳均收入 30358 元。

四、女职工委员会

（一）组织机构

1961 年，全场有女职工 413 人，为发挥"半边天"作用，农场开始设立妇女联合会，妇女联合会由 7 人组成，主任 1 人，干事 1 人，委员 5 人。同时在每个作业区配 1 名妇女委员。

兵团时期，召开了二团一届妇代会。1979 年工会组织活动恢复后，妇联划属工会统管。工会设立女工工作委员会，各作业区设立分会，场、区两级女职工委员会各配备一名专职主任，队设立女工小组。2011 年底止，全场有妇女工作委员会 1 个，区女工工作委员会 4 个，队女工小组 45 个。

2016 年，公司设立女职工委员会（以下简称女工委），配工作人员 6 人，设女工委主任 1 人，副主任 1 人，委员 4 人。直至 2019 年配备人员、机构不变。随着女职工逐年退休减少，2020 年公司仅有女职工 39 人，女工委只设主任和副主任及委员各 1 人。

（二）妇女工作

1979 年工会恢复后，在工会领导下的妇女工作主要按中央书记处提出的"妇联应把抚育、培养、教育三亿以上的儿童和青少年作为工作重点"和全国五届妇联会确定的"坚决维护妇女儿童的合法权益，抚育、培养、教育儿童青少年的健康成长，充分发挥妇女在建设社会物质文明和精神文明重大作用"的工作要求开展工作。

1980 年，女工委组织妇女积极参加社会主义劳动竞赛，搞好计划生育，组织女工学习文化、生产技术，维护儿童妇女的合法权益不受侵犯，培训保育员、幼师，开展敬老爱幼活动，举行妇女知识竞赛，建立和睦家庭等活动。农场共拨款 22.23 万元办起托儿所 37 间、幼儿园 36 间，购置儿童图书和增添幼托设备等。组织妇女义务检查身体 1856 人次，儿童体检 2213 人次。

一系列的工作中，农场女工涌现出很多先进人员，1983 年农场女工委被海南农垦局评为"女工工作先进单位"。19 队周月英被琼山县授予"三八红旗手"，光荣当选为第六次全国人大会议代表；1984 年 7 月，工会女工干事钟玉花当选为琼山县第五届党代会代表；1985 年，8 队幼儿园被海南区妇联评为"托幼工作先进单位"；1986 年，8 队周爱莲连续五年被海南农垦局评为优秀割胶工人；6 队吴淑芬、4 队陈月波被国家农牧渔业部授予"优秀割胶能手"称号。

2005 年，农场实施"女职工建功立业、女职工素质提升"工程。当年妇女节对全场 55 名优秀女职工进行表彰，并从中筛选出 10 名优秀女职工的先进事迹，编印成材料发至全场各单位。拨出专款举办女胶工技能比武。在农场举办的胡椒、荔枝栽培等实用科学技术培训班，有女职工 748 人次参加培训。邀请琼山区计划生育服务站的医生到农场为女工做妇科普查，参加检查的女工有 544 人，农场组织女工参加保险，全场 677 名女工参保，一线女工参保率达 100%（图 4-2-10）。

2011 年，农场为发挥女工组织作用，开展"建家"活动，获得"五好文明家庭"称号的，全场有 51 个；围绕农场经济建设开展劳动竞赛活动，获得"巾帼文明示范岗""文明岗"称号的，全场分别有 12 个和 20 个。组织开展"关爱女职工健康行"活动，农场为 500 名女工进行妇科普查 2 次，为 574 名女职工发放卫生保健补贴金 2.58 万元，为 43 名女工骨干发放误工补贴 2160 元；慰问困难女职工 23 人，送去慰问金 6900 元（图 4-2-11）。

图 4-2-10　东昌巾帼现代农业科技示范基地胡椒技术培训　　　　图 4-2-11　妇女节座谈会

2016年农垦体制改革组建公司并成立公司女工委以后，组织开展"关爱女职工"活动，每年都组织慰问单亲女工并发放慰问金；为公司已婚育龄女职工妇检达90余人次。

2017年组织开展巾帼基地活动，每年开展胡椒技术管理培训和基地劳动竞赛。通过劳动竞赛，6队、7队被评为全国、省"胡椒巾帼示范基地"。组织动员50名女职工参加省总工会开展的女职工安康互助活动，为两名患乳腺癌女职工争取到安康互助金3万元用于大病治疗。

2019年"三八"国际劳动妇女节期间，组织女职工到琼海红色娘子军纪念园参观学习以及召开座谈会交流，鼓励女职工学习新知识、掌握新技能，为企业发展献计献策。慰问困难女职工3名，发放慰问金900元；慰问单亲母亲1名，慰问金600元。

第二节　农场团代会

一、农场团组织机构

（一）组织机构

1960年8月，农场开始组建成立共青团国营大坡农场委员会，在作业区成立团总支。1961年全场有团总支4个，团支部17个，团员231人。1964年取消作业区，团总支同时取消，是年全场有团支部12个，团员319人。

"文化大革命"期间，农场团组织瘫痪。1974年11月重新建立农场团委，当年全场有团支部23个，团员631人，团员占全场青年总数的48%。1978年恢复作业区机构后建立作业区团总支。到1984年，全场有团总支7个，团支部58个，团员785人，团员占全场青年总数的37%。

1988年海南建省办经济大特区，5月4日农场新成立共青团海南农垦大坡中学委员会。到1990年，全场有基层团委会2个，团总支7个，团支部60个，共有团员915人，团员占青年总数的41%。农场团委设书记1人，团干2人；中学团委及作业区团总支分别设专职书记1人。

（二）团代会

1960年8月组建农场团委，第二年8月，召开了第一届团代会，选举团委书记。

1963年2月27日—3月1日，召开第二届团代会，37名团代表出席会议，会议选举新一届团委会及团委书记。

1965年1月3—5日，召开第三届团代会，出席会议代表共有48人，会议选举产生新一届团委会。

1971 年 4 月 20—21 日，召开兵团第一次团代会，出席会议的代表有 132 人，会议选举新一届团委会和团委书记。1972 年 4 月 24—26 日，召开兵团第二次团代会，出席会议代表 162 人；1973 年 4 月 28—30 日，召开兵团第三次团代会，出席会议代表 120 人。

恢复农垦体制后第二年即 1976 年 4 月 21 日，召开了第七届团代会，出席会议代表 140 人，会议审议了工作报告，17 名团员作了学习马列主义读书经验介绍，会议表彰了先进，选举了新一届团委会和团委书记。

1978 年 5 月 7—9 日，召开了第八届团代会，出席会议代表共有 92 人，审议了第八届团委会工作报告；选举了新一届团委会。并决定今后不再每年召开代表大会，改为每两年开一次。

1980 年 5 月 5—7 日，召开了第九届团代会，出席会议代表 95 人，会议总结了开展"新长征突击手"活动情况，表彰在活动中的先进集体与个人；选举了新一届团委会和团委书记。

1983 年 4 月 28—30 日，召开了第十届团代会，出席会议代表 183 人，会议审议工作报告；表彰先进团干部和优秀团员；选举新一届团委会（图 4-2-12）。

图 4-2-12　农场第七次团代会全体代表合影

1985 年 4 月 29 日，召开了第十一届团代会，出席会议代表 150 人，会议表彰了 1984 年先进集体与个人，选举了新一届团委会和团委书记（图 4-2-13～图 4-2-21）。

图 4-2-13 农场第八次团代会合影

图 4-2-14 农场第八次团代会第一管理区代表合影

图 4-2-15 农场第八次团代会第二管理区代表合影

图 4-2-16 农场第八次团代会第六管理区代表合影

图 4-2-17 农场第八次团代会第三管理区代表合影

图 4-2-18 农场第八次团代会第四管理区代表合影

图 4-2-19　农场第八次团代会第五管理区代表合影

图 4-2-20　农场第八次团代会机关直属单位代表合影

图 4-2-21　农场第八次团代会中学代表合影

　　1987 年 10 月 15 日，召开了第十二届团代会，出席会议代表 178 人，会议讨论并通过了十二届团委会任期工作目标。

　　1989 年 7 月 9 日，是海南建省办经济大特区的第二年，海南省农垦总局成立，农场团委召开第十四次代表大会，出席大会正式代表 69 人，列席代表 26 人。

　　2013 年 9 月 11 日，农场团委召开第十五次代表大会。

　　历届农场团代会情况见表 4-2-3。

表 4-2-3　历届农场团代会情况

届次	时间	代表人数（人）	团委书记	团总支（个）	团支部（个）
第一届	1961 年 8 月	—	翁绍成	4	17
第二届	1963 年 2 月	37	陈明杏	—	—

（续）

届次	时间	代表人数（人）	团委书记	团总支（个）	团支部（个）
第三届	1965 年 1 月	48	陈明杏	—	—
第四届	1971 年 4 月	132	张明臣	—	—
第五届	1972 年 4 月	162	张明臣	—	—
第六届	1973 年 4 月	120	张明臣	—	—
第七届	1976 年 4 月	140	邓琼南	—	—
第八届	1978 年 5 月	92	邓琼南	—	—
第九届	1980 年 5 月	95	宋辉儿	—	—
第十届	1983 年 4 月	183	宋辉儿	—	—
第十一届	1985 年 4 月	150	翁书庆	—	—
第十二届	1987 年 10 月	178	翁书庆	—	—
第十三届	1998 年 7 月	95	肖　双	—	—
第十四届	2003 年 4 月	—	云大旭	—	—
第十五届	2013 年 9 月	—	蔡小娟	—	—

二、农场团组织活动

农场团组织的活动除"文化大革命"十年停顿外，其他各届工作开展都较好，多次受到上级团委的表彰。1983 年获海南行政区 50 个团委竞赛达标单位；1985 年以后连续五年获海南农垦先进团委称号；1987 年获广东省青少年绿化活动先进集体称号。

（一）宣传教育活动

20 世纪 50 年代至 60 年代初，农场生活艰苦，部分青年不安心于农场工作，农场各级团组织利用团课、广播、黑板报等形式对团员青年进行革命传统、艰苦奋斗和形势教育，帮助广大青年认清形势，发展橡胶生产是为国家工业化、国防现代化最好行动。1962年全场建立宣传队 8 个、读报组 18 个，宣传党的八届十中全会精神和农场好人好事，对团员进行形式和战备教育。全场 18 名原先不安心于农场工作的团员都能安心工作。备战时期，全场 100% 的团员青年退伍军人响应党和国家的号召报名归队。

1978 年，农场团委发起"我应该怎样为实现新时期总任务做贡献"的讨论，各级团组织利用墙报、宣传栏和广播展开热烈的讨论，全年共出墙报 346 期、黑板报 667 期。

1984 年农场团委组织团员青年学习整党文件。号召广大青年和团员积极争取入团入党，经过组织认真审核，有早几年积极争取申请入党的 10 名青年获得批准，光荣加入中国共产党组织，成为一名光荣的共产党员；同年在 316 名申请入团青年中，审核批准吸收

160 名入团，占申请人数的 50.63%，为农场组织增添大批新鲜血液。加强对团员青年"理想、爱国主义教育"是团委的主要工作，1985 年以来，先后与场宣传科、场工会联合开展爱国主义答卷比赛、振兴中华读书演讲比赛、"改革与青年"专题讨论和答卷比赛，有 17 名团员登台演讲，听众达 1000 多人。

1990 年开展"谈理想、讲奉献""寻找父辈足迹""做理想大坡人""学雷锋、树新风""我身边的闪光点"系列教育活动。教育活动利用广播进行场情国情专题教育共 32 小时，出版建场 38 周年成就专栏 45 期，同农垦工人老模范共聚一堂讨论，1784 名团员青年参加系列活动。

（二）组织突击队，开展"突击手"活动

在农场开荒定植、消灭杂草和抗风救灾中，农场团委组织青年突击队，尽可能地发挥青年先锋队作用。1961 年 9 月，农场团委发出号召"突击十天，完成大生产任务向国庆节献礼"，组织青年突击队 4 个、突击班 13 个，共 180 人。10 天完成橡胶定植 822 株，种果树 1914 株，抢种番薯 299.5 亩、木薯 55.7 亩，种植香茅 174.77 亩，圆满完成任务。1963 年，农场组织灭荒劳动，农场团委在全场成立青年突击队 5 个、突击班 2 个、突击组 12 个，共 142 人，92% 的团员参加突击队。突击队承担农场急、难、重的生产任务，平均工效比定额提高 21%，最高为加东岭团支部突击队，提高 32%，树德支部团员杨大壮、陈延华、蔡亲媛每人日完成除茅 0.8 亩，比定额 0.4 亩提高工效一倍。

1978 年，团委在全场开展"争当新长征突击手"活动。团员青年业余积肥 189157 公斤，培养橡胶高产树 12263 株，节约用工 6205 个，节约用款 1.07 万元，团员平均出勤率达 94% 以上。到 1984 年，先后有 8 名团员被评为农垦总局"新长征突击手"。其中，李庆丰等 6 人被广东农垦总局评为"新长征突击手"；彭光强被广东省团委评为"新长征突击手标兵"；13 队青年林管工人杨延金一心扑在橡胶事业上，所管理的 72 亩橡胶中小苗成活率达 98%，第 6 年开割率达 30%，提前一年开割，1983 年，分别被农业部、广东省人民政府评为"新长征突击手"。

（三）开展学雷锋活动

1963 年农场首次开展学雷锋活动，青年义务积肥 30000 公斤，砍桁木 400 多条，运石砖 2500 块，打泥砖 1000 多块，拾木柴 17705 公斤，橡胶加工厂团员青年为绿化工厂环境义务植树 500 株。学雷锋活动因"文化大革命"停顿。1977 年，学雷锋活动重新开展，1980 年，结合"五讲四美三热爱"活动的开展，全场成立学雷锋小组 370 多个，为职工家庭服务 104 户，做好事 23700 多件，义务植树 60777 株，建花坛花园 2210 个，种花草 23 万多株，参加活动人员达 2 万多人次。

1990 年，开展"学雷锋树新风"，全场成立学雷锋送温暖活动小组 86 个，成员 846 人，用业余时间为单位搞清洁卫生，为孤寡老人、军烈属挑水捡柴，为群众维修房屋，全年共计做好事 1583 件（次）。3 月 5 日学雷锋活动日，场部机关、直属单位团员青年、中小学生近千人在白石溪镇开展"服务一条街"活动，清理卫生死角 25 处，平整路面 1200 米，为群众进行医疗卫生、国防知识、法律知识咨询和理发、电器维修等服务达 1272 人次。24 队青年符之和、符之伯，34 队团员符诗军，长年坚持为队里的五保户挑水送柴。28 队团员林诗富、林书明、林书刚、林书锋义务赡养队里两位五保老人。25 队 10 名团员 4 年如一日照料 4 户孤寡老人日常生活，海南电视台和中央电视台报道了他们的先进事迹。1990 年该队团支部被省农垦总局团委评为"学雷锋先进集体"。

（四）开展文体旅游活动

20 世纪 50 年代刚建场时，由于条件有限，共青团青年的文体活动多为开展球类联谊赛，偶尔举行文艺晚会。1962 年，全场有排球队 7 个、篮球队 5 个，经常进行联谊赛。机关、树德支部还经常在周末开展游戏活动。1980 年，农场团委为了能举行多项文体活动，发动团员青年开展"创千元团支部"活动，通过多种渠道筹集团委活动经费。1984 年，全场共筹集活动经费 1 万多元，每个团员平均 20 元。团委利用自筹经费，在农场支持下办起图书室（文化室）47 间，建球场 102 个，实现了队队有活动场所。全年进行联谊球赛 100 多场，联欢晚（舞）会 32 场，组织外出旅游 800 多人次。1990 年，团组织自筹活动经费达 2.5 万元，团员人均筹 28 元，有 22 个团支部达千元。36 个团支部组织团员青年 857 人到海口、三亚、桂林、珠海等地参观考察和旅游。

2009 年 5 月 4 日，组织团员青年在东昌学校多媒体教室召开青年成长成才专题讲座及座谈会。

2010 年清明节，组织东昌学校 600 多名中小学生到白石溪英雄革命纪念碑前进行爱国主义理想信念教育，并重温入团誓词（图 4-2-22）。

2011 年，组织广大青年团员进行义务种植"共青团林"，绿化白石溪河，为美丽东昌献上一份礼。

2012 年学雷锋活动月，组织学校青年团员到敬老院开展志愿服务工作，为敬老院孤寡老人打扫庭院、赠送温暖，弘扬中华民族敬老美德。

2013 年 6 月 26 日国际禁毒日，主动积极组织青年团员配合农场综治办举办的现身教育，发放相关禁毒宣传资料、倾听禁毒教育（图 4-2-23）。

图 4-2-22　琼崖老战士在白石溪地区革命烈士纪念碑前讲红色故事

图 4-2-23　农场现身说法活动

第三节　少先队工作

一、组织机构

1960 年，农场开始分期自行开办职工子弟学校，学校建起少年先锋队（以下简称少先队）组织，由团委领导。"文化大革命"时期，红卫兵、红小兵取代少先队。1978 年，恢复少先队组织，发展少先队员 661 人。全场 50％小学生都申请加入少先队，全场设立少先队大队 4 个、中队 13 个、小队 37 个，配专职辅导员 2 人，兼职辅导员 17 人，校外兼职辅导员 2 人。

随着少先队组织的发展壮大，1984 年已发展少先队员 1541 人，实现全儿童入队。全场设立少先队大队 5 个、中队 76 个，大队辅导员 18 人，中队辅导员 93 人。1987 年，农场成立少先队工作委员会（以下简称少工委），仍由农场团委负责全场少先队工作。1990 年，全场全儿童入队，有队员 1379 人，设少先队大队 7 个、中队 70 个，校内辅导员 64 人，校外辅导员 7 人。

2009 年在农垦管理体制改革中，农场中小学校全部移交地方政府接管，农场再无学校，也就没有少先队组织了。

二、少儿活动

每年"六一"儿童节，全场都举行少先队队列大检阅或运动会、游园活动。1980 年，开展"五讲四美""争戴小红花""我爱祖国、我爱农场、我爱红领巾""我为大地披绿装"等活动，到 1983 年，共计做好事 780 多件，植树 2800 多株，建红领巾卫生区 51 个。

1985 年，各学校在少先队中组织队员成立学雷锋小组和各类课外兴趣小组，开展"学雷锋、学赖宁""寻英雄足迹，做理想大坡人""我有双勤巧的手""我与校园一样美"等活动，办起了"红领巾小农场""红领巾文娱队""红领巾小银行""红领巾广播站"，三区学校还办起《小叶》半月报刊，队员们踊跃写稿投稿，既增长了知识，也增长了才干。这年，三区学校分别被广东省、海南区和海南农垦总局授予"少先队工作先进集体"称号，校外辅导员符国生被省少工委授予"少先队第二课堂活动优秀辅导员"，大队长王姣还出席了省第二次少先队员大会。农场少工委连续两年被海南农垦局评为"少先队工作先进单位"。1987 年 3 月，第六小学、三区学校获中国儿童报社举办的"全国勤巧小队友谊赛"一、二、三等奖。1990 年，全场有 300 多名少先队员参加全省"奥林匹克"数学竞赛，有 50 人获奖，其中，符燕艳名列全省第七位；她写的《电视机打开了人们眼界》一文获中国少年报社和中国儿童报社主办的"露华杯"征文二等奖。少先队员做好事达 14650 人次，为北京亚运会、灾区和"希望工程"捐款 2353.83 元（图 4-2-24）。

图 4-2-24　民兵预备役官兵开展爱国主义教育

第三章 社会治安

为搞好社会治安治理，农场健全了司法行政机构，先后成立了保卫科、公安派出所、治保小组、法庭、综治维稳信访中心等机构，法制宣传和普法教育不断深入开展，成立护林保胶宣传队伍维护农场干胶正常生产。农场社会治安秩序较为安定，场纪场风井然有序，垦地共建进一步深度融合。

第一节 综治机构

一、保卫科

农场 1952 年组建成立后，治安保卫工作设专职保卫人员 1 人，归党委办公室管，在全场设立治安保卫委员会 9 个，治安保卫委员会下设治保小组，全场共设 19 个治保小组。1960 年设立人事保卫科，1962 年 12 月 23 日，将人事保卫科改为保卫科，配专职干部 2 名，在原 9 个治安保卫委员会基础上增加 5 个，使治安保卫委员会达到 14 个，同时还组织 9 个消防队。兵团时期，治保工作统归团政治处负责，1975 年恢复农垦建制后，重新设立保卫科，设立正、副科长各 1 名，保卫干事 2~3 名。

二、公安派出所

1981 年底，根据上级指示精神，撤销保卫科，成立琼山县公安局大坡农场派出所，属县公安局派出机构，实行县公安局和农垦公安处双重领导，业务以县公安局领导为主。农场派出所设所长 1 名、副所长 2 名、公安干警 6 名，1987 年农场还在 6 个作业区设专职保卫干事 1 人，主要负责调解本辖区职工内部纠纷，具体业务属农场派出所领导。

1990 年下半年起，经海南省人民政府批准，农垦公安处列入省公安序列，对内作为省公安厅的一个业务机构，农场的公安机构（派出所）由农垦主管部门领导，业务上实行农垦上级公安部门和所在县、市公安局双重领导，以农垦上级主管公安部门为主的领导体制。2002年2月，总局公安局改称海南省垦区公安局，原海南省农垦总局公安局下设的18个农垦公安分局列入所在市县公安局建制序列，农场派出所归琼山县公安局领导，这年开始，启动民警录用国家公务员以及授衔工作。至2010年底，依照《中共海南省委 海南省人民政府关于海南农垦管理体制改革的实施意见》（琼发〔2008〕14号）中"用三到五年的时间，移交公安机构"要求，公安机构已移交地方管理。

三、社会治安综合治理及信访工作

1991年8月，农场根据省农垦总局《海南省农垦社会治安综合治理五年规划（1991—1995年）》文件要求，成立了东昌农场社会治安综合治理办公室，配备专职主任1名、副主任2名、干事1名。并在全场成立5个治保会，48个治保小组，有治保会成员186人；配备联防队员45人，组成4个分队和1个机动小分队。投资100余万元创建农垦第一个综治维稳信访中心，在派出所、白石溪农贸市场及场部周边安装了24台治安监控摄头像和电子彩屏宣传设备，对专项工作办公室的费用实行实报实销。专职综治干部对群众来信来访认真接待，及时处理信访案件，有效地维护了社会稳定。2011年，信访中心接待34宗174人次的上访，化解矛盾纠纷33宗，基层单位排查矛盾61宗，成功化解48宗。

从2012年职工群众来信来访至2015年共收到信件52件，接待群众92人次。这年之后，农场根据省农垦总局文件《海南省农垦突发公共事件应急预案》《垦区接待职工群众来访工作联动机制》《垦区矛盾纠纷排查化解工作实施细则》《网上信访工作管理办法（试行）》等贯彻执行，使农场信访工作的各个环节逐步走上制度化、规范化轨道。

2016年海南农垦通过管理体制改革，综治职能部门移交属地政府管理，将维稳信访移交到东昌居管理，公司协助配合。

从2017年开始实行网上接访以来，公司积极配合东昌居，到2020年共受理网上信访20件，答复19件，网上信访处理率95%。其中：2017年受理网上信访10件，答复10件；2018年受理网上信访5件，答复5件；来信举报1件，答复1件；2019年受理网上信访3件，答复3件；2020年上半年受理网上信访2件，答复1件。

四、农场法庭

1976年5月以前，民事调解和民事案件的裁决由场保卫科兼管。1976年5月，治保工作与民事调解分开，成立琼山县大坡农场人民法庭，设庭长 1 名、书记员 1 名、审判长 1 名、陪审员 2 名，实行业务上属琼山县人民法院、行政上属农场和县人民法院的双重领导体制，23 年后的 1999 年按上级文件规定，农场法庭撤并到琼山县人民法院。

第二节　治安工作

一、法制教育

1952—1983 年，农场进行守法教育的主要形式是横额标语、墙报、黑板报、简报、有线广播、宣传车、电影、作报告、知识竞赛等。

1983—1987 年，农场成立普法教育领导小组，由场党委副书记任组长，全场区队成立普法教育领导小组 66 个，普法成员共 330 人，先后举办普法教育骨干学习班 182 期，1845 人次参加。同时出法制墙报 148 期，出动宣传车 15 辆次，在 68 个单位巡回宣传 89 次，写贴小标语 30 万条、大标语 4 万条，有线广播 405 次，电影宣传 260 场次，印发普法宣传资料 4067 份，进行法律知识解答 38 次。通过宣传教育，共有 148 名违法人员告别昨天，成为守法公民。农场区内初步形成学法、懂法、守法、护法的良好风气。农场的法制教育被琼山县委普法办授予"普法教育先进单位"（图 4-3-1～图 4-3-3）。

图 4-3-1　20 世纪 80 年代法制宣传栏

图 4-3-2　20 世纪 80 年代的法庭

图 4-3-3　20 世纪 80 年代第四作业区法制课

1999—2015 年，农场由宣传科、工会、综治办、派出所等部门负责普法教育工作，按照保稳定、促发展、建设和谐东昌的工作方针，建立健全工作机制，先后制定了《"五五"普法教育方案》《"六五"普法教育方案》《"法律进学校、法律进社区"工程实施方案》《治安突出问题整治方案》《节假日特别防护期农场维稳综治方案》及《领导干部轮流接管方案》等方案,对农场职工、在校师生、农场流动人口加强法制教育,职工受教育面达到90%以上。2008年,在推进平安东昌创建中,农场组织普法办、派出所、工会女工委等相关单位和部门联合组成3个宣讲小组,分两批进入35个生产队上法制课,2160人接受教育;设立法律咨询点3个,接受群众法律咨询280人次,发放法律读本1400多册;建立健全矛盾纠纷调处工作机制,按照"谁主管、谁负责"和"属地管理"的原则,做到职工矛盾纠纷级级有人抓,层层有人管,将不安定因素化解在萌芽状态,职工群众对社会治安的满意度达98%(图4-3-4、图4-3-5)。

图 4-3-4 法制宣传活动

图 4-3-5 禁毒宣传活动

另外,农场加强刑释解教人员的帮教安置工作,成立帮教小组6个,对21名刑释解教列管人员,实行"一帮一"教育转化工作,由派出所干警及所在单位干部,按照包管理、包教育、包转化的"三包"责任制进行帮教,19队刑满释放人员吴某某,房子年久失修,破损严重,农场党委书记知道后,组织力量帮助修复房子,使其安心工作;二分场坐牢14年的刑释解教人员余某某,农场提供土地让其建房,让其成了家,在一次抗洪救灾中,勇救落水群众,还被海口市综治委授予2010年度"见义勇为奖"。

2013年,按照《东昌农场开展以创建"诚信守法企业"活动为载体,深入推进企业普法宣传的实施方案》,联合海口市琼山区人民法院20多名法官开展"法律进企业法制宣传活动",农场领导班子成员以及机关直属单位、区队干部、治安联防队员200多人参加,使法制宣传教育开展得有声有色。

二、治安管理

农场是在海南岛刚解放一年后组建起来的,肃清残余敌匪武装力量,镇压各种破坏活动分子，执行开展防匪、防特、防盗、防火、防破坏的"五防"任务，是农场社会治安工作的重点。

1960—1966 年，全场共发生各类案件 78 起，侦破 25 宗，收回人民币 619.04 元、手表 3 块、黄金 1.06 两、粮票 23.5 公斤、作案猎枪 1 支、枪药 3 公斤，其他物资折价合人民币约 620.10 元。

1980 年以后，农场区域内闲散人员有所增加，刑事犯罪增多，抢劫、盗窃、流氓、行凶、斗殴事件时有发生。1987 年，农场派出所、法庭、工会、教育科、宣传科、综治办公室密切配合，依照国家治安管理法规，在教育、防范、打击、管理、改造、建设等方面做了大量工作，打击了各种妨害社会治安的行动和各种违法犯罪活动。

2000—2004 年，治安管理工作的重点是护林保胶。全场发生各类刑事案件 77 宗，破案率为 85%，查处治安案件 5 起，调解处理一般性治安问题 16 起，打击处理各种违法犯罪分子 116 名，查处偷胶毁林案件 55 起，抓获违法分子 41 名，追缴杂胶等橡胶产品 1576 公斤，林木 5.7 立方米，挽回经济损失 7.94 万元。另外，还狠狠打击了吸贩毒品分子，送戒毒所强制戒毒 16 人。

2005—2006 年，开展"严打整治"扫赌禁毒等专项行动，立案侦查的刑事案件 13 起，破 7 起，破案率 53.85%；治安案件 20 起，破案 16 起，破案率 80%。打击村霸、地霸、行霸、盗抢、黄、赌、毒、流氓恶势力等违法分子，抓获违法分子 28 名，刑拘 5 人；抓获偷胶毁林分子 17 人，缴获橡胶产品 48.4 公斤、木材 37 立方米，经济罚金 1.6 万元，为农场挽回经济损失 30 多万元。

2010—2015 年，农场辖区内吸贩毒、偷胶毁林频发，治安管理重点是抓各类案件的查处，6 年派出所立案侦查的刑事案件 247 宗，治安案件 48 起，查处 29 起，查处率 60%，行政拘留 170 人，送戒毒所强制戒毒 39 人，抓获偷胶毁林分子 13 人，缴获橡胶产品 248 公斤。

2016—2020 年，农垦体制改革成立公司后，依然紧抓社会治安管理不放松，5 年处理各类案件 149 起，拘留 69 人，送强制戒毒所 24 人，抓获偷胶毁林分子 5 人，缴获橡胶产品 75 公斤，查获偷盗林木 10.1 立方米。

三、人民调解

1976 年 5 月，农场成立法庭，负责调解民事纠纷和受理民事案件。解决邻里争执、家庭婚姻、经济合同、土地、房产、山林纠纷等人民内部矛盾。1985—1999 年，法庭受理民事案件121宗，预防刑事犯罪15宗，挽救人命1条，处理来信来访78件。1999年法庭撤销后，由农场综治办、维稳办牵头实施矛盾排查及调解工作（图4-3-6）。

农场坚持了23年之久的人民法庭调解人民内部矛盾的做法，人民法院1999年移交县人民法院后，农场重新组织成立矛盾纠纷排查调处中心（以下简称调处中心），全场共聘请维稳信息员48人，建立健全了场、分场、生产队三级调解网络，中心各成员单位领导实行轮流值班，建立值班日记，建立台账；每半月召开一次信访维稳会，集中排查、统一受理，每月20号前把矛盾纠纷排查情况报到琼山区政法委，做到一般矛盾定期报告，重大矛盾及时报告。2008年，受理上访群众18次，38人上访，领导下访8次，接访44人，受理矛盾纠纷16宗，处置解决15宗，职工群众对社会治安的满意率达98%（图4-3-7）。

图4-3-6　开展大接访活动　　　　图4-3-7　人民调解委员会揭牌

2010—2015年6年中，调处中心共排查矛盾纠纷问题1022宗，农场调处1001宗，调处成功率97.95%。

第三节　护林保胶

面对日趋严重的偷胶抢胶违法行为，农场于1979年9月5日，成立护林保胶宣传队，安排队员30人，直接由保卫科领导，其任务是保护农场的防风林、橡胶树以及胶杯胶架等不受损坏，维护农场橡胶正常生产。到1985年6月1日，农场将1.4万亩防风林和3.2万亩橡胶的护林保胶任务总体承包给派出所，承包经费由1985年的4.45万元增加到1987年的6万元，派出所又将承包项目分解给护林保胶队。

护林保胶队除在场部保留一个机动班外，其余人员均分别进驻39个有林有胶的生产队，机动班的任务是随时协助各生产队处理问题。

护林保胶队一方面进行护林保胶的宣传工作，张贴并宣讲《天然橡胶保护条例》和

《森林法》；一方面查处偷胶水、扒胶丝作案人员。1985—1990 年，共查处偷林、偷胶案件 359 起，处罚倒卖胶水 300 人次，罚款 20020 元，行政拘留 13 人，行政处理 31 人，开除公职 1 人，留用 4 人，追回胶杯 2212 个，杂胶 1482 公斤，林木 11.46 立方米，杂胶回收 1982 年 27.2 吨，到 1990 年上升到 698.4 吨，增长 25 倍。先后被琼山县委、琼山县政法委员会以及海南省农垦公安处评为"护林保胶先进单位"。

第四节　场社关系

一、土地调处

1952 年 2 月组建成立国营东昌农场之前，属琼山垦殖所，该所管辖 6 个农场，不久又新增 2 个农场，1953 年下半年到 1954 年，海南垦殖分局贯彻华南垦殖局关于"加强、精简、合并、裁撤"方针时，将琼山所 8 个垦殖场裁撤掉，1955 年 3 月，海南垦殖分局裁撤掉包括琼山垦殖所在内的全部 13 个垦殖所，在原垦殖所的基础上成立东昌农场。1956 年，将东昌农场一分为四，分别成立东路、南阳、文昌研究所、大坡农场。因大坡农场场部所在地为白石溪，早期的东昌农场场部也在白石溪，1995 年 9 月，将大坡农场改名为东昌农场。农场几经建、撤、分，所需土地分分合合界限不清，加上 1958 年农场与乡村合并成立人民公社，虽说 1959 年又分开，但土地界线仍没划清，造成农场与乡村的土地互用、插花现象严重。但在林一师和生产建设兵团时期，军民关系十分融洽和谐。农场创建初期，周边农村大队、生产队派人帮助割茅草、搭草寮、送稻草、借铺板、借耕牛等，有的还腾出房屋让工人住宿，出耕牛帮助农场翻地。农场也派出大量的人力物力支援地方。20 世纪 60 年代粮食紧张时，农场支援大坡公社 2.95 万公斤粮食度饥荒，冬种时，农场支援薯苗 5050 公斤及 200 亩木薯种苗、300 公斤坡稻种子、25 万公斤肥料，尽己所能帮助乡村发展生产。1974 年开始用几年时间，农场给 10 多个村庄架设电路 32 公里，提供照明用电，派出拖拉机为各村庄开荒机耕，提供大批橡胶、甘蔗种苗发展生产，同时帮助建设村道 7 公里，方便了交通。

1978 年之前，农场与乡村双方基本未发生什么重大纠纷。1979 年农村实行土地承包责任制，土地是发展生产增加经济收入的最重要来源。这时场村交界，插花地经常发生土地矛盾。因土地矛盾而抢割橡胶、砍伐防风林、毁坏橡胶、犁掉和践踏经济作物，甚至抓人、打架等纠纷现象时有发生。原因是多方面的，有的是土地原规划不甚合理，把场界划到村边，致使社队建设和生产受到限制；有的原属县、社办农场和军垦农场的土地，只有商定地界，没有进行全面规划和办理审批手续；有的是场社干部不明确地界，越界开荒种植等。农场根据国务院《海南岛问题座谈会纪要》文件精神和国家土地管理法，做了大量土地调处工作，采取以下几种方式较好地解决了场乡（村）土地争端。

一是支付地面作物耕种费用解决土地权属。1981 年经琼山县人民政府批准，昌口村（生产队）并入国营大坡农场，土地、人口以及一切财产全部并入，但大队青年农场已种40 亩橡胶树归属成为矛盾焦点，经双方代表协商，按当时售价 2200 元由农场作价买下，妥善解决了财产权与土地权归属问题。

二是已明确土地权属的农场土地承包给村队经营。1952 年，上级批准农场在石盘岑开荒 110 亩种植橡胶，土地使用直至 1963 年才经海南区和文昌县委组成的土地处理工作组办理协议书和划拨手续，有关村队代表签字盖章后上报广东省人民政府批准，土地权属归大坡农场所有。1984 年 7 月农场更新该地块上老胶树时，村干部、群众阻拦农场耕作经营，从 1985 开始至 1987 年，村群众先后在这块土地上种植了橡胶、林木、菠萝等作物。对这起土地纠纷，1987 年 9 月，海南行政区国土部门牵头四次协商，达成协议：农场按 20 世纪 50 年代的青苗价补偿给村青苗费，土地使用权归农场所有；农场同意将该地低价承包给村群众耕种，解决人多地少的革命老苏区村发展生产问题，承包办法一般为 20 年，橡胶树可以延长至 25 年，承包费每亩每年 25 元，期满土地由农场收回。

三是加强场乡村沟通，常来常往，建立互敬互信关系解决土地纠纷。1990 年初，农场 5 队与附近村民发生土地、农作物纠纷，场领导带领国土部门人员及 5 队干部主动到村开座谈会，互通情况；经过几次往来增加了解、消除怨气，改变过去老死不相往来的局面，同时尽可能地帮助解决乡村生产发展和生活上的问题，感情的交流改变了场乡关系，安定人心，顺利解决了该土地纠纷。

四是积极开展土地确权工作。从 2005 年开始，按海南省农垦总局工作要求，依照海南省处理土地纠纷实行土地确权的方案，农场依法确定土地边界，经过几年努力工作，全场确权边界地、与周边乡镇争议地 27 宗，完成 97％，基本实现农场土地确权。

二、经济联营

改革开放前，农场实行的是较封闭的产品经济模式，与乡村的合作主要是无偿的相互援助。改革开放以后，农场与附近乡镇本着自愿互利的原则，发展联营经济。联合经营的形式与做法主要有两种：一是由农场出资金、机耕、种苗、化肥、技术；农村出土地、劳力。二是社队单纯出土地，其他一切（规划、开垦、种植、抚管、割胶、加工等）均由农场负责。后一种形式，适合农场土地与乡村土地插花较多的村庄。联合经营的项目有：

第一，1987年，农场十四队与大坡区新瑞乡白苑村联合种植防护林20亩，土地是白苑村的，农场投资联营时间30年，利润二八分成，农场20%，乡村80%，防护林砍伐后，土地仍归白苑村。

第二，1988年，农场与琼山县大坡镇协商，达成场镇联营种植橡胶262亩、防风林50亩的合作协议，资金投入13万元，由农场负责，技术指导也由农场负责，大坡镇塘口经济社提供土地和劳力，负责管理。联营年限从1988年起至作物生长周期完成止。利益分配：橡胶投产10年内（含第10年），农场与乡镇二八分成，（农场20%，塘口80%）；投产10年后，分成比例调整为场镇5∶95，即农场分成5%，塘口分成95%。防风林场镇四六分成。

三、治安联防

1983年前，农场与周边乡镇为共同努力维护社会治安做了大量工作，但未形成工作制度。1984年4月7日，在上级政法部门的指导下，大坡农场、红明农场和三门坡、谭文、红旗、咸来、大致坡、云龙、旧州等9个区公所共同制定了《二场九区联防公约》。1990年4月3日，大坡农场、大坡镇和中税茶场召开场镇联防工作会议，制定联防公约11条，成立了联防办公室，治安联防有章可循、有制可依，确保了一方百姓的生产生活稳定安宁（图4-3-8）。

图4-3-8　农场治安联防队员在军训

第四章　社会管理

农场成立以来，在所承担的社会管理和公共服务职能上发挥出国有农场特定作用，先后成立社区管委会、社会事务科、社保科等相关部门进行管理，因企业发展受历史、体制等诸多原因影响，进入 21 世纪后，农场社会事务方面的管理功能及作用已明显落后。2009 年，民政、社保、教育先后移交地方政府管理；2016 年，海南农垦体制改革，进行社会管理职能及公共服务属地化管理改革，在农场设立东昌居，逐步实现社会管理及公共服务均等化。

第一节　民政管理

民政事务管理，1987 年以前由农场行政办公室统管，1988 年海南建省办大特区后，机构设置上下贯通，省农垦总局有群众工作处，农场也设群众工作办公室，1992 年总局机关机构改革，设社会事务处专管民政事务。2003 年 10 月，海南农垦实施"三项改革"（胶园长包、政企分开、农场二级企改），要求农场建立社区管委会，民政事务归社区管委会管理。2015 年农垦进行管理体制改革时，省农垦改革领导小组在农场进行设"居"改革试点，"居"主管民政事务工作。东昌居成立后，首先加强机构建设，成立东昌居党总支，选举产生东昌居"两委"干部，实行居民自治与居务公开，下设党小组和居民小组，基层组织逐步优化，服务体系进一步夯实，宣传文化、生态文明建设、"四议三公开"（即：凡涉及村民利益的村级重大事务，都要经过村党组织提议或村民提议或村民代表提议、村"两委"商议、党员大会审议、村民会议或者村民代表会议决议，做到决议公开、过程公开、结果公开，自觉接受村民监督，不得由个人或少数人决定）纳入地方服务管理，居民自治得到保障。

优抚安置烈军属是民政事务工作的大项。成立东昌居以前，农场春节前都要召开一次军烈属座谈会征求意见，并进行慰问工作。成立东昌居后，工作移交到居。

东昌居于 2019 年 5 月 16 日成立退役军人服务站并挂牌，入户调查 270 名退役军人生活状况，为符合条件的家庭悬挂"光荣之家"牌匾 376 块，为 5 名 1949 年前入伍退役残疾军人发放纪念章。为 6 名志愿军老战士申报领取纪念抗美援朝胜利 70 周年纪念章。

社会建设项目包括修路建桥、拉电通信、医院、学校等的建设，全由农场承担，1955 年农场成立基建科，1962 年合并工业科成立工业基建科，兵团时期由生产处管理，恢复农垦体制后，改为专业公司，农场基建公司负有农场基建业务管理的职能。所需资金来源有国家固定资产投资、企业自筹资金、银行贷款、其他资金。2002 年农场固定资金投入 988 万元，以后逐年有所增加，2009 年最高达到 5595 万元，至 2011 年 10 年间共投入 1.98 亿元，形成医院、学校、派出所等社会公共建设单位，2011 年之后逐项移交地方政府管理，完成社企分离改革。

东昌居成立后，居民政务服务纳入海口市琼山区政务服务体系中，计生、社保、民政、新农合、社会治安综合治理等社会公共事务管理全部纳入便民服务平台。形成"一站式"的综合服务中心，居民在家门口就可以办理残疾人补贴换证、申请低保、退休人员认证等 14 类服务。

第二节　城乡居民基本保险

一、城乡居民基本养老保险

缴费对象为具有海口市行政区域内户籍，年满 16 周岁（不含在校学生），当期未参加城镇职工（企业或机关事业）基本养老保险等现有社会养老保险制度、未领取城镇职工基本养老金的居民，可在户口所在地参加城乡居民基本养老保险。

城乡居民基本养老保险费实行按年度（自然年度）缴纳，比如 2020 年征缴期至 2020 年 12 月 20 日结束，2020 年 4 月 1 日起开始银行预存代扣工作，2020 年 12 月 20 日之后停止扣缴操作。城乡居民基本养老保险缴费标准的下限为 200 元，缴费标准的上限为上年度海南省灵活就业人员参加城镇职工基本养老保险的最低年缴费额 8200 元。参保居民可在缴费标准的上限和下限范围内，自愿选择 100 元的整数倍金额进行缴费。2016—2019 年应参保人数 7903 人，实际参保人数 7698 人，完成 97.41%；2020 年应参保人数 1989 人，实际参保人数 2005 人，完成 100.8%。

二、城乡居民基本医疗保险

凡属于本市非农业户籍的未从业居民、本市学籍的在校学生（包括小学、中学、中专、技校、大学学生）以及少年儿童都可依照本办法参加城镇居民基本医疗保险（以下简称居民医保）。

城镇居民医疗保险实行按年度（自然年度）缴纳，从每年 9 月 1 日起开始缴费，持续至当年 12 月 31 日结束，超过征缴日期仍未缴费的居民将无法补缴。

2020 年成年居民筹资标准为每人每年 280 元。城镇居民医疗保险计划完成人数 6907 人，截止到 12 月 31 日，新增参保、续保及完成征收 6765 人，完成 97.94%。

三、其他保险

2020 年 10 月 30 日，普惠型补充医疗保险"惠琼保"正式推出。该保险实行年度缴费，2020 年缴费标准每人每年 59 元，报销最高可至 210 万元。所有海南省基本医保参保人均可在 2020 年 12 月 31 日前，通过关注"海南惠琼保"微信公众号，或通过"海南省农村信用社联合社"微信公众号在线办理参保。

第三节　社会救助

一、最低生活保障

根据《海口市人民政府办公厅关于调整我市城乡居民最低生活保障标准的通知》规定，符合以下条件的家庭可申请办理低保：具有海口市户籍；凡共同生活的家庭成员人均收入低于海口市低保标准的（城市为每人每月 610 元，农村为每人每月 520 元）；家庭财产须符合海口市低保家庭认定的条件，家庭拥有应急之用的货币财产总额，人均应不超过 12 个月城市低保标准之和（包括：现金、存款、有价证券、商业保险、公司、企业等个人名下注册资金、当地民政部门规定需要记入认定范围的其他货币财产）。城市低保标准由 2011 年的每人每月 352 元，逐步提高到 2015 年的每人每月 520 元。从 2019 年 6 月 1 日起，海口市城市最低生活保障标准从每人每月 520 元提高至 610 元；农村最低生活保障标准从每人每月 460 元提高至 540 元；城乡特困人员基本生活标准从每人每月 600 元提高至

800 元。2016—2020 年，全场符合低保条件的共有 340 户 542 人，获得临时救助 83 人，平均每人每年 222.29 元。

二、特困人员供养

根据琼山区推进"三类"（建档立卡、低保、特困）贫困人员应保尽保和法定人员全覆盖，将建档立卡贫困人口参加城乡居民养老保险任务层层落实，实现代缴率 100%。

三、医疗救助

《海口市城乡居民医疗救助实施细则》，调整封顶线及救助比例，从 2014 年起，只要参保年度内参加城镇居民医保的参保人，在一个结算年内，住院和门诊治疗费用经城镇医保统筹基金报销后，个人负担的合规医疗费用累计超过 8000 元以上部分（贫困人员为 4000 元以上部分），按费用高低分段支付，报销比例为 50%～75%，封顶线 22 万元。2015—2020 年，全场共有 53 人获医疗救助，平均每人每年 657.13 元救助款。

四、精准扶贫

农场从 2016 年 1 月起，对贫困人口进行调查登记，最终确定辖区城镇户籍贫困人口共有 6 户 20 人。公司 6 名高层领导与 6 户贫困户进行结对帮扶，"一对一"跟踪帮扶，提供土地、种苗和技术服务。2017 年根据海南省扶贫工作办公室文件《海南省农垦总局关于做好农垦城镇户籍贫困人口移交工作有关事项的通知》精神，当年 6 月 8 日将 6 户贫困家庭移交给东昌居管理。农场公司配合东昌居开展帮扶工作，使用专项扶贫资金组建专业合作社养羊，农场公司投资 48 只种羊入股专业合作社，占专项扶贫资金的 87.27%。同时在就业、医疗保障、教育、住房安全保障、饮水安全实行全方位帮扶。到 2020 年专业合作社产业分红共 1.1 万元，精准扶贫工作目标全面实现（图 4-4-1）。

图 4-4-1　农场发放精准扶贫分红

五、其他救助

为 41 名残疾人办理居家托养申请，为 3 人成功申请到残疾人无障碍项目；共获得重度残疾人生活护理补贴和各级护理补贴 42 万元。

第四节　社会福利服务

一、敬老院

农场于 1998 年建成东昌敬老院，有 23 个床位。2000 年农场投入 26 万元改造敬老院后，当年入住孤寡老人 30 人。2006 年 6 月，琼山区民政局决定搬迁东昌农场医院，将医院旧址改造为敬老院。琼山区民政局与农场共同投入 65 万元资金进行改造，建成共有 65 个床位的敬老院。该敬老院占地面积 16600 平方米，其中建筑面积 6800 平方米，绿化面积 9800 平方米，是全省最大的敬老院。改造时该院按"三院合一"（光荣院、敬老院、疗养院）模式设计，建有 6 栋连成一体的房屋，设住宅区、办公室、接待室、值班室、棋牌室、卫生所、餐厅。院内还建有多条百米长道、休闲广场和健身区。院环境别具一格，树木葱葱，阳光充足，空气新鲜。2020 年，敬老院入住 45 名老人，其中五保户孤寡老人 19 人、寄养老人 26 人。配备院长 1 人，管理人员 7 人，护理人员 2 人。

敬老院在日常管理中，组织一部分还有劳动能力的老人养猪、养鸡、种菜等，既有利于身体健康，又充实了老人的生活，体现了老有所为的价值。敬老院记录好老人的出生时间，每逢老人生日，举办集体生日会，让老人分享快乐。农场、东昌居经常组织志愿者服务队到敬老院打扫卫生、买菜做饭、量血压、测血糖、陪医送药、理发、洗衣服等。2010 年东昌敬老院获全国模范敬老院（图 4-4-2）。

图 4-4-2　海口知名企业人员为东昌敬老院老人送粽子

二、退休人员社会化管理

农场职工离退休长期由组织、劳工部门办理和管理，1985年成立劳动保险公司，实行职工退休基金统筹，1992年劳动保险公司更名为社会保障科，1994年农场执行《海南省农垦系统从业人员养老保险暂行办法》后，2003年成立社区管委会，统管职工退休。2010年8月，贯彻海南省委《关于进一步深化海南农垦管理体制改革的决定》，要求2011年底前全面完成海南农垦现有社会职能移交市县工作。农场于2008年移交社保工作。至2020年，农场离退休人员领取养老金资格应认证3519人，已认证3518人，认证率达99.97%，其中：本社区人脸认证3177人，协助人脸认证24人，人工认证34人，指导协助省外异地（含国外）居住人员远程完成认证283人，上门服务认证76人，未认证1人（该人员不配合认证）（图4-4-3）。

图4-4-3 老人活动

三、高龄补贴

2018年修订的《中华人民共和国老年人权益保障法》实施后，农场依照海口市规定：凡具有海口市户籍年龄在80周岁以上老年人，均可享受高龄老人补贴待遇，按三个标准档次发放：80～89周岁每人每月109元，90～99周岁每人每月209元，100周岁以上老人每人每月309元。农场及时做好高龄补贴资格认证工作，2015年571人，2016年590人，2017年624人，2018年663人，2019年666人，2020年676人。每年按时将资格认证情况报告给东昌居，由东昌居核准后发放高龄补贴。

第五节　离休退休干部服务管理

一、管理机构

农场从1981年开始有少数到年龄的干部办理退休手续，1982年国务院颁发老干部离休制度后，农场有离休老干部10人，其中抗日战争时期参加工作的2人，解放战争时期参加工作的 8 人，享受场处级待遇的 1 人，副处级待遇的 4 人。1994 年退休干部逐渐增多，全场有退休干部 658 人。

离休退休干部工作由分管干部工作的党委副书记管，具体工作由农场组织科负责。1988 年建省成立省农垦总局后，1992 年 11 月，省农垦总局在组织人事处设离退休干部工作办公室，2002 年 10 月，组织部与总局人事处合署，离休干部就从农场转移归总局离退休工作办公室管理。退休干部的管理，2016 年以前一直由农场组织科负责管理，2016 年农场公司化改革后，退休干部管理由党群工作部负责落实，2020 年，按照中共中央办公厅、国务院办公厅印发的《关于国有企业退休人员社会化管理的指导意见》规定，退休干部管理移交属地大坡镇东昌居负责。

二、管理服务

农场党委按照"老有所养、老有所为、老有所乐"的工作方针，让离休退休干部紧跟党中央的部署，出台《东昌农场离退休干部阅文有关规定》，设有阅读室，组织老干部阅读上级的有关文件，每年征订政治、经济、生活健康方面报纸杂志 150 余份，供离退休干部阅读，丰富离休干部的学习生活。为进一步加强对离休退休干部的服务，1986 年农场专设离退休干部党支部，坚持服务活动"四上门"，即老干部过生日上门送蛋糕祝寿，老干部生病住院买慰问品上门探望，逢年过节将福利品送上门，老干部家中有困难时上门解难。

离退休老干党支部的优异管理服务工作赢得党委组织部的肯定和表扬。2004 年离退休干部党支部被评为"省先进党支部"，荣获省委的表彰。

2015 年，离退休干部党支部获得海南省委组织部"离退休干部先进集体"表彰。

落实经费让离退休干部安度晚年是农场落实党中央关怀离退休干部政策的具体体现。1994—2008 年这 10 多年是农场因经济发展不好、资金十分紧张的时期，农场党委尽可能地挤出资金优先给离退休干部发放工资，保证老干部的工资每月足额发放；同时，药费和住院费按规定报销，不拖不欠。

农场党委为使离退休老干部"老有所乐"，2005 年，投资 10 多万元重新装修原工会一楼，建立 196 平方米的离退休干部活动中心，购置健身器材；让老干部活动有场所有器械，方便锻炼身体。2011 年，农场又筹集 80 万元资金建设东昌文化小公园，增添一批健身器材，修建了一个门球场。室内修建了卫生间，新购置了会议桌、办公桌及椅子，配置了一台 32 英寸①彩电、一台 VCD 录放机等。成立老年人体协，组织 6 支老年文艺表演队，

---

① 英寸为非法定计量单位，1 英寸＝0.254 米。——编者注

进行太极拳（扇、剑）、广场舞等团体表演练习，经常组织离退休干部门球队参加分局门球赛、乒乓球赛，到兄弟农场进行友谊赛等。2020 年，先后 20 多次参加省、海南农垦、海口市区举办的各类老年人二式太极拳、陈氏太极剑、柔力球、气排球、乒乓球、广场舞等健身项目赛事，公司老年人体协在海南省中老年人太极拳（剑）比赛中，获得 42 式太极拳集体套路二等奖、太极器械集体二等奖，个人获中年组 42 式太极拳竞赛套路第一名。

三、发挥余热

为继续发挥离退休干部的政治优势和特殊作用，农场每年聘请 2 名离退休干部担任党务公开、场务公开的义务监督员，每当农场及公司有重大改革或需要制定政策时，主动征求老干部意见和建议。1996—2018 年，就改革和经济建设中的问题共采纳离退休老干部合理化建议 123 条。

农场党委为了让离退休干部在教育青少年中发挥独特作用，1990 年成立农场关工委。把老干部、老转业军人、老模范、老教师、老科技工作者，吸收到关工委组织中，指定一名党委副书记担任主任，离休干部李振寰担任常务副主任，他们认真、积极做好未成年人的思想道德建设工作，教育青少年远离"黄、赌、毒"和"三室一厅"（三室：歌舞室、台球室、游戏室，一厅：网吧）。

老干部始终将关心下一代工作为己任，在担任少先队校外辅导员时，经常对中小学生进行革命传统教育，使他们知道今天的幸福生活来之不易，好好学习，天天向上，长大后为祖国做贡献。对学校的贫困生，老干部们主动献出爱心，每年都向学校和贫困生捐款，帮助贫困生实现完成学业的梦想。每年清明节在白石溪革命纪念碑下举办生动的爱国主义教育课，向青少年讲述白石溪地区的革命事迹及农垦艰苦奋斗精神。2020 年新冠肺炎疫情防控阻击战中，离退休干部积极响应党中央的号召，纷纷慷慨解囊，共捐款 23150 元，关工委常务副主任（原学校支部书记）、离休干部李振寰同志捐款 1 万元，离退休干部陈业丰捐款 2000 元。农场关工委赢得上级关工委的称赞，2019 年被评为"海垦先进关工委"；2020 年公司被海南省关工委评为"海南省关心下一代科技帮扶基地"，12 月，被评为"全国关心下一代先进集体"。

第五章　农场事务

东昌农场是海南农垦组建最早的 14 个农场之一。基础是以海南军区 3 个团加上四野 152 师机关和直属队联合组建的林业工程第一师第一团的一个营级单位。他们一边垦荒植胶，一边戍边保疆，就像当年延安的 359 旅一样。后来虽集体转业，但民兵组织成立了，再后来海南省成立预备役部队，海南农垦是海南的一支预备师部队，继续屯垦戍边，其兵员大部分是逐年从部队中退伍复员转业而来的军人以及优秀的农场青年工人，民兵训练标准规范，是一支拉得出、听命令、打胜仗的准军队。

第一节　革命根据地

一、革命根据地的建立

农场所在的白石溪地区，革命斗争历史漫长，从 1924 年秋，省六师（今琼台师范学院）进步学生到白石溪、中税一带宣传新三民主义开始，到 1926 年春，中共农民部特派员林诗谦组织成立"后湖村农民协会"；再到 1927 年初，上级党组织派陈玉东到白石溪地区建立第一个党支部——里平党支部。人民群众在党的领导下，开展武装斗争，琼崖革命组织于当年 9 月组织全琼总暴动失利后，中共琼山县委迁到十七区（即白石溪地区）建立白石溪革命根据地。党小组从原来的 3 个发展到 9 个，党员从原来的 10 多名发展到 80 多名。1937 年夏，琼崖特委迁到树德、中税一带。1941 年 11 月，琼崖东北区民主政府在树德乡下昌村成立（图 4-5-1）。

图 4-5-1　白石溪地区革命烈士纪念碑

二、老区划定

1952年琼山县根据海南行政区公署划定革命根据地的标准进行老区划定工作，前后3次（1953年9月、1955年、1957年）划定了全县在民主革命时期建立起来的红色根据地、红色游击区，抗日根据地、抗日游击区。农场第一、四、五管理区被划定为老区。47个村庄被划定为老区村庄，其中红色根据地24个村庄，红色游击区4个村庄，抗日根据地19个村庄。东昌农场老区村庄情况见表4-5-1。

表4-5-1　东昌农场老区村庄情况

自然村	行政区域面积（亩）					人口				
	总面积	可耕种面积	国家封林面积	自种果树面积	撂荒面积	户数（户）	人数（人）	男（人）	女（人）	总劳动力（人）
占统堆	138.0	120.0	—	18.0	—	21	89	40	49	51
大垦村	210.0	130.0	—	80.0	—	6	29	12	17	15
大昌村	327.0	117.0	160.0	50.0	—	28	112	51	61	52
36队后湖村	1076.0	3002.0	26.0	200.0	350	74	249	120	129	153
38队后湖村	548.0	50.0	120.0	20.0	216	204	113	91	138	84
39队后湖村	285.0	170.0	80.0	20.0	15	45	185	98	87	48
文官园	1922.2	698.8	895.2	330.9		139	556	298	258	254
一分场小计	4506.2	4287.8	1281.2	718.9	581	517	1333	710	739	657
云龙	844.1	844.1	—	—	—	34	78	32	46	28
大边	1032.5	1032.5	—	—	—	41	85	36	45	32
山上塘	590.0	280.0	—	290.0	20	45	176	78	98	123
永昌	149.0	142.0	—	—	7	18	74	31	43	51
美占	409.0	198.0	—	211.0	—	29	133	62	71	80
老村	180.0	77.0	—	103.0	—	7	31	17	14	30
南隆园	2800.0	200.0	—	—	2600	43	210	125	85	120
三多	170.0	120.0	50.0	—	—	23	142	74	58	65
乌石	326.0	18.0	—	—	308	8	38	20	18	6
榜上	530.0	450.0	—	80.0	—	16	68	45	43	31
边田	630.0	530.0	—	100.0	—	17	74	40	34	32
大堆	540.0	460.0	—	80.0	—	48	202	104	98	83
福佳园	480.0	40.0	—	440.0	—	14	62	32	30	26
红砚湖	300.0	250.0	—	50.0	—	7	21	12	9	7
美仁丰	430.0	350.0	—	80.0	—	27	128	66	62	77
冯宅迹	78.0	78.0	—	—	—	19	77	41	36	29

（续）

自然村	行政区域面积（亩）					人口				
	总面积	可耕种面积	国家封林面积	自种果树面积	撂荒面积	户数（户）	人数（人）	男（人）	女（人）	总劳动力（人）
中税园	224.0	64.0	—	160.0		18	61	34	27	44
罗本	37.0	26.0	—	11.0		7	57	26	31	48
龙肚	155.0	135.0	—	—	20	9	30	14	16	20
青茂	70.0	60.0	—		10	6	23	10	13	15
涵养	150.0	43.0	—	107.0	—	10	34	22	12	16
里平	105.0	105.0				24	68	36	32	30
昌口	1400.0	700.0	—	—	700	65	237	117	120	122
美合	200.0	100.0			100	3	15	7	8	6
二分场小计	11829.6	6302.6	50.0	1712.0	3765	538	2124	1081	1049	1121
十队	546.0	30.4	500.0	15.6	—	13	59	28	31	26
双万圹	406.3	64.3	306.0	36.0	—	16	72	32	40	33
白塘园	496.0	490.0			6	6	46	25	21	20
大石姆	518.0	503.0	—		15	4	19	11	8	9
后排岭	503.0	501.0			2	7	34	19	15	11
南边埇	495.0	495.0	—	—	—	6	37	19	18	16
三分场小计	2964.3	2083.7	806.0	51.6	23	52	267	134	133	115
大封塘	343.0	343.0	—	—		12	48	31	17	35
小封塘	218.0	218.0				5	21	12	9	14
鸡角园	259.0	234.0	—	25.0	—	2	11	6	5	10
祝平	420.0	420.0				12	59	25	34	37
黄山埇	470.0	470.0				13	66	35	31	46
老卓上下	772.0	772.0				37	168	75	93	89
合龙	729.0	729.0	—	—		23	125	59	66	54
官圹坑	775.0	775.0				22	115	61	54	91
大湾	242.0	242.0		—	—	9	32	18	14	18
新昌肚	535.0	535.0				18	91	48	43	41
白石岭	555.0	515.0	—	40.0	—	15	66	37	29	33
官圹口	912.0	832.0	—	80.0		31	126	59	67	82
四分场小计	6230.0	6085.0	0	145.0	0	199	928	466	462	550
全场合计	25530.1	18759.1	2137.2	2627.5	4369	1306	4652.0	2391.0	2383.0	2443.0

三、革命斗争史

1926 年春，中央农民部特派员林诗谦组织成立后湖农民协会，之后相继成立了中税乡、白石溪乡妇女组织和农民自卫队。

1927 年初，白石溪建立第一个共产党支部——里平党支部，6 月成立区委，因叛徒出卖李香园地下交通站，十七区委领导孟成贵、何秋海等在陈娥掩护下突出重围，陈娥坚持到最后不幸牺牲。下半年琼山县十七区委书记陈国光和文昌县十八、十九区委书记符永鼎、陈俊召开区委书记联席会议，研究联防巩固革命根据地。

1928 年初夏，国民党大举围剿革命，地方反动土豪劣绅招兵买马，复办大坡区团局，对琼山县委和革命武装经常活动的十七区革命根据地包围。抓了 80 多名革命同志和民众拉到猿寨潭仙人洞淹死，十七区委书记被杀害，白石溪革命根据地损失很大。

1931 年初秋，树德乡革命武装 10 多名战士在许声福带领下与内应攻下树德乡团炮楼，打死团副和琼山县国民党财粮委员，打伤团总，缴获枪支 10 多支。

1934 年夏，琼崖特委决定成立琼定县委，原琼山树德、中税、长昌、甲子归琼定县委管，成立琼军区委。

1940 年 6 月 19 日，琼籍华侨回乡服务总团在树德乡成立，他们宣传发动民众抗日救国；给抗日军民送医送药；沟通琼崖和海外华侨的联系；向海外介绍琼崖抗战情况和揭露日军暴行。

1941 年 2 月，美合事变后，琼崖特委总部从美合东移到树德，15 日在树德召开了特委第三次执委会。3 月 4 日，特委在大坡、树德举办各县、区、乡 100 多名青年党员参加第二期训练班，学习毛主席《论持久战》。11 日在树德乡下昌村成立琼崖东北区民主政府。

1942 年 5—6 月，加强反扫荡、反蚕食斗争，巩固抗日中心根据地，县委在树德村举办几期各乡、保青会、妇救会学习班，使五区干部坚定抗战决心。同年 9 月，琼崖特委辗转云龙、咸来、树德、岭脚召开了第九次扩大会议，分析了第一阶段反蚕食斗争的形势，总结经验，制定了斗争的方针政策，强调要积极发展进步力量，争取中间力量，孤立打击顽固力量；坚持游击斗争，创造更多的游击根据地，把全岛抗战地区连成一片。

1946 年 1 月，琼崖纵队一支队奉命率领第一、第三大队和特务连，从儒万回琼文一带，2 月辗转驻在树德、大坡等地区，3 月，四十六军一个师人马驻扎树德乡，琼崖纵队一方面紧急转移部队，一方面派人到后湖村警告国民党树德乡伪官员不得透露我军驻地，保证了树德地区的安全。

1949 年 9—10 月，琼山县迎接渡海大军解放海南，全面掀起了筹集粮食物资、建立战勤组织的高潮。树德乡和中税乡各组织捐献光洋近 3000 元，大米 50 多石。

第二节　生产建设兵团

一、兵团体制

1969 年 4 月，生产建设兵团成立，农场按照部队建制，改为广州军区生产建设兵团第一师第二团，团部设在白石溪。第二团设司令部、政治处、后勤处、生产处，取消作业区，生产队改为连队，下设排、班。至 1971 年 9 月，全团共有 16 个连队，武装连队 1 个，下辖 11 个武装排，33 个武装班。

1972 年除武装六连和各连中的武装排保留排建制外，其他的取消排建制。武装连的武器装备，按照军队体制配备。1974 年 10 月 28 日，兵团体制撤销恢复农场建制。

二、军事活动

武装连的战士一般都在 25 岁以下，每年按军事训练科目坚持正常的军事训练，武装排每周用 1 天时间进行队列、投弹、射击等项目的军事训练；128 人的武装连每周有 4 天训练时间，按正规部队的要求进行队列、投弹、射击、刺杀、战术、拉练、夜间训练等军事训练。

第三节　民　　兵

一、组织建设

1958 年 10 月，根据上级武装部门的要求组建农场民兵团，有民兵 845 人。编设 5 个民兵连 24 个排。民兵团里有 71 名民兵干部是参加过抗日战争、解放战争、抗美援朝和服役的退伍军人，民兵组织由场武装部负责和领导。

1965 年，民兵连由原来的 5 个发展到 9 个，人数增加到 1048 人。

1969 年，农场改为兵团体制，实行军队领导，民兵组织改为军人连队，1974 年。恢复农场体制后，重新建立武装部和民兵组织，设武装民兵营 1 个和武装连 5 个，武装民兵 777 人。

1985 年，民兵团缩编为民兵营，取消连建制。一个作业区设一个排，民兵总数 1510

人，其中基干民兵 440 人，普通民兵 1070 人。

1987 年，民兵组织恢复民兵营建制，设有 6 个连，19 个排，45 个班，其中，1 个重机连，1 个工兵连。共有民兵 1516 人，其中，基干民兵 440 人，普通民兵 1076 人。

2011 年初，根据海口警备区和琼山区人武部〔2011〕6 号文件的工作部署，农场将民兵预备役改组成武装部、派出所、保安队与预备役四位一体的武装队伍，人员扩编到 186 人，设基干民兵连，普通民兵一个营 118 人。新的武装队伍中，退伍兵占 32%，党员占 21%，是一支觉悟高、素质好、军事力量强的民兵组织。

2016 年东昌居成立后，民兵事务移交给东昌居实行属地化管理。2020 年有民兵 47 名。

二、军事训练

农场民兵组织自成立之日起（兵团时期除外），民兵军事训练正常进行，每年橡胶开割前都组织民兵进行为期一周的训练，投弹、刺杀、跨越障碍、射击，利用地形地物在敌火线下运动、战地抢救等。正常的军事训练使民兵军事素质不断提高。1977 年 5 月海南军区组织全岛 18 个县市民兵军事训练比赛，东昌农场武装民兵排代表琼山县民兵参加比赛，成绩优良，其中重机枪班获第三名，步兵班获第九名。

之后，民兵组织曾几经改编，人员变动较大，但民兵组织一直比较健全，活动正常，始终坚持亦兵亦民、劳武结合、以劳养武、屯垦戍边的方针，组织民兵学政治，按"三落实"要求抓训练。充分发挥民兵组织的骨干作用和突击队作用。8 队民兵连 1980 年被县武装部评为民兵工作"三落实"先进单位。

民兵作为准军事力量，接到敌情命令就要迅速出动、战之能胜。1963 年 8 月敌机从农场上空经过，上级命令，民兵出动搜山，农场组织民兵 221 人进行两天一夜的搜山行动。8 月 8 日，加东岭区民兵配合甲子公社民兵围捕可疑分子并在蓬莱墟将其抓住，押送三门坡派出所处理。

2014 年，农场遭受了"威马逊"和"海鸥"超强台风的二次袭击，损失严重，全体应急排和预备役 57 高炮营 2 连官兵共 64 人，参加了抗风抢险工作，投入抗灾抢险车辆 40 多辆，人员 3000 多人次，清理道路 60 多公里，清理胶园 4000 多亩，做到不怕苦、不怕累，涌现出了大批的好人好事，武装部干事梁统安同志，在抗风抢险中因公殉职，年仅 45 岁，献出了宝贵的生命，被省委授予"优秀共产党员"称号。

东昌农场 1980—2020 年民兵组织情况见表 4-5-2。

表 4-5-2　东昌农场 1980—2020 年民兵组织情况

年份	民兵建制				民兵（人）				基干民兵（人）			
	营	连	排	班	总人数	其中			人数	其中		
						男性	复退军人	排级以上干部		男性	复退军人	排级以上干部
1980	1	6	32	58	1994	1254	318	123	815	630	108	53
1981	1	5	19	60	1223	890	102	109	503	329	51	44
1982	1	5	18	57	938	894	93	93	521	477	57	56
1983	1	6	19	55	1486	1454	107	113	436	401	58	59
1984	1	6	20	52	1353	1289	71	101	450	386	36	64
1985	1	4	6	54	1510	1501	101	134	440	431	68	98
1986	1	4	7	50	1211	885	68	111	431	391	23	65
1987	1	6	19	45	1516	1484	63	105	440	408	22	46
1988	1	7	16	45	1510	1101	85	95	440	408	22	46
1989	1	6	18	54	1400	1368	70	37	440	408	39	19
1990	1	6	19	45	1618	1478	63	105	440	408	22	46
1991	1	6	18	39	1320	1302	37	97	410	392	16	31
1992	1	6	18	39	1320	1302	37	97	370	342	16	31
1993	1	5	18	54	1510	1478	70	37	440	408	31	18
1994	1	6	18	39	1145	1134	35	81	300	289	8	15
1995	1	6	18	39	1145	1134	35	81	300	289	8	15
1996	1	2	7	8	600	600	30	47	146	146	10	15
1997	1	2	6	12	602	602	30	28	145	145	18	14
1998	1	2	6	12	607	607	34	28	186	186	19	14
1999	1	2	6	12	386	386	28	16	186	186	20	8
2000	1	2	6	12	200	200	28	16	100	100	20	8
2001	1	2	6	12	225	225	33	16	125	125	25	8
2002	1	2	6	12	225	225	33	16	125	125	25	8
2003	1	2	6	12	225	225	33	16	125	125	25	8
2004	1	2	7	8	145	94	31	13	100	49	21	8
2005	1	2	3	7	200	160	70	13	100	100	60	8
2006	1	1	3	10	250	220	106	14	125	125	60	7
2007	1	1	3	10	250	220	86	14	125	125	41	7
2008	1	1	4	13	370	369	96	19	170	169	48	7
2009	1	1	4	13	370	369	97	14	170	169	49	7
2010	1	1	4	13	168	167	57	15	68	67	49	7
2011	1	1	4	13	168	167	57	15	68	67	49	7
2012	1	1	4	13	168	163	59	13	67	62	25	5
2013	1	1	4	13	168	163	60	13	68	66	27	5
2014	1	1	5	15	197	197	67	15	63	63	26	7
2015	1	1	6	16	233	233	70	17	60	60	26	7

（续）

年份	民兵建制				民兵（人）				基干民兵（人）			
	营	连	排	班	总人数	其中			人数	其中		
						男性	复退军人	排级以上干部		男性	复退军人	排级以上干部
2016	1	1	7	17	264	264	73	17	60	60	25	7
2017	1	1	8	20	312	312	86	19	30	30	12	3
2018	1	1	10	26	381	381	95	19	30	26	13	3
2019	1	3	13	34	429	425	152	19	47	43	16	4
2020	1	3	13	34	429	424	156	19	47	42	16	4

三、征兵工作

征兵工作一直由农场武装部负责，兵团时期由团司令部负责，每年冬春征兵开始，农场和各管理区组成3～5人的征兵工作领导小组，充分利用黑板报、墙报、标语、广播等多种形式进行《中华人民共和国兵役法》宣传，号召青年踊跃报名参军保卫祖国，对已确定入伍的青年，召开欢送会、送纪念品，场领导勉励他们安心服役，为国争光。广大青年积极响应号召，踊跃应征报名，2017—2020年全场应征报名71人，14人体检合格光荣入伍，达到20%左右。

第四节　知　青

一、上山下乡

20世纪60年代末至70年代初期，大批城镇知青响应毛主席"上山下乡"的号召，来到海南岛参加农垦建设。至1978年，先后来到兵团一师二团的各地知青共有1065人。他们是从广州、汕头、潮州、阳江、湛江等大中城市来的，有的分到老连队，但大部分集中分配到新建的13、14、15队等3个生产连队，团场从全团抽调骨干加强领导。

二、生产生活

知青上山下乡来到农场以后，从城市到农场生活和工作的巨大的反差带给他们的是困难和考验，为了帮助他们尽快适应农场的生活，农场成立知青工作领导小组，配备知青工作办公室，各单位成立知青再教育工作机构，做到思想上有人抓，劳动上有人带，生活上有人管，开展"一帮一""一对红"活动，言传身教去影响、带动知青，使他们看得见、听得懂、跟得上、做得像。

知青从繁华的大中城市来到农场，生活环境变了，农场业余文化、娱乐活动很少。但知青的特点就是年轻、活跃，团场党委抓着知青相对集中的生产队成立以知青为主体的宣传队，利用业余时间排练节目，在团场内进行宣传演出；成立团支部，由团支部组织办政治夜校、理论学习小组、通讯报道组、文体活动组等。在知青队修建篮球场，购置乒乓球桌、羽毛球等体育活动器械，方便知青们开展体育活动；同时还建立了图书室，订阅多种报纸杂志，方便知青们进行文化学习。

三、锻炼成长

知青从城市来到农场参加祖国的社会主义建设，那时农垦刚改制为兵团，从兵团到各师各团的领导基本上是从部队抽调来的现役军人，部队"一不怕苦、二不怕死"的革命精神在生产建设中得到很好的体现，不少知青在艰苦生活中，在繁重的劳动中，在军人团结、紧张、严肃、活泼的作风熏陶下，得到很好的锻炼，迅速成长起来，他们积极向党团组织靠拢，团场党委也认真地在知青中培养党团骨干，挑选干部。1972年团场党委从知青中挑选批准18名入党、批准342名入团，选送3名优秀知青上大学，同意9名知青参军入伍到野战部队。提拔177人担任副班长，5名担任连职干部，1名当选为团党委委员。先后有173名知青参加了团积代会，8名知识青年参加师积代会，5名知识青年参加兵团积代会，1名知识青年参加省、军区积代会。

知识青年在农垦这个大熔炉中得到脱胎换骨的锻炼，迅速成长起来。他们在垦荒植胶、农田耕作、半夜割胶、围海造田，抗击台风中，住茅屋、吃豆腐乳，他们在农垦这个大熔炉中没有垮下、倒下，而是坚强地成长起来。

1974年，全团682名知青中，加入共青团的知青达到95%，27人光荣加入中国共产党，6人进入团（场）、连两级担任领导，15.39%当上了班长，50人成为卫生员和教师，1044人次受到师、团党委通令表扬，荣立三等功。

1977年，农场有城镇知青314人，比原来减少近50%。减少的主要原因是部分知青调回城镇工作，少部分考进大专院校读书。1980年以后，原上山下乡知青在农场所存很少很少了（图4-5-2～图4-5-15）。

图 4-5-2　部分知青在场部大门留影

图 4-5-3　知青在农场大门合影

图 4-5-4　知青在场部内合影

图 4-5-5　知青在椰子树前合影

图 4-5-6　知青在农场大门前留影

图 4-5-7　知青在农场中学留影

图 4-5-8 知青们在磨胶刀

图 4-5-9 知青在读报

图 4-5-10 知青在割胶

图 4-5-11 农场宣传队合影

图 4-5-12 文艺队演出

图 4-5-13 知青参与开荒大会战

图 4-5-14 知青合影

图 4-5-15 知青文艺队表演

四、返城就业

1970 年 12 月，有 2 名因病、残不能参加劳动的知青经检查确认，报师部批准后被遣返回原籍。1974 年兵团撤销，当年退职回家 28 人、病退返城 18 人、自动离职 15 人、家庭困难回城 7 人、上大中专学校 25 人、参军 4 人、调往外省 20 人、调往省内 27 人。之后知青根据政策逐年返城，至 2020 年，仅有一名广东知青在农场工作退休后仍住在农场。

五、场庆、回访

农场开展场庆活动是从建场 30 周年开始的，基本上逢十举行一次，至 2020 年已举办 4 次。首次是 1982 年建场 30 周年时举行庆祝活动。第二次本是 1992 年，因各种原因推迟到 1997 年建场 45 周年时举行。第三次是 2002 年建场 50 周年时举行的。前三次基本上在农场范围内进行庆祝活动。第四次是 2012 年建场 60 周年时举行的，这次庆祝活动，除本场干部职工外，291 名当年来农场的广州、番禺、汕头、湛江等地知青回场参加活动（图 4-5-16～图 4-5-23）。

图 4-5-16　知青回访座谈会

图 4-5-17　1998 年知青回访农场

图 4-5-18　1998 年知青回场参加场庆活动合影

图 4-5-19　建场 50 周年庆祝大会现场

图 4-5-20　2012 年 60 周年庆祝大会会场

图 4-5-21　参加庆祝建场大会的建场 60 年杰出人物

图 4-5-22　时任东昌农场场长李明跃与 1952 年参加工作的建场元老亲切握手

图 4-5-23　观众在观看演出

　　知青举行庆祝回访活动，至 2020 年共有两次，首次是 1993 年知青来场 25 周年时，81 名知青到农场回访。第二次是 2018 年知青上山下乡 50 周年时，原东昌农场知青在广州举行活动，发动捐款，组织 42 名知青分期分批回到农场走访当年居住地及老工人、老领导，与老工人们叙旧情忆当年，从而促进了农场人文交流、信息交流，有利于农场的经济发展（图 4-5-24～图 4-5-27）。

图 4-5-24　知青重温青春岁月

图 4-5-25　部分知青回访农场 5 队，与老职工合影

图 4-5-26　知青向农场赠送牌匾

图 4-5-27　知青题字

第五节　侨　务

一、侨务管理

1979 年前，农场的侨务工作由保卫科分管，一段时间后转到农场行政办公室管理，办公室配备一名干部分管侨务工作，后来劳动工资科和社保科合并后，侨务工作就由社保科负责（图 4-5-28）。

2013 年 11 月，根据《中华全国归国华侨联合会章程》，东昌农场组建成立第一届侨联委员会。

2016 年 9 月，根据琼山区侨联的批复，东昌农场侨联工作移交给东昌居管理。

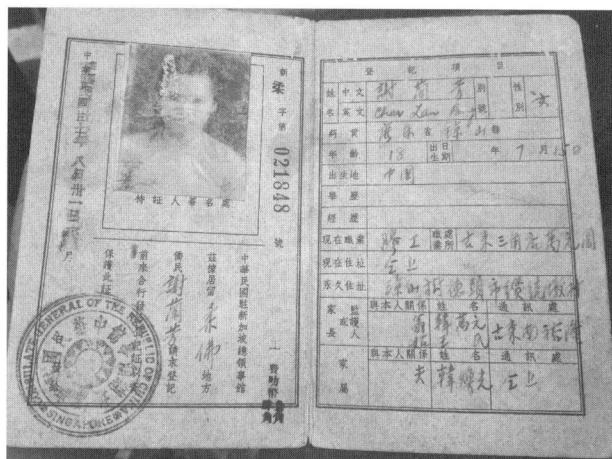

图 4-5-28　归侨证件

2018 年 12 月 18 日，东昌居召开第一次归侨侨眷代表大会，选举产生第一届侨联，设主席 1 名、副主席 2 名、秘书长 1 名、委员 1 名，共 5 名，聘请顾问 3 名。

2020 年底，东昌居管辖华侨人员近 1455 人，其中：归侨 55 人，侨眷及港澳台眷属约 1400 人。

二、侨务工作

海南农垦是国家安置归侨的主要单位之一，农场又是主要安置点，同时农场本身也是侨乡，安置归侨做好侨务工作是农场的一项重要工作。

1952年农场组建成立后不久，一批归侨回国自愿投身农场建设，根据上级安排，108名从马来西亚、新加坡、泰国、越南等国家归国的难侨来到农场生活，得到农场妥善安排。

1981年农场因场乡土地插花采取社村并入农场，并入的社队带入58名归侨。1977年全场有归、难侨166人，其中：马来西亚归侨90人，新加坡归侨29人，印度尼西亚归侨20人，泰国归侨21人，越南难侨6人。

琼山县（并入海口市改为琼山区）是海南的侨乡，归难侨工作由县侨联负责，农场的侨务工作基本上按县（区）侨联的部署进行。早期是按党的政策落实华侨政策。

1985年归还侨房8间483.38平方米，退还橡胶园3492株，补偿资金23000多元。2013年农场侨联成立后，抓归国侨民思想教育，开展"明礼诚信、节约和谐"的文明活动、"告别陋习、美化环境"的生态建设活动、"互助互济、扶贫帮困"的关爱活动以及创建"文明和谐侨居"等一系列活动，有力地促进归侨、难侨融洽祖国亲人，坚定共同建设美好家园的信心和决心，获得上级侨联的称赞。2019年9月，海口市侨联将琼山区大坡镇东昌居评为海口市"文明和谐侨居"，并举行"文明和谐侨居"揭牌仪式（图4-5-29）。

2020年新春期间，新冠肺炎疫情在国内爆发，琼籍海外侨团、侨胞情系家乡，迅速行动，不遗余力从海外向国内运来抗疫物资，提供各种力所能及的帮助，为国内抗疫鼓劲打气，为海南抗疫取得阶段性成果提供了非常重要的支持，展现出伟大的爱国爱乡情怀（图4-5-30）。

图4-5-29　在东昌居侨联举办涉侨法律知识讲座

图4-5-30　2020年东昌居侨联捐款

三、华侨贡献

几十年来，回到祖国怀抱落户东昌农场的归侨、难侨、侨眷在农场热心关怀下，在各自工作岗位上充分发挥了自己的才干，为农场橡胶事业和社会主义建设事业做出突出贡献。"海垦1号"橡胶之父钟南、第六届全国人大代表周月英、"割胶神刀手"符祖海、工程师关炳贵和王集谋等就是他们当中的杰出代表。

海南农垦组建之初回国的马来西亚归侨钟南，担任东昌垦殖场技术人员，为了改变橡胶品种落后的局面，他终日蹲守在锦兴胶园搞科研，培育出锦兴10号即海垦1号新品种，抗风力强、产量较高，为祖国发展橡胶事业做出重大贡献，被誉为"海垦1号之父"，2002年被海南农垦总局评为海南农垦创建50周年功勋人物（图4-5-31）。

中税队（现11队）割胶辅导员归侨符祖海，十几岁时在马来西亚给胶园资本家割胶，1952年回国到农场后，利用自己所学割胶技术为农场培养了一批又一批的优秀胶工。由于割胶技术高超，1964年被评为广东农垦"割胶神刀手"。

印度尼西亚归侨关炳贵，1960年4月回国安置在农场南阳华侨作业区。6月，因农场橡胶加工厂加工设备安装需要技术工人，他和5名技术工被安排到农机修配厂工作。面对落后机械设备，担任工程师的他决心改造这些设备。他与技术员一道利用废弃材料制作8台电动钻床，为农场创造价值5万多元（图4-5-32）。

图4-5-31　归侨钟南

图4-5-32　东昌归侨带家人打太极拳

第五编

科教卫文

中国农垦农场志

第一章　科学技术

农场的科学技术工作与农场事业一同建立并得到发展。创业初期，主要探索天然橡胶种植、抚育管理以及选育种技术，20世纪60年代中期，橡胶大规模投产，对割胶技术与保护胶树、提高产量之间关系的认识得到提升，农场通过开展割胶"神刀手"活动，总结出"管、养、割"三结合的经验；20世纪70年代中期，橡胶实生树开始淘汰，通过更新重种高产品系芽接树，开展割胶制度、橡胶育种新技术、胶园更新与第二代胶园建设、橡胶木材利用等项目的研究，以及工业、农牧业、茶叶等多行业的新技术的探索试验；20世纪90年代后，开始探索胶园林下间种作物，提高土地利用率；2000年开始产业结构调整，大规模大面积种植胡椒、荔枝等热带高效农业的试验种植。

第一节　科研管理

一、科研机构

1976年前，农场科学技术工作，由生产科负责。1977年底，组建成立科研所，配科研人员3人，归6队苗圃班管理。科研项目和计划由农场生产科下达。1978年，农场在全场组织各类科研小组17个，有科研人员51人。1981年农场科研所增配6人，加上原先的3人，共有科研人员9人，科研所有实验基地50亩。确定科研项目有良种引进、病虫害预测预报、杂优水稻施肥配方等。1982年下半年，农场调整机构将科研所与生产科合并，不再由6队苗圃班管理。

1987年，农场立足开展群众性科研活动，有利于培养技术骨干、发展壮大科技队伍，组建成立了东昌农场科学技术协会，配委员11名，会员19人，1990年，协会会员18人中，科技人员4人，工人14人，取得小改革1项，小发明1项，推广应用技术7项。到1991年，农场划出170亩土地建立橡胶新品种区域性试验区，参加选育试验品种25个，选育国内品种16个、国外品种9个。

二、科研经费

开始是由农场统一每年从每吨干胶中提取 25 元作为科研费用，随着海南农垦对科研工作的重视，实行以项目带经费的办法，农场就以项目来争取上级的专项资金，不足部分由农场根据实际进行补缺或足额配备。

第二节 科研项目

东昌农场科研项目情况见表 5-1-1。

表 5-1-1 东昌农场科研项目情况

年份	科研项目	技术措施或试验内容
1973	培养高产树改造低产树	—
1975	胶树营养诊断	—
1977	鲜胶乳新保存体系探讨	—
1977	提高浓缩胶乳机械稳定性试验	在工业方面，采用磷酸盐和椰皂处理，在农业方面，施不同肥料进行对比
1978	营养床施肥试验	每株施有机肥 150 公斤，带状盖草，随机排列，二次重复设计，并设保护行
1978	青钱柳育苗	—
1978	云面赤豆引进试验	—
1978	"海花"花生品种引进试验	—
1978	花生的种植期比较试验	—
1978	76 年橡胶中小苗速生大造海绵胶园试验	采用营养块带和营养床相结合施肥，胶带季度盖草一次，实行"园芝伏"管理
1978	胶清制片试验	—
1980	胶茶间作、防风林引种	—
1980	胶乳大池凝固凝块切条试验	主要是将胶乳凝固大池，然后将胶乳凝块切割成条状便于造粒
1981	远红外对胶片干燥试验	主要针对 2.5～6.3 米 6 种不同厚度的胶片
1981	橡胶白粉病防治	对不同病年的橡胶用不同分量的硫黄粉喷药
1981	橡胶幼树修枝整形试验	采用 3 种不同修枝截杆方式控制高度，观察对风效能和增长量的影响
1982	橡胶高产品系区域性试验	—
1982	水稻高产栽培试验	—
1983	橡胶新品系、橡胶丛种试验	—
1984	橡胶拉风修枝整形试验	—
1990	海垦 01 橡胶育种	橡胶新品种区域性试验
1991	割胶改制试验	改制株数 2.3 万株
1991	橡胶专用肥试验	试施 19 万株

（续）

年份	科研项目	技术措施或试验内容
1991	螯合稀土钼硼应用割胶试验	涂药增产试验
1992	番茄种植试验	试验种植日本番茄6亩
1993	品种文昌 7-35-11 选育	小规模推广级优良品种选育
1996	氨化饲料育肥牛试验	—
1996	猪鱼稻高效立体养殖试验	—
1998	龙眼丰产栽培综合技术试验	—
1998	橡胶树抗风高产新品种区域性试验	—
2004	橡胶树褐皮病防治试验	—
2006	胡椒丰产栽培示范试验	—

第三节　科研成果及推广

农场从 1952 年组建成立到 2011 年 60 年间，全场有农、工类科技人员 30 名，其中：高级工程师 3 人，农艺师 4 人，助理农艺师 12 人，农业技术员 7 人；工业工程师 1 人，助理工程师 2 人，工业技术员 1 人。技术力量明显不够，经费也不足，获得成功并值得推广应用的项目仅有 13 项。

一、造林"八随"技术成果

1954 年地处平原的农场根据上级"平原地区先造林后植胶"的要求，全面开展造林，技术员为了让林木的成活率提高，达到速生快长高大防风的目的，编写造林讲义、培训技术骨干，在干中学，边学边干，总结出"八随"造林流水作业经验，"八随"就是：随剪叶、随挖苗、随打泥浆、随包装、随运输、随定植、随淋定根水、随盖草。改大方格林段（100 亩）为小方格林段（15～20 亩），扩大造林面积，占植胶面积的 20%～30%，形成林护胶、胶保林的网状群落结构，造林成活率由 40%～50%提高到 90%。此项技术获海南垦殖分局的表扬和肯定及推广。

二、胶茶人工群落技术

1984 年，生产科技术员在一区 1 队进行胶茶间作试验取得成功，1986 年 10 月，荣获中国科学院科学技术进步一等奖。

三、橡胶树改制阴阳刀割胶技术

1984 年，农场在 7 队、6 队、14 队进行橡胶树改阴阳刀割胶试验，用 1970 年定植的 PR107、1976 年定植的海垦 1 号作试验。试验面积 92.38 亩（2590 株），对照面积为 73.16 亩（1998 株）。采用三种方法与割胶制度、常规刀割对照。结果发现，缩短割线，采取阴阳双线，加低浓度乙烯利刺激，能缩短经济周期，减少胶树死皮，提高树皮利用率；从净增产率看，平均增产 5.44%。此项成果已在部分生产队推广应用。

四、橡胶中小苗海绵胶园促速生技术

农场地处红土壤地带，黏性大、易板结，保水保肥性能差。为增加土壤团粒结构，保持土壤疏松，提高水分养分供应，1976 年，在 14 队进行营养块和营养床相结合的施肥方法，胶行每季度盖草一次，实行园艺化管理，试验表明中小苗树围比一般管理增粗 52.4%～55.6%。

五、胶乳大池凝固切条技术

1980 年 1 月，海南农垦局将此实验项目下达给农场，在工程师主持下，把原来的小条块凝固槽改为 29 米×6 米×0.25 米、凝块厚度为 20 厘米的规格大池。实验主要是将胶乳凝固于大池中，然后将凝块切割成条状，便于造粒。该技术主要有以下优点：5 分钟可凝固 10 吨胶乳，节约建厂投资和材料，产品一致性好，产量比挤压法长槽高 30%，取凝块可连续化，节约大量洗槽用工，提高工效。1984 年 1 月经海南农垦局工业处工程技术人员进行技术鉴定，一致认为该科研项目课题设计合理，工艺可行、操作简便，可在农垦系统内推广。海南农垦局授予科技成果奖三等奖，广东省农垦总局授予科技成果奖二等奖。

六、橡胶残值更新、自费管理、发展立体农业技术

1986 年，农场摸索"橡胶残值更新，自费管理，发展立体农业"的试验，此试验是充分利用橡胶宽行（15 米）丛种的地面和空间间种其他作物。立体农业胶园的形式有林、

胶、菠萝、咖啡、茶叶，或林、胶、菠萝、胡椒，或林、胶、茶叶、咖啡等。试验结果土地利用率提高 15％，间作率 50％～60％，亩年收入 6000 元左右。试验得到广东省农垦总局的肯定和推广。

七、橡胶褐皮病防治技术

2001 年，农场与中国热带农业科学院环境与植物保护研究所合作进行橡胶树褐皮病防治，使用配制药剂"保 01"每周期给橡胶树涂药试验，3 年试验结果表明，橡胶褐皮病得到较好的控制，该试验 2004 年获得海南省科技成果转化三等奖，2005 年获得全国农牧渔业丰收奖三等奖。

八、荔枝防治介壳虫技术

2006 年，农场区域荔枝介壳虫种群失控，造成荔枝虫害，开展荔枝防治介壳虫的试验，经过检疫、农业防治、生物防治、药剂防治等方面研究，取得良好效果，技术人员的论文《介壳虫对荔枝的危害及防治措施》被《海南农垦科技》杂志收录并发表。

九、胡椒酶制剂应用于白胡椒加工技术

2007 年，农场实施胡椒酶制剂应用于白胡椒加工，采用胡椒酶制剂 H88（粉剂）及 0.5 柠檬酸（粉剂）对胡椒青果进行去皮试验。最终结果表明 4‰的胡椒酶制剂在 48 小时内对胡椒青果的去皮效果比较明显，再经过 0.5 柠檬酸 10 分钟的浸泡后，胡椒干果色泽好、无异味。该试验论文《胡椒酶制剂应用于白胡椒加工的效果试验》发表在《海南农垦科技》杂志上，并收入《海南省热带作物学会第三次理事会暨 2007 年学术年会》论文集。

十、胡椒寒害处理及防寒技术

2008 年，受"拉尼娜"气候现象影响，持续低温给胡椒生产造成经济损失 2400 万元。农场决心做好胡椒寒害防治工作，经过对 4 个生产队 131.9 亩 15386 株胡椒的调查，组织职工群众对幼苗胡椒、挂果胡椒采取不同的处理办法后，对比研究，处理的果园保果

率达 27.9%。该研究成果刊登在 2008 年 5 月《中国热带农业》杂志上。

十一、胡椒瘟病防控技术

2005 年受"达维"台风超强降雨天气影响,农场多个单位胡椒园出现了胡椒瘟病,发生流行,胡椒植株死亡较多。农场请来中国热带农业科学院热带饮料作物研究所科研人员,双方合作经过两年试验,找到救治办法,并总结出本地区胡椒瘟病诱发规律及防控措施。撰写《海南琼北地区胡椒瘟病诱发规律及防控措施》论文,海南省热作学会第四次会员代表大会暨现代热作农业发展研讨会将论文收入,《海南农垦科技》杂志刊登,为本地区胡椒产业的发展提供了科技支持。

十二、橡胶林下引种阳春砂仁栽培技术

2009 年农场在寻求农业发展项目中,选定橡胶林下引种阳春砂仁种植项目,与广东省中医药大学合作开发种植。经过一年多的栽培管理,摸索出一些管理经验,2011 年,林下砂仁长势良好,可实行移苗种植。

十三、胡椒、荔枝标准化种植与管理技术

农业标准化建设是现代农业建设的重要内容,2009 年农场提出对 500 亩胡椒基地、500 亩荔枝基地进行标准化建设,几年实施之后完成建设任务。2009 年胡椒基地被中国热带作物学会认定为"农业科技示范基地",2010 年荔枝被中国食品质量检测中心认证为"A 级绿色食品",2011 年胡椒、荔枝基地分别被农业部认定为"热带作物标准化示范园",同年荔枝生产基地还被中国热带作物学会认定为"农业科技示范基地"。

东昌农场科研成果及推广应用情况见表 5-1-2。

表 5-1-2　东昌农场科研成果及推广应用情况

项目	年份	主持人
造林八随	1954	陈术员、陈飞雄
胶茶人工群落	1984	陈飞雄、钟忠李
橡胶树改制阴阳刀割胶	1984	钟忠李
海绵胶园促橡胶中小苗速生	1976	钟忠李

（续）

项目	年份	主持人
胶乳大池凝固切条	1980	符史谭
橡胶殖值更新自费管理发展立体农业	1986	生产科
橡胶褐皮病防治	2001	中国热带农业科学院环境与植物保护研究所
荔枝防治介壳虫	2006	符气恒、符德
胡椒酶制剂应用于白胡椒加工	2007	符气恒、符德、苏海燕
胡椒防寒处理及防寒技术	2008	符气恒、蔡小娟
胡椒瘟病防控技术	2008	饮料作物研究所
橡胶林下引种阳春砂仁栽培	2009	符气恒、蔡小娟
胡椒荔枝标准化种植与管理	2009	生产科

第二章 教　育

农场办教育始于 1952 年成立垦殖所，因子女上学受教育问题，垦殖所与地方合作办起了第一所初级小学，农场事业逐步发展壮大，先后办起职工子弟学校，至 1995 年有 1 所中学、7 所小学，在艰苦条件下培养出一批又一批国家所需人才，植物生物学家、中国科学院院士林鸿宣就是东昌农场培育出来的拔尖人才。根据海南省委、海南省人民政府《关于海南农垦管理体制改革的实施意见》文件精神，2009 年 8 月，农场学校全面移交地方政府管理。

第一节　教育管理

一、教育机构

1952 年，华南垦殖局海南垦殖分局在琼文地区组建成立琼山垦殖所，因子女受教育上学问题，垦殖所与地方合办起一所初级小学。1957 年农垦部统一改农场为"国营××农场"之后，从 1958 年开始办普通教育，农场设宣教科，负责管理教育工作，于 20 世纪 60 年代逐步在农场场部及 4 个生产队办起了职工子弟学校。

1968 年 8 月，农场对所办学校实行调整，原赞统区初级小学归属宣教科管辖，白石溪工农子弟学校更名为大坡农场中小学。教育行政工作由党委常委分管（图 5-2-1）。

图 5-2-1　白石溪工农小学 1963 年工作计划

兵团时期教育管理由政治处负责，设教育干事 1 名。恢复农场建制后，继续由教育科管理教育事务。1978 年，教育科设立教研组，具体负责小学教研业务。1982 年，农场成立职工教育办公室，归口教育科统一管理。

20 世纪 90 年代初，农场开始普及九年制义务教育，到 1992 年，实行九年制义务教育。2000 年，农场成立学区，统一管理教育资源。

2008 年，海南省委、省政府《关于进一步推进海南农垦体制改革的意见》要求，农场学校的资产、人员全部移交给海口市琼山区政府管理。区政府将东昌农场中学和中心小学合并为东昌学校，这是一所九年一贯制公办学校，学校占地 56 亩，有 18 个教学班，中学 6 个，小学 12 个，学生共 662 名。

二、教师队伍

20 世纪 90 年代前，农场从工人、知青、职工子女和归侨中择优录用中小学教师，90 年代后，教师大部分从全国各大中专院校、师范毕业生中录用或是从农垦其他教育系统中调剂。1987 年，实行公开招聘教师，7 人经过考试被聘用；2004 年，又进行了一次教师岗位公开招聘，通过考试录用 5 名大中专院校毕业生进入教师队伍，使教师队伍的知识结构、专业水平大大提高。

2008 年全场定编教职工 104 名，其中，中学教师 29 名，小学教师 71 名；教师队伍中大学本科学历 24 人，专科学历 51 人，中等师范学历 3 人；获得高级职称的有 38 人，中级职称 19 人，初级职称 43 人（图 5-2-2）。

图 5-2-2　农场庆祝教师节暨教育工作表彰大会

农场非常重视在思想政治上帮助成长进步，注重在教师队伍中发展党员，2008 年移交时，全场中小学先后发展党员 63 名，占教师队伍的 60％以上，2007 年还成立学区党总支。同时还非常重视教师队伍的业务培训，采取公费代培、函授、私费进修等形式，要求凡是学历达不到标准要求的，就分期分批送到外地进修、函授，或由琼山县教师进修学校来农场办函授班，或请教学经验丰富的外地教师来农场开办专题讲座，多种形式培育教师。教师也视教学育人为己任，努力学政治学业务，搞好教学工作，农场先后从教师队伍中选拔干部人才 28 名担任中小学正副校长、正副教导主任和机关干部。不少教师在岗位上默默无闻地勤奋耕耘，取得优异成绩。先后有 42 名教师被评为农场先进教师和班主任，有 6 名被评为省农垦总局优秀教师。教师王博文 1988 年被国家教育委员会授予勤工俭学先进个人光荣称号；1989 年，他被国家教育委员会评为"全国优秀教师"，并被海南省人民政府授予"先进工作者"称号。

2017—2019 年，王小曼、吴君被评为海口市"最美乡村教师"，陈川校长被评为海南希望工程 25 周年"优秀乡村教师"。一些教师通过教学活动，认真总结经验教训，撰写论文共 28 篇，刊登在国家级、省级报纸杂志上，相互交流教学经验。

1989—2008 年农场中小学教职工情况见表 5-2-1。

表 5-2-1　1989—2008 年农场中小学教职工情况

年份	中学	小学	教工	小计
1989	40	101	51	192
1990	42	131	26	199
1991	46	132	22	200
1992	41	113	35	189
1993	38	117	32	187
1994	37	116	33	186
1995	37	116	33	186
1996	35	83	27	145
1997	32	81	21	134
1998	29	81	25	135
1999	29	81	25	135
2000	28	89	23	140
2001	28	80	17	125
2002	28	89	23	140
2003	24	74	6	104
2004	29	79	6	114
2005	29	79	6	114
2006	29	79	6	114
2007	29	79	6	114
2008	29	79	6	114

三、教育经费

农场中小学的教育经费来源有 4 部分，分别为农垦总局拨款、农场补贴、杂费收入和社会捐助，农垦总局拨款是主要来源。农场还建立奖学基金，全场职工每人每年捐助 10 元作为专项奖学基金。

幼儿教育经费按规定从农场提取的职工福利费中列支。

职工教育经费，由农场工会每月按工会经费总额的 37.5％拨回农场行政掌握，从 1981 年起，农场执行财政部《关于职工教育经费和开支范围的暂行规定》，按单位工资总额的 1％～1.5％计提经费，由农场教育科统筹使用。1989 年，农场对场中学、中心小学实行"定支定收、包干使用，超支不补、节约留用"的管理办法，并组织学校开展勤工俭学，发展种植业，增加经济收入。

职工教育与幼儿教育经费由农场自筹解决。自 1980 年建立中心幼儿园后由工会管理，1994 年后按海南农垦总局有关文件规定，转交宣教科管理。而自 1999 年起，农场幼儿园开始转为民营性质。

第二节　学前教育

1960 年，农场在场部机关开办 1 所幼儿园，配幼师 3 名；在作业区及生产队开办托儿所 11 所，配保育员 21 名，全场 121 名儿童入园入托。托幼设备简陋，教育娱乐条件差。1981 年，托幼事业逐步发展，全场有幼儿园 17 所，托儿所 27 所，保育人员 66 人，入园幼儿 310 人，入托儿童 383 人，入园率达 90％。

1983 年农场筹建场中心幼儿园时，在职工中开展"献丹心"活动，1029 人共捐献 3045 元支持办园。1987 年农场累计拨款 16.5 万元，添置学习书桌、椅凳 1102 张，棉被 349 床，蚊帐 540 顶，被套 580 床；新建 27 所面积达 1005 平方米的砖瓦结构房屋，配备齐全各种儿童玩具；每年对少年儿童进行一次免费体格检查；输送 18 名托幼工作者到县艺术学校、琼台师范学院、海南农垦幼儿园和广州等地参加短期培训班学习，努力提高师资业务水平。托幼教育注重开发儿童智力，定期举行儿童文艺晚会、开展智力竞赛等，入园儿童大部分会写会画，能歌能舞（图 5-2-3）。

图 5-2-3　20 世纪 80 年代农场幼儿园活动

1999 年，幼儿园由公办转为民营。

2016 年，东昌中心幼儿园随中小学交由琼山区教育局直属管理，成为财政全额拨款的公益二类事业单位，全园共设 9 个班 270 个学位，每班按国家标准配备两教一保，教师全部持证上岗，教师中本科学历 8 人、专科学历 9 人。

第三节　初等教育

1952 年，琼山垦殖所与地方在白石溪墟西北侧合办一所初级小学，农场特派教员 2 名，1959 年，在原校址上农场自主创办白石溪工农子弟学校，至 1963 年新增 4 间子弟学校。完全小学由国家、农场和集体合办，白石溪初级小学由农场与白石溪大队合办，其余 2 间初级小学由农场自办。4 间学校共有 11 个教学班，学生 131 人，教师 16 人。

1968 年，农场小学 6 间，其中 4 间扩建成为完全小学，正式成立学区，原赞统区初级小学归大坡农场学区管辖，白石溪工农子弟学校更名为大坡农场中心小学。

1969 年，全场小学增加到 7 间，其中 3 间完全小学附设初中班，增设教学点 1 个，全场有教师 35 人，学生 702 人。1972 年小学改为五年制教育。

1979 年，全场 7 所小学全部开设学前班。1981 年，农场合并了 30 多个自然村，带入 5 间小学 18 个教学班。初时仍归公社学区管理，1985 年 1 月才正式划归农场教育部门管理。

1984 年，农场调整教学点布局，撤销 5 个教学点，同时撤销一区、二区、三区 3 个小学的附设初中班。1985 年，小学改为六年学制，第三作业区学校为九年一贯制。1990 年全场有完全小学 7 所，教学点 4 个，教学班 65 个，小学生 1648 人。小学教职员工 118 人。其中具有大专文化程度的 5 人，中等师范文化程度的 51 人，高级教师 11 人。

建场初期的 20 世纪六七十年代，小学教学设备相当简陋，教室、校舍一般为草木结构，师资来源缺乏，教学质量也不高。80 年代开始，农场的小学教育面貌突变，教学工作有了新的起色。1980—1990 年，投资 50 万元，改装扩建教室 2000 余平方米，维修危房面积 800 多平方米，新建中心小学、第三区学校教学大楼两幢，面积 3850 平方米，同时分期分批输送 38 名小学教师分别前往琼台师范、文昌师范、琼海师范和海南农垦师范等中专学校进修学习。

20 世纪 80 年代开始，各小学在教学和管理方面实行改革，大胆进行课堂教学的改革和尝试，活跃、充实和完善第二课堂活动，开设语文小组、生物小组、科技小组、书法美术小组、文娱体育小组等。三区学校创办《小叶》小报，制作了各种航空、航海模型，饲养三鸟。第二课堂促进了学生学习兴趣，充实和提高了第一课堂所学到的知识，增强学生实践能力。三区学校多次被海南农垦总局评为先进单位，1985 年还被农牧渔业部授予全国农垦教育系统先进单位。提高学生智力，扩大知识面，提高小学生的服务能力。1990 年，农场有 4 名小学生参加全省小学奥林匹克数学比赛，均获"优胜者"荣誉证书。1984—1990 年，农场有 42 名小学生考上省级以上重点中学。

农场拨款购买图书建图书室，全场各完全小学均设图书室，同时学生每年都进行捐书活动，1990年全场各小学图书室藏书量7000册。

完全小学通过贯彻德、智、体、美、劳的教学方针，大力开展勤工俭学活动，到1987年，全场小学有校办小农场106亩，种植橡胶、咖啡、胡椒和菠萝等经济作物（图5-2-4～图5-2-7）。

图5-2-4　农场中心小学教学大楼落成典礼

图5-2-5　农场少先队活动

图5-2-6　小学生操练

图5-2-7　少先队活动

1984年和1985年，广东省人民政府授予农场"普及小学教育先进单位"称号。

2001年，农垦总局拨款130万元，农场追加投资90万元，在场中心小学新建成面积3300平方米的4层教学大楼、科学馆各一栋。2003年，农场再投资60万元在场中心小学增添了多媒体等现代化教学设施，包括拥有26部电脑的电脑室，标准化语音室、物理实验室、化学实验室。全场适龄儿童入学率为100%，小学巩固率为100%（图5-2-8～图5-2-10）。

图5-2-8　原东昌农场第六小学

图 5-2-9 原东昌农场第一小学

图 5-2-10 原东昌农场第四小学校门

2008 年，农场教育移交地方政府，中小学生共有 1348 人（小学生 979 人、中学生 369 人），教职工 104 人，其中，专任教师 100 人，教师学历达标率 96％。同时移交学校校舍总面积 4735.16 平方米，教学及辅助用房 8300 平方米（图 5-2-11）。

图 5-2-11 学生在娱乐

第四节 中等教育

1968 年以前，农场还没有开办中学，职工子女就读初中、高中要到大坡、谭文、甲子等地方中学。1969 年 9 月，在原中心小学的基础上设初中一年级教学班 2 个，学生 45 名，配备中学教师 6 名，茅草房课室 140 平方米。1970 年开始招收高中教学班 1 个，成立农场中学和中心小学，两个单位一个领导班子。1975 年开始建设永久型教室，1978 年实行初中三年制教育，农场中学成为一所全日制完全中学，有教师 15 名，学生 255 名。1980 年，中学教学班发展到 13 个，教师 35 名，学生 629 人。1981 年 9 月，农场中学与中心小学分立，分立的农场中学与机关科室为同等科级待遇。

1982 年，海南农垦局投资 23.5 万元建设 2698 平方米的 4 层教学大楼，有理化实验室、图书馆等，教学仪器设备较为齐全，图书馆藏书 2.3 万册。

1987 年，海南农垦局教育处统一命名农场中学为海南农垦大坡中学。中学有教学班 15 个（包括第三学校 3 个初中班），学生 771 人，教职工 59 人。教师中大学本科毕业生 4 人，大专毕业生 21 人，中等师范毕业生 9 人。大专毕业生占教师总数的 73.5％。

在他们的教授下，加上校舍教学设备更新换代，教学质量上升很快，初中升学率在60％以上，高中有29名毕业生先后考入高等院校深造，其中林鸿宣、关勇、周毅、邢益强等大学毕业后考上研究生，林保忠、陈泽深等先后赴美国和新加坡等国家留学（图5-2-12）。

图5-2-12　20世纪90年代东昌中学教学楼

1995年，由于高中生源不足，学校停办高中，当时初中有教学班8个，学生人数为372人（图5-2-13）。

2009年8月农场学校移交地方统管时，中学有初中部6个班，学生369人，教职工27人，其中，专任教师23人，教师学历达标率96％。学生毕业率为100％，巩固率90％，流失率为10％（图5-2-14）。

图5-2-13　东昌中学校园

图5-2-14　东昌学校大门

第五节　职工教育

1960年，农场根据职工来自农村、文盲或半文盲多的情况，开展扫盲工作，利用晚上或中午上课，保证每天学习1个小时左右，历时2年，扫除文盲188人。

1964年，农场各作业区开办职工业余学校，根据文化程度分为扫盲班、初小班、高小班、初中班等4个班级，配备文化教员，职工学完各类课程后，农场颁发毕业文凭。

1967年，农场贯彻"教育与生产劳动相结合"的方针，为农场经济建设和发展培养技术骨干，办起了一间半农半读学校，招生对象是在职职工，教学内容以农业生产方面的基本知识为主，配备专职教员2名，当年招收学员48人，学期1年，期满后回原单位工作。

1981 年 9 月—1984 年，连续 4 年开设中央农业广播电视学校教学班 1 个，学制为 3 年，招收具有初中以上学历的干部职工 193 人。第一期学员 40 人，第二期学员 40 人，第三期学员 63 人，第四期学员 50 人。教员来源于农场中学及各科室部分有关科技人员。通过认真学习，学员们学到很多应用知识，结合生产解决实际问题。第五区干部莫巨文坚持学以致用，学用结合，认真研究"清明风"对水稻危害的规律，合理安排水稻播种期，使水稻安全抽穗扬花，取得高产。1986 年 7 月，被中央农业广播电视学校评为第一届优秀学员。他作为第一届中央农业广播电视学校优秀学员，成为广东省唯一代表赴山东省泰安市参加该校举行的第七次工作会议。5 队青年陈泽深，只有初中文化程度，但克服文化低、条件差的困难，利用一切空闲时间自学了日语、英语等外语，1984 年，经海南区、广东省、中央三级考核合格，参加农垦部组织的代表团赴美考察学习交流。

1982 年 9 月，根据教育部的部署，对 1968—1980 年初、高中毕业的职工进行文化补课。农场成立职工文化教育办公室，归宣传科管理，配备 2 名专职干事负责，聘请场中学兼职教师 6 名，每周授课两天，授课科目有政治、语文、数学、地理、历史等。至 1987 年，全场 72 名在职职工参加统一命题的文化补课考核，合格人数有 505 人，合格率达到 70％（图 5-2-15）。

图 5-2-15　20 世纪 80 年代农场图书室一角

1991 年，农场成立党校和职工培训中心，先后举办党员学习班 5 期，4000 多人参加学习；举办职工文化技术培训班两期，1220 人参训；举办干部培训班 5 期，参训 240 人次；举办高中文化补习班 1 期，参加学习考试 30 人；举办 4 期财务人员岗位培训，有 127 人通过考试取得会计证，持证上岗。

2003 年、2008 年举办广播电视大学函授班，招收学员 113 人，毕业率 100％。

2011 年春，全场培训胶工 503 人，经考核一级胶工 226 人，占胶工总数 45％，技术等级比上年提高 5％；二级胶工 252 人，占胶工总数 50％，比上年提高 5％；三级胶工 25 人，占胶工总数 5％，比上年减少 10％（图 5-2-16）。

农场除努力办学培训职工外，还按农垦总局要求，安排业务对口的人员参加农垦总局举办的各类培训班，农场干部积极主动学习，努力提高自己的文化专业知识和工作能力（图 5-2-17）。

图 5-2-16 职工培训教育

图 5-2-17 农场电大班开班

第三章 卫 生

农场卫生事业从无到有，始终坚持"预防为主、防治结合"的医疗方针。认真做好计划免疫，食品卫生和常见病的防治工作，大力开展爱国卫生运动和流行病学的调查，提高防治能力。几十年来对农场广大职工、家属和周边群众的健康保障起了很大的作用，为农垦的经济发展做出了巨大的贡献。2016年，海南农垦管理体制改革，社会职能及公共服务移交地方政府属地化管理，农场医院及防疫站包括整个卫生事业整体移交琼山区政府管理。

第一节 队伍与设施

1952年，琼文垦殖所时期就在高龙办起一所保健站，一幢80平方米的瓦房，设备简陋，药品缺乏，配医务人员4名、观察病床3张。1955年，保健站从高龙迁往白石溪墟，配医生、卫生员6名，设有门诊和病房，病床增加到12张。保健站下设赞统、加东岭、中税、南阳和美文卫生所5间，每间卫生所配卫生员1名。

1960年，大坡农场时期成立农场卫生院，上级卫生部门调剂分配2名卫校毕业生来卫生院。全院有医生3名，接生员1名，药剂师1名。投资新建病房2幢，开设病床20张，增添显微镜设备1台。在作业区及较大的生产队设卫生所7间，配备卫生员7人，其中医生1人。

兵团时期，农场医院改编为兵团卫生队，全团有医务人员21名，其中，医生5名，护士13名，增设能进行四大常规检查的化验室1个，配备化验员1名。基层有卫生所12间，卫生员12人。

恢复农场建制后，团卫生队更名为大坡农场医院，医院有医务人员37人，基层有卫生所16间。

1982年，农场医院设有门诊组、病房组、防疫组、五官科、妇产科、制药房、传染病房和手术室等，还增添了A型超声波、200毫米X光机、心电图和超声波治疗等医疗器械设备。医务人员多数从青年工人（职工子女）中选送培训后上岗。为提高医务人员的医疗水平，医院选送 23 名有一定医疗基础知识的青年到农垦和文昌卫生学校培训学习。通过学习培训，有 2 名医士晋升为医生，10 名卫生员晋升为医士。

1987 年，农场考虑方便群众买药就诊，在白石溪墟增设大坡医院第二门诊所，全场有医务人员 74 人，其中，主治医师 3 人，医师 5 人，医生 33 人，中医生 1 人，西药士 2 人，中药士 1 人，公共卫生医士 2 人，X 光医士 1 人，西药剂员 5 人，初级卫生技术人员 12 人，护理员 14 人，其他人员 11 人；下设卫生所 17 间。

1990 年，农场医院更名为海南省农垦大坡医院，当年有医务人员 132 人，其中，主治医师 3 人，医师 22 人，护理师 5 人，护士 13 人，医士 32 人，其他技师 14 人，卫生员 25 人，勤杂人员 18 人。这年，农场医院增添了显微镜、高效洗胃机、200MA 双球管 X 光器、高频喷射呼吸机和 1 台防疫用的低温湿冰箱等医疗器械设备。

2015 年医院增设安宁科。医院经过多年建设，拥有总建筑面积 4196.46 平方米，有 1 栋 3 层的门诊大楼，1 栋 3 层科研楼，1 栋 1 层 12 间精神病房，一间固废暂存间，一座地埋式化粪池。基本医疗病床 30 张，精神病病床 60 张，最大入住人数为 90 人。诊疗科目包括外科、内科、预防保健科、口腔科、医学检验科、X 线诊断科、精神卫生科等。

2016 年 12 月在农垦管理体制改革中，要求按现状成建制整体移交原则，农场医疗卫生机构职能、人员及资产和债权债务等按现状成建制整体移交给海口市人民政府管理，移交医院、防疫人员 38 名以及医院楼、防疫楼等资产（图 5-3-1、图 5-3-2）。

图 5-3-1　在建的东昌医院新大楼

图 5-3-2　基层卫生室

农场医院医务人员技术职称情况见表 5-3-1。

表 5-3-1 农场医院医务人员技术职称情况

单位：人

专业	职务	1990 年	1995 年	2000 年	2005 年	2010 年	2020 年
医疗专业	主治医师	1				2	2
	医　师	8	11	11	11	5	7
	医　士	4	3	3	3	1	
护理专业	护理师	3	5	5	5	1	6
	护　士	4	3	3	3	6	5
	护理员	2	1	1	1	4	
药剂专业	药剂师	1	1	1	1	1	1
卫生防疫专业	公卫医师		3	3	3	3	
	公卫医士	2				1	
检验 X 线专业	X 光诊断士	1	1	1	1	2	
	检验士	1				1	1
妇幼保健专业	妇幼医士	1	1	1			
其他	卫生员	15	9	9	9	8	

农场主要医疗设施情况见表 5-3-2。

表 5-3-2 主要医疗设施情况

名　称	数量	单价（元）	名　称	数量	单价（元）
头部操纵式综合手术台	1	9800	床垫	20	3000
尿液分析仪	1	7800	电解质分析仪	1	23000
恒温水浴箱	1	1800	颈腰椎治疗多功能牵引床	1	18000
单道和多道心电图机	1	16800	血凝仪	1	38000
全自动血液细胞分析仪	1	70000	病人监护仪	1	20000
500MA 电视遥控医用诊断射线机	1	338000	数字化 X 光机（DR）	1	
超声诊断系统	1	259000	心电图机 BCG-1220T	1	
病床	20	25000	除颤仪		
床头柜	20	12000			

第二节　防疫防治

一、卫生防疫

20 世纪 50 年代初期，农场所在地区流行疟疾（俗称壮寒病）、血丝虫、细菌性痢疾等传染病。农场配备专职医务人员负责，按照"预防为主、医疗为辅"的方针，每年给职工宿舍消毒两次,组织职工体检一次、注射防疫针 3 次,抓好常年服药和阶段性灭蚊工作,有效地控制了地区病的流行。

1975 年,农场成立防疫组,配备专职人员,有组织地对流行病普查和预防传染开展预防工作。1981 年,在全场范围内开展以预防霍乱病为中心的爱国卫生运动,做好"三管一灭"(管水、管粪、管饮食、灭苍蝇)工作,设立固定垃圾坑,住区周围大力植树绿化,铲除房前屋后杂草,疏通沟渠,整平凹地,消灭蚊蝇滋生地,水井坚持每月消毒冲洗,厕所进行三级无害处理,贮便池密封,坚持服预防药,打预防针,有效地控制霍乱病发生。

1985 年,为预防肝炎流行,农场医院认真把好"病从口入"这道关口,把饮食卫生的管理摆到议事日程上来,配备食品卫生监督员和检查员,定期检查食品卫生,做好卫生法知识的宣传和饮食工作人员的两证发放工作。全场 11 间饮食店、冰室,3 间食饼加工厂等的卫生设施完善,食具、使用器具都坚持使用药物消毒处理,设置三防保护。组织全场 239 名从事食品经营和服务行业的人员参加体检,体检合格率达 97.1%。建立健全个人体检、复检档案,发放经营许可证和健康合格证件 191 本。将 9 名自身带有乙型肝炎表面抗原阳性病毒者,调离饮食部门。在甲型肝炎流行的区域,及时做好隔离治疗工作,大力整顿、治理环境卫生,完善饮用水井设施,避免了肝炎传染病在本地区的扩散,把传染病发病率控制在 0.117% 以下。在预防流行性登革热、流脑病的工作中,开展爱国卫生运动,进行药物喷射灭蚊,抽查确定伊蚊布雷图指数,组织 3000 多名职工、干部接种疫苗,流行病在农场无一例发生。1986 年,农场的防病免疫接种工作在农垦系统评比中获第四名。

1989 年,农场医院被农垦总局卫生处评为先进单位(图 5-3-3～图 5-3-5)。

图 5-3-3　农场防疫人员发放宣传单

图 5-3-4　海南省健康快车开进东昌敬老院,为老人检查身体

图 5-3-5　2020 年新冠肺炎疫情防控

二、妇幼保健工作

妇幼保健是农场卫生工作中的一项重要内容，主要工作是对本地区流行性传染病进行调查和预防；给幼儿进行各种疫苗接种；给在校学生定期打预防针；配合农场工会、计划生育办公室进行妇女健康检查，做到及时发现和及时治疗。

农场医院建立后，通过每年一次的女职工身体检查，发现妇科病主要有宫颈炎、附件炎、子宫脱垂和白带、赤带病等，采取措施及时治疗。坚持对 0～7 周岁的儿童进行"四苗"计划免疫接种，1977 年，建立计划儿童免疫接种个人档案制度和完善基层卫生收集资料制度。到 2011 年，全场 0～7 周岁计划免疫接种小孩麻痹糖丸接种率达 99%，卡介苗接种率达 89%，精白类毒素接种率达 87%，百日咳混合剂接种率达 94%，麻疹接种率达 93.5%，小儿麻疹发病率从 1980 年同龄组的 10% 下降到同龄组的零例，打破了儿童必出麻疹的老调。1989 年，计划免疫接种工作，获得农垦总局卫生处评优奖励。

全场部分年份儿童预防接种人次见表 5-3-3。

表 5-3-3　全场部分年份儿童预防接种人次

年份	接种人次
1990	163
1995	154
2000	123
2005	146
2010	124
2011	104
2020	67

全场部分年份"四苗"与乙脑接种情况见表5-3-4。

表5-3-4 全场部分年份"四苗"与乙脑接种情况

年份	卡介苗			糖丸			百白破		
	应种（人）	实种（人）	接种率（%）	应种（人）	实种（人）	接种率（%）	应种（人）	实种（人）	接种率（%）
1990	163	163	100	163	163	100	163	163	100
1995	154	154	100	154	154	100	154	154	100
2000	123	123	100	123	123	100	123	123	100
2005	146	146	100	146	146	99	146	146	100
2010	124	124	100	124	124	100	124	124	100
2020	67	67	100	428	428	100	347	347	100
1990	163	163	100	163	160	98	163	163	100
1995	154	154	100	154	152	99	154	154	100
2000	123	123	100	123	123	100	123	123	100
2005	146	146	100	146	144	99	146	146	100
2010	124	124	100	124	124	100	124	124	100
2020	204	204	100	1046	1046	100	199	199	100

消灭脊灰强化免疫服苗情况见表5-3-5。

表5-3-5 消灭脊灰强化免疫服苗情况

服苗时间	应种人数（人）	实种人数（人）	服苗率（%）
1995 年 1 月	651	651	100
1995 年 12 月	630	630	100
1999 年 1 月	554	554	100
1999 年 12 月	554	554	100
2004 年 1 月	610	610	100
2004 年 12 月	610	610	100
2010 年 1 月	624	624	100
2010 年 12 月	624	624	100
2020 年 12 月	5	5	100

三、医疗业务

农场在认真做好预防疾病的同时，不断提高治病的医疗技术。农场医院除能够施行常见的手术和常见病、多发病、危重病人的抢救外，还能施行腹部、甲状切瘤等手术，以及急性胆中毒、急性肾功能重度衰竭、高端螺旋体、赫氏反应致重度休克等病例的抢救。

农场医院部分年份医疗情况见表5-3-6。

表 5-3-6　农场医院部分年份医疗情况

项目	1979 年	1985 年	1990 年	2010 年	2019 年
门诊（人次）	18349	10632	14416	10135	13000
住院人数（人）	1020	624	933	348	538
其中：治愈（人）	950	581	892	212	484
好转（人）				103	
不变化（人）				10	
非病出院（人）	7			13	
死亡（人）				3	
转院（人）	36	13	3	7	
治愈率（%）	93	93	96	61	90
转院率（%）				2	
病死率（%）				1	

农场医院的医疗收入早期是由农场临时拨给，1985 年实行包干制后，收入来源有 3 个方面：一是农场按职工工资总额 7% 提取拨给医院；二是家属缴纳的合作医疗费；三是挂号费、场外人员就诊费及场内人员自理的医药费。

1999—2016 年农场医院人员五险一金由农场拨付，医院人员工资及日常经费按经营实行自负盈亏。

医院经费收支情况见表 5-3-7。

表 5-3-7　医院经费收支情况

单位：万元

年份	收入	支出	结余
1990	57	57	0
2000	60	62	−2
2005	120	124	−4
2010	158	157	1

第三节　医疗制度

一、公费医疗

农场属国有企业，20 世纪 80 年代前，农场职工享受公费医疗，即在农场医院门诊、住院或经农场医院批准转院的病号的治疗费用由农场报销。至 1990 年，全场享受公费医疗的职工、干部（包括五保户、离退休职工及干部）7688人。

1990年，农场对医院按事业单位进行企业化管理。实行"经费包干，单项结算，节约留用，超支自负"的医药费承包管理制度，凡是经医院批准的外诊，农场医院报销90％医药费，个人负担10％的医药费。经农场医院批准转院的住院费由农场医院报销；职工在农场医院服用中药，门诊收费50％，住院者免收费。

1995年，农场对医药费管理制度作适当调整，凡是经农场医院批准在农垦医院或文昌市人民医院治疗者其医疗费用：在职职工工龄在15年以下及退养人员，农场报销70％；工龄在16～30年，报销80％；工龄31年以上和离退休人员报销90％。职工在农场医院服用中药报销50％；农场对采取高新仪器检查治疗，长期居住在异地的离退休、退养人员和在职职工的外诊费等医疗费用给予适当照顾。

农场单位从2002年1月1日起启动"自收、自支、自管"的医疗保险。

2004年，农场制定政策规定，职工在农场医院门诊治疗，费用自付5％，住院治疗自付10％。确因病情需要转院者，经农场医院批准，办理转院手续后方可报销，大病住院医疗费用采取个人先行垫付，后凭转院证明、住院证明、发票和住院清单等到农场申请报销，报销标准：在职人员年报销最高金额8000元，退休人员年报销金额最高7000元（图5-3-6）。

图5-3-6　海南农垦卫生体制改革座谈会在东昌举行

2009年1月1日起，农场社保全面移交地方政府统一管理，职工看病报销（定点医院）实行住院由医院与社保部门结算直接减免报销部分，门诊费用由个人IC卡（智能卡）支付，在职职工的报销比例为85％，退休职工为90％，费用报销时视职工工龄而定，最高报销金额23万元。

二、合作医疗

1975年10月，农场在非职工子女中开展合作医疗制度，每人每月交费0.3元。1981年，调整合作医疗收费标准，每人每月增加到0.5元。1986年，再调整为每人每月交费1.2元。到1990年，全场4506名职工家属子女坚持参加合作医疗，参加合作医疗的小孩在农场所属医疗单位可凭证免费就诊就医，在场外读书的学生就医，可凭学校或地方医疗单位的条据到农场医院审核批准报销；对于未经本院医生批准而擅自到外地医疗单位就诊治疗病者，一切费用自付。

1990 年，农场取消合作医疗。2008 年，农场开始转为办理海口市城镇居民医疗保险，至 2020 年，办理该项保险人数达到了 6765 人。

第四章　文化体育

农场的文化体育工作基本上是紧紧围绕全场工作大局和工作中心开展，坚持寓教于文、寓教于艺、寓教于乐，通过多种形式，既活跃群众文化体育生活，促进农场文化体育事业繁荣发展，同时又能促进农场的社会经济日益向上。

第一节　文化阵地

一、广播站

1961年，随着农场生产的发展，生产队逐渐增多，队与队之间，场部与生产队之间，距离相差甚远，加上缺乏交通工具，农场从实际出发开办广播业务，在农场场部建中心有线广播站，连接5个作业区居民点；购置低音指环喇叭48个，每栋职工宿舍安排一个低音指环喇叭，每队配备一名专职广播员。1965年，中心广播站增购一部500瓦扩大机，接通12个生产队，每个生产队安装高音喇叭一个。1969年初又添置一部上海产的新式500瓦扩音机，全场17个居民点普遍安装了有线广播，每天早晚进行广播。1978年，受不法分子破坏，基层有线广播被迫中断。1980年，农场先后拨款给各作业区自办有线广播，添置扩音机和收录机，广播业务恢复正常运行。

农场广播站在各个时期紧密围绕农场的中心工作开展广播宣传，20世纪70年代，生产大会战，广播器材被搬到工地，进行现场宣传鼓动，宣传工地上涌现的好人好事。80年代，积极配合有关部门开展护林保胶、保护国有土地等方面的宣传教育。宣传车上安装录音机、扩音机和高音喇叭，深入到农场各生产队和附近的南阳、蓬莱、新桥、大坡等地方乡镇进行巡回宣传广播。

2011年，农场有30个队配备广播设备，每天早、中、晚3次正常进行广播宣传，每次播音30分钟，主要是收听中央、海南行政区广播电台新闻节目和广播场内新闻，宣传好人好事。

2015年，配合总局完成建设广播村村通工程，全场安装广播48个。

2017 年，公司总部建设电子屏等设施，总部广播站停播。

二、电影队

1970 年以前，农场职工群众看电影主要是依靠琼山县或海南农垦局电影队巡回放映；1971 年，农场成立电影队，配备电影放映员 3 名，16 毫米放映机一部。农场场部每周放映 1~2 场，全场 16 个生产队每队每月放映电影 2~3 场。1984 年，农场改变电影队公家免费放映的做法，实行单机核算个人承包、上缴利润的管理方法。1987 年，电影队成立两个放映组每组配备放映员 3 人，下属放映点 52 个。全队有 F16-4 型 16 毫米烟灯放映机 2 部、甘光 35 毫米放映机 1 部、103A-Y 型 35 毫米烟灯放映机 1 部、009T 型双镜头幻灯机 1 台，每月放映数场，逢年过节，工会还组织电影队到各单位巡回慰问放映。

20 世纪 90 年代初，电视发展较快加上出现录像，而电影放映设备年久老化，加上电影门票费用每月从职工工资中代扣 0.2~0.5 元，电影观众逐渐减少，放映员收入随之降低，农场从放映员承包放映到将放映机折价卖给放映员，电影队自行解散。

2011 年，农场投入 10 多万元建设电子屏，能进行宣传，也能播放电影节目。此后每年开展送戏下乡等活动，每年到农场放映电影 2~3 场次。

三、电视、录像、投影室

海南区开播电视后，1982 年农场购回 12 部电视机，分别送给 12 个基层单位，次年，农场又拨专款为区、队添置电视机 20 部。到 1987 年，全场 6 个管理区、41 个生产队、13 个直属单位全都配有电视机，电视覆盖率达 100%，较好地丰富了职工的文娱生活。

1985 年 2 月，农场购回录像机、投录和投影双用机各 1 部，成立录像投影组并配备专人管理；场工会每年组织录像投影组到各区队进行生产技术知识等科教片的宣传播放（图 5-4-1）。

20 世纪 90 年代中期，电视开始走进职工家庭，农场投入 350 万元资金，在 27 个基层单位建设有线电视接收设施，约占全场的 70%。2005 年 7 月无偿并入海南有线电

图 5-4-1 20 世纪 80 年代职工群众观看电视

视网。没有并入海南有线电视网的生产队仍使用自己的有线电视，或安装锅盖接收卫星电视节目。

四、文化（图书）室

1960 年，农场在场部机关建设 1 间图书室，藏有少量图书。1962 年，又增设图书室 8 间，1969 年，全场图书室达到 13 间，几乎每个生产队都有图书室；农场机关配图书管理员 2 名，基层单位配图书管理员 1 名。

1980 年，农场采取场拨一点、区捐一点、单位自筹一点的办法，筹集资金 5 万多元建设文化室，1990 年，农场再筹措 4 万多元建设文化图书室，全场有小图书室 49 间、文化室 57 间、大图书馆 2 间。农场机关图书室订阅各种报纸杂志 70 份，藏书量达 14650 册；农场中学图书馆藏书量达 26000 册；全场有图书 86000 册（图 5-4-2）。

图 5-4-2　20 世纪 80 年代职工在图书室上法制课

2009 年 9 月，农场中学图书馆随学校一起移交琼山区教育局管理。

2017 年 7 月，农场公司下辖的 36 队"宝湖启蒙书屋"在农场提供场地支持下，正式建成并开放，该书屋由爱心人士捐款 3.6 万元筹建，收藏图书 2000 册（图 5-4-3、图 5-4-4）。

图 5-4-3　宝湖启蒙书屋的小朋友在阅读

图 5-4-4　爱心人士在宝湖启蒙书屋与小朋友合影

2018 年，公司投资建设职工书屋，该书屋占地 80 平方米，收藏图书 5000 册，2019 年获得"海南省职工书屋"示范称号，中华全国总工会授予其"全国职工书屋"称号（图 5-4-5、图 5-4-6）。

图 5-4-5　职工书屋挂牌

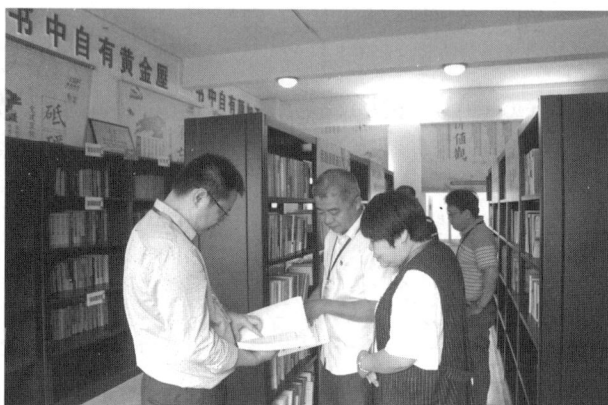

图 5-4-6　公司员工在书屋读书

五、影剧场（院）

20 世纪 70 年代，农场有大小影剧场 19 个，1980 年初投资 22 万元建设 3000 平方米场部剧场，盖顶舞台 600 平方米，2780 个露天观众座位，2002 年，对剧场进行拆建，除保留舞台部分外，全部座位拆除改建篮球和排球场各一个；2011 年，投入资金 190 多万元进行重建。各区队有简易剧场 18 个，占地总面积为 4800 平方米。

第二节　文艺活动

一、文娱活动

1953 年底，农场组织 50 人成立业余琼剧团，投资配备一套适应农村演出的设备。农闲时进行阶段性或应时性排练，逢盛大节日为职工演出；逢周末下队巡回慰问演出，到兄弟农场慰问演出。业余琼剧团于 1960 年 9 月解散。

1964 年，农场机关、各区队成立职工俱乐部，还先后成立 8 支文艺宣传队，有宣传队员 101 人，农场拨款添置秦琴、二胡、大小提琴、扬琴、笛子、号管和大小锣、鼓、钹等。每月举行文艺晚会 1～2 场次，节目内容有独唱、戏剧、小组唱、歌舞、相声、演奏等。

1969 年，农场解散基层文艺宣传队成立业余文工团，文工团成员有 30 人，1979 年 2 月，农场第五管理区成立"大坡农场边田业余戏团"，乐器由场工会提供，服装、布景由戏团自筹，先后排练 8 部古装琼剧，每年至少演出 50 场次，1981 年，4 名主角考上琼海剧团，因无主角，戏团演出水平、经济收入下降，1983 年，戏团亏本后自行解散。

1985 年，场机关、团委经常组织青年跳交谊舞、迪斯科、霹雳舞，场中学、中心小学每学年都举办班际文娱比赛活动；每逢"六一""国庆""元旦"等节日，都举办文娱大奖赛活动。场中学文娱队自创舞蹈《花在欢笑》参加海南农垦局举办的文艺汇演，荣获优秀节目奖。

1993 年，农场成立交谊舞协会，928 人参加交谊舞培训班学习，举办"大坡杯"第一届卡拉 OK 大赛，60 多名青年参赛，有 10 名青年获评"大坡十大歌手"称号（图 5-4-7）。

图 5-4-7　海南农垦"颂海南"创作歌手大赛现场

2008 年，组织参加农垦文艺比赛，舞蹈获得二等奖。

2009 年，农场工会组织成立广场舞协会，参会会员 202 人；同时还组织 35 人成立老年人太极运动队，队员 35 人。每年举办春节联欢晚会和庆国庆、迎中秋文艺晚会等活动，让职工群众感受到文艺活动带来的欢乐，感受到新时代丰富多彩的生活（图 5-4-8、图 5-4-9）。

图 5-4-8　农场公司员工大合唱

图 5-4-9　机关文艺队表演舞蹈节目

二、文艺创作

建场初期，农场文艺宣传队结合生产劳作和政治运动的宣传教育，创作不少通俗易懂的快板、歌曲等。1980年，农场工会、宣传科、团委组织开展征文、美术、书法、诗歌朗诵等比赛活动，有力地促进了有文化知识的人创办各类宣传刊物。1981年初，农场中学毕业生王全、张奔等5人自办《溪流》文学杂志，内部油印发行2期。1985年，农场第三区小学创办文学报《小叶》，至1990年共出版36期，每期印刷150份；场中学创办反映校园风貌的油印小报《幼芽》《飞翔》《芳菲》，至1990年分别出版了6期（图5-4-10）。

图5-4-10　东昌中学2001年校刊

农场宣教科、工会、团委还积极鼓励干部职工学生努力创作，参加报纸杂志组织的征文活动。全场有58名业余创作爱好者经常参加各类征文活动，1986年，农场教师薛强、王玉民创作的《书签》《红领巾办起了图书角》两篇作品，参加中国少年儿童报社举办的"勤巧小队友谊赛"征文比赛，分别荣获一、三等奖。1989年，六区小学学生符燕艳（二中队队长）、林飞（辅导员）共同创作的《电视机打开了人们的眼界》荣获《中国少年报》和《中国儿童报》主办的"露华杯"征文比赛二等奖，林飞老师获辅导二等奖。1990年11月，农场法庭庭长《如何矫正婚姻家庭中离婚与青少年犯罪的因素》一文获"海南社会问题透视"征文活动三等奖。

1983年，吴有章创作的新闻图片《普教开新花》《再为人民创立功绩》参加广东图片社展览，摄影作品《假日》《童年》分别在《摄影指南》和《民族画报》刊物上发表。1985年，他主持摄制一套《安全生产、讲求效益》的幻灯片，在海南农垦局主办的电影幻灯片比赛中荣获三等奖。1986年，他的美术作品《希望》《胶林鸿雁》《晒》入选海南区美术协会举办的美术作品展览。摄影作品《胶园之花》参加国力集团艺术节比赛获三等奖。

工人符国生身残志坚，高中毕业后，他刻苦学习写作，从1980年起，他一共在省级报纸、杂志、电视台、广播电台上发表文章206篇，被吸收为海南省椰岛文学社社员，海

南青年诗人协会会员，海南省职工美术、书法、摄影协会会员。（图5-4-11）

2001年，农场组织人员编辑出版书籍《白石溪作证》；有创作能力的个人也出版不少书籍，如散文集《人间送小温》、杂文《倾诉》《农垦情结》，地方文化志《南朝护国翊侯王资料专辑》等（图5-4-12、图5-4-13）。

图5-4-11 职工书画展

图5-4-12 图书《白石溪作证》

图5-4-13 海南美术家协会在农场采风

第三节 宣传报道

1965年6月，农场在社会主义教育中创办《四清简讯》小报，主要报道政治运动的情况。每月出版4期，每期8开2版，共出版23期。1979年，农场工会创办了《情况交流》简报，主要是报道农场的生产、科技、文教卫生等动态，每月出版1期，至1981年停刊。1983年4月，农场工会主编创办《场内简讯》小报，半月出版1期，当年10月停办。1984年9月，农场宣传科、团委、工会联合创办《白石溪之声》小报，出版5期后停刊。1984年10月，农场宣传科负责出版《白石溪》小报，出版23期后停刊。内容主要是反映农场政治、经济、生产、生活、文化等情况与风貌，体裁有新闻、简讯、生活小品、小说、散文、诗歌、信息等。1985年8月，农场办公室主办《大坡信息》，每月出版1期，到1990年共出版66期。

农场在创办内部刊物的同时，重视通信报道工作。1985年，农场设立中心报道组，通讯员10人，建立场、区、队三级报道网，有58个报道员，农场宣传科坚持每季度评奖一次；为报道员订阅《海南农垦报》《致富时代》等报刊，赠送《新闻写作学》书籍，帮助报道员组稿、送稿，免费为报道员寄发稿件、提供稿纸，向报社、电台、电视台推荐稿件。在农场的大力支持下，报道员每年创作发表的稿件都超过100篇，多数在《海南农垦报》《海南日报》《南方日报》《广东农民报》等报刊上发表。东昌农场报道组连续多年被海南农垦局宣传处评为先进报道组。影响较大的新闻稿件是《王杰式英雄——韩裕寿》，连续被海南人民广播电台、海南电视台、《南方日报》《海南农垦报》录用刊登。

2010年，全场宣传报道稿件在各类新闻媒体见报521篇。通信报道员林宝华连续7年被海南农垦报评为优秀报道员。

2011—2016年5年间，东昌农场共发表信息、通讯、消息、简讯、摄影、绘画等新闻稿件1953篇，分别被《海南日报》《中国农垦》《海南农垦报》、海南农垦网、《海南法制报》《南国都市报》《每日要情》《情况交流》以及海南人民广播电台等省区级媒体采用，较好地宣传和报道了企业工作，取得了显著成效，树立了良好的社会形象（图5-4-14）。

图5-4-14 《海南农垦报》东部记者站在东昌挂牌

第四节 文化体育

一、职工体育

1956年，农场成立6个职工协会，参会会员967人，其中女会员179人。这年，投资修建1个有200米跑道的运动场，配跳高跳远沙池6个、跳箱1副、双杠6副、单杠6副、联合器械1副（吊环、绳竿），同时在全场修建篮球场和排球场各6个，乒乓球台2副。1958年，推广劳卫制体育锻炼，每逢重大节日，农场都举办体育比赛活动，有篮球、排球、乒乓球、跳高、跳远、象棋、拔河等。1970年开始，农场先后拨款在各区队增建灯光球场 11 个、普通球场 39 个，兴建田径场 8 座，其中标准田径场 1 座。购置乒乓球桌 21 张。

1982 年，农场成立体育委员会，组成男女篮、排球代表队各 1 支，业余球队 10 支。在排球之乡——文昌的影响下，机关或多数基层单位均以排球活动为主。

现在每年"三八"妇女节、"五一"劳动节、国庆节和元旦等重大节假日，农场都要举行篮球、排球、拔河和老人门球等比赛（图 5-4-15、图 5-4-16）。

图 5-4-15　职工拔河现场

图 5-4-16　老年人门球赛

在农场的大力支持下，职工积极参与体育活动不仅锻炼了身体，还取得不少优异成绩。1981 年，农场男女篮球队分别荣获海南农垦职工篮球选拔赛第四赛区第一名；1983 年，荣获海南农垦篮球锦标赛琼山赛区女篮第一名，男篮第二名。

1984 年，女篮荣获海南农垦篮球精英赛女子组第三名。男子排球队获得海南农垦排球邀请赛第四名。

1984 年，农场田径代表队参加海南农垦局举办的长跑比赛获团体总分第一名。当年获广东体育运动会授予的"群众性长跑运动先进单位"光荣称号。

1987 年，职工吴亚德参加海南省举行的马拉松长跑比赛，获得第一名，同年参加广东省举办的马拉松比赛也获得好名次。

二、学校体育

学校体育主要开展"两操两活动"，即早操、课间操和每周两节体育课活动，体育活动主要是篮球、排球、足球、双杠、单杠、跳高、跳远、铅球、标枪、跑步等。20 世纪 70 年代，学校掀起乒乓球热，每学期举办一次乒乓球班际比赛。1983 年，农场中学乒乓球队荣获琼山县举办的乒乓球赛团体总分第三名。按照《国家体育锻炼标准》，让学生"德、智、体全面发展"，学校加强每周两节体育课的教学工作，到2008年，全场中小学生体育达标率85%以上。

1982年，场中学成立体育队，分球类队和田径队，由一名体育老师负责，配有6名兼职教练员，定期训练。1983年，在农垦教育处的支持下，农场拨款4万多元，兴建一个具有400米标准跑道、多功能田径场和2个灯光球场的体育场，是垦区独一无二的农场级先进规模运动场地。当年6月1日，海南农垦第三届中学生田径运动会在农场举行，参加运动会的有42支代表队，通过激烈竞技，农场中学代表队荣获第三名。场中学每年举行一次田径运动会，至2008年，共举行中学生运动会16届、小学生运动会6届。

农场中小学生体育代表队参加县以上单位举办的田径运动会都能取得较好成绩。1976年，农场中学体育代表队在琼山县举行的中学生球类比赛中，取得乒乓球少年组单打第三名，篮球类第三名。

1982年，农场中学乒乓球队参加琼山县举办的乒乓球赛，团体总分取得第三名。

1983年，在农场中学举行的海南农垦第三届中学生田径运动会上，农场中学代表队荣获团体总分第三名。

1984年，在农垦中学生第三届运动会上，农场中学代表队取得女子接力跑第二名，成绩是56秒4。标枪获个人第一名、第二名。

1990年，农场中学代表队在农垦中学生田径运动会中获得团体总分第二名。

第六编

社会工作

中国农垦农场志

第一章 人 口

农场人口从 1952 年建场几十人，到 1985 年 12000 人，是高速增长期，主要是源于农场不断发展，招聘农工、转业军人、知青、职工家属及场队迁入人口等不断增加；1985 年以后进入稳定期，基本在 12000～13000 人。农场创建初期，以退役军人及农民为主体的农场职工，文化程度较低，在 20 世纪 50 年代文盲率达 47％以上。2020 年，文盲及半文盲率下降至 12.1％。

第一节 人口总量

一、总量变化

1952 年，农场刚组建，人员未定，机构变动大，对临时抽来的民工未加统计，1955 年，农场机构初具规模，各项制度开始建立，统计农场人口有 1256 人，10 年后的 1965 年增加一倍达 2660 人，又过 10 年后 1975 年农场人口翻了二番达到 5162 人，1985 年以后保持 12000 人左右。至 2020 年，农场有人口 14926 人，其中，男性 7908 人，女性 7018 人；在岗职工 246 人，自谋职业职工 2021 人，退休职工 3865 人。

农场职工来自全国 15 个省份 30 多个市县，职工队伍成批增加一共有 3 次，第一次是兵团时期，上山下乡知青，第二次和第三次是 1977 年和 1981 年农场周边成建制的村社队并入农场。职工主要来自复退转业军人（515 人）、城市知青（1233 人）、农村并场转制农民（2296 人）、大中专院校分配的毕业生（52 人）、海外归侨（29 人），还有农场职工子弟或亲属 3000 多人。

二、人口分布

1956 年，农场平均每平方公里为 26.2 人，到 1977 年，平均每平方公里为 120.6 人。1987 年，农场平均每平方公里为 160.4 人；2011 年，平均每平方公里为 180.3 人；

2020年，农场平均每平方公里为187.8人。

1982年、1990年、2011年和2020年农场人口分布情况见表6-1-1和表6-1-2。

表 6-1-1　1982 年和 1990 年人口分布情况

地区	1982 年				1990 年				备注
	总户数（户）	总人口数（人）			总户数（户）	总人口数（人）			
		合计	男	女		合计	男	女	
东昌农场	2669	11521	5903	5939	3223	11812	6160	5884	
第一作业区	325	1376	683	693	424	1523	758	765	后并入一分场
1 队	75	275	144	131	112	427	219	208	
2 队	48	224	111	113	63	218	108	110	
3 队	73	301	134	167	87	294	140	154	
4 队	55	232	124	108	61	191	107	84	
5 队	74	344	170	174	101	393	184	209	
第六作业区	312	1138	699	760	321	1108	691	649	
36 队	37	175	85	90	61	232	119	113	
37 队	54	239	114	125	30	175	82	93	
38 队	48	214	115	99	54	180	100	80	
39 队	32	154	80	74	95	404	210	194	1990年39队与40队合普查
40 队	65	321	134	187					
41 队	56	239	113	126	81	349	180	169	1990年41队与43队合普查
43 队	20	117	58	59					
第二作业区	525	2159	1022	1137	578	2046	1052	994	后并入二分场
6 队	86	307	143	164	78	305	159	146	
7 队	79	313	153	160	83	266	140	126	
8 队	103	426	194	232	123	410	201	209	
11 队	94	387	182	205	95	322	164	158	
12 队	77	352	165	187	88	350	177	173	
17 队	60	238	120	118	111	393	211	182	1990年17队与18队合普查
18 队	26	136	65	71					
第五作业区	420	1726	796	930	396	1565	788	777	后并入二分场
19 队	45	188	86	102	134	498	252	246	1990年19队与20队合普查
20 队	73	280	116	164					
21 队	43	214	101	113	108	445	223	222	1990年21队与22队合普查
22 队	66	226	101	125					
24 队	51	240	108	132	98	399	206	193	1990年24队与25队合普查
25 队	39	173	84	89					

（续）

地区	1982 年				1990 年				备注
	总户数（户）	总人口数（人）			总户数（户）	总人口数（人）			
		合计	男	女		合计	男	女	
26 队	73	214	103	111	56	223	107	116	
占统堆队	30	191	97	94					并入 1 队
第三作业区	422	2077	1040	1037	493	1966	1005	961	后并入三分场
9 队	88	412	202	210	109	426	204	222	
10 队	87	388	189	199	95	346	187	159	
15 队	75	343	180	163	85	331	170	161	
27 队	27	143	79	64					并入 9 队
28 队	45	210	107	103	76	297	161	136	
29 队	57	315	151	164	69	321	160	161	
30 队	43	266	132	134	59	245	123	122	
第四作业区	339	1603	819	784					并入第三作业区
13 队	65	295	162	133	118	371	204	167	
14 队	58	253	122	131	87	312	159	153	
16 队	40	171	94	77	47	164	87	77	
31 队	32	156	77	79					
32 队	33	148	76	72	95	358	175	183	1990 年 32 队与 33 队合普查
33 队	43	230	114	116					
34 队	35	182	92	90	78	308	148	160	1990 年 34 队与 35 队合普查
35 队	33	168	82	86					
机关直属	326	1442	844	598	586	2091	1093	998	

表 6-1-2 2011 年和 2020 年人口分布情况

地区	2011 年				2020 年				备注
	总户数（户）	总人口数（人）			总户数（户）	总人口数（人）			
		合计	男	女		合计	男	女	
东昌农场	4379	13146	6908	6418	4260	14926	7908	7018	
一分场	863	3087	1543	1544	914	3063	1565	1498	
1 队	143	436	187	249	120	406	218	188	
2 队	86	286	136	150	97	277	125	152	
3 队	96	348	181	167	92	319	166	153	
4 队	65	217	111	106	54	172	99	73	
5 队	89	272	152	120	129	389	185	204	
36 队	62	278	130	148	78	268	132	136	

（续）

地区	2011 年				2020 年				备注
	总户数（户）	总人口数（人）			总户数（户）	总人口数（人）			
		合计	男	女		合计	男	女	
37 队	42	186	85	101	47	163	85	78	
38 队	67	208	117	91	69	227	124	103	
39 队	45	145	84	61	44	152	81	71	
40 队	132	553	285	268	184	690	350	340	并入 40 队
41 队									
43 队	36	158	75	83					
二分场	1046	3851	1933	1918	1101	3659	1865	1794	
6 队	86	480	225	255	148	479	230	249	
7 队	120	335	169	166	93	261	131	130	
8 队	96	388	147	241	96	364	188	176	
11 队	96	305	175	130	92	288	150	138	
12 队	90	342	200	142	91	282	148	134	
17 队	78	304	200	104	82	252	119	133	
18 队	11	117	64	53	40	141	92	49	
19 队	82	320	157	163	82	310	153	157	
20 队	101	275	125	150	79	253	117	136	
21 队	82	235	115	120	85	245	120	125	
22 队	48	118	42	76	49	165	85	80	
24 队	93	396	178	218	95	374	202	172	并入 24 队
25 队									
26 队	63	236	136	100	69	245	130	115	
三分场	601	2126	1060	1066	624	2171	1148	1023	
9 队	187	587	306	281	183	586	298	288	
10 队	171	564	280	284	178	572	320	252	
15 队	81	317	169	148	93	302	165	137	
28 队									并入 10 队
29 队	87	343	158	185	93	386	203	183	
30 队	75	315	147	168	77	325	162	163	
四分场	458	1542	944	778	501	1726	978	748	2016 年并入三分场
13 队	147	476	285	191	147	467	322	145	
14 队	93	342	174	168	104	346	182	164	
16 队	71	281	165	116	84	275	127	148	

（续）

地区	2011 年				2020 年				备注
	总户数（户）	总人口数（人）			总户数（户）	总人口数（人）			
		合计	男	女		合计	男	女	
32 队	43	179	102	77	51	182	101	81	
33 队	61	264	135	129	68	283	160	123	
34 队	43	180	83	97	47	173	86	87	
35 队									并入 16 队
机关直属	1411	2540	1428	1112	1120	4307	2352	1955	

第二节　人口结构

一、性别结构

农场 2020 年人口总数为 14926 人。其中，男性 7918 人，占总人口的 53％；女性 7018 人，占总人口的 47％，男女性比例为 100∶88.6。

二、年龄结构

2020 年统计，1～14 周岁有 2692 人，15～34 周岁有 4117 人，35～54 周岁有 4107 人，55 周岁以上有 4010 人。

三、文化结构

1982 年第三次全国人口普查，农场 12053 人口接受普查，其中，小学以上文化程度 8674 人，占普查总人口的 72％，余下 28％的人口为文盲或识字很少的人。文化程度中，大学本科和专科程度的 18 人，占 0.2％；中专及高中的 1471 人，占 12.2％；初中的 2823 人，占 23.4％；小学 4362 人，占 36.2％。

1990 年第四次全国人口普查，农场 12064 人口接受普查，其中，小学以上文化程度 9327 人，占普查总人口的 77.3％，人口中文盲或识字很少的占 22.7％。文化程度中，大学本科和专科程度 101 人，占 0.8％，中专及高中的 1748 人，占 14.5％；初中的 3361 人，占 27.9％；小学 4105 人，占 34％。

2010 年第六次全国人口普查，农场 12662 人口接受普查，其中，大学本科和专科程度的 418 人，占 3.3%；中专及高中的 4014 人，占 31.7%；初中的 3678 人，占 29%；小学 2761 人，占 21.8%；其余 14.2%的人口为文盲或识字很少。

2020 年第七次全国人口普查，农场 14926 人接受普查，其中，大学本科和专科程度的 568 人，占 3.8%；中专及高中的 5021 人，占 33.6%；初中的 4785 人，占 32%；小学 2761 人，占 18.5%；其余 12.1%的人口为文盲或识字很少的人。

四、职业结构

1987 年，全场有职工 7161 人，分为生产人员和非生产人员。生产人员 6108 人，其中，橡胶生产工人 3640 人（割胶工人 1446 人，林管工人 1056 人，农业工人 938 人，制胶工人 54 人，苗圃工人 146 人），热作人员 165 人，木料加工工人 43 人，畜牧工人 29 人，副业工人 21 人，工业工人 285 人，农机修造工人 41 人，交通运输工人 39 人，机务及动力工人 108 人，基建工人 166 人，其他生产工人 433 人。非生产人员有 1321 人，其中，工程技术人员 26 人，管理人员 407 人，服务人员 531 人（内含炊事员 24 人、保育员 39 人、区队卫生员 51 人、电影广播员 13 人），社会服务人员 217 人（内含中小学教师 180 人、医院医务人员 63 人、商业人员 13 人、政法人员 11 人），其他服务人员 140 人。

2011 年，全场有职工 1178 人，分为生产人员和非生产人员，生产人员 647 人，其中，橡胶生产工人 617 人（割胶工人 603 人，林管工人 14 人），制胶工人 22 人，林下经济种管 8 人。非生产人员 531 人，其中机关、生产队管理人员 206 人，保安、后勤、其他人员 325 人。

2015 年，全场有职工 950 人，生产人员 659 人，其中，橡胶生产工人 623 人（割胶工人 585 人，收胶员 38 人），制胶工人 27 人，林下经济 9 人。非生产人员 291 人，其中，机关、生产队管理人员 128 人，保安、工勤、其他人员等 163 人。

2020 年统计，全公司职工 227 人，公司员工 94 人，橡胶生产工人 120 人，内退职工 13 人。

五、民族构成

农场人口中绝大多数是汉族，还有为数不多的壮族、黎族，汉族人口中，居住在自然村的群众，多数是明、清时期的移民，久居此地。农场组建成立后，陆陆续续从外地到农场安居立业的人，有新中国成立初期南下复员、转业、退伍军人，有从大中城市上山下乡的知青，有国家分配到场工作的干部、工人、教师等。他们的原籍有广东、广西、湖南、河北、山东、四川、辽宁、黑龙江、浙江、江苏等，但海南籍人最多。

六、语言构成

农场职工、家属来自五湖四海，语言多种多样，有普通话、海南话、潮汕话、客家话、广州话、壮族话、黎族话、临高话等。在复杂的语言交谈中，以海南本地语言为主，其次是普通话，在机关、工厂、学校较为流行。

第二章 居 民

建场以来，农场认真落实国家计划生育政策，有效地控制了人口增长，达到人口发展计划的目的。同时随着农场经济的发展，职工居民收入的大幅提高，居民生活水平发生了翻天覆地的变化，实现了从建场初期的吃不饱到20世纪80年代温饱，再到改革开放后实现由"量"的满足开始转向"质"的提高。

第一节 姓 氏

农场人口来自五湖四海，姓氏名称繁多，有145个姓氏。姓氏中有单姓，也有复姓，同姓最多的有1300多人，少的只有1人，全场人口中的姓氏有：陈、王、符、林、关、张、李、黄、韩、谢、周、罗、冯、郑、何、曾、莫、许、梁、杨、钟、廖、邓、蔡、沈、刘、翁、邢、儋、马、朱、苏、卢、潘、宋、袁、郭、卓、龙、颜、欧、武、云、赖、孙、黎、叶、薛、徐、唐、高、彭、范、尧、贺、赵、严、秦、庄、傅、余、骆、洪、史、伍、肖、简、谭、戴、温、连、童、程、侯、曹、丁、方、华、岑、冼、邹、覃、韦、江、巫、古、甘、钱、游、魏、关、邱、胡、杜、利、柯、施、凌、蒙、文、任、竺、吕、万、麦、会、邝、安、姚、蓝、磨、巴、石、向、阮、陆、邮、崈、孔、田、巩、齐、佘、庞、阳、经、孟、幸、练、钮、阎、戚、章、陶、崔、梅、蒋、辜、管、零、需、欧阳。

第二节 生活水平

1950年5月，海南岛解放，党中央国务院决定开发建设海南，1952年，农场组建成立，刚解放的海南百废待兴，各类生产生活物资匮乏，虽说大多数职工是单身，生活还算过得去。不久，由于三年困难时期，职工口粮供应不足，生活甚为困难，只能采集野菜充饥。农场除橡胶生产外，组织职工进行生产自救，大种薯类、杂粮和花生，在五边地种菜及饲养禽畜，渡过了粮食困难关。兵团时期，陆续盖起一批砖瓦结构的职工宿舍，生产队逐步能发电照明和供应自来水。1980 年，农场每年拨出一笔资金用于解决职工生活方面的基本建设，到 1985 年，全场基本实现电灯照明，家家户户用上自来水。

党的十一届三中全会以后，职工家庭副业有了较大的发展，开始出现职工家庭"万元户"。1987 年，全场年收入万元左右的职工家庭有 99 户。场机关、作业区有了楼房，人均住房面积 24.69 平方米。多数家庭购置自行车、手表、收音机、缝衣机，20 世纪 80 年代发展到电视机、收录机、电风扇、洗衣机、摩托车和高档家具等。进入 90 年代后，小汽车、空调、电脑、手机等已走进了普通百姓的家庭。

一、生育工作

1963 年，农场响应《全国农业发展纲要（草案）》提出的关于"提倡有计划地生育子女"的号召，成立计生委，场长兼任计生委主任，工会、卫生、宣传、团委、妇女等部门负责人任委员，作业区分别成立计划生育领导小组，由区主要领导任组长，形成上下一条龙，专门负责农场计划生育工作，并以医疗卫生部门为主指导采取节育措施。计划生育贯彻"晚结婚、稀生育、少生育"的原则，一对夫妇只生两个孩子，生育时间间隔 4 年以上。

1978 年，国家将实行计划生育的方针写进了宪法，定为国策，计划生育政策调整为每对夫妇最好只生一个孩子，最多生两个，生育间隔 3 年以上。

1980 年 9 月，中共中央发表了《关于控制我国人口增长问题致全体共产党员、共青团员的公开信》，要求一对夫妇只生一个孩子，实行晚婚晚育，给只生一个孩子的父母办理"独生子女优待证"。

1981 年，农场贯彻国家"控制人口数量，提高人口素质"的要求，继续执行"一对夫妇只生一胎孩子"，严格控制第二胎，禁止生育第三胎的"晚婚晚育"政策。

1984 年，农场掀起计划生育高潮，狠抓计划生育工作，重点解决已生二胎没有结扎、生一胎未办"独生子优待证"和未采取节育措施的问题。

1986 年，农场执行海南农垦局下发《关于贯彻执行〈广东省计划生育条例〉的暂行补充规定》。

1989 年，农场根据海南省颁布的《计划生育条例》，对计划生育规定增补条款，从 10 月起，独生子女保健费从 5 元提高为 10 元。

1995 年，农场执行新的《海南省计划生育条例》，进一步补充完善计划生育规定。

二、节育措施

农场早期在对职工进行计划生育宣传教育的同时，动员和鼓励职工采取避孕的节育措施，1963年，农场落实国家关于"认真提倡计划生育"时，广泛开展晚婚宣传，鼓励青年男女实行晚婚，规定晚婚年龄为男满26周岁，女满25周岁；1980年以后改为男满25周岁（农村）或26周岁（城市）、女满23周岁，对实行晚婚的夫妇奖励结婚假15天；女性25周岁以上生育，称为晚育。通过宣传鼓励，20世纪70年代农场晚婚率在90％以上。

农场先后于1963年、1972年、1975年、1981年、1983年和1987年6次在全场掀起计划生育大高潮，依照《中共中央关于控制我国人口增长问题的公开信》和《广东省计划生育条例》，以及海南农垦局、琼山县等有关文件规定，制定农场计划生育工作条例，召开农场职工代表大会讨论通过后颁布执行，一方面，组织工会、卫生、宣传、团委、妇女等部门认真做好广泛、深入、细致的宣传发动工作，使之家喻户晓、深入人心；另一方面，给所属各单位下达具体生育指标，严格控制人口增长，并把计划生育工作作为年终评比先进单位的先决条件。对计划外怀孕及时采取补救措施，严格执行奖罚制度，至1987年，农场用于计划生育工作的奖金以及保健费、慰问费等共计人民币13万元，有效地控制了人口增长（图6-2-1）。

图6-2-1 农场计生工作人员发放计生宣传单

在计划生育工作中，坚持党政一把手亲自抓、负总责，把计生工作中心下移，在分场、直属单位配置4名专职计生干部，实行计划生育目标管理责任制，确保责任、措施、投入落实到位。独生子女户申请"父母光荣证"112户，全员人口身份证录入率93％，户籍代码录入率91.5％，各项任务指标均超额完成（图6-2-2）。

2012—2015年全场育龄夫妇8053对，出生人数575人，其中男孩为308人，女孩为267人。4年平均人口出生率为12.44‰。平均性别比为100∶116.15。计划内生育534人，计划生育率为92.87％。

2013年，全场共有育龄夫妇2003对，全年出生人数135人，其中，男孩为75人，女孩为 60 人。人口出生率为 11.7‰，全年计划内生育人数为 126 人，计划生育率为 93.3％，性别比为 125％；手术结扎 17 例，上环 51 例；全场独生子女 196 人。

2014 年，全场共有育龄夫妇 1958 对，全年出生人口 147 人，其中，男孩 81 人，女孩 66 人。人口出生率 12.1‰，全年计划内生育人数 137 人，计划生育率 93.2％，性别比 122.7％，全场独生子女 165 人。

2015 年，全场共有育龄夫妇 1923 对，全年出生人口 138 人，其中，男孩 65 人，

图 6-2-2　农场计生干部在宣传计生常识

女孩 73 人。人口出生率 12.1‰，全年计划内生育人数 125 人，计划生育率 90.6％，性别比 89％，全场独生子女 173 人。

2016 年，海南农垦体制改革，社会职能属地化管理，东昌农场计生办由琼山区大坡镇东昌居管理。

2016 年，全场共有育龄夫妇 1837 对，全年出生人口 117 人，其中，男孩 63 人，女孩 54 人。人口出生率 10.09‰，全年计划内生育人数 112 人，计划生育率 95.7％，性别比 117％，全场独生子女 160 人。

2017 年，全场共有育龄夫妇 1710 对，全年出生人口 128 人，其中，男孩 62 人，女孩 66 人。人口出生率 11.14‰，全年计划内生育人数 120 人，计划生育率 93.75％，性别比 93.9％，全场独生子女 143 人。

2018 年，全场共有育龄夫妇 1645 对，全年出生人口 93 人，其中，男孩 48 人，女孩 45 人。人口出生率 8.15‰，全年计划内生育人数 89 人，计划生育率 95.7％，性别比 107％，全场独生子女 126 人。

2019 年，全场共有育龄夫妇 1607 对，全年出生人口 106 人，其中，男孩 56 人，女孩 50 人。全年计划内生育人数 99 人，计划生育率 93.4％；性别比 112％。

2020 年，全场共有育龄夫妇 1820 对，全年出生人口 90 人，其中男孩 50 人，女孩 40 人。全年计划内生育人数 90 人。

农场认真落实国家计划生育政策，采取有效措施使人口出生率、自然增长率都控制在上级规定的指标内，到 2009 年，人口出生率由 1988 年的 2.1‰降为 1.9‰；自然增长率由 1988 年的 9.8‰降为 5‰。有效地控制了人口增长，达到人口发展计划的目的。

农场历年计划生育情况见表 6-2-1。

表 6-2-1　农场历年计划生育情况

年份	出生		计划内生育		计划外生育		超生三胎及以上		晚婚率（%）	一孩领证率（%）
	人数	出生率（‰）	人数	比例（%）	人数	比例（%）	人数	比例（%）		
2007	140	13.67	128	91.42	12	8.57	3	2.1	62	97.2
2008	156	14.94	141	90.38	15	9.62	7	4.4	62	97.0
2009	161	15.07	146	90.68	15	9.32	8	4.9	65	98.2
2010	122	11.27	113	92.62	9	7.38	9	7.3	66	98.2
2011	141	12.71	135	95.74	6	4.26	6	4.2	66	98.3
2012	155	14.00	146	94.20	9	5.80	5	3.2	66	100.0
2013	135	12.00	126	93.30	9	6.70	7	6.6	66	100.0
2014	147	13.00	137	93.20	10	6.80	6	4.1	65	100.0
2015	138	12.00	125	90.60	13	9.40	9	6.5	65	100.0
2016	117	10.90	112	95.70	5	4.30	5	4.3		100.0
2017	128	11.14	120	93.70	8	6.70	8	6.7		100.0
2018	93	8.15	89	95.60	4	4.40	4	4.4		100.0
2019	106		99	93.40	7	6.60	7	6.6		100.0
2020	90									

三、优生优育

农场自 1963 年以来，坚决执行计划生育的基本国策，提倡一对夫妇只生一个孩子。对只生一个孩子的育龄妇女，给予 3 个月的产假，每月补助营养费 7 元，从出生之月起至 14 周岁，定期给予体格检查，注射预防针，免费入托儿所、幼儿园，逢年过节还发纪念品和营养品。全场现有 112 人领取了独生子女证。现在农场的男女青年都将结婚年龄控制在男 25 岁以上、女 23 岁以上，争取实现优生优育。

第三章　民　　俗

农场地处琼文地区，民风淳朴，重教兴文，人民勤劳坚毅，知礼乐善，勇于进取。受军垦文化、知青文化影响，风气渐新，特别是改革开放以后，精神文明和物质文明建设同时进步，社会新风逐步形成。

第一节　行业习俗

一、农事习俗

农场生产以橡胶栽培、采割、制胶为主，同时发展多种经营，种植各种热带作物及水稻等。割胶工人每天凌晨 3 时左右起身去割胶，天亮时一割完胶，紧接着磨刀，勤劳的老胶工还带锄头砍刀上树位，利用等胶水的时间除草积肥或施肥，一般要到上午 11 时左右才收胶水。往往到 12 时才吃中午饭。下午 3 时又去管理林段至 6 时才收工，一天工作时间长达 10 小时。

种植橡胶先要育苗圃，再进行移床，最后芽接成活才到大田定植，一般要经过一年的时间。特别是定植，要求耕地要三犁三耙，挖穴规格要达 80 厘米×80 厘米×60 厘米，最理想是春季阴雨天挖苗定植，挖苗要尽量挖深，打泥浆，定植后盖草，冒雨定植会沾上一身红土；天旱无雨时抗旱定植，每天挑水淋胶苗，直到胶苗生根发芽为止。同时，充分利用地力在橡胶小苗林段间种茶叶、咖啡、甘蔗、菠萝、胡椒、花生等其他作物，工人一天到晚挥汗出力忙碌在林段里。

农田水稻作业和地方农民习俗相同，一年三造，收获两造种完水稻后忙于种管蔬菜、果蔗、薯类等热带作物和家庭副业。

二、从商习俗

新店开业，装饰门面，张灯结彩，择日开张。商人除供奉土地神外，还有人供文财神比干、武财神赵公明或关羽，敬祀财神，鸣放鞭炮，设宴请客，邀请政要人员出面祝词剪彩，借以提高社会知名度，招揽顾客，拓展销路。

店主开门营业，忌第一个顾客买卖不成交，忌人踏店铺门槛或冲着店门小便，忌坐卧或敲击柜台、账桌。

流动小贩、工匠，肩挑车载（自行车），走街串村，沿途做小生意、修理器具、收购废品、上门理发等，叫卖者大多拉腔提嗓，摇铜铃、敲小锣，别具一格。

第二节　生活习俗

穿着：生产建设兵团时期之前，农场职工喜着蓝色工装和军装。1987年后，穿西装的人越来越多，姑娘们佩戴饰品也渐渐多起来。

饮食：职工饮食一日三餐基本大同小异。饮茶几乎遍及各家各户，客人到家，以茶招待。一年中多数以绿茶为主，冬天则多饮红茶、乌龙茶。

居住：建场初期职工住房基本是茅草为原料的人字屋顶，20世纪80年代开始，在场部建起混凝土结构的平顶房及二层的楼房。90年代后，混凝土结构的房屋和楼房逐年增多，设计、材料、装饰都比较讲究，2020年，很多家庭都住上了保障性住房或自建的楼房。

行乘：建场初期以步行为主、牛车为辅；20世纪60年代后期，多以自行车和手扶拖拉机代步；80年代末，公路交通方便，汽车和摩托车增加，很多职工购买小汽车为出行工具。

第三节　礼仪习俗

婚嫁：青年男女大多数在平时交往恋爱的基础上，征求双方父母同意后进行登记结婚，也有靠亲友介绍结成良缘的，婚礼习惯用传统习俗。男方到女方提亲，俗称"问亲"；女方同意后，男方选择吉日良辰给女方送食物，俗称"说日"；迎亲由男方组织车队，每过一个村庄、镇、桥都要燃放鞭炮，以示报喜。结婚当天，新郎新娘胸前戴红花，新郎先在屋外等候，由新娘的胞弟端茶来迎接，俗称"半路茶"；新娘梳妆完毕后由新郎拜请出门，家中女性或姐妹放声大哭，俗称"哭教"；到男家后，由伯叔带路至厅堂拜堂，新郎新娘齐拜祖先，俗称"出公堂"；第五天，新郎或新郎的姐妹同新娘带甜品回娘家，俗称"回路"。

第四节　时节习俗

春节：为传统大节日，俗称"过年"。农历腊月廿四日"送灶神"，从这天开始直到除夕，叫作迎春日，城乡各家各户都用新扫把或竹枝将屋内屋外全面打扫卫生清洁，家具、床铺、被子、蚊帐和茶壶酒杯等都要洗得干干净净。有的还借此时机修灶、粉刷墙壁。家家户户都忙着置办年货，购买烟花、爆竹、年画，做年宵品。农历腊月三十（除夕），家家门前张灯结彩，门上贴上各种年画，祝愿新年万事如意。初一烧火做饭，多用红木（如荔枝、龙眼、海棠树枝）烧火，以求一年红红火火。初二就开始恭拜叙旧，访亲探友，初四、初五开始下地劳动。

元宵节：农历正月十五为上元节，晚上叫元宵，意指一元复始、大地回春的第一个月圆之夜。这一天，家家户户杀鸡煮肉、蒸糕，祭祖先庆元宵，吃椰子甜粿汤圆，寓有团圆、美满、幸福、吉祥之意。

军坡节（公期、婆期）：从农历正月至二月，农场附近农村村民大操大办，从2010年起农场倡导文明军坡活动，定位为军坡文化节，农场每年拨款组织职工进行书画展、文艺汇演、排篮球赛、职工拔河等群体活动。

清明节：清明节是祭祖扫墓的节日。扫墓历来有"清明前冬至后"的说法，即清明前十天，冬至后十天扫墓。清明节广大青少年来到白石溪革命烈士纪念碑前敬献花圈，回顾革命前辈英勇杀敌、艰苦奋斗的光辉历程，深情缅怀为人民的解放事业英勇献身的先烈，以进行爱国主义和革命传统教育。

端午节：农历五月初五这一天，职工都包粽子吃，以纪念屈原。当地民间还有洗龙水这一传统习俗，端午节这一天人们洗龙水是与龙神共浴，可以得到龙神的保护，换来一年的安康。沐浴中沾得龙神恩泽，在接下来的一年中无病无灾、一帆风顺。

中秋节：农家民间有中秋时节"拜月娘"、祭月的习俗，以中秋赏月、吃月饼的风俗最为盛行。

附　　录

英模、先进个人与集体

一、革命领导人

符向一（1902年8月—1928年3月），原名符福山，字向东，海南琼山县（今属海口市）大坡镇冯官园村人，1902年8月出生于一个贫农家庭。因家境贫寒，由其叔父在新加坡、马来西亚做小生意支持他读书。符向一聪明好学，有"过目成诵"之美誉。1920年秋，符向一考入琼崖中学。1924年秋，从琼崖中学毕业后赴上海，考入东华大学，参加了中国共产党领导的学生运动。1925年4月，在上海加入中国共产党。同年5月，参加上海工人阶级在党领导下的"五卅"反帝爱国运动。"五卅运动"以后，叶文龙、陈德华为联络在上海读书的琼崖籍进步青年学生，成立"琼崖新青年社"，主编《琼崖新青年》，宣传马列主义和反帝反封建的革命思想，符向一是该社的积极活动分子，并经常为《琼崖新青年》撰写文章，宣传党的政治主张。

1925年秋天，符向一从上海回到广州。1926年1月中旬，国民革命军渡海到琼，讨伐反动军阀邓本殷，他随军回琼工作。2月9日，担任共青团琼崖特支书记，3月10日，被派组织团琼崖地委，同时还担任琼崖农运办事处书记（主任冯平）。5月初，前往临高县指导筹备建立党组织。在此期间，他还到琼山县、澄迈县做了大量的农运工作。北伐开始后，他代表广东农民随军宣传并发展两湖（湖南、湖北）的农民组织。北伐军攻克武汉后，他与武汉负责同志筹备湖北省农民协会。沿京汉、粤汉铁路的蒲圻、咸宁、黄陂、应山，以及长江、汉水沿岸的黄冈、黄安、沔阳、汉川等地，都有他的足迹。

1927年8月5日，中共湖北省委制订了《鄂南农民暴动计划》，决定湖北秋收暴动以鄂南为中心。符向一奉命提前赴鄂南传达省委指示，并受命在鄂南区特委正式成立前，全权指导鄂南区的工作。在咸宁组建农民革命鄂南军五路指挥部，在蒲圻月山庙召集党员干部会议传达省委秋收暴动计划，向各地派遣干部，恢复重建党组织，领导农民"骚动"，惩办土豪劣绅，夺取地主武装的枪支弹药，组织农军攻占城镇。至 8 月 16 日，鄂南区 6 县共有党员 1410 人，农军武器有长枪 236 支，短枪 18 支。8 月下旬，中共鄂南特委正式成立，符向一为 5 名委员之一。在特委的领导、组织下，至 8 月底，鄂南农民革命军已攻占了通山、通城、崇阳三座县城。9 月 9 日凌晨，中伙铺劫车成功，鄂南秋收暴动正式全面展开，打响了两湖（湖南、湖北）暴动的第一枪。

鄂南秋收暴动失败后，符向一返回省委。10 月中旬，又受湖北省委派遣，前往巡视鄂东的麻黄（麻城、黄安）区。10 月 27 日，他被省委任命为黄麻特委书记。11 月 8 日，在黄安（今红安）七里坪文昌宫第二高等小学召开黄麻两县党团活动分子会议，再次传达了党的"八七会议"精神和省委指示。会议确定发展党的组织，改组黄麻党团，加紧训练农民自卫军和义勇军，广泛深入地发动群众准备武装起义。会议正式成立中共黄麻区特委，改组黄安县委。9 日，符向一起草好起义宣言寄送省城。在黄麻特委和黄麻暴动指挥部的直接领导下，黄麻两县组织起 20 万群众参加了黄麻起义。11 月 13 日晚，一举夺取黄安城，建立了革命政权——红安县农民政府和人民军队——工农革命军鄂东军。符向一在红安县农民政府成立大会上发表了激动人心的演说。

11 月下旬，符向一到麻城巡视，谋划夺取麻城县城。12 月 5 日晚，国民党 12 军教导师围攻红安城。守城的鄂东军损失惨重，撤出红安城。12 月下旬，鄂东军及随其转移的特委、红安县委在黄安北部边界的木城寨举行紧急会议，确定鄂东军主力到黄陂木兰山活动三个月再回来。此举保存了革命武装的有生力量。会后，符向一取道麻城返回武汉，担任新组建的湖北省委常委。

1928 年 3 月，因叛徒出卖，中共湖北省委受到重大破坏，符向一与省委机关人员及武汉三镇领导机关大多数人一起被捕，三天内受尽各种酷刑。3 月 17 日，符向一被枪杀，临刑时高呼"共产党万岁""打倒军阀"等口号。

符在琼（1899 年 1 月—1926 年 4 月），男，系琼山县国营大坡农场冯官园村人。符在琼于 1913 年参加革命，曾任海南革命武装地方团团长，1923 年参加黄埔军校第一期学员班学习，1924 年加入中国共产党，1926 年 10 月在冯官园村被国民党乡团包围时杀害，年仅 27 岁。解放后，被琼山县人民政府追认为烈士。

林诗谦（1898 年 4 月—1926 年 10 月）男，家庭成分贫农，系琼山县国营大坡农场后湖村人。字益光，海南琼山县（今属海口市）大坡镇后湖村人。1898 年出生在一个贫苦农民家庭，父亲林运保、母亲郭氏，一贯在家务农，主要经济收入靠农业，有一胞妹。他七岁开始读书，小学毕业后任本乡后湖小学教师一年，1921 年考取广东省第六师范学校，1924 年秋季毕业（第十五届）。毕业后又回到家乡，在谭文乡清泉小学当教师，1924 年末考取广东省测量学校，在校读书时，加入共青团，后又成为中国共产党党员。不久，因革命工作需要，退学而从事工农运动工作。

1926年林诗谦以中央特派员的身份被委派到万宁县（今万宁市）指导农运工作。先到龙滚区同杨树兴（万宁籍广州农讲所第三期学员，1924年11月毕业后，先被派回万宁县搞农运，为便于工作，隐瞒身份，通过同乡关系在龙滚陈列卿民团里当一名教官）、谢育才（琼崖十三中回乡学生）等人一起以龙滚地区为立足点开展革命运动，开始筹备成立万四区典东、典西、寮南、寮北、港乡等五个乡的农民协会，各乡农会，积极领导农民减租减息，斗土豪劣绅。1925年3月在林诗谦、杨树兴等人的领导下，农会发动和组织农会会员包围了龙滚陈列卿民团，由林诗谦等人出面和陈列卿谈判，令他交出枪支，开始陈列卿顽固不从，由于林诗谦事先争取了该团参谋郭天亭，实现里应外合，并采取强硬措施，民团只好乖乖缴械，共缴获长短枪支28支，从而全部解除了龙滚民团的威胁。同时，武装农会组织，并建立了农民自卫军，使之在开展农民运动和维持治安中起了很大的作用。

同月下旬，林诗谦与杨树兴等人在万城建立起第一个党支部，符光东任党支部书记。不久又在和乐、龙滚等地相继建立起了党支部。三个党支部有党员十多人。为了加强领导农运工作，根据广东省农民协会琼崖办事处的指示精神，他们在很短的时间内成立了万宁县农民协会筹备会，仅3个月，万一、万二、万三、万四几个区也先后建立起区农民协会筹备处，全县已建立起乡农民协会13个，会员发展到2543人，是广东省农运发展较快、会员人数最多的县之一（广东全省最多的是揭阳县，其次是万宁县）。

1926年4月20日，万宁县160多座盐灶全部停火，盐工进行罢工斗争，在盐墩农会的领导下，全体盐民向盐务机关提出不许盐警任意搜查民房、调戏妇女、殴打勒索盐民、交回祠堂给农会办公等合理要求，经过50多天的罢工斗争，终于获得斗争的胜利。

此时，万宁县的农民运动在全县各地蓬勃兴起，乡村农会逐步建立起来，提出的口号是"反对民团苛政，废除苛捐杂税；反对高利贷，减租减息"。例如：东北厢农民斗争了豪绅李有源；下边田村农民斗争了恶霸林一清；后安、冯村农民斗争了恶霸陈才钊；富仁图农民斗争了地主欧文山、陈子谦；白沙坡、港尾村农民斗争了恶霸地主吴文高；龙滚区农民斗争了恶霸陈列卿、陈华山、陈天祥、梁祥光等。斗争后还将他们游街示众送往国民党万宁县府，要求从严惩办。

林诗谦虽然是万宁县农运特派员，但对家乡的农运也非常关心，他常利用探家以及出差工作路过家乡的时机，指导家乡的农运工作。在他和符向一、王学汤等人的宣传发动下，树德一带农村先后办起平民夜校，塔昌村的夜校是办得较好的平民夜校之一，群众自备桌椅油灯和各种学习用具，自觉自愿地前来学习，教师义务教学，大家热情很高，来上夜校的人很多。在夜校里除学文化外，还教唱革命歌曲，宣传反对封建礼教和揭露各种迷信愚化民众的道理，并号召农民组织起来建立农会组织同土豪劣绅进行斗争。后来树德一带在夜校和农会的基础上发展了一批党员，建立了文林湖、下田、塔昌三个党小组。8月，林诗谦赴省参加广东省农民协会执委召开的扩大会议，会后返琼工作，1926年10月在海口病逝。

王蔓秋（1910年2月—1955年6月），男，系琼山县国营大坡农场母尖村人，1926年参加革命。后来到南洋继续坚持参加当地革命斗争，1933年回国，积极寻找党组织，继续坚持革命活动，后来加入中国共产党，并为壮大党组织做了一些积极的工作。1947年被党任命为琼山县二区区长。解放后献身于祖国的橡胶事业，历任农场场长职务。在"三反""五反"运动中，由于受"左"倾错误路线的迫害，于1955年6月不幸逝世，后被琼山县人民政府追认为烈士。

二、献身农场事业人物

符世强（1935年1月—1965年12月），男，系琼海县塔洋镇人，1953年参加工作，1960年调来农场，当橡胶栽培技术员，负责橡胶白粉病的防治工作，足迹遍及全场胶园，1966年垦荒劈岭需要炸药，由于炸药紧缺，影响垦荒植胶工作，他主动承担试制炸药的任务，起早摸黑，东奔西走，一心扑在试制炸药工作上，于1965年12月25日在试验中发生意外事故，为公殉职，享年30岁。

梁定遵（1932年4月—1967年5月），男，系琼山县甲子镇人，家庭成分贫农，高小文化，1953年参加农垦工作，1956年加入中国共产党，任农场橡胶加工厂班长，1967年5月19日从事胶乳加工，因清洗离心机时不慎被胶集罩击中胸部，经抢救无效，因公殉职，享年35岁。

胡廷臣（1935年1月—1967年5月），男，系琼山县龙塘镇人，家庭成分贫农，学生出身，1956年参加工作，是农场生产科农业技术员。在任职期间，他深入基层，为夺取农场农业丰收出谋献策，于1967年5月不幸猝然逝世，终年32岁。

李少涛（1923年5月—1979年11月），男，系广东省大埔县枫朗镇人，出身农民家庭。1949年1月参加革命工作，于1950年加入中国共产党。简易师范毕业后，他历任小学教员、校长，战士，班长，队长，团区委宣传委员，区政府人民武装部参谋，县兵役局助理，县粮食局保管员等职，1957年调来农场后，历任修理厂厂长、场工会干事、作业区主任等职，于1979年1月在大坡农场医院病逝，享年56岁。李少涛的一生是革命的一生。在战争年代，他毅然投身革命，为祖国解放战争做出了贡献。解放后，他服从组织的安排，热爱本职工作，兢兢业业地完成各项工作任务。在农场工作期间，他不计较个人得失，日夜操劳，以实际行动为农场做出了应有的贡献，深受组织信任和职工群众爱戴。

林明锦（1934年10月—1983年12月），男，系文昌县白延镇人，出生于贫农家庭，学生出身，高中文化程度。林明锦于1953年参加工作，1980年加入中国共产党。历任国营大坡农场橡胶栽培技术员、生产科副科长、生产助理员、农艺师、生产科科长等职。林明锦一生比较注重学习马列主义、毛泽东思想。一向工作埋头苦干，刻苦钻研业务技术，对橡胶的栽培、管理及割胶等技术都十分熟练，运用自如，指导有方，为农场发展橡胶生产做出了贡献，曾经多次被评为先进工作者。1980—1983年，他以顽强的意志与病魔做斗争，不断地工作着，直到生命的最后一刻，终年49岁。

李诗甫（1917年3月—1984年6月15日），男，系琼山县红旗镇滨洋村人。1954年2月—1957年9月任文昌垦殖所所长，东昌垦殖所场长。李诗甫1939年3月参加琼崖纵队，1940年6月加入中国共产党。他在抗日战争期间，历任琼崖纵队小队长、中队长、副大队长、营长、副团长等职务。在历次战斗中不怕牺牲，英勇作战，7次受伤，肺部一直存有2块弹片，被评为一等残疾军人。海南解放后，直到1957年，他历任海南军区司令部军训科副科长，林一师二团参谋长，崖县垦殖所副所长，国营东昌农场场长等职。1957年被授予中国人民解放军少校军衔。1960年毕业于南京军事学院。1961年任榆林守备151团副团长。于1962年晋升为中校军衔。1963年任崖县武装部部长兼崖县副县长。1966年转业后，任海南叉河水泥厂党委书记，1971年任海南战备办公室副主任。1976年离休。李诗甫因劳成疾，肺部弹片伤口发作引起病变，经医治无效，于1984年6月15日在海口逝世，终年67岁。

李胜桂（1931年11月—1985年），男，系广东省五华县人，高小文化程度，于1953年参加海南农垦建设，历任国营大坡农场工人、小队长、生产队统计员、生产队长、作业区副主任和主任等职。李胜桂为发展农场橡胶生产积极工作，辛勤劳动，积劳成疾，于1980年因病退休，1985年病故，享年54岁。

符大秀（1935年3月—1985年7月），男，系文昌县新桥镇人，家庭成分贫农，学生出身。1964年6月毕业于华南热带作物学院被分配到农场工作，历任橡胶加工技术员、干事、工程师，于1985年7月在大坡农场医院病故，终年50岁。符大秀向来工作认真负责，平时比较严格要求自己，不谋私利，克己奉公，团结同志，刻苦钻研业务技术，对技术精益求精，为农场的橡胶加工业贡献了自己短暂的一生。

林鸣祥（1900—1985年），男，系文昌县南阳镇人，家庭成分贫农。少年出国，侨居马来西亚，当制胶工人。1941年参加马来西亚抗日独立队当班长。1948年回国，1951年9月参加农场工作，曾任生产科技员，是农场创始人之一，1960年退休回原籍，1985年在故乡病故，享年85岁。

游德家（1927年2月—1987年12月），男，系琼山县甲子镇人，家庭出身贫农。1951年6月参加海南农垦建设，1955年3月加入中国共产党，历任国营大坡农场生产班长、生产队长、作业区副主任、作业区书记等职。1987年12月在海口农垦医院病故，享年60岁。游德家是农场创始人之一，为发展祖国的橡胶事业，在生产第一线艰苦劳动，兢兢业业奋斗了36个春秋，他在工作中深受职工群众的好评。

陈维文（1965年5月—2011年4月），男，汉族，海口市人，1965年5月出生，1985年5月参加工作，1999年11月加入中国共产党，历任农场普通工人、教师、出纳员、法庭书记员。自1993年入警至今已从警18年，从一般的办事员干到红明农场派出所副所长。因多次获得嘉奖，表现出色，2009年调任海口市公安局垦区东昌派出所任教导员、三级警督。他待辖区老人如侍亲，经常帮助看望留守在家的东昌农场退休老人韦琼英，自掏腰包买猪肉、蔬菜、大米等生活用品送到阿婆家中，为阿婆解决生活所需。他在工作岗位上尽职尽责，严厉打击违法犯罪工作，确保辖区安全。他在2010年10月白石溪水灾中抗洪救灾勇担先锋，搜救职工群众。2011年4月6日，陈维文在驾车去海口参加会议途中，被一辆无牌卡车撞击不幸殉职，年仅46岁。

梁统安（1969年11月—2014年7月），男，汉族，海口市人，1969年出生，2003年7月参加工作，1991年12月加入中国共产党，生前任东昌农场社会事务综合治理办公室副主任。2014年7月18日遭超强台风"威马逊"袭击，梁统安和部门同事来到科室联系18队、20队布置防台风工作，安排居住在危房当中的职工群众转移到安全地方，他一家一户地转移职工群众，当他得知70多岁的退休老职工王琼亿老人，因记挂自己养在山上的羊，独自一人跑到山上守羊时，他二话不说，立刻顶着狂风暴雨赶到山上劝老人转移到安全的地方，两个队共59人无人员伤亡。7月20日，农场组织机关全体人员把机关周边倒伏的树木扶正，把台风吹落的残枝落叶清扫干净。他最早来到工地，重活累活抢着干。当天下午19点30分他终因劳累过度突发心肌梗死以身殉职。海南省委充分肯定梁统安在这次抗风救灾中的英勇表现，追授为海南省优秀共产党员，授予"海南抗风救灾英雄模范"称号。

三、革命烈士

王尤运（1904—1927年），海南省琼山县大坡镇树德村委会美占村人（现农场24

队），中共党员。1924 年参加革命，任琼崖地委干部，1927 年被捕在琼山县府城镇遭国民党反动派杀害。

王庆清（1905—1927 年），海南省琼山县大坡镇树德村委会美占村人（现农场 24 队），中共党员。1904 年参加革命，任中共琼崖地委干部，1927 年在琼山县府城镇被捕遭国民党反动派杀害。

吴宗枫（1906—1927 年），海南省琼山县国营大坡农场南农园村人（现农场 19 队）。1925 年参加革命，担任琼山县南农园村赤卫队通讯员，1927 年夏在琼山县仙水沟反围剿战斗中牺牲。

谢自为（1900—1927 年），海南省琼山县大坡镇大坡村委会昌口村人（现农场 26 队）。1926 年参加昌口村农会，1927 年参加琼山县工农革命军，1927 年冬在琼山县昌口村战斗中牺牲。

林术宽（1903—1928 年），又名林书宽、林杰宽、陈书宽，海南省琼山县大坡镇树德村委会后湖村人（现农场 36 队）。1926 年参加琼山县后湖村农民协会，担任琼崖工农红军排长，1928 在琼山县大坡乡被敌捕遭杀害。

王弗发（1901—1929 年），海南省琼山县大坡镇曙光村委会合龙尾村人（现农场 33 队），中共党员。1928 年参加琼崖工农红军，任工农红军交通员，1929 年在琼山县合场尾村战斗中牺牲。

沈明文（1897—1929 年），海南省琼山县大坡镇官塘坑村人（现农场 34 队）。1924 年参加革命，任官塘坑村交通员，1929 年在琼山县中税战斗中牺牲。

符树俊（1901—1929 年），海南省琼山县大坡镇树德村委会永昌村人（现农场 24 队），中共党员。1926 年参加琼山县永昌村农民协会，任中共永昌村支部书记，1929 年在琼山县府城监狱被国民党反动派杀害。

林有海（1906—1931 年），海南省琼山县大坡镇中税村委会荔枝头村人（现农场 12 队）。1928 年参加琼崖工农红军，是琼崖工农红军独立师战士，1931 年在琼山县府城被国民党反动派杀害。

谢晋成（1906—1937 年），海南省琼山县大坡镇大坡村委会昌口村人（现农场 26 队），中共党员。1932 年参加革命，任琼崖工农红军游击队通讯员，1937 年初在琼山县岭脚乡战斗中牺牲。

沈明卿（1905—1937 年），海南省琼山县大坡镇官塘坑村人（现农场 34 队）。1932 年参加革命，成为琼崖工农红军游击队战士，1937 年初在琼山县战斗中牺牲。

颜香财（1917—1937 年），海南省琼山县大坡镇官塘口村人（现农场 34 队）。1932 年参加革命，任琼崖工农红军游击队中队长，1937 年初在琼山县战斗中牺牲。

莫垂皇（1923—1939 年），海南省琼山县国营大坡农场三多村人（现农场 19 队）。1938 年参加琼崖工农红军游击队，是琼崖抗日独立总队第一支队战士，1939 年 4 月在琼山县三多村战斗中牺牲。

蔡行云（1904—1939 年）海南省琼山县国营大坡农场南亚村人（现农场 11 队），中共党员。1936 年参加琼崖工农红军游击队，是琼崖抗日独立总队第一支队战士，1939 年在琼山县东路战斗中牺牲。

欧月荣（1914—1939 年），女，海南省琼山县大坡镇新瑞村委会大湾村人（现农场 33 队）。1938 年参加琼崖抗日独立队，是琼崖抗日独立总队第一支队战士，1939 年在文昌县战斗中牺牲。

赵玉兰（1919—1939 年），女，海南省琼山县国营大坡农场大堆村人（现农场 20 队）。1938 年参加琼崖工农红军游击队，是琼崖抗日独立总队第一支队战士，1939 年在琼山县三门坡乡战斗中牺牲。

吴家皇（1923—1939 年），海南省琼山县国营大坡农场三多村人（现农场 19 队）。1938 年参加琼崖工农红军游击队，是琼崖抗日独立总队第一支队战士，1939 年 4 月在琼山县三多村战斗中牺牲。

符敦成（1916—1939 年），海南省琼山县大坡镇树德村委会大君村人，中共党员。1934 年参加革命工作，任琼山县第五区抗日民主政府区长，1939 年在琼山县山号村被日军杀害。

王明福（1901—1940 年），又名王育南，海南省琼山县国营大坡农场福仁仔村人（现农场 21 队），中共党员。1931 年参加琼崖工农红军独立师，任琼崖抗日独立总队第一支队中队长，1940 年在陵水县战斗中牺牲。

刘炎春（1919—1940 年），海南省琼山县大坡镇新瑞村委会大湾村人（现农场 33 队）。1939 年参加琼崖抗日独立总队，任琼崖抗日独立总队第一支队班长，1940 年在琼山县白石溪战斗中牺牲。

何如川（1910—1940 年），海南省琼山县大坡镇新瑞村委会龙滚村人（现农场 14 队）。1932 年参加琼崖工农红军独立师，是琼崖抗日独立总队第一支队战士，1940 年在琼山县北昌村战斗中牺牲。

柯之福（1911—1940 年），海南省琼山县大坡镇新瑞村委会大湾村人（现农场 33 队）。1931 年参加琼崖工农红军独立师，后担任琼山县中录乡抗日民主政府交通员，1940 年在琼山县中税乡战斗中牺牲。

郭仁权（1919—1940 年），海南省琼山县国营大坡农场里平村人（现农场 22 队）。1937 年参加琼崖工农红军游击队，是琼崖抗日独立总队第一支队战士，1940 年在琼山县里平村战斗中牺牲。

黄世南（1916—1940 年），海南省琼山县国营大坡农场云龙村人（现农场 22 队）。1939 年 11 月参加琼崖抗日独立总队，是琼崖抗日独立总队第一支队战士，1940 年上半在琼山县罗卜村战斗中牺牲。

梁氏（1907—1940 年），海南省琼山县大坡镇新瑞村委会官塘坑村人（现农场 34 队）。1928 年参加琼崖工农红军，是琼崖抗日独立总队第一支队炊事员，1940 年在琼山县战斗中牺牲。

王尤才（1909—1941 年），海南省琼山县大坡镇树德村委会美占村人（现农场 24 队）。中共党员。1938 年参加中共琼山县第五区委工作，任中共大坡乡总支书记，1941 年在琼山县大坡乡被日军杀害。

王玉娥（1915—1941 年），女，海南省琼山县国营大坡农场南农园村人（现农场 19 队），中共党员。1939 年 4 月参加琼崖抗日独立总队，任琼崖抗日独立总队第一支队班长，1941 年在琼山县树德乡被日军杀害。

王明初（1913—1941），海南省琼山县国营大坡农场福仁仔村人（现农场 21 队），中共党员。1938 年参加琼崖工农红军游击队，任琼崖抗日独立总队第一支队小队长，1941 年在琼山县福仁仔村战斗中牺牲。

方玉花（1917—1941 年），女，海南省琼山县国营大坡农场大边村人（现农场 21 队）。1939 年 12 月参加琼崖抗日独立总队，为第一支队护士，1941 年在文昌县七星岭战斗中牺牲。

李吉嫂（1917—1941 年），女，海南省琼山县国营大坡农场大边村人（现农场 22 队）。1939 年 12 月参加琼崖抗日独立总队，为第一支队护士，1941 年在琼山县战斗中牺牲。

李诗兴（1916—1941 年），海南省琼山县大坡镇新瑞村委会老卓村人（现农场 16 队）。1938 年参加革命，任琼崖抗日独立总队第一支队班长，1941 年在琼山县战斗中牺牲。

吴宗成（1913—1941 年），又名吴色军。海南省琼山县国营大坡农场南农园村人（现农场 19 队），中共党员。1938 年参加革命工作，任中禄乡抗日民主政府乡长，1941 年在琼山县反围剿战斗中牺牲。

吴乾秀（1902—1941 年），海南省琼山县大坡镇树德村委会永昌村人（现农场 24

队），中共党员。1939 年参加琼崖抗日独立纵队，任独立纵队第一支队第一大队小队长，1941 年在琼山县大坡战斗中牺牲。

范会连（1911—1941 年），女，海南省琼山县大坡镇树德村委会美占村人（现农场 24 队），中共党员。1927 年参加琼山县农军，后任大坡乡抗日民主政府妇女主任，1941 年在琼山县黑碰山遭敌杀害。

张运新（1919—1941 年），海南省琼山县国营大坡农场大边村人（现农场 22 队）。1939 年 4 月参加琼崖抗日独立纵队，是琼崖抗日独立纵队第一支队战士，1941 年上半年在琼山县美堂村战斗中牺牲。

陈贵奇（1921—1941 年），又名陈贵宝。海南省琼山县国营大坡农场南亚村人（现农场 11 队）。1940 年参加琼崖抗日独立纵队，任独立纵队第一支队班长，1941 年 9 月在琼山县大坡岭战斗中牺牲。

陈玉英（1917—1941 年），女，海南省琼山县大坡镇老卓村人（现农场 16 队）。1939 年参加琼崖抗日独立纵队，为独立纵队第一支队战士，1941 年在定安县战斗中牺牲。

莫书强（1922—1941 年），海南省琼山县国营大坡农场三多村人（现农场 19 队）。1939 年 4 月参加琼崖抗日独立纵队，任琼崖抗日独立纵队第一支队班长，1941 年在琼山县福仁仔村被日军杀害。

莫书策（1909—1941 年），海南省琼山县国营大坡农场三多村人（现农场 19 队），中共党员。1931 年参加革命工作，担任中禄乡抗日民主政府交通员，1941 年在琼山县三多村被日军杀害。

莫垂仕（1907—1941 年），海南省琼山县国营大坡农场三多村人（现农场 19 队），中共党员。1931 年参加琼崖工农红军独立师，任琼崖抗日独立纵队第一支队中队长，1941 年在琼山县三多村被日军杀害。

莫垂裕（1908—1941 年），海南省琼山县国营大坡农场三多村人（现农场 19 队），中共党员。1939 年参加琼山县中禄乡抗日工作，任中禄乡抗日民主政府助理员，1941 年在琼山县反围剿战斗中牺牲。

莫垂福（1921—1941 年），海南省琼山县国营大坡农场三多村人（现农场 19 队）。1938 年参加革命工作，任琼山县第五区中共地方组织情报员，1941 年在琼山县三多村被日军杀害。

莫新民（1921—1941 年），又名莫垂曾。海南省琼山县国营大坡农场三多村人（现农场 19 队），中共党员。1938 年参加革命工作，担任琼山县中禄乡抗日民主政府乡长，1941 年在琼山县三多村战斗中牺牲。

黄秋菊（1921—1941 年），海南省琼山县国营大坡农场大边村人（现农场 22 队）。1940 年上半年参加琼崖抗日独立纵队，是琼崖抗日独立纵队第一支队护士，1941 年在文昌县七星岭战斗中牺牲。

谢晋文（1906—1941 年），海南省琼山县大坡镇大坡村委会昌口村人（现农场 26 队）。1935 年参加琼崖工农红军，是琼崖抗日独立纵队第一支队战士。1941 年在琼中县战斗中牺牲。

谢盛丰（1919—1941 年），海南省琼山县国营大坡农场南亚村人（现农场 11 队）。1940 年参加琼崖抗日独立纵队，是琼崖抗日独立纵队第一支队战士，1941 年 9 月在琼山县牛脚岭战斗中牺牲。

王尤林（1912—1942 年），海南省琼山县大坡镇树德村委会美占村人（现农场 24 队），中共党员。1939 年参加大坡乡民众抗日工作，任大坡乡青抗会委员，1942 年在琼山县母占坡被敌人杀害。

王开才（1922—1942 年），海南省琼山县国营大坡农场南亚村人（现农场 11 队）。1941 年参加琼崖抗日独立纵队，是独立纵队第一支队战士，1942 年在琼山县东路和日军战斗中牺牲。

王玉英（1916—1942 年），女，海南省琼山县大坡镇大坡村委会老村人（现农场 24 队），中共党员。1935 年参加琼崖工农红军独立师，是琼崖抗日独立纵队第一支队战士，1942 年在琼山县大垦山战斗中牺牲。

王道生（1917—1942 年），海南省琼山县大坡镇树德村委会上塘村人（现农场 24 队），中共党员。1938 年参加琼崖抗日独立纵队，任独立纵队第一支队班长，1942 年在琼山县岭脚战斗中牺牲。

王菊荣（1924—1942 年），女，海南省琼山县大坡镇大坡农场新群队后排岭村人（现农场 15 队）。1941 年参加琼崖抗日独立纵队，是独立纵队第一支队战士，1942 年在琼山县三门坡大水村战斗中牺牲。

黄月娥（1920—1942 年），女，海南省琼山县大坡镇中税村委会昌肚大村人（现农场 33 队）1940 年参加琼崖抗日独立纵队，是独立纵队第一支队炊事员，1942 年在琼山县大水战斗中牺牲。

谢於义（1907—1942 年），海南省琼山县国营大坡农场南亚村人（现农场 11 队）。1940 年参加琼崖抗日独立纵队，是独立纵队第一支队战士，1942 年在琼中县和国民党军队战斗中牺牲。

吴许氏（1923—1942 年），女，海南省琼山县大坡镇树德村委会山上塘村人（现农场

24 队），中共党员。1938 年参加琼崖抗日独立纵队，任琼崖抗日独立纵队第一支队炊事班长，1942 年在琼山县大坡乡战斗中牺牲。

吴妚大（1915—1942 年），女，海南省琼山县国营大坡农场南亚村人（现农场 11 队）。1939 年参加琼崖抗日独立纵队，是琼崖抗日独立纵队第一支队第二大队炊事员，1942 年在琼山县大水村战斗中牺牲。

陈余裕（1905—1942 年），海南省琼山县大坡镇新瑞村委会官塘口村人（现农场 34 队），中共党员。1939 年参加琼崖抗日独立纵队，任琼崖抗日独立纵队第一支队中队长，1942 年在文昌县战斗中牺牲。

陈英贵（1919—1942 年），海南省琼山县国营大坡农场龙肚村人（现农场 17 队）。1940 年参加琼崖抗日独立纵队，任琼崖抗日独立纵队第一支队文化教员，1942 年在琼山县南农园村被日军杀害。

陈德才（1918—1942 年），海南省琼山县国营大坡农场边田村人（现农场 20 队）。1940 年参加琼山县第五区抗日民主政府区工作，是第五区抗日民主政府武装战士，1942 年在琼山县荔枝山战斗中牺牲。

林诗仁（1911—1942 年），海南省琼山县国营大坡农场古井塘村人（现农场 18 队）。1939 年 4 月参加琼崖抗日独立纵队，是琼崖抗日独立纵队第一支队战士，1941 年在琼山县大水村战斗中牺牲。

林诗云（1918—1942 年），海南省琼山县国营大坡农场罗本村人（现农场 17 队）。1939 年参加琼崖抗日独立纵队，是琼崖抗日独立纵队第一支队第二大队战士，1942 年在琼山县大水村战斗中牺牲。

周妚四（1925—1942 年），女，海南省琼山县国营大坡农场黑石村人（现东昌农场 19 队）。1939 年 4 月在琼山县鸟石村参加琼崖抗日独立纵队，是琼崖抗日独立纵队第一支队护士，1942 年在琼山县大水村战斗中牺牲。

唐庆南（1919—1942 年），海南省琼山县国营大坡农场山青岭村人（现农场 20 队）。1940 年 8 月参加革命工作，任中禄乡青抗会委员，1942 年在琼山县反围剿战斗中牺牲。

黄有胜（1912—1942 年），海南省琼山县国营大坡农场南亚村人（现农场 11 队）。1939 年参加琼崖抗日独立纵队，是琼崖抗日独立纵队第支队战士，1942 年在琼山县大水村战斗中牺牲。

谢於义（1907—1942 年），海南省琼山县国营大坡农场南亚村人（现农场 11 队）。1940 年参加琼崖抗日独立纵队，是琼崖抗日独立纵队第一支队战士，1942 年在琼中县和国民党军队战斗中牺牲。

简世芹（1910—1942年），海南省琼山县国营大坡农场古井塘村人（现农场18队）。1939年4月参加琼崖抗日独立纵队，任琼崖抗日独立纵队第一支队班长，1942年在琼山县大水战斗中牺牲。

潘先法（1919—1942年），海南省琼山县国营大坡农场云龙村人（现农场22队）。1939年12月参加琼山县第四区抗日工作，任琼山县第四区中共地方组织地下交通员，1942年3月在琼山县白石溪八斗门战斗中牺牲。

王国志（1912—1942年），海南省琼山县大坡镇大坡村委会老村人（现农场24队）中共党员。1938年参加中共琼山县第五区委工作。任琼山县中禄乡青抗会主任，1942年在琼山县大垦山战斗中牺牲。

苏庆忠（1920—1942年），海南省琼山县国营大坡农场青岭村人（现农场20队）。1940年8月参加琼崖抗日独立纵队，担任琼崖抗日独立纵队第一支队通讯员，1942年在琼山县战斗中牺牲。

吴永裕（1912—1942年），又名吴克。海南省琼山县国营大坡农场南农园村人（现农场19队），中共党员。1928年参加农民协会，担任琼山县第五区抗日民主政府区长，1942年在琼山县罗牛山被国民党军杀害。

吴许氏（1923—1942年），女，海南省琼山县大坡镇树德村委会山上塘村人（现农场24队），中共党员。1938年参加琼崖抗日独立纵队，任独立纵队第一支队炊事班长，1942年在琼山县大坡战斗中牺牲。

吴清和（1919—1942年），海南省琼山县国营大坡农场南亚村人（现农场11队）。1940年参加琼崖抗日独立纵队，是独立纵队第一支队战士，1942年在琼山县大水村战斗中牺牲。

柯之书（1914—1942年），海南省琼山县大坡镇新瑞村委会大湾村人（现农场33队）。1938年参加琼崖抗日独立纵队，后为琼崖抗日独立纵队第一支队医生，1942年在海口市战斗中牺牲。

柯之安（1919—1942年），海南省琼山县大坡镇新瑞村委会大湾村人（现农场33队）。1938年参加琼崖工农红军游击队，任琼崖抗日独立纵队第一支队小队长，1942年在文昌县战斗中牺牲。

符国尧（1919—1942年），海南省琼山县大坡镇树德村委会永昌村人（现农场24队）。1939年参加琼崖抗日独立纵队，任琼崖抗日独立纵队第一支队班长，1942年在琼山县大水村战斗中牺牲。

颜香卿（1907—1942年），海南省琼山县大坡镇新瑞村委会官塘口村人（现农场34

队）。1938 年参加琼崖工农红军游击队，任琼崖抗日独立纵队第一支队班长，1942 年在琼山县旧州乡战斗中牺牲。

翁照山（1914—1942 年），海南省琼山县大坡镇黄山桶村人（现农场 14 队）。1939 年参加琼崖抗日独立纵队，是独立纵队第一支队战士，1942 年在琼山县边水战斗中牺牲。

廖居论（1913—1942 年），海南省琼山县国营大坡农场潭养村人（现农场 18 队）。1939 年 4 月参加琼崖抗日独立纵队，任独立纵队第一支队班长，1942 年在琼山县北昌汉战斗中受伤后牺牲。

杨统昌（1913—1942 年），海南省琼山县大坡镇昌肚仔村人（现农场 34 队），中共党员。1938 年参加琼崖工农红军游击队，任琼崖独立纵队第一支队小队长，1942 年在琼山县行军途中战斗牺牲。

王开茂（1921—1943 年），海南省琼山县国营大坡农场大堆村人（现农场 20 队），中共党员。1941 年 6 月参加琼崖抗日独立纵队，任琼崖抗日独立纵队第一支队副小队长，1943 年 5 月在琼山县黑石口战斗中牺牲。

王开法（1920—1943 年），海南省琼山县国营大坡农场南亚村人（现农场 11 队）。1940 年参加琼崖抗日独立纵队，任琼崖抗日独立纵队第一支队班长，1943 年在琼山县白水塘村被敌人杀害。

武代春（1911—1943 年），海南省琼山县大坡农场讲上村人（现农场 20 队）。1939 年 4 月参加琼崖抗日独立纵队，任独立纵队第一支队中队长，1943 年在琼山县上坡战斗中牺牲。

卢焕畏（1920—1943 年），海南省琼山县国营大坡农场福林村人（现农场 21 队）。1938 年 9 月参加琼崖工农红军游击队，是琼崖抗日独立纵队第一支队战士，1943 年在琼山县战斗中牺牲。

卓敦周（1923—1943 年），海南省琼山县大坡镇大坡村委会老卓村人（现农场 16 队）。1939 年参加琼崖抗日独立纵队，任琼崖抗日独立纵队第一支队小队长，1943 年在海口战斗中牺牲。

秦业积（1916—1943 年），海南省琼山县国营大坡农场南亚村人（现农场 11 队），中共党员。1940 年参加琼山县中碌乡抗日工作，任中碌乡抗日民主政府副乡长，1943 年 7 月 10 日在琼山县中税乡老港村被敌人杀害。

莫书才（1918—1943 年），海南省琼山县国营大坡农场三多村人（现农场 19 队），中共党员。1938 年参加琼崖工农红军游击队，任琼崖抗日独立纵队第一支队警卫员，1943 年在琼山县龙肚村战斗中牺牲。

莫永爱（1912—1943 年），海南省琼山县国营大坡农场南农园村人（现农场 19 队），中共党员。1935 年参加中共地下党组织工作，任琼崖抗日独立纵队第一支队中队长，1943 年因战斗负伤后牺牲。

何赛花（1916—1943 年），女，海南省琼山县大坡镇大湾村人（现农场 33 队）。1939 年参加琼崖抗日独立纵队，是琼崖抗日独立纵队第一支队炊事员，1943 年在海口市战斗中牺牲。

武代春（1911—1943 年），海南省琼山县大坡农场游上村人（现农场 20 队）。1939 年 4 月参加琼崖抗日独立纵队，任琼崖抗日独立纵队第一支队中队长，1943 年在琼山县上坡村战斗中牺牲。

吴永爱（1912—1943 年），海南省琼山县国营大坡农场南农园村人（现农场 19 队），中共党员。1935 年参加地下党组织，后参加琼崖抗日独立纵队，任琼崖抗日独立纵队第一支队中队长，1943 年战斗负伤治疗无效牺牲。

吴乾光（1918—1943 年），海南省琼山县大坡镇树德村委会永昌村人（现农场 24 队），中共党员。1939 年参加琼崖抗日独立纵队，任独立纵队第一支队中队长，1943 年在琼山县三门坡战斗中牺牲。

柯之吉（1919—1943 年），海南省琼山县大坡镇大湾村人（现农场 13 队）。1938 年参加琼崖抗日独立纵队，任琼崖抗日独立纵队第一支队小队长，1943 年在琼山县战斗中牺牲。

柯之寿（1918—1943 年），海南省琼山县大坡镇大湾村人（现农场 13 队）。1939 年参加琼崖抗日独立纵队，是琼崖抗日独立纵队第一支队战士，1943 年在琼山县战斗中牺牲。

柯宝德（1919—1943 年），海南省琼山县大坡镇大湾村人（现农场 13 队）。1938 年参加琼崖抗日独立纵队，是琼崖抗日独立纵队第一支队战士，1943 年在海口市战斗中牺牲。

符氏（1918—1943 年），女，海南省琼山县国营大坡农场里平村人（现农场 21 队）。1934 年参加琼崖工农红军独立师，是琼崖抗日独立纵队第一支队护士，1943 年在琼山县反围剿战斗中牺牲。

符敦民（1921—1943 年），海南省琼山县大坡镇大坡村委会大垦村人（现农场 4 队）。1937 年参加中共琼山县第一区委工作，任大坡乡抗日民主政府委员，1943 年在琼山县大垦山被敌人杀害。

符敦成（1922—1943 年），海南省琼山县大坡镇大坡村委会老村人（现农场 24 队）。1937 年参加中共琼山县第五区委工作，任中禄乡抗日民主政府委员，1943 年在琼山县大垦村被敌人杀害。

王尤三（1925—1944年），海南省琼山县大坡镇树德村委会美占村人（现农场24队），中共党员。1940年参加琼崖抗日独立纵队，任琼崖抗日独立纵队第一支队班长，1944年在琼山县大坡乡战斗中牺牲。

王月花（1922—1944年），女，海南省琼山县大坡镇树德村会美占村人（现农场24队），中共党员。1941年参加琼崖抗日独立纵队，是琼崖抗日独立纵队第一支队炊事员，1944年在琼山县大坡乡战斗中牺牲。

龙凤蛟（1916—1944年），女，海南省琼山县大坡镇中税村委合龙大村人，中共党员。1939年参加琼崖抗日独立纵队，是琼崖抗日独立纵队第一支队护士，1944年在琼山县白石溪战斗中牺牲。

翁乙秋（1914—1944年），女，海南省琼山县国营大坡农场南亚村人（现农场17队）1939年参加革命，任琼山县中碌乡抗日妇救会主任，1944年在琼山县甲子乡被国民党军杀害。

黄文清（1923—1944年），海南省琼山县国营大坡农场洴上村人（现农场20队）。1943年参加琼崖抗日独立纵队，是琼崖抗日独立纵队第一支队战士，1944年在琼山县山青岭战斗中牺牲。

谢圣仁（1917—1944年），海南省琼山县国营大坡农场大堆村人（现农场20队）。1939年4月参加琼崖抗日独立纵队，是琼崖抗日独立纵队第一支队战士，1944年在琼山县福佳园村战斗中牺牲。

李举道（1918—1944年），又名李举广，海南省琼山县大坡镇新瑞村委会老卓村人（现农场16队）。1938年参加琼崖抗日独立纵队，是琼崖抗日独立纵队第一支队战士，1944年在琼山县战斗中牺牲。

卓敦光（1924—1944年），海南省琼山县大坡镇新瑞村委会老卓村人（现农场16队）。1940年参加琼崖抗日独立纵队，任琼崖抗日独立纵队第一支队班长，1944年在海口市战斗中牺牲。

林月兰（1918—1944年），海南省琼山县大坡镇昌肚仔村人（现农场33队）。1941年参加琼崖独立纵队，是独立纵队第一支队炊事员，1944年在羊山战斗中牺牲。

何秋海（1905—1944年），原名何启惠。海南省琼山县大坡镇礼平村人（现农场21队），中共党员。1926年参加革命，1927年7月加入中国共产党，1928年4月被国民党军围剿，被迫转移到外地活动。1934年5月回到故地，1935年春起历任中共琼东区委（村德、中税、长昌、甲子）书记，中共琼定县琼白夫区委书记、中共琼定县委委员兼组织部部长。1938年2—5月任中共琼定县委书记。1939年中共琼崖特委在定安县居丁上井园村成立特委中路联络站，他任站长。1941 年任琼崖抗日独立纵队第一支队副官处长，同年下半年调任定安县抗日民主政府副县长。1944 年 2 月，率县武装在居丁一带同敌人作战，负伤后医治无效牺牲。

何和宝（1913—1945 年），海南省琼山县大坡镇白石岭村人（现农场 29 队），中共党员。1938 年参加中共琼山县第五区委工作，任中录乡抗日民主政府乡长，1945 年上半年在琼山县老卓村战斗中牺牲。

王斗（1915—1945 年），海南省琼山县大坡镇树德村委会美占村人（现农场 24 队），中共党员。1939 年参加琼山县大坡乡民众抗日工作，任大坡乡抗日民主政府保长，1945 年上半年在琼山县白石溪被敌捕遭杀害。

朱运新（1916—1945 年），海南省琼山县国营大坡农场福佳园村人（现农场 20 队）。1942 年参加琼崖抗日独立纵队，是琼崖抗日独立纵队第一支队战士，1945 年上半年在琼山县南亚村被日军杀害。

柯之春（1922—1945 年），海南省琼山县大坡镇大湾村人（现农场 13 队）。1940 年参加琼崖抗日独立纵队，任独立纵队第一支队班长，1944 年初在文昌县战斗中牺牲。

许达民（1911—1946 年），海南省琼山县国营大坡农场罗本村人（现农场 17 队）。1933 年参加琼崖工农红军独立师，是琼崖独立纵队第一支队战士，1946 年前往湛江执行任务时被国民党军队杀害。

吴岳海（1919—1946 年），海南省琼山县国营大坡农场平湖村人，中共党员。1939 年参加琼崖抗日独立纵队，任琼崖独立纵队第一支队第一大队班长，1946 年在行岭湖围攻国民党战斗中牺牲。

范玉英（1925—1946 年），女，海南省琼山县国营大坡农场大堆村人（现农场 20 队）。1941 年下半年参加琼崖抗日独立纵队，是琼崖独立纵队第一支队战士，1946 年在琼山县羊山地区战斗中牺牲。

符之深（1925—1946 年），海南省琼山县大坡镇树德村委会永昌村人（现农场 24 队），共青团员。1941 年参加琼崖抗日独立纵队，是琼崖独立纵队第一支队第二大队战士，1946 年在琼山县羊山地区战斗中牺牲。

符志道（1922—1946 年），海南省琼山县大坡镇中税村委会祀平村人（现农场 21 队）。1943 年参加琼山县中禄乡抗日民主政府工作，担任中禄乡民主政府交通员，1946 年在琼山县被敌人杀害。

张太光（1919—1946 年），海南省琼山县国营大坡农场福仁仔村人（现农场 21 队），中共党员。1936 年 4 月参加琼崖工农红军，是琼崖独立纵队第一支队第二大队战士，

1946 年在琼山县三门坡战斗中牺牲。

颜香书（1916—1946 年），海南省琼山县大坡镇宫塘村人（现农场 34 队）1942 年参加琼崖抗日独立纵队，任琼崖独立纵队第三支队小队长，1946 年在昌江县战斗中牺牲。

王尤虎（1912—1947 年），海南省琼山县大坡镇树德村委会美占村人（现农场 24 队），中共党员。1939 年参加琼崖抗日独立纵队，任琼崖独立纵队第一支队班长，1947 年在琼山县美占坡被敌杀害。

吴坤贵（1910—1947 年），海南省琼山县国营大坡农场里平村人（现农场 21 队），中共党员。1938 年参加琼崖工农红军，任琼崖独立纵队第一支队第二大队班长，1947 年初在琼东县（今琼海市）战斗中牺牲。

张修和（1919—1947 年），海南省琼山县大坡镇中税村委会祝平村人（现农场 32 队），中共党员。1935 年参加琼崖工农红军，任琼崖独立纵队第一支队中队长，1947 年在文昌县南阳乡战斗中牺牲。

林克铭（1921—1947 年），海南省琼山县大坡镇新瑞村委会鸡菊园村人（现农场 14 队）1942 年参加琼崖抗日独立纵队，是琼崖独立纵队第一支队战士，1947 年上半年在文昌县战斗中牺牲。

林惠芬（1922—1947 年），女，海南省琼山县国营大坡农场洴上村人（现农场 20 队）。1938 年参加琼崖抗日独立纵队，是琼崖纵队第一支队第二大队护士。

颜香大（1916—1947 年），海南省琼山县大坡镇新瑞村委会塘口村人（现农场 34 队），中共党员。1942 年参加琼崖抗日独立纵队，任琼崖独立纵队第一支队小队长，1947 年初在琼山县罗牛桥战斗中牺牲。

王弗光（1904—1948 年），海南省琼山县大坡镇中税村委会合龙大村人（现农场 14 队）。1947 年初参加琼崖独立纵队，是琼崖纵队第一总队通讯员，1948 年在琼山县中税乡战斗中牺牲。

陈文才（1903—1948 年），海南省琼山县国营大坡农场里平村人（现农场 21 队），中共党员。1921 年参加革命活动，任中共琼山县第二区委委员，1948 年在罗牛山反国民党围剿战斗中牺牲。

陈文达（1929—1948 年），海南省琼山县国营大坡农场洴上村人（现农场 20 队），中共党员。1945 年下半年参加琼崖独立纵队，任琼崖独立纵队第一总队指导员，1948 年在琼山县罗牛山战斗中牺牲。

陈益壮（1925—1948 年），海南省琼山县大坡镇树德村委会永昌村人（现农场 24

队），中共党员。1941 年参加琼崖抗日独立纵队，任琼崖纵队第一总队副班长，1948 年在澄迈县战斗中牺牲。

黄文吉（1916—1948 年），海南省琼山县国营大坡农场泮上村人（现农场 20 队），中共党员。1939 年下半年参加琼崖抗日独立纵队，任琼崖纵队第一总队连长，1948 年在琼山县罗牛山战斗中牺牲。

黄文达（1929—1948 年），海南省琼山县国营大坡农场泮上村人（现农场 20 队），中共党员。1945 年下半年参加琼崖独立纵队，任琼崖纵队第一总队中队指导员，1948 年在琼山县罗牛山战斗中牺牲。

黄进学（1916—1948 年），海南省琼山县大坡镇树德村委会美占村人（现农场 24 队）。1942 年参加琼崖抗日独立纵队，是琼崖纵队第一总队战士，1948 年在琼山县树德乡被敌捕杀害。

谢晋达（1914—1948 年），海南省琼山县国营大坡农场大堆村人（现农场 20 队），中共党员。1947 年初参加琼崖抗日独立纵队，任中共琼山县第二区委委员，1948 年 10 月在琼山县秃坑桥被敌包围的战斗中牺牲。

许仕风（1923—1948 年），海南省琼山县国营大坡农场红石田湖村人（现农场 20 队）。1939 年参加琼崖抗日独立纵队，是琼崖纵队第一总队警卫员，1948 年在红石田湖村被敌人杀害。

杨权（1920—1948 年），原名杨统舒，琼山县大坡镇中税园村人（现农场 12 队），中共党员。1939 年在国民党琼山县府城任秘书，1942 年 4 月投奔抗日民主政府，加入文昌县第一区（南阳）常备中队担任第二小队长，该队同文昌县第三区常备队合并成立文昌县基干队时任第二队队长。1943 年下半年回琼山县中禄乡任副乡长、琼山县猛进队队长。解放战争时期，历任琼纵常胜支队闪击中队队长、副队长、第二支队参谋、松江支队副支队长。1948 年 7 月 21 日在演丰乡美兰北港坡的战斗中英勇牺牲。

杨庆发（1922—1948 年），海南省琼山县大坡镇中税村委会中税园村人（现农场 12 队），1945 年参加琼崖游击队独立纵队，任中国人民解放军琼崖纵队第一总队班长，1948 年在琼山县被国民党反动派杀害。

卓敦书（1929—1949 年），海南省琼山县大坡镇新瑞村委会老卓村人（现农场 16 队）。1943 年参加琼崖抗日独立纵队，是琼崖纵队第三总队战士，1949 年在琼山县三江乡战斗中牺牲。

卓敦轩（1923—1949 年），海南省琼山县大坡镇新瑞村委会老卓村人（现农场 16 队），中共党员。1940 年参加琼崖抗日独立纵队，任琼崖纵队第一总队连长，1949 年在琼海县战斗中牺牲。

谢晋兴（1930—1949年），海南省琼山县国营大坡农场大堆村人（现农场20队）。1947年初参加琼崖独立纵队，是琼崖纵队第一总队战士，1949年秋在琼山县美文山战斗中牺牲。

李举全（1925—1949年），海南省琼山县大坡镇新瑞村委会老卓村人（现农场16队），中共党员。1946年参加琼崖抗日独立纵队，任琼崖纵队事务长。1949年初在琼山县老卓村战斗中牺牲。

何题礼（1922—1949年），海南省琼山县大坡镇新瑞村委会龙滚塘村人（现农场14队），中共党员。1937年参加琼崖工农红军，任中国人民解放军琼崖纵队第一总队营长，1949年在琼东县（今琼海市）战斗中牺牲。

四、先进个人

"海垦1号"之父——钟 南

钟南，男，汉族，广东台山人，马来西亚归侨，东昌垦殖场技术员，离休干部。20多年如一日，一心扑在祖国橡胶选育种事业上。选育我国第一个橡胶优良无性系"锦兴10号"时，他把自己的全部精力投入到搜集资料、整理数据、培养良种中，1961年，"锦兴10号"开割。到年底统计，第一年的产量高于国外引种的无性高产品系PR107。经过鉴定后，广东省农垦厅把具有较强抗风性能的"海垦1号"列为重风害区推广的橡胶品系。海南农垦局决定，"锦兴10号"橡胶品系正式定名为"海垦1号"，并组织推广近20万亩。"海垦1号"先后获得1978年国家科技大会奖、国家农垦部科研成果一等奖、海南农垦科技成果特等奖。钟南作为"海垦1号"选育的主要参与人之一，为海南农垦橡胶事业的发展做出贡献，享有"海垦1号"之父美誉，在81岁高龄时，获评助理工程师职称；1993年4月8日离世，2002年被海南农垦总局评为海南农垦创建50周年功勋人物；2012年获得"海南农垦创建60年60名杰出人物"荣誉称号。

人大代表——周月英

周月英，女，1939年出生于马来西亚，1952年，她跟随父母从马来西亚回国。她工作积极肯干，任劳任怨，一人干两人以上的活，1977年，在种好自己的责任田的同时，承包19队10.2亩橡胶中小苗，这些中小苗长势差且多受牲畜破坏，承包后她精心管理，补缺苗，除杂草，施足肥，勤淋水，胶树速生快长，队里要给她补贴，她分文不取，此外，她还义务照顾村里的五保老人，帮困难户干农活，她多次被评为农场和县的先进个人。1978年被评为海南农垦劳动模范，1981年被评为海南行政区劳动模范。1983年当选为第六届全国人大代表，1987年被评为海南行政区劳动模范。

新长征突击手——杨廷金

杨廷金，男，琼山县大坡镇人，1954年生，1975年参加农场工作，在13队当林管工人。工作中，他任劳任怨，一心扑在橡胶事业上，在中小苗林段里搭草棚，风餐露宿，砍竹子把整个林段围起来，对胶苗进行日管夜守，防止兽害，胶苗成活率达98%，为使胶苗速生快长，他采取的管理措施是：第一二年苗多施水肥，重盖草；第三四年苗多施土肥；第五、六年苗多压青，做到每株施优质机肥80公斤。结果第六年苗开割率达30%，整个林段提前一年开割，创造了胶苗速生快长的宝贵经验，为橡胶事业闯出了一条新的路子。1978年被评为"全国新长征突击手"，1979年被中华人民共和国农业部授予"先进工作者"光荣称号。

优秀园丁——王博文

王博文，男，万宁县万城镇人，1948年生，1967年9月中等师范学校毕业后，分配到农场从事教育工作。他一贯工作积极肯干，责任心强，忠诚于党的教育事业，多次被海南农垦局评为先进工作者，是一位深受干部、职工和师生爱戴的好教师。1985年，他任三区学校校长后，在教学改革中，坚持德、智、体、美、劳全面抓，坚持面向全体学生，坚持课内课外相结合，学校管理严格，校风、教风、学风等发生了大变化，教改成绩显著。1986—1988年该校连续被农牧渔业部、广东省、海南行政区、海南农垦局授予勤工俭学和两个文明建设单位，是农垦教育系统的一面红旗，曾经多次接受广东省、海南行政区、海南农垦局等有关单位的检阅。该校还被海南农垦局确定为九年一贯制义务教育的试点单位。1988年国家教委授予他"勤工俭学先进个人"光荣称号；1989年海南省人民政府授予"先进工作者"称号；国家教育委员会授予"全国优秀教师"称号。

模范胶工——周爱莲

周爱莲，女，琼山县咸来镇人，1940年3月出生，1958年1月参加农场工作在8队当胶工，1986年加入中国共产党，多次被评为海南农垦局、海南行政区劳动模范。1987

年，她承包的树位有胶树 376 株，在管、养、割等方面始终坚持高标准；培养高产树有创新，在林段行挖大穴，施重肥，单株肥量达 100 公斤以上，同时还做好保水、保土、保肥工作，她的胶位增产干胶 320.5 公斤，超额完成计划的 15.9%。1986 年、1989 年两次被国家农牧渔业部授予"全国割胶能手"的光荣称号。

技改先锋——符史谭

符史谭，男，海南文昌蛟塘人，1958 年毕业于海南中学，同年在海南林业处参加工作，1959 年分别在上海化工工业研究院林业所和北京林业研究院林产化工训练班学习并获得结业证书，1961 年调到国营大坡农场胶厂当技术员，在胶厂工作期间，他先后成功地研制了胶乳排氨机、卧式离心过滤机、胶乳连续计量器、螺杆推进器等，有效地提高工效和产品质量，被海南农垦推广应用。其中，离心式排氨机编入华南热带作物学院教材。胶乳大池凝固切条装置获得 1989 年海南科技成果三等奖和广东农垦科技成果四等奖。1979 年，分别获得海南区和广东省劳动模范，1981 年被评为海南农垦先进生产（工作）者，1982 年被评为广东省先进工作者并出席劳模大会。

技术能手——符策栋

符策栋，男，琼山甲子镇人，原大坡农场供电所所长。1981 年，在资金不足、电力缺乏的情况下，他充分发挥自己的技术专长，团结和带领所里职工，大搞技术革新，因陋就简设计安装一部电压信号控制台，为场里节约资金 3 万多元，自己动手维修各种型号的变压器、电动机、发电机等 13 台，节约经费 5000 多元，他和其他同志设计建设一座小型水电站，解决了农场电力不足的困难，改装了 8 台变压器，实行了并机并网的统一发电制，使线路耗压从原来的 10% 减少到 3%。这几项技术改革，每年为国家节电4 万度，价值 2.4 万元。1982 年被评为海南农垦劳动模范，1985 年被评为广东省劳动模范。

胶园"老黄牛"——陈昌孝

陈昌孝，男，大坡农场 9 队工人，中共党员，1952 年参加农垦工作，他勤勤恳恳，任劳任怨，每干一项工作，都力争超额完成任务，被人们称为"老黄牛"。1980 年，队里安排给他一个定产为 2070 公斤胶水的高产树位，按当时队里多数人的看法，这个树位的定产已经到了极限，不可能再增产了，他接受任务后，加强对树位的管理，认真研究割胶技术，积极挖掘产胶潜力，使这个树位的产量突破定产。1981 年，他的树位胶水年产量达到 3764.3 公斤，比计划增加了 45％。在搞好岗位生产的同时，他还义务为队里养 4 头牛。按队里规定，应得超产奖 4100 元，但他分文不取。1982 年，他分别被海南农垦局和广东省人民政府授予"劳动模范"称号，1983 年被评为海南区先进工作者。

"土技术"发明人——陈圣经

陈圣经，男，琼山县灵山镇人，1952 年参加工作。1954 年，担任苗圃班班长，他吃住在苗园，爱苗如命，每天干 11 小时以上的活。他钻研植胶技术，热衷工具改革，他设计制造的定标轮，代替绳子拉线定标，使工效提高一倍以上，他还制造了长 12 厘米、宽 25 厘米的大板面锄头，减轻了劳动强度，使除草工效比原来提高 40％左右，这两项革新在当时被当作"土技术"，被海南农垦推广到垦区各农场。1956 年，广东省人民政府授予他"劳动模范"光荣称号。

苗圃班长——刘大芬

刘大芬，男，大坡农场 4 队工人，中共党员，1953 年参加工作，他爱场如家，任劳任怨，干一行爱一行。1960 年，组织上安排他到苗圃班，负责橡胶育苗工作，当时适逢大旱，他每天都到很远的地方挑水浇胶苗，使胶苗成活率达到 98％以上，在育苗中，他摸索出一条经验，把床育改为直播，大大节省了播种时间。由于他育苗工作出色，成绩显著，1963 年，被广东省人民政府授予"劳动模范"称号。

产胶能手——符祝花

符祝花，女，1942 年出生于文昌县潭牛镇，是 3 队 3 班割胶工人。她热爱农场的橡胶事业，脚踏实地创高产。1978 年，她对自己承包的树位先后除草施肥两次，松土一次，挖营养沟 24 条、防洪沟 3 条，一共长达 350 米，她用节假日、中午和晚饭前的时间义务积肥 3 万多公斤。当时干旱，她给每株胶施水肥 75 公斤，还用绿肥对胶头进行覆盖。在她的精心管理下，她管割的树位年产胶水 3.33 吨，比原定额超产 52.6 公斤。树位的管、割、养达到全局一流水平。她在场、局里开展的割胶技术比武中多次夺魁。1977 年和 1979 年连续两次被评为海南农垦和海南区劳动模范，1979 年被广东省农垦总局评为劳动模范，1981 年被评为广东省劳动模范。

水稻院士——林鸿宣

林鸿宣，男，海南文昌人，1960 年 11 月生于东昌农场。是中国科学院上海生命科学研究院植物生理生态研究所研究员，作物遗传学家。小学至高中在国营东昌农场中学读书，1983 年毕业于华南农业大学农学系，1986 年、1994 年在中国农业科学院研究生院先后获硕士、博士学位。现任植物分子遗传国家重点实验室副主任。长期从事水稻重要复杂性状遗传机理研究。尤其是在水稻抗逆（耐盐、抗旱）以及产量性状遗传机理与功能基因研究方面取得了一系列突出的创新性成果。发现了多个控制水稻抗逆和产量性状的重要新基因，并深入阐明它们的作用机理，加深了对作物性状分子遗传调控机理的认识，为该领域的发展做出了重要贡献，同时为作物分子育种提供多个有自主知识产权的重要基因。

"活着的王杰"——韩裕畴

韩裕畴，男，汉族，海南海口人，1955 年出生，1976 年参军，1977 年在广东军区举行的一次射击比武中荣获个人第三名，1978 年光荣加入中国共产党，在部队期间受到 5 次嘉奖、荣立三等功一次。1981 年退伍回到农场，1984 年担任农场武装部干事，1986 年 3 月 28 日，带领民兵在野外进行手榴弹实弹投掷训练，民兵小周由于精神紧张，手榴弹失手落在离身不到两米远的地方，就在手榴弹即将爆炸的一瞬间，韩裕畴同志奋不顾身扑向小周，用自己的身体护住他，小周脱险了，韩裕畴却身受重伤送往医院抢救。韩裕畴的英勇精神令人敬佩，《海南农垦报》《海南日报》《南方日报》等媒体广泛宣传称他为"活着的王杰"，1986 年被评为海南农垦优秀共产党员，琼山县武装部给予记三等功一次。

五、先进集体(单位)事迹

站着是路标，躺着是路基
——记海南省东昌农场管护路班先进事迹

东昌农场管护路班于 1997 年 3 月组建，现有班组人员 26 人，其中在职女工 17 名。他们用责任心管护着全场 96 公里的路段，每年为农场节省管护成本 60 多万元，至 2010 年累计节约管护资金 780 万元。2010 年 9 月，遭到特大水灾袭击，全场 96 公里路段遭到了不同程度的毁损，冲垮路段 1.2 公里，冲毁涵洞 5 个、桥梁 2 座、盖板涵 8 个。管护路班全体职工日夜加班连续奋战 2 天，清理路面淤泥 158 立方米、路边杂物垃圾 45 吨，灾后第 2 天就恢复了道路基本畅通，第 3 天全场恢复了割胶生产，为全场抗灾自救工作的顺利展开赢得时间，得到了市、区、农垦总局的好评。2012年农场开展"绿化宝岛"活动中，公路管护班开展创建生态示范路活动，充分利用道路两旁的闲地种植树木花草17500株，创建示范路17公里。从2006年起，先后获得农场的"先进集体"、海南农垦"巾帼文明示范岗先进集体"、海南省"工人先锋号""全国工人先锋号"等荣誉，该班有50%的女工被评为农场的"优秀女职工"，70%的家庭被评为农场的"五好文明家庭户"。职工群众赞扬管护路班"站着是路标，躺下是路基"。

用热血温暖世界
——东昌农场无偿献血志愿者集体

东昌农场有一批热心无偿献血志愿者组成的集体，他们中有单位领导、农场职工、社会青年，到2016年，无偿献血志愿者集体共有180人，2010—2017年先后组织14场次无偿献血活动，成功献血517人次，献血总量172250毫升，2012年东昌农场被评为海南省"无偿献血先进单位"，2014年农场对44名连续4次无偿献血的积极分子进行了表彰，这个集体中谢茂雄、刘强分别曾获得2012—2013年度全国无偿献血奉献奖银奖、2014—2015年度无偿献血奉献奖金奖；谢茂雄一人再获2016—2017年度、2018—2019年度的全国无偿献血奉献奖金奖。

不负韶华，真心关爱
——记公司关工委

海垦东昌公司关工委紧紧抓住"关心帮助青少年健康成长"这个主题，在工作中践行"责任、爱心、扎实"的价值观，在深入校园、围绕中心、服务发展上充分发挥"五老"作用，有声有色开展"双写双教""大学生回访""家长学校""科技帮扶"等活动，5年来通过组织多方力量，共筹集资金108万余元，帮助贫困学子200余人次上学；每年清明节组织学生开展扫墓活动及开展爱国主义教育活动，累计4300余人次；每学期举办一次"双写"（写好钢笔字、写好作文）活动，2019年参加"双写"活动860人次。同时，公司关工委积极开展科技帮扶工作，成功创办"海南农垦东昌现代农业科技示范基地"，基地面积520亩，每年邀请资深专家前来基地授课，开展实用农业技术培训2~3次，做好帮思想、帮学习、帮困难、帮就业、帮致富等工作，受益人数达到2000多人次，年经济创收达到4000多万元。2019年荣获海垦控股集团关工委先进单位，并多次获得了海垦控股集团的表彰。2020年被中国关工委、中央文明办联合授予2020年度"全国关心下一代工作先进集体"称号。

六、历年上级表彰代表

附表 1　全国劳动模范、先进生产（工作）者

姓名	时间	授予单位	荣誉名称
梁统安	2014	中华全国总工会	全国劳动模范
王博文	1987	农牧渔业部	先进工作者
王博文	1988	国家教育委员会	先进工作者
王博文	1989	国家教育委员会	全国优秀教师
符诗会	1996	农业部	全国农垦系统职工自营经济先进个人
符昌严	1998	农业部	先进工作者
林前	2015	中国气象局	2015年百名优秀气象信息员

附表 2　海南省劳动模范、先进生产（工作）者

姓名	时间	授予单位	荣誉名称
陈天信	1954	海南行政区	劳动模范
吴瑞荣	1955	海南行政区	积极分子
林诗清	1956	海南行政区	劳动模范
周家轩	1956	海南行政区	先进工作者
王武烈	1957	海南行政区	劳动模范
徐月桂	1959	海南行政区	劳动模范
陈圣经	1963	海南行政区	劳动模范
梁玉凤	1963	海南行政区	先进工作者
邢国全	1963	海南行政区	先进工作者
甘光	1961—1965	海南行政区	劳动模范
吴坤利	1962	海南行政区	劳动模范
符月荣	1966	海南行政区	劳动模范
苏盛德	1966	海南行政区	先进工作者
林尤栋	1965—1968	海南行政区	劳动模范
杨祖富	1968	海南行政区	先进工作者
蔡于兴	1969	海南行政区	先进工作者
陈居贵	1971	海南行政区	先进工作者
符祥开	1978	海南行政区	劳动模范
符祝花	1979	海南行政区	劳动模范
黄世和、连弟进、唐有光、吴桂花	1980	海南行政区	劳动模范
符史淑、陈业丰	1980	海南行政区	先进工作者

（续）

姓名	时间	授予单位	荣誉名称
林树洲	1980	海南行政区	劳动模范
陈昌孝	1983	海南行政区	先进工作者
陈玉新	1986	海南行政区	劳动模范
林书江	1977—1978	海南行政区	劳动模范
王博文	1989	海南省人民政府	先进工作者
曾德华	1992	海南省保密局	先进工作者
林诗禄	1992	琼山县	优秀党务工作者
林诗禄、陈喜凤、陈运镇、李恩爱	1992	琼山县人民法院	先进个人
林前、李明跃	2004	海口市护林保胶指挥部	先进个人
林前	2006	海口市护林保胶指挥部	先进个人
林前	2006	海口市	综合治理先进工作者
肖双	2008	中共海南省委	优秀党务工作者
肖双	2008	中共海南省委组织部	优秀组工干部
韩裕畴	2011	海南省档案局	先进个人
莫垂志	2011	海南省老体协	先进个人

附表3　广东省劳动模范、先进生产（工作）者

姓名	时间	授予单位	荣誉名称
陈圣经	1956	广东省人民政府	劳动模范
刘大芬	1962	广东省人民政府	劳动模范
符史谭	1979	广东省人民政府	劳动模范
符祝花	1980	广东省人民政府	劳动模范
符史潭	1982	广东省人民政府	先进工作者
周月英	1981—1982	广东省人民政府	劳动模范
陈昌孝	1982	广东省人民政府	劳动模范
钟玉花	1982—1986	广东省工会	先进工作者
符策栋	1985	广东省人民政府	劳动模范

附表4　海南农垦劳动模范、先进生产（工作）者

姓名	时间	授予单位	荣誉名称
谢训洲	1956	华南垦殖局海南分局	海南农垦劳动模范
符国萌、严福钦、符国金、许顺源	1956	华南垦殖局	先进工作者
梁居友	1957	海南农垦局	先进工作者
王连珍	1961	海南农垦局	先进工作者
符祖海	1965	海南农垦局	先进工作者
李恩运、杨廷金、周月英	1978	广东省海南农垦局	劳动模范

（续）

姓　名	时间	授予单位	荣誉名称
黄世和、陈昌孝	1979	广东省海南农垦局	劳动模范
杨廷金、林树洲、林爱花	1980	广东省海南农垦局	劳动模范
符史潭、俞彩英	1981	广东省海南农垦局	先进工作者
杨廷金	1981	广东省海南农垦局	劳动模范
邢益标、符策栋、陈昌孝、谢盛民	1982	广东省海南农垦局	劳动模范
连弟进、符祝花、曾德华、符标海、梁兰心、李少霞、符策江、郑爱梅、符策保、周世科、符在芳、符爱秋、陈开权、林洪文、曾建仪、刘翠贞、黄国良、符永碧、张远松、谢崇道、钟应洪、林爱花、俞彩英、吴婉南、刘姚香、俞彩英、魏佛连	1982	广东省海南农垦局	先进工作者
谢盛民	1982	广东省海南农垦局	劳动模范
钟玉花	1982	广东省农垦总局	先进工作者
韩裕畴	1986	广东省海南农垦局	优秀党员
翁书庆	1986	广东省海南农垦局	优秀团干
林书江	1989	海南省农垦总局	积极分子
张新海、林树洲、周爱莲、张玉娥、许文英、黄秋霞、张玉娥	1990	海南省农垦总局	先进工作者
许文英	1991	海南省农垦总局	两个文明建设先进工作者
陈文和、陈运镇	1991	海南省农垦总局	先进工作者
陈一萍、陈莉	1995	海南省农垦总局	优秀团干部
林前	1997	海南省农垦总局公安局	先进个人
陈玉诗	1997	海南省农垦总局	优秀办公室主任
陈业丰	1998	海南省农垦总局	先进工作者
黄英文	1998	海南省农垦总局	土地管理先进工作者
苏德义	1999	海南省农垦总局	海南垦区职工自营经济先进个人
王太军	1999	海南省农垦总局公安局	优秀民警
林宝华	1999	海南省农垦总局	信息工作积极分子
林前	2000	海南省农垦总局	先进个人
陆国兴	2000	海南省农垦总局	场务公开先进个人
云大旭	2001	海南省农垦总局	联手扶贫先进工作者
肖双	2001	中共海南农垦总局委员会	优秀党务工作者
张昌武	2002	海南省农垦总局	木材运输证核管理先进个人
陈玉诗	2003	海南省农垦总局	安全生产管理先进个人
黄守凤	2003	海南省农垦总局	统计工作先进个人
李明跃	2004—2005	海南省农垦总局	"兴垦强兵"先进个人
李明跃	2004	海南省农垦总局	文明生态标兵
肖双	2005	中共海南农垦总局委员会	优秀组工干部

（续）

姓　名	时间	授予单位	荣誉名称
李明跃	2005	海南省农垦总局	防风抗风先进个人
林宝华	2005	海南省农垦总局办公室	政务信息先进个人
林宝华	2005	海南农垦报社	宣传报道先进个人
肖双	2006	中共海南农垦总局委员会	保持党员先进性教育活动先进个人
林前	2006	海南省农垦总局	综合治理先进工作者
李明跃	2007	海南省农垦总局	综合治理先进个人
云大旭	2007	海南省农垦总局	"法律进队（村）"工程先进个人
苏文卿、邓文英	2007	海南省农垦总局	优秀党支部书记
云大旭	2008	海南省农垦总局	优秀共产党员
符华明、林宝华	2008	海南省农垦总局	2006—2008年通信先进个人
肖双	2008	海南省农垦总局	优秀党务工作者
林前	2010	海南省农垦总局公安局	个人三等功
林前	2010	海南省农垦总局公安局	维稳综治先进个人
林前	2011	海南省农垦总局公安局	先进个人
吴忠	2011	海南省农垦总局工会	先进工作者
肖双	2011	中共海南省农垦总局委员会	优秀党务工作者
陈运振	2011	中共海南省农垦总局委员会	优秀共产党员
翁书祝	2011	中共海南省农垦总局委员会	优秀党务工作者
李明跃	2011	海南省农垦总局	劳动竞赛先进个人
吴多益	2011	海南省农垦总局	劳动竞赛先进个人
符华明	2011	海南省农垦总局	庆祝建党90周年征文活动三等奖
符华明	2012	海南省农垦总局	优秀共产党员
李明跃	2013	海南省农垦总局	农业合作社创业者之星
林宝华	2015	农垦总局老体协	《绿海夕阳》栏目优秀新闻工作者一等奖
林宝华	2015	海南省农垦总局	海南农垦"六五"普法先进个人
陈芳	2017	海垦控股集团	竞赛标兵
林宝华	2017	海垦控股集团	海南农垦优秀通讯员
林声任	2018	海垦控股集团	优秀共产党员
林宝华	2019	海南农垦报社	《海南农垦报》创刊65周年"十佳通讯员"
林宝华	2020	海垦控股集团	海垦控股集团信息工作先进个人

附表5　行业先进个人

姓名	时间	授予单位	荣誉名称
朱国修	1978	海南行政区	筑路模范
王文芳	1996	海南省农垦总局	三好学生
周傲	1996	海南省农垦总局	三好学生

（续）

姓名	时间	授予单位	荣誉名称
林前	2000	海南陆军预备役步兵师高炮团	优秀预任军官
陆国兴	2000	共青团海南省委	海南省杰出企业家
李明跃	2003	海口市琼山区人民政府	依法治区先进个人
冯学壮、肖武	2004	海口市人民政府	2003—2004年度农村土地确权工作先进个人
林前	2005	海南省公安厅	专案三等功
郑庆林	2006	海口市人民政府	敬老爱老助老"十佳孝星"
肖双	2008	海南省委	深入学习实践科学发展观活动先进个人
郭仁清、李明跃	2010	海南省委、省政府	抗洪抢险救灾先进个人
余明茂	2010	海口市人民政府	见义勇为先进个人
黄守凤	2010	国家统计局海口调查队	优秀统计员
卢文才、黄守凤	2011	海南省统计局	第六次人口普查
肖双	2011	海口市琼山区人民政府	国防后备力量整组先进个人
陈芳	2012	海口市琼山区人民政府	人口与计划生育工作"先进个人"
林宝华	2012	海南日报社	第二十二届海南新闻二等奖
符华明	2012	中共海南省委组织部	海南省"老干部工作三十年调研论文"征文三等奖
苏海燕	2013	海口市琼山区委	禁毒工作先进工作者
谢茂雄、刘强	2014	海南省血液中心	2012—2013年度全国无偿献血奉献奖银奖
林宝华	2014	海南省农垦工会	优秀通讯员之星
梁统安	2014	中共海南省委	优秀共产党员
谢茂雄、刘强	2016	海南省血液中心	2014—2015年度全国无偿献血奉献奖金奖
林前	2015—2017	海口市公安局	三等功
林前	2016	海南省公安厅政治部	全省优秀人民警察
谢茂雄	2017	海南省血液中心	2016—2017年度全国无偿献血奉献奖金奖
林声任	2018	海南省国资委	2018年海南省国资系统优秀党支部书记
谢茂雄	2019	海南省血液中心	2018—2019年度全国无偿献血奉献奖金奖
符茂英	2020	海南省委、省政府	海南省第二届最美家庭

附表6　新长征突击手

年度	姓名	授予单位	荣誉名称
1979	李庆丰、张会新、符荣妹	广东省农垦总局	新长征突击手
1979	杨廷金	共青团广东省委员会	新长征突击手
1979	杨廷金	共青团中央	新长征突击手
1980	杨廷金	广东省海南农垦局	新长征突击手
1981	蔡兴贵、王益周、符永联	广东省海南农垦局	新长征突击手
1983	杨廷金	农牧渔业部	新长征突击手
1983	杨廷金	广东省人民政府	新长征突击手
1984	彭光强	共青团广东省委员会	新长征突击手

附表 7　三八红旗手

姓名	时间	授予单位	荣誉名称
周爱莲	1986	广东省海南农垦局	海南农垦三八红旗手
王玉凤	2009	中华全国妇女联合会	全国三八红旗手
陈芳	2018	海南省妇女联合会	海南省三八红旗手
陈芳	2019	海南省国资委	2018 年海南省国资系统三八红旗手

附表 8　科学技术进步奖、企业家

年份	项目、获奖	姓名	授予单位
1993	基层农业科技推广工作者	符史覃、肖愈伦、林鸿机、卢朝日、甘仙桂	海南省农垦总局
1994	科技成果三等奖	符儒英	海南省农垦总局
1995	科技成果二等奖	符儒英、陈英才	海南省农垦总局
2004	科学技术成果转化三等奖	符气恒	海南省人民政府
2005	全国农牧渔业丰收奖三等奖	符气恒	农业部
2008	海南省农垦科学技术进步个人二等奖	李明跃、符气恒、符德、蔡小娟、王录英	海南省农垦总局
2018	海南省科学技术奖	王录英	海南省人民政府
2000	海南省杰出企业家	陆国兴	共青团海南省委员会、海南省青年企业家协会

附表 9　全国、海南农垦割胶能手、优秀胶工及优秀割胶辅导员

年份	受奖人名单	授予单位
一、全国、海南农垦割胶能手		
1986	翁书山、周爱莲、吴淑芳、陈丽芳	农牧渔业部
1987	黄云香、陈月波、徐新华、周爱莲	农牧渔业部
1992	陈秋、竹海英、李美玉、胡桂琼、符兰芳	农牧渔业部
1996	徐新华、李美玉、黄秋霞、卓明	农牧渔业部
1999	符惠珍	海南省农垦总局
二、全国、海南农垦优秀胶工		
1998	林英、陈兰荣、唐玉霞、翁承、林秋妹、翁书源、陈兴克、符和发	农业部
1982	谢美芹、吴淑芳、符策保、周爱莲、徐新华	广东省海南农垦局
1983	翁书山、林月香、林月波、周爱莲、吴淑芳	广东省海南农垦局
1984	周爱莲、吴淑芳、翁书山、林月波、徐新华、黄香云、陈丽芳、陈兰芳、许文英、薛桂凤、袁扬兴	广东省海南农垦局
1985	黄云香、陈爱英、陈月波、周爱莲、吴淑芳、翁书山、陈丽芳	广东省海南农垦局
1986	胡桂琼、周爱莲、徐新华、陈丽芳、黄云香	广东省海南农垦局

（续）

年份	受奖人名单	授予单位
1987	陈秋娥、杨青、陈月波、徐新华、莫金兰、吴淑芳、李秋菊、郑金荣、谢爱、周爱莲、黄云香、王春丹、陈秋、竹海英、陈月妹、刑益光	广东省海南农垦局
1989	陈月妹、徐新华、陈月波、吴淑芳、莫金兰、黄玉梅、周爱莲、谢爱、吴燕、胡桂琼、黎蕙兰、张玉娥、何香梅、李美玉、谢美芹、黄秋霞、陈秋、符兰芳、唐海琴、莫诗花、吴华丽、竹海英	海南省农垦总局
1990	张力昌、韩荣、徐新华、周爱莲、吴燕、莫诗花、唐海琴、胡桂琼、黎蕙兰、张玉娥、符兰芳、竹海英、何香梅、陈秋、黄秋霞、李美玉、吴淑芳、莫金兰	海南省农垦总局
1991	徐新华、张祝英、莫金兰、莫诗花、唐海琴、胡桂琼、张玉娥、竹海英、符兰芳、陈秋、黄秋霞、李美玉、王开新、王圣史、符燕珠、卓明、占达江	海南省农垦总局
1992	徐新华、莫诗花、张玉娥、符海英、符兰芳、陈秋、黄秋霞、黄金兰、王开新、卓明、占达江、张祝英、陈开英	海南省农垦总局
1993	徐新华、王开新、李美玉、陈秋、黄秋霞、张祝英、卓明、翁秀雅	海南省农垦总局
1994	徐新华、李美玉、陈秋、黄秋霞、卓明、陈月妹、林爱娟	海南省农垦总局
1995	徐新华、陈月妹、黄秋霞、李美玉、卓明、林英、吴月梅、陈兰容、唐玉霞、翁永、林秋妹、林月芳、翁书琼、陈兴克	海南省农垦总局
三、优秀割胶辅导员		
1998	符和发、吴岳存	海南省农垦总局

农场殊荣

一、建场 60 周年 60 名杰出人物名单

李诗甫	谢福生	林 山	文 戈	谭业纯	符国棣	陆国兴	陈 秋	竺海英
翁书山	徐新华	黄秋霞	林 英	陈兰荣	唐玉霞	翁书琼	翁 承	周月英
林秋妹	王博文	符策栋	杨廷金	陈昌孝	陈圣经	刘大芬	符祝花	符史潭
严福钦	陈天信	林波清	王武烈	徐月桂	甘 光	吴坤利	符月荣	朱国修
曾德润	钟玉花	陈玉新	林书江	林树洲	梁居友	罗 义	唐有光	邢国全
韩裕畴	符气恒	符诗农	杨祖富	肖 双	黄国良	林 前	钟 南	陈飞雄
肖灿基	王德坤	符玉瑛	符儒英	陈月妹	周爱莲			

二、农场历年获得殊荣

1. 广东省海南行政区阶段

1956 年，海南行政区评为二等全面先进农场。

1979年，农场民兵团被海南军区授予"武器装备四元"单位；广东省人民政府、广东省农垦总局、海南行政区分别授予农场"先进单位"称号；同年获农垦部授予的"先进集体"光荣称号。

1980年，农场修理厂被评为海南行政区工交战线先进单位；被海南农垦局、海南行政区分别授予农场"先进单位"称号；海南行政区和海南军区联合授予农场"民兵工作先进单位"称号；琼山县人民政府授予农场"计划生育先进单位"称号。

1981年6月，广东省授予农场"安全活动先进单位"称号；海南农垦局、海南农垦工会授予农场"年度橡胶幼树管理先进单位"称号；农场被广东省农垦总局评为"安全生产先进单位"；海南行政区授予农场"封车节油先进单位"称号；农垦部授予农场"节能工作先进单位"称号。

1982年，农场被海南农垦评为"先进单位"。

1983年，海南行政区授予农场"先进单位"称号。

1984年，广东省农垦总局举办群众性长跑比赛，农场荣获团体总分第一名，广东省体育协会授予农场"群众性长跑运动先进单位"。

1985年，广东省人民政府授予农场"普及小学教育先进单位"称号；同年农场被评为"海南行政区精神文明建设先进单位"。

1987年，海南农垦工会授予农场工会"先进职工之家"称号。

2. 海南省阶段

1990年，农场被海南省人民政府评为"海南省普法教育先进单位"。

1995年，农场获海南省人民政府颁发的"普及九年义务教育和扫除青少年文盲单位"称号。

1996年12月，农场"橡胶树中规模推广及无性系文昌193的选育"项目，获得"海南省科学技术进步单位奖三等奖"。

1996年4月，琼山市安全生产委员会授予农场"琼山市1995年安全生产工作先进单位"称号。

1998年3月，海南省农垦总局授予农场"1997年度安全生产工作良好单位"称号。

1998年，农场获农业部授予的"全国农牧渔业丰收奖"二等奖。

1999年5月，琼山市民政局授予农场"1998年度优抚工作先进单位"称号。7月，海南省农垦总局授予农场"1998年度经营良好企业"称号。8月，获海南省农垦总局授予农场"1996—1998年度职工自营经济工作先进单位"称号。

2000年4月，农场获海南省教育厅授予的"海南省勤工俭学校办产业先进单位"称号。5月，获琼山市民政局授予的"1999年度民政工作三等奖"称号，海南省农垦总局授予的"海南农垦1999年度先进企业"称号。7月，获中共海南省农垦总局委员会和海南省农垦总局联合授予的"海南省农垦文明生产单位"称号。8月，获海南省农垦总局授予的"海南农垦1999年职工自营经济劳动竞赛优胜单位"和"海南农垦1999年干胶生产劳动竞赛优胜单位"称号。

2001年3月，获海南省社会治安综合治理委员会授予的"海南省1999—2000年度社会治安综合治理先进单位"称号。4月，获琼山市民政局颁发的"2000年度民政工作三等奖"。5月，获海南省农垦总局授予的"海南农垦2000年度良好企业"称号，获中共海南省农垦总局委员会和海南省农垦总局联合授予的"海南农垦精神文明建设先进单位"称号，获海南省农垦总局授予的"海南农垦2000年自营经济劳动竞赛优胜单位"称号。7月，农场党委获中共海南省农垦总局委员会授予的"海南省农垦先进党委"称号。8月，获海南省农垦总局授予的"联手扶贫先进单位"称号。11月，农场获海南省农垦总局授予的"海南农垦1999—2000年度审计工作先进集体"称号。

2002年3月，获中共海南省委和海南省人民政府联合授予农场"海南省2000—2002年度创建文明生态村先进乡镇"称号，海南省农垦总局授予农场"海南农垦2001年安全生产工作良好单位"称号。6月，中共海南省农垦总局委员会和海南省农垦总局联合授予农场"海南农垦精神文明建设先进单位"称号。7月，海南省农垦总局授予农场"海南农垦2001年度良好企业"和"2001年度改水改厕工作先进单位"称号。中共海南省农垦总局委员会和海南省农垦总局授予农场"海南省农垦场务公开工作先进单位"称号。8月，海南省农垦总局授予农场"1999—2001年职工自营经济工作先进单位"称号。9月，海南省农垦总局授予农场"尊师重教先进单位"称号。

2003年2月，中共海南省农垦总局委员会组织部和共青团海南省农垦委员会联合授予农场"海南省农垦党建带团建工作先进集体"称号。3月，海南省社会治安综合治理委员会授予农场"海南省2001—2002年度社会治安综合治理先进集体"称号。4月，海南省人民政府授予农场"海南省禁毒优秀社区"称号。5月，中共海南省农垦总局委员会和海南省农垦总局授予农场"海南省农垦2002年度文明单位"称号，海南省农垦总局授予农场"海南农垦2002年职工自营经济劳动竞赛优胜单位"称号，中共海南省农垦总局委员会和海南省农垦总局授予农场"海南省农垦文明生产队"称号。7月，海南省农垦总局授予农场"海南农垦2002年度良好企业"称号。10月，海口市人民政府和海口警备区联合授予农场"2002年度征兵工作先进单位"称号。

2004年5月，中共海南省农垦总局委员会和海南省农垦总局授予农场"海南省农垦文明生态村（队）标兵"称号，中共海口市琼山区委和海口市琼山区人民政府授予农场"2003年度依法治区工作先进单位"称号，海口市人民政府和海口警备区联合授予农场"2003年度征兵工作先进单位"称号。

2005年1月，海口市社会治安综合治理委员会授予农场"2004年度社会治安综合治理工作先进单位"称号；海南省农垦总局和海南预备役师联合授予农场"兴垦强军先进单位"称号。3月，农场被海南省农垦总局评为"2004年垦区政务信息工作先进单位"。10月，中共海南省农垦总局委员会和海南省农垦总局授予农场"海南农垦防风救灾先进单位"称号。

2006年2月，海口市琼山区社会治安综合治理委员会授予农场"2005年度社会治安综合治理工作先进单位"称号。3月，中共海南省农垦总局委员会和海南省农垦总局授予农场"2005年度海南农垦人口与计划生育工作先进单位"称号，中共琼山区委和海南省农垦总局授予农场"2005年度人口和计划生育二类先进单位"称号，农场被评为海南省农垦总局"2005年垦区政务信息工作先进单位"。9月，获中共海口市委办公厅和海口市人民政府办公厅联合授予的"海口市四五普法先进集体"称号。12月，获海口市社会治安综合治理委员会授予的"2006年度社会治安综合治理工作先进集体"称号。

2007年，获海口市琼山区社会治安综合治理委员会授予的"2006年度社会治安综合治理工作三等奖"。2月，海南省农垦总局评农场为"2006年垦区政务信息工作先进单位"。3月，获海口市人民政府和海口警备区联合授予的"海口市基层人民武装部正规化建设达标单位"称号。5月，中共海南省农垦总局委员会和海南省农垦总局授予农场"2006年度海南农垦人口与计划生育工作先进单位"称号。11月，第五届中国果菜产业发展论坛组委会授予农场"全国高产优质果菜标准示范基地"称号。12月，海口市社会治安综合治理委员会授予农场"海口市2007年度平安创建达标街镇"称号，获海口市护林保胶指挥部授予的"2006年度护林保胶工作先进单位"称号。

2008年2月，海南省农垦总局授予农场"2007年度海南省农垦安全生产工作先进单位"称号；中共海南省农垦总局委员会、海南省农垦总局授予农场"2007年度维护垦区社会稳定与社会治安综合治理工作先进单位"称号。3月，农场"海南省胡椒栽培及产品初级加工工艺改革项目研究"项目，获得"海南省农垦科技技术进步单位奖二等奖"。

2009年，获海南省创建"无毒社区"先进单位、海口市创建"无毒社区"先进单位。

2010年，农场工会女工委获得中华全国妇女联合会授予的"巾帼文明岗"称号。11月，农场敬老院被民政部评为"全国模范敬老院"。12月，农场"荔枝标准化生产示范园"和"胡椒标准化生产示范园"被农业部认定为"第一批热作标准生产示范园"。12月,农场获中共海南省委、海南省人民政府授予的"抗洪抢险救灾先进集体"称号。

2011年,经国家统计局、国务院第六次全国人口普查领导小组办公室批准,农场获"第六次全国人口普查先进集体"荣誉称号。中共海南省农垦总局委员会和海南省农垦总局授予农场"海南农垦文明生产队标兵"称号。

2014年,农场被海南省农垦总局评为"2014年度垦区人口和计划生育工作先进单位"。

2017年,农场公司荣获海垦控股集团"创新发展奖"。

2018年,农场与中国热带农业科学院香料饮料研究所合作《胡椒生态高值加工关键技术研究与集成应用》获海南省人民政府"科学技术奖"。

2020年12月,海垦东昌公司关工委被全国关工委、中国精神文明建设办公室授予2020年度"全国关心下一代工作先进集体"。公司关工委科技帮扶基地被海南省关工委评为"全省关心下一代科技帮扶基地"。

传说(谚语)

一、地域故事

1. 仙人洞传说

白石溪仙人洞位于琼山县东南部的白石墟,场部向东300米处。仙人洞潭水清澈,旱季水面约400平方米,雨季时约600平方米,呈圆形,向东北流向下游,潭面北部突起巨石断崖,长约20米,高约10米,形成白石溪河流的落差,长年累月溪水从上而下有如白帘,流水不断,雨季时节,上游水位上涨,形成一道数百米见方的瀑布轰然直下,有如万马奔腾,激荡轰鸣十里^①之外,名曰"白石溪瀑布",断崖悬壁形成悬洞,瀑布飞流直下,遮住洞口也称水帘洞。石壁北边原有棵古榕,枝粗叶茂,挺拔伸盖于仙人洞和瀑布之间,有如游人悬壁俯视洞口之势,可惜树木不在,但瀑布飞珠溅玉,溅起的水雾被阳光照射即现彩虹,颇为奇观,如入仙境,风景优美,是闲暇时间游人涉足的好地方。

七仙女云游至此,见此人间胜地,山清翡翠,碧水莹然,白中带绿,明艳洁净,幽绝美哉。故而按下祥云,在此洞口碧水潭中游浴嬉戏,清幽自在,不甘离去,并进洞内点石成床、桌、椅,享尽人间乐趣,不久,她为了天上人间来往方便,又从洞口造砌一架石梯

---

① 里为非法定计量单位,1里=500米。 ——编者注

直达天庭，不料触犯天规，玉皇大帝命天神拘回七仙女，命雷电两神将石梯劈碎，断绝了七仙女来往之路。七仙女为感谢人间腾让圣地给他们享用，偷偷留下一些首饰和服装在洞里，以后贫家女儿结婚，无钱买首饰服装时，可到洞口烧三炷香拜三拜，一套金光闪闪的首饰和一套绚丽多彩的嫁衣便从洞里飘出来，打扮起来有如天仙，并忠告人间成亲后要自动送还。常用常新，代代相传。后来有位贪心的人用后不还，以后就求之不应了，当地民众为怀念仙女对人间的深情厚爱，就把该洞称为"仙人洞"。

2. 将军潭传说

在场部东面 100 多米处，白石溪水自西向东流淌，至此遇巨石阻挡，河道急转向东，几乎形成直角，于是在此拐弯之处形成一个深潭，潭面呈椭圆形，宽 20 多米，深 10 多米，溪水清澈见底，溪面宽阔，是游泳戏水的好去处。1500 多年前，南朝时期的宋国文帝为了巩固战略大后方，元嘉九年，授命王显德将军挥军南下，勇渡海峡，其曾在白石溪安营扎寨，征战凯旋时，常与部属官兵到此深潭泡浴，此潭因而得名"将军潭"，而后远近传承沿用至今。

3. 白石溪军坡节起源传说

白石溪军坡节起源之一

白石溪军坡节，按当地民间流传习惯，俗定于每年农历二月十五日，为大堆公诞辰纪念日。

相传于明朝末期，这里最早前来居住的有大堆村、美仁丰村和边田村谢、苏、李三姓的 40 多户上百人。除此以外，方圆 7 里之内人烟稀少，野兽群集，山林茂密，灌木丛生。由于当时经济落后，生活贫困，又缺医少药，村民百姓把生命安全、过好日子寄托于神灵，在大堆村建庙，祈求保佑，称为大堆公。

后来，人们便议定从农历二月初一开始，各村庄轮流奉拜一天，至十五为共拜之日。久而久之，这种习俗便延传下来。

每逢农历二月十五这天，白石溪附近 15 个村庄，家家户户杀鸡宰羊，大设酒宴迎接宾客朋友，凡来访者，均带鞭炮，以示吉祥。那一天白石溪墟热闹非凡，人山人海，举办一些有意义的文化娱乐活动，并形成了群众自发的大型集市贸易，俗称闹军坡，这一节日就此形成。

白石溪军坡节起源之二

相传在南朝时期，琼州盗贼猖獗，民不聊生，黎民上书朝廷，请求派员惩治。南齐皇帝派齐国虎将军率兵讨伐，驻守在白石溪。

齐国将军的军队所向披靡，盗贼遁逃，白石溪一片繁荣兴旺，人民安民乐业。齐国将军死后，皇帝封他为"护国翊侯王"，当地百姓在白石溪大堆村建庙纪念齐将军。因神入庙之日为农历二月十五，人们就把此日定为白石溪军坡节。百姓称齐将军为"护国显赫翊侯王"，每年农历二月初一至十五，由百姓抬出到各村巡视，按日程安排，所到村庄之日，就是该村的公期，公期之日很热闹，各家各户的亲朋好友纷纷来此相会。神像进驻谁家得在前一年选定。二月十五，侯王神像巡视完各村，百姓将其抬到白石溪墟坐镇。

白石溪军坡节是一种地域文化习俗，是每年一度的区域性活动，长年来扎根于民间文化土壤，为民间自发性活动。军坡节为促进经济和文化发展发挥了一定作用，和海南省其他地区军坡节大同小异，每年从农历正月开始至二月十五，白石溪乡村在各自固定的时间闹军坡，这一阶段热闹非凡，舞狮摆龙、游园演戏等民俗活动应有尽有，而且独具地方特色，让人大开眼界。

当地百姓在清宣统二年（1910 年）五月曾集资对大堆公庙进行扩建，并立武帝君碑作为纪念，民国时期，树德、中税、大昌、大坡、蓬莱等乡的百姓觉得抬齐将军像到他们所属的乡去游村路程远，不方便，都分别在自己家乡建起了"护国显赫侯王庙"。因此，后来供拜大堆公庙的只有 15 个村庄了。但二月十五为军坡节至今不变，现在本地习俗为：二月初九为齐将军出巡之日，二月十五晚为回庙之时，每年出巡四个村庄。

到军坡之日，白石溪热热闹闹，扛供奉的公祖婆祖巡行，请亲朋好友来家中做客，不论认识与否，只要进了门的就是客，招呼十分热情，佳肴美酒胜过春节年饭。来人越多，人气越旺，主人就越高兴。同时组织舞狮舞灯队到各家中去庆贺，敲锣打鼓，热闹非凡。为了感谢"神祖"的恩德，村民便把他安放在祖庙神台前，人们祈求五谷丰登、六畜兴旺，各类酒肉摆满祖庙前，各家各户搀老携幼，人人祈求风调雨顺、生活幸福美满，场面颇为壮观。

军坡之日，除了装车、扛公巡村外，还有大批的锄头柄、扁担、犁柄、牛轭、牛绳、箩筐、粪箕、鸡笼、菜筐、土特产上市交易，因为军坡节人多气旺，家家户户购买农产品等，希望来年吉祥、兴旺、丰收、大发，使军坡节成为百姓赶集、购销的大日子。每年军坡节，外出者纷纷返乡和家人一起闹军坡，平时少见的老乡们可以巡村（聊天交流的意思）。平时在乡下姑娘一般少见，都到外地务工了，军坡节来临后，返乡的漂亮姑娘们宛如一道亮丽的风景线，给乡村带来无限生机，真是忽如一夜春风来，千树万树梨花开。男大当婚，女大当嫁，军坡节为青年男女提供了攀缘机会，军坡节也被当地青年男女称为"相亲会"。

4. 白石溪及胡椒传说

在美丽的东昌农场，有一条美丽的白石溪。居住在这一地区的老百姓，世代流传着一个关于白石溪胡椒的美丽传说。

白石溪有一处宽 20 米、高 12 米的瀑布，这就是名列海南十大瀑布之一的白石溪瀑布，相传这里是七仙女下凡戏水玩耍的地方。

玉皇大帝有七个女儿，最宠爱的是小女——七仙女。但是这位小女儿对天庭的生活感到孤独和寂寞，常常愁眉不展。一天，她从姐姐们那里听说她们每到月圆之夜，都会到凡间戏水游玩，很是开心。于是，在一个中秋的夜晚，她偷偷跟在姐姐们后面来到了一条清澈的小溪，溪边那形态大小各异的白石，晶莹透亮，在月光的映照下，闪闪发光，煞是好看，她为此流连忘返，口中忘情地喊着"白石溪！白石溪!"，白石溪的地名也由此而来。此后，每次姐姐们下凡她都一同前往。

由于她们常来常往的缘故，很快就与这里的百姓熟悉起来，在无忧无虑的时光中，她们教会了当地男人们育出高产的稻种、女人们织出七彩的锦缎。从此，这里的百姓家家稻谷满仓，户户猪肥牛壮，人人过上了美好的生活。

直到有一天，天宫点名，发现七仙女违反天规，擅自下凡，玉帝迁怒于当地百姓，于是命雷公电母雷劈电闪，将这块富庶的土地变成了一块不毛之地，大火烧了七七四十九天，土地烧红了，白石也被烧成了黑色，土地再也种不出高产的稻谷，百姓只能靠野菜充饥，并且，很多人都因此患病，一时之间这里变得民不聊生。

七仙女得知这一消息，甚为自责。为了救助百姓，又是一个月圆时，七姐妹决定再次结伴来到这里，临行前，她们各自在口里含了一粒仙丹。她们将仙丹吐出来，被烧红的土地上长出了 7 株绿色植物，她们将植物枝条剪下来送给百姓去种，并告诉百姓，待植物结成果实摘下来放入野菜中一同煮食，吃不完的拿到集市出售，可换回粮食。这种植物果实长得圆圆的，成串成串的，有红有绿，仿佛是七仙女佩戴的项链，吃起来有些辛辣，但香气悠长。说来也怪，百姓们吃了以后，病竟然奇迹般地好了。由于这种植物是在白石溪被烧红的土地上种出来的，并且辣味十足，故百姓们给它起了一个名字叫作"白石溪胡椒"。他们把吃不完的果实拿到市场出售，供不应求，当地百姓又因此富裕起来。

二、民间谚语

逼狗跳墙要咬人。

你不拾我的牛粪，我不割你的粪箕耳（以牙还牙）。

三日无字都作得，三日无薯腰躬股（"躬股"指"受不了"）。

耳闻不如目见，目见胜似耳闻。

睡在戏台脚，不知锣鼓响。

呆人号处，精人觅吃（号：找；处：地方）。

生人都无窍，死人窍何来。

人小人精，公小公灵。

拳头打跳蚤（"跳蚤"读作"茄走"）。

牛角不弯不过岭。

子儿看父头面。

人心难摸，泥鳅难捉。

骑在牛身上觅牛。

牛毛出在牛身上。

满肚经纶人不见，富在深山人都知。

金橘皮红肚里酸。

近处怕鬼，远处怕水。

破帆驶破船，老牛拖破车。

贫人多志气。

算盘响溜溜，没块钱回宅。

糖糕卖完锣也静。

糖埕装糖，米埕装米。

力多驳人惜，口多惹人恼（驳：方言，获；恼：方言，讨）。

愿吃赶鸡粥，不愿吃与仔饭（与仔：照顾婴幼儿）。

好命不用作，好惜不用装（惜：方言，漂亮）。

日不念人，夜不念鬼。

得江山易，得人心难。

江山易让，老婆不让。

跑掉的鱼大，死去的仔好。

有钱买食，无钱买穿。

千斤力不如四两命。

人脚不洗人欲离，牛脚无洗都值钱。

烂鱼不听盐，恶仔无听教。

贫人无大猪，富人无大仔。

十长九不输。

远水不能救近田。

押牛不喝水，押鸡不生蛋（押：强迫）。

上梁不正下梁歪。

不见棺材不落泪。

自己推石打自己脚。

上屋打仔，下屋仔乖。

懒人多屎尿。

贵买贵卖，便宜买不到划（划：卖不出去）。

船多碍港，人多碍路。

无鼻扁担两头滑（意在想要两头，结果一头也要不到）。

只爱牛拉车，不爱牛吃草。

力大难押牛吃水。

脚痒不搔去搔靴。

人不拜庙公不灵。

饭好吃，工难做。

猪不拾槽，狗不合窝。

合牛死，合宅漏。

官不怕大只怕管。

打铁打上钳。

卖口不卖身，卖酒不卖坛（"坛"读作"藤"）。

不怕一万，只怕万一。

九十九岁问百岁人。

拍马要防马后脚。

隔墙有耳，窗外有人。

尺有所短，寸有所长。

无呆无聋，不做家婆与家翁。

皮厚不死人。

夜初发云夜昏消、半夜发云不开交（不开交：下大雨）。

春寒则雨，冬寒则止。

早雨晚晴，晚雨入夜。

日约一，夜约七，鸡啼约雨十二日（约：方言，天阴下小雨）。

南风不过篱，北风过针鼻。

春雾泄，夏雾日，秋雾狂风，冬雾雪霜（泄：下雨）。

海南东昌农场志

HAINAN DONGCHANG NONGCHANGZHI

后记

　　根据农业农村部办公厅《关于组织开展第一批中国农垦农场志编纂工作的通知》要求，海垦东昌公司党委组织人力，成立编纂委员会，要求大家抓紧时间，一定要按农业农村部规定的时间提交送审稿，将《海南东昌农场志》作为向建党100周年的献礼。海南农垦东昌农场志编纂委员会于2020年8月正式成立，并组织6人的班子写作，至2021年3月底基本完成初稿，历时8个月。

　　在志稿编写过程中，得到各级领导的支持，公司各部门及东昌居相关人员提供了部分资料并给予帮助。本次志稿能在8个月时间里完成，是因为农场具有较好的志书编写基础。早在1988年，国营大坡农场组织人员撰写《国营大坡农场志》，该志上限为1951年、下限为1987年，约11万字。2011年建场60周年时，农场成立东昌农场志编纂委员会，在1988年《国营大坡农场志》的基础上，重新分工，由符华明负责概述、大事记、地理篇、社会篇、文化篇、杂记篇、附录；林宝华、符方巍负责经济篇；梁其山负责政治篇；最后，肖双和符华明、黄良岳负责统稿，志书上限不变，下限延长至2011年，稿件约20万字。

　　2020年，根据农业农村部农垦局的统一部署，在海垦控股集团支持下，公司于8月再次成立编纂委员会，在前两次志稿基础上，按农业农村部要求的纲目进行补充完善。

　　本轮志书编写过程中，得到海垦控股集团办公室、关工委及海南农垦红明农场有限公司等有关部门在行政及写作上的帮助支持，感谢东昌居陈德民、符方巍、苏海燕等同志提供资料与图片，感谢农场吴亚忠、孙申华、尚双等历任领导，以及郑有君、钟君等广大干部职工及知青们提供事件线索及史料支持，特别是农场知青马名伟公开发表的照片。

　　由于作者的思想水平、业务能力、社会阅历有限，加上信息渠道、历史资料缺乏，书中错漏在所难免，恳请专家、读者批评指正。

海南农垦东昌农场志编纂委员会

2021 年 4 月

中国农垦农场志